Bilingual Dictionary

English-Swedish
Swedish-English
Dictionary

Compiled by
Madelene Axelsson

STAR Foreign Language BOOKS

© Publishers
ISBN : 978 1 908357 96 0

All rights reserved with the Publishers. No part of this publication may be reproduced or transmitted in any form or by any means, electronic, mechanical, photocopying, recording or otherwise, without the prior written permission of the Publishers.

First Edition : 2017

Published by
STAR Foreign Language BOOKS
a unit of
ibs BOOKS (UK)
56, Langland Crescent
Stanmore HA7 1NG, U.K.
info@starbooksuk.com
www.starbooksuk.com

Printed in India at
Star Print-O-Bind, New Delhi-110 020

About this Dictionary

Developments in science and technology today have narrowed down distances between countries, and have made the world a small place. A person living thousands of miles away can learn and understand the culture and lifestyle of another country with ease and without travelling to that country. Languages play an important role as facilitators of communication in this respect.

To promote such an understanding, STAR **Foreign Language** BOOKS has planned to bring out a series of bilingual dictionaries in which important English words have been translated into other languages, with Roman transliteration in case of languages that have different scripts. This is a humble attempt to bring people of the word closer through the medium of language, thus making communication easy and convenient.

Under this series of *one-to-one dictionaries*, we have published almost 50 languages, the list of which has been given in the opening pages. These have all been compiled and edited by teachers and scholars of the relative languages.

Publishers

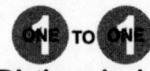

Bilingual Dictionaries in this Series

English-Afrikaans / Afrikaans-English	Abraham Venter
English-Albanian / Albanian-English	Theodhora Blushi
English-Amharic / Amharic-English	Girun Asanke
English-Arabic / Arabic-English	Rania-al-Qass
English-Bengali / Bengali-English	Amit Majumdar
English-Bosnian / Bosnian-English	Boris Kazanegra
English-Bulgarian / Bulgarian-English	Vladka Kocheshkova
English-Cantonese / Cantonese-English	Nisa Yang
English-Chinese (Mandarin) / Chinese (Mandarin)-Eng	Y. Shang & R. Yao
English-Croatian / Croatain-English	Vesna Kazanegra
English-Czech / Czech-English	Jindriska Poulova
English-Dari / Dari-English	Amir Khan
English-Dutch / Dutch-English	Lisanne Vogel
English-Estonian / Estonian-English	Lana Haleta
English-Farsi / Farsi-English	Maryam Zaman Khani
English-French / French-English	Aurélie Colin
English-Gujarati / Gujarati-English	Sujata Basaria
English-German / German-English	Bicskei Hedwig
English-Greek / Greek-English	Lina Stergiou
English-Hindi / Hindi-English	Sudhakar Chaturvedi
English-Hungarian / Hungarian-English	Lucy Mallows
English-Italian / Italian-English	Eni Lamllari
English-Korean / Korean-English	Mihee Song
English-Latvian / Latvian-English	Julija Baranovska
English-Levantine Arabic / Levantine Arabic-English	Ayman Khalaf
English-Lithuanian / Lithuanian-English	Regina Kazakeviciute
English-Nepali / Nepali-English	Anil Mandal
English-Norwegian / Norwegian-English	Samuele Narcisi
English-Pashto / Pashto-English	Amir Khan
English-Polish / Polish-English	Magdalena Herok
English-Portuguese / Portuguese-English	Dina Teresa
English-Punjabi / Punjabi-English	Teja Singh Chatwal
English-Romanian / Romanian-English	Georgeta Laura Dutulescu
English-Russian / Russian-English	Katerina Volobuyeva
English-Serbian / Serbian-English	Vesna Kazanegra
English-Sinhalese / Sinhalese-English	Naseer Salahudeen
English-Slovak / Slovak-English	Zuzana Horvathova
English-Slovenian / Slovenian-English	Tanja Turk
English-Somali / Somali-English	Ali Mohamud Omer
English-Spanish / Spanish-English	Cristina Rodriguez
English-Swedish / Swedish-English	Madelene Axelsson
English-Tagalog / Tagalog-English	Jefferson Bantayan
English-Tamil / Tamil-English	Sandhya Mahadevan
English-Thai / Thai-English	Suwan Kaewkongpan
English-Turkish / Turkish-English	Nagme Yazgin
English-Ukrainian / Ukrainian-English	Katerina Volobuyeva
English-Urdu / Urdu-English	S. A. Rahman
English-Vietnamese / Vietnamese-English	Hoa Hoang
English-Yoruba / Yoruba-English	O. A. Temitope

More languages in print

STAR Foreign Language BOOKS

English - Swedish

A

a *art.* en
aback *adv.* bakåt
abaction *n.* stjäla (boskap av stor skala
abactor *n.* boskapstjuv
abacus *n.* abakus
abandon *v.* överge
abandonable *adj.* övergebar
abandonedly *adv.* övergett
anbandonee *n.* försäkringsgivare som förlorat ett skett
abandoner *n.* svikare
abase *v.* förnedra
abase *adv.* förödmjukad
abasement *n.* förnedring
abash *v.* göra generad
abashed *adj.* generad
abashing *n.* genera
abate *v.* minska
abatement *n.* minskning
abbey *n.* kloster
abbot *n.* abbot
abbreviate *v.* förkorta
abbreviation *n.* förkortning
abdicate *v.t,* abdikera
abdication *n.* abdikation
abdomen *n.* buk
abdominal *adj.* buk-
abduct *v.* bortröva
abductee *n.* bortrövare
abduction *n.* bortrövande
abductor *n.* bortrövaren
abed *adv.* i sängen
aberrance *n.* avvikelse
aberration *n.* sinnesförvirring
abet *v.* medverka till
abetment *n.* medhjälp
abeyance *n.* vilande
abeyant *adj.* utan ägare
abhor *v.* avsky
abhorrence *n.* fasa
abid *n.* slav
abide *v.* tåla
abideable *adj.* att vänta
abiding *adj.* bestående
ability *n.* förmåga
abject *adj.* föraktlig
abject *v.* förkasta
abjection *n.* ovärdighet
abjunction *n.* avskärning
abjure *v.* förneka
abjurer *n.* förnekare
abland *adj.* smaklös
ablaze *adv.* i lågor
ablaze *adv.* i lågor
ablactate *v.* avvänja från bröstet
ablactation *n.* ablation
abland *adj.* smaklös
ablation *n.* borttagande
ablative *adj.* ablativ
ablate *v.* erodera
able *adj.* kapabel
ablegation *n.* avsägelse
ablepsy *n.* blindhet
ablush *adv.* rodnad
ablution *n.* tvättning
ablutionary *adj.* sköljnings-
abnegate *v.* avstå
abnegation *n.* avsägelse
abnormal *adj.* onormal
abnormalcy *n.* abnormalitet
abnormality *n.* avvikelse
abnormally *adv.* abnormt
aboard *adv.* ombord
abode *n.* hemvist
abolish *v.* upphäva
abolition *v.* avskaffande
abolisher *n.* avskaffare
abolishment *n.* avskaffande
abolitionism *n.* abolitionism
abominable *adj.* avskyvärd
abominably *adv.* avskyvärt
abominate *v.* avsky
abomination *n.* avsky
aboriginal *adj.* urinvånare
aborigines *n. pl* aborigin
abort *v.* avbryt
abortion *n.* abort
abortive *adv.* misslyckad

abound *v.* överflöda
aboundance *n.* överflöd
about *adv.* med
about *prep.* om
above *adv.* uppe
above *prep.* över
abrasion *n.* skrubbsår
abrasive *adj.* aggressiv
abrasively *adv.* aggressivt
abrasiveness *n.* aggressivitet
abreast *adv.* i bredd
abridge *v.* förkorta
abridged *adj.* förkortad
abridgement *n.* förkortning
abroad *adv.* utomlands
abrogate *v.* avskaffa
abrogation *n.* avskaffande
abrupt *adj.* abrupt
abruption *n.* avskiljande
abscess *n.* böjd
absonant *adj.* missljudande
abscond *v.* avvika
abscondence *n.* rymning
absence *n.* frånvaro
absent *adj.* frånvarande
absent *v.* hålla sig borta
absentee *n.* skolkare
absist *v.* abscess
absolute *adj.* absolut
absolutely *adv.* fullständig
absolution *n.* absolution
absolutism *n.* absolutionism
absolve *v.* frikänna
absorb *v.* absorbera
absorption *n.* uppsugningsförmåga
absorptivity *n.* absorptivitet
abstain *v.* avstå
abstenance *n.* avhållsamhet
abstinence *n.* abstinent
abstract *adj.* abstrakt
abstract *n.* sammanfattning
abstract *v.* uppsluka
abstraction *n.* abstraktion
abstraction *n.* borttagning
absurd *adj.* befängd
absurdity *n.* orimlighet
abundance *n.* överflöd
abundant *adj.* överväldigande
abuse *v.* missbruka
abuse *n.* övergrepp
abuser *n.* missbrukare
abusive *adj.* grov
abusively *adv.* korrupt
abut *v.* gränsa till
abutment *n.* vederlag
abyss *n.* svalg
acacia *n.* acaciaträd
academic *adj.* akademisk
academy *n.* akademi
acarpous *adj.* steril
accede *v.* ansluta till
acceder *n.* bestigare
accelerate *v.* accelerera
acceleration *n.* acceleration
accelerator *n.* accelerator
accend *v.* antända
accensor *n.* akolut
accent *n.* betoning
accent *v.* betona
accept *v.* acceptera
acceptable *adj.* acceptabel
acceptance *n.* acceptans
access *n.* åtkomst
accessibility *n.* mottaglighet
accession *n.* anslutning
accessorise *v.* förse
accessory *n.* medhjälpare
accident *n.* olycka
accidental *adj.* tillfällig
accipitral *adj.* skarpögd
acclaim *v.* hylla
acclaim *n.* erkännande
acclamation *n.* jubel
acclamation *n.* bifall
acclimatise *v.* anpassa sig
accommodate *v.* anpassa sig till
accommodate *v.* ackommodera
accommodation *n.* plats
accompaniment *n.* ackompanjering
accompany *v.* ledsaga

accomplice *n.* kumpan
accomplish *v.* uppnå
accomplished *adj.* fullbordad
accomplishment *n.* utförande
accord *v.* bevilja
accord *n.* ackord
accordance *n.* överensstämmelse
accordancy *n.* överensstämmelse
accordingly *adv.* i enlighet med
accost *v.* hejda
accost *n.* antasta
accosted *adj.* antastad
account *n.* rapport
account *v.* beräkna
accountability *n.* ansvarsskyldighet
accountable *adj.* ansvaig
accountancy *n.* bokföring
accountant *n.* revisor
accredit *v.* ackreditera
accreditation *n.* ackreditering
accrementition *n.* tillväxt
accrete *v.* assimilera
accrue *v.* öka
accumulate *v.* ackumulera
accumulation *n.* ackumulation
accuracy *n.* precision
accurate *adj.* noggrann
accursed *adj.* fördömd
accusation *n.* anklagelse
accusator *n.* anklagare
accuse *v.* anklagare
accused *n.* anklagad
accustom *v.* vänja
accustomed *adj.* van
ace *n.* ess
acellular *adj.* utan cell
acene *n.* polyacene
acentric *adj.* acentrisk
acephalous *adj.* huvudlös
acephaly *n.* acefali
acetate *n.* acetat
acetifier *n.* ättiksberedare
acetify *v.* surgöra
acetone *n.* aceton
ache *n.* värk

ache *v.* värka
achelike *adj.* värkliknande
achieve *v.* uppnå
achievement *n.* prestation
achiever *n.* verkställare
achromatic *adj.* färglös
acid *adj.* syrlig
acid *n.* syra
acidic *adj.* syrlig
acidify *v.* acidifiera
acidity *n.* surhetsgrad
acknowledge *v.* erkänna
acknowledgement *n.* erkännande
acne *n.* akne
acolyte *n.* följeslagare
acorn *n.* ekollon
acoustic *adj.* akustisk
acoustics *n.* akustik
acquaint *v.* bekanta sig
acquaintance *n.* bekantskap
acquest *n.* egendomsförvärv
acquiesce *v.* samtycka
acquiescence *n.* eftergivenhet
acquire *v.* tillägna sig
acquirement *n.* inhämtning
acquisition *n.* anklagelse
acquit *v.* fria
acquittal *n.* frikännande
acre *n.* tunnland
acreage *n.* areal
acrid *adj.* hård
acrimony *n.* bitterhet
acritical *adj.* akritisk
acrobat *n.* akrobat
acrobatic *adj.* akrobatisk
acrobatics *n.* akrobatik
acropolis *n.* citadell
across *adv.* tvärsöver
across *prep.* över
acrostic *n.* akrostikon
acrylic *adj.* akryl-
act *n.* handling
act *v.* handla
acting *n.* skådespeleri
action *n.* verkan
activate *v.* aktivera

active *adj.* aktiver
activist *n.* aktivist
activity *n.* aktivitet
actor *n.* skådespelare
actress *n.* skådespelerska
actual *adj.* faktisk
actually *adv.* faktiskt
acumen *n.* förstånd
acupuncture *n.* akupunktur
acupuncturist *n.* akupunktör
acute *adj.* häftig
acyclical *adj.* cyklisk
adage *n.* ordspråk
adamant *adj.* stenhård
adamant *n.* hård sten
adapt *v.* anpassa
adaptation *n.* anpassning
adays *adv.* numera
add *v.* tillägga
adder *n.* huggorm
addict *v.* vara begiven
addict *n.* slav
addiction *n.* missbruk
addition *n.* tillskott
additional *adj.* ytterligare
addle *adj.* förvirra
address *v.* tilltala
address *n.* adress
addressee *n.* mottagare
addresser *n.* sändare
adduce *v.* anföra
abduct *v.* bortföra
adept *n.* mästare
adept *adj.* skicklig
adequacy *n.* lämplighet
adequate *adj.* adekvat
adhere *v.* hålla fast
adherence *n.* anslutning
adhesion *n.* vidhäftning
adhesive *n.* plåster
adhesive *adj.* självhäftande
adhibit *v.* använda
ad hoc *adj.* ad hoc
adieu *n.* farväl
adieu *interj.* avsked
adiposity *n.* fetma

adjacent *adj.* närliggande
adjective *n.* adjektiv
adjoin *v.* gränsa till
adjourn *v.* skjuta upp
adjournment *n.* ajournering
adjudge *v.* döma
adjunct *n.* adjunkt
adjure *v.* bönfalla
adjuration *n.* bön
adjust *v.* justera
adjustment *n.* justering
adjuvant *n.* adjuvans
adjuvant *adj.* hjälp-
administer *v.* sköta
administrate *v.* administrera
administration *n.* administration
administrative *adj.* administrativ
administrator *n.* administratör
admirable *adj.* beundransvärd
admiral *n.* amiral
admiralty *n.* amoralitet
admiration *n.* beundran
admire *v.* beundra
admirer *n.* beundrare
admissible *adj.* tillåtlig
admission *n.* tillträde
admission *n.* insläpp
admit *v.* erkänna
admittance *n.* erkännande
admittedly *adv.* erkänt
admonish *v.* förmana
admonisher *n.* varnare
admonition *n.* förmaning
adnascent *adj.* gryende
ado *n.* bråk
adobe *n.* soltorkat tegel
adolescence *n.* ungdom
adolescent *adj.* ungdoms-
adopt *v.* adoptera
adoption *n.* adoption
adoptive *adj.* adoptiv-
adorable *adj.* bedårande
adoration *n.* tillbedjan
adore *v.* beundra
adorn *v.* pryda
adorner *n.* utsmyckare

adrenaline *n.* adrenalin
adrenalise *v.* adrenalisera
adscititious *adj.* förvärvad
adscript *adj.* livegen
adsorp *v.* adsorbera
adsorption *n.* adsorption
adulate *v.* rövslicka
adulation *n.* kryperi
adult *adj.* vuxen
adult *n.* mogen
adulterate *v.* förfalska
adulteration *n.* förfalskning
adultery *n.* äktenskapsbrott
advance *v.* avancera
advance *n.* närmande
advancement *n.* avancemang
advantage *n.* fördel
advantage *v.* ge fördel till
advantageous *adj.* fördelaktigt
advent *n.* ankomst
adventure *n.* äventyr
adventurous *adj.* äventyrlig
adverb *n.* adverb
adverbial *adj.* adverbiell
adversary *n.* motståndare
adverse *adj.* negativ
adversity *n.* motgång
advert *v.* göra uppmärksam
advertise *v.* annonsera
advertisement *n.* annons
advice *n.* råd
advisable *adj.* tillrådlig
advisability *n.* tillrådlighet
advise *v.* tillråda
advocacy *n.* stöd
advocacy *n.* försvar
advocate *n.* försvarare
advocate *v.* försvar
aeolic *adj.* eolisk
aerial *adj.* upphöjd
aerial *n.* antenn
aeriform *adj.* gasformig
aerify *v.* förvandla till luft
aerobic *adj.* aerob
aerobics *n.* aerobics
aerobiologic *adj.* aerobiologisk
aerobiology *n.* aerobiologi
aerobot *n.* aerobatik
aerocraft *n.* flygplan
aerodigestive *adj.* luft- och matsmältning
aerodrome *n.* flygfält
aerodynamic *adj.* aerodynamik
aeronautics *n.pl.* aeronautik
aeroplane *n.* flygplan
aeroponic *adj.* aeroponik
aeropulse *n.* aeropuls
aerosol *adj.* aerosol
aerostatic *adj.* aerostatistik
aerostatics *n.* aerostatik
aesthetic *adj.* estetisk
aesthetics *n.pl.* estetik
aestival *adj.* sommar-
afar *adv.* fjärran
affable *adj.* älskvärd
affair *n.* angelägenhet
affect *v.* påverka
affectation *n.* affektion
affection *n.* tillgjordhet
affectionate *adj.* tillgiven
affidavit *n.* edsförsäkring
affiliate *v.* ansluta
affiliation *n.* anslutning
affinity *n.* affinitet
affirm *v.* bejaka
affirmation *n.* bekräftelse
affirmative *adj.* fastställande
affirmative *adj.* affirmativ
affirmatively *adv.* med bekräftelse
affix *v.* fästa
affixation *n.* affixering
afflict *v.* plåga
affliction *n.* slag
afflictive *adj.* lidande
affluence *n.* rikedom
affluent *adj.* rik
affluential *adj.* inflytelserik
affluential *n.* en inflytelserik person
affluenza *n.* affluenza
afford *v.* ha råd

affordability *n.* överkomlighet
afforest *v.* plantera skog
affray *n.* tumult
affront *v.* förolämpa
affront *n.* förolämpning
afield *adv.* långt borta
aflame *adv.* brinnande
afloat *adv.* till sjöss
afoot *adv.* till fots
afore *prep.* fjärran
aforementioned *adj.* förutnämnd
aforesaid *adj.* ovannämnd
afraid *adj.* rädd
afresh *adv.* på nytt
aft *n.* eftermiddag
aft *adv.* akterut
after *prep.* efter
after *prep.* sedan
after *adv.* efter
after *conj.* bakom
after *adj.* senare
after *adj.* efter-
aftereffect *n.* bieffekt
aftergame *n.* andraspel
aftergrowth *n.* efterskörd
afternoon *n.* eftermiddag
afterthought *n.* eftertanke
afterwards *adv.* efteråt
again *adv.* igen
against *prep.* mot
against *adj.* emot
agamist *n.* agamist
agape *adv.*, gapande
agape *n.* agape
agaze *adv.* stirrande
age *n.* ålder
aged *adj.* åldrad
agency *n.* agentur
agenda *n.* agenda
agent *n.* agentur
agglomerate *adj.* agglomererad
agglomerate *n.* agglomerat
agglomerate *v.* agglomerera
aggravate *v.* försvåra
aggravation *n.* försvårande
aggregate *v.* aggregera

aggression *n.* aggression
aggressive *adj.* aggressiv
aggressor *n.* angripare
aggrieve *v.* kränka
aggroupment *n.* gruppering
aghast *adj.* förskräckt
agile *adj.* snabb
agility *n.* kvickhet
agitate *v.* propagera
agitation *n.* agitation
agist *v.* valla boskap
aglare *adj.* strålande
aglow *adv.* glödande
agnosticism *n.* agnosticism
agnus *n.* helig
ago *adv.* sedan
ago *adv.* för ... sedan
agog *adj.* ivrig
agonist *n.* agonist
agonize *v.* plåga
agony *n.* vånda
agronomy *n.* agronomi
agoraphobia *n.* agorafobi
agrarian *adj.* jorbruks-
agree *v.* överensstämma
agreeable *adj.* i överensstämmelse med
agreement *n.* överenskommelse
agricultural *adj.* agrikulturell
agriculture *n.* agrikultur
agriculturist *n.* agrikulturist
agro *adj.* aggressiv
agrology *n.* agrologi
ague *n.* frossa
ahead *adv.* framåt
aheap *adv.* i en hög
ahoy *interj.* ohoj
aid *n.* hjälp
aid *v.* hjälpa
aide *n.* adjutant
aigrette *n.* ägrett
ail *v.* vara sjuk
ailment *n.* krämpa
aim *n.* syfte
aim *v.* syfta
air *n.* luft

airbag *n.* airbag
airborne *n.* luftburen
airborne *adj.* luftburen
airbrake *n.* tryckluftsbroms
airbus *n.* flygbuss
aircraft *n.* luftfartyg
aircrew *n.* flygplansbesättning
airlift *n.* luftbro
airlift *v.* flyga in
airy *adj.* luftig
aisle *n.* skepp
ajar *adv.* på glänt
akin *adj.* relaterad
akinesia *n.* akinesi
alabaster *n.* alabaster
alabaster *adj.* alabaster-
alacrious *adj.* beredvillig
alacrity *n.* beredvillighet
alamort *adj.* utmattad
alarm *n.* larm
alarm *v.* skrämma
alarming *adj.* oroande
alas *interj.* tyvärr
albeit *conj.* trots att
albino *n.* albino
album *n.* album
albumen *n.* äggvita
alchemist *n.* alkemist
alchemy *n.* alkemi
alcohol *n.* alkohol
alcoholic *n.* alkoholist
alcoholism *n.* alkoholism
alcove *n.* alkov
ale *n.* öl
aleatory *adj.* slumpmässig
alegar *n.* alegar
alert *adj.* alert
alertness *n.* vakenhet
alfa *n.* alfa
alga *n.* alg
algal *adj.* algartad
algebra *n.* algebra
alias *n.* täcknamn
alias *adv.* alias
alibi *n.* alibi
alien *adj.* utomjordisk

alienate *v.* alienera
aliferous *adj.* salthaltig
alight *v.* lysa upp
align *v.* rikta in
alignment *n.* linjering
alike *adj.* likadan
alike *adv.* likadant
aliment *n.* näring
alimony *n.* underhåll
aliquot *n.* integralfaktor
alive *adj.* levande
alkali *n.* alkali
alkaline *adj.* alkalisk
all *adj.* alla
all *n.* allt
all *adv.* helt
all *pron* allom
allay *v.* stilla
allegation *n.* anklagelsepunkt
allege *v.* hävda
alleged *adj.* påstådd
allegiance *n.* lojalitet
allegorical *adj.* allegorisk
allegory *n.* allegori
allergy *n.* allergi
alleviate *v.* lätta
alleviation *n.* lättnad
alley *n.* gränd
alliance *n.* allians
alligator *n.* alligator
alliterate *v.* allittera
alliteration *n.* allitteration
allocate *v.* fördela
allocation *n.* placering
allness *n.* totalitet
allot *v.* anvisa
allotment *n.* anvisning
allow *v.* tillåta
allowance *n.* tillåtelse
alloy *n.* legering
allude *v.* anspela
allure *v.* locka
allurement *n.* tjusning
allusion *n.* allusion
allusive *adj.* syftande
ally *v.* förena

ally *n.* allierad
almanac *n.* almanacka
almighty *adj.* allsmäktige
almond *n.* mandel
almost *adv.* nästan
alms *n.* allmosor
aloft *adv.* högt upp
alone *adj.* ensam
along *adv.* fram
along *prep.* utmed
aloof *adv.* reserverad
aloud *adv.* med hög röst
alp *n.* alp
alpha *n.* alfa
alphabet *n.* alfabet
alphabetical *adj.* alfabetisk
alpine *adj.* alpinsk
alpine *n.* alpin
alpinist *n.* alpinist
already *adv.* redan
also *adv.* också
altar *n.* altare
alter *v.* alstra
alteration *n.* alteration
altercation *n.* gräl
alternate *adj.* omväxlande
alternate *v.* växla
alternative *n.* alternativ
alternative *adj.* alternera
although *conj.* trots att
altimeter *n.* höjdmätare
altitude *n.* höjd
alto *n.* alt
altogether *adv.* tillsammans
altruism *n.* altruism
altruist *n.* altruist
altruistic *adj.* altruistisk
aluminate *v.* aluminera
aluminium *n.* aluminium
alumna *n.* ex-studentska
always *adv.* alltid
alveary *n.* hörselgång
am *abbr* är
amalgam *n.* amalgam
amalgamate *v.* förena

amalgamation *n.* sammanläggning
amass *v.* lägga på hög
amateur *n.* amatör
amatory *adj.* förälskad
amaurosis *n.* blindhet
amaze *v.* slå med häpnad
amazement *n.* förvåning
ambassador *n.* ambassadör
amberite *n.* rav
ambidexter *n.* medlöpare
ambient *adj.* omgivande
ambiguity *n.* oklarhet
ambiguous *adj.* mångtydig
ambissexual *adj.* bisexuell
ambissexual *n.* bisexuell
ambissexuality *n.* bisexualitet
ambition *n.* ambition
ambitious *adj.* ambitiös
ambivalence *n.* ambivalens
ambivalent *adj.* ambivalent
ambry *n.* nisch
ambulance *n.* ambulans
ambulant *adj.* vandrande
ambulate *v.* ambulera
ambuscade *n.* bakhåll
ambuscade *v.* ligga i bakhåll
ambush *n.* bakhållsanfall
ameliorate *v.* förbättra
amelioration *n.* förbättring
amen *interj.* amen
amenable *adj.* medgörlig
amend *v.* ändra
amendment *n.* ändring
amends *n.pl.* upprättelse
amenorrhoea *n.* amenorré
amiability *n.* vänlighet
amiable *adj.* vänlig
amicable *adj.* vänskaplig
amid *prep.* mitt i
amiss *adv.* galen
amity *n.* samförstånd
ammonia *n.* ammoniak
ammunition *n.* ammunition
amnesia *n.* minnesförlust
amnesty *n.* amnesti

among *prep.* bland
amongst *prep.* ibland
amoral *adj.* amoralisk
amorous *adj.* kärleksfull
amorph *n.* amorfism
amortise *v.* amortera
amortization *n.* avskrivning
amount *n.* belopp
amount *v.* uppgå till
amour *n.* kärlek
ampere *n.* ampere
amphibious *adj.* amfibie-
amphitheatre *n.* amfiteater
ample *adj.* stor
amplification *n.* förstärkning
amplifier *n.* förstärkare
amplify *v.* förstärka
amplitude *n.* omfång
amputate *v.* amputera
amputation *n.* amputation
amputee *n.* amputerad person
amuck *adv.* löpa amok
amulet *n.* amulett
amuse *v.* roa
amusement *n.* nöje
amygdala *n.* amygdala
an *art.* en
anabaptism *n.* anabaptism
anabolic *n.* anabolisk
anabolic *adj.* anabol
anachronism *n.* otidsenlighet
anaclasis *n.* anaclasis
anaemia *n.* anemi
anaesthesia *n.* anastesi
anaesthetic *n.* bedövningsmedel
anal *adj.* anal-
analogous *adj.* analog
analogy *n.* analogi
analyse *v.* analysera
analysis *n.* analys
analyst *n.* analytiker
analytical *adj.* analytisk
anamnesis *n.* anamnes
anamnesis *n.* en sjukdoms förhistoria
anamorphosis *adj.* anamorfisk

anarchism *n.* anarkism
anarchist *n.* anarkist
anarchy *n.* anarki
anatomy *n.* anatomi
ancestor *n.* stamfader
ancestral *adj.* nedärvd
ancestry *n.* härkomst
anchor *n.* ankare
anchorage *n.* ankarplats
ancient *adj.* uråldrig
ancon *n.* konsol
and *conj.* och
androphagi *n.* androfagi
anecdote *n.* anekdot
anemometer *n.* anemometer
anew *adv.* åter
anfractuous *adj.* slingrande
angel *n.* ängel
anger *n.* ilska
angina *n.* halsfluss
angiogram *n.* röntgen för blodkärl
angle *n.* vinkel
angle *n.* synvinkel
angry *adj.* arg
anguish *n.* kval
angular *adj.* vinkelformad
animal *n.* djur
animate *v.* animera
animate *adj.* animat
animation *n.* animation
animosity *n.* förbittring
animus *n.* sinne
aniseed *n.* anis
ankle *n.* vrist
anklet *n.* vristlänk
annalist *n.* krönikör
annals *n.pl.* annaler
annectent *adj.* förenade
annex *v.* annektera
annexation *n.* tillägg
annihilate *v.* förstöra
annihilation *n.* tillintetgörelse
anniversary *n.* årsdag
annotate *v.* kommentera
announce *v.* meddela

announcement *n.* meddelande
annoy *v.* irritera
annoyance *n.* irritation
annoying *adj.* irriterande
annual *adj.* årlig
annuitant *n.* livräntetagare
annuity *n.* livränta
annul *v.* annullera
annulet *n.* annulus
annulment *n.* annullering
anoint *v.* helga
anomalous *adj.* onormal
anomaly *n.* avvikelse
anon *adv.* snart
anonymity *n.* anomitet
anonymosity *n.* att vara anonym
anonymous *adj.* anonym
anorak *n.* anorak
anorexic *adj.* anorektisk
another *adj.* en annan
answer *n.* svar
answer *v.* svara
answerable *adj.* ansvarig
ant *n.* myra
antacid *adj.* syrabindande
antagonism *n.* motstånd
antagonist *n.* meningsmotståndare
antagonize *v.* motverka
antarctic *adj.* antarktisk
antecardium *n.* antecardium
antecede *v.* gå före
antecedent *n.* förelöpare
antecedent *adj.* föregående
antedate *n.* föregripa
antelope *n.* antilop
antenatal *adj.* prenatal
antennae *n.* antenn
antenuptial *adj.* före giftermål
anthem *n.* nationalsång
anthology *n.* antologi
anthrax *n.* mjältbrand
anthropoid *adj.* apliknande
anti *pref.* anti-
anti-aircraft *adj.* luftvärns-
antibiotic *n.* antibiotika

antic *n.* upptåg
anticipate *v.* anta
anticipation *n.* förväntning
antidote *n.* motgift
antinomy *n.* motsägelse
antipathy *n.* antipati
antiphony *n.* antifoni
antipodes *n.* antipod
antiquarian *adj.* antikvarisk
antiquarian *n.* fornforskare
antiquary *n.* antikvarie
antiquated *adj.* göra föråldrad
antique *adj.* gammaldags
antiquity *n.* antiken
antiseptic *n.* bakteriedödande medel
antiseptic *adj.* antiseptisk
antithesis *n.* antites
antitheism *n.* gudsförnekelse
antitheist *n.* ateist
antler *n.* hjorthorn
antonym *n.* motsatsord
anus *n.* anus
anvil *n.* städ
anxiety *adj.* ångest
anxious *adj.* ängslig
anxiously *adv.* ängsligt
any *adj.* någon
any *adv.* något
anyhow *adv.* hur som helst
anyone *pron* någon
anyplace *pron* var som helst
anything *pron* vad som helst
anytime *adv.* när som helst
anyway *adv.* hur som helst
anywhen *adv.* när som helst
anywhere *adv.* var som helst
anywho *adv.* vem som helst
aorta *n.* aorta
apace *adv.* snabbt
apart *adv.* ifrån
apartment *n.* lägenhet
apathy *n.* apati
ape *n.* apa
ape *v.* härma
aperture *n.* bländare

apex n. höjdpunkt
aphasia n. afasi
aphorism n. aforism
apiary n. bikupa
apiculture n. biodling
apish adj. apliknande
apnoea n. apné
apologize v. be om ursäkt
apologue n. fabel
apology n. ursäkt
apostle n. apostel
apostrophe n. apostrof
apotheosis n. förhärligande
apotheosis n. förgudning
apparatus n. attiralj
apparel n. dräkt
apparel v. kläda
apparent adj. tydlig
appeal n. bön
appeal v. be
appear v. uppenbara
appearance n. utseende
appease v. stilla
appellant n. vädjande
append v. fästa
appendage n. bihang
appendicitis n. blindtarmsinflammation
appendix n. bilaga
appendix n. appendix
appetence n. begär
appetent adj. lysten
appetite n. aptit
appetizer n. förrätt
applaud v. applådera
applause n. applåder
apple n. äpple
appliance n. tillämpning
applicable adj. passande
applicant n. sökande
application n. ansökning
application n. applikation
apply v. applicera
apply v. påstryka
appoint v. anställa
appointment n. möte

apportion v. fördela
apposite adj. lämplig
appositely adv. motsatt
appraise v. värdera
appreciable adj. märkbar
appreciate v. uppskatta
appreciation n. uppskattning
apprehend v. begripa
apprehension n. oro
apprehensive adj. orolig
apprehensive adj. förstående
apprentice n. lärling
apprise v. underrätta
approach v. närma
approach n. ansats
approbate v. gilla
approbation n. approbation
approbation n. goodkännande
appropriate v. bevilja
appropriate adj. lämplig
appropriation n. anslag
appropriation n. avsättning
approval n. godkännande
approve v. godkänna
approximate adj. ungefär
appurtenance n. tillbehör
apricot n. aprikos
April n. April
apron n. förkläde
apt adj. träffande
apt adj. duktig
apt adj. läraktig
aptitude n. talang
aquarium n. akvarium
aquarius n. vattuman
acuatic adj. vattenlevande
aqueduct n. akvedukt
Arab n. Arab
Arabic n. arabiska
Arabic adj. arabisk
arable adj. oldingsbar
arbiter n. domare
arbitrary adj. godtycklig
arbitrate v. medla
arbitration n. medling
arbitrator n. medlare

arc *n.* båge
arcade *n.* arkad
arch *n.* valv
arch *v.* kröka
arch *adj.* ärke-
archaeology *n.* arkeologi
archaic *adj.* gammaldags
archangel *n.* ärkeängel
archbishop *n.* ärkebiskop
archer *n.* bågskytt
archery *n.* bågskytte
architect *n.* arkitekt
architecture *n.* arkitektur
archives *n.pl.* arkiv
Arctic *n.* Arktika
ardent *adj.* brinnande
ardour *n.* iver
arduous *adj.* brant
area *n.* område
areca *n.* arekapalm
arefaction *n.* förtunnig
arena *n.* arena
argil *n.* keramiklera
argonaut *n.* argonaut
argue *v.* bråka
argument *n.* argument
argument *n.* diskussion
argute *adj.* skarp
arid *adj.* torr
aries *n.* vädur
aright *adv.* rätt
arise *v.* uppstå
aristocracy *n.* aristokrati
aristocrat *n.* aristokrat
arithmetic *n.* aritmetik
arithmetical *adj.* aritmetisk
ark *n.* ark
ark *n.* förbundsark
arm *n.* arm
arm *v.* beväpna
armada *n.* eskader
armament *n.* rustning
armature *n.* armatur
armature *n.* pansar
armature *n.* skydd
armistice *n.* vapenvila

armlet *adj.* armbindel
armlet *adj.* havsvik
armour *n.* pansar
armoury *n.* vapenförråd
armpit *n.* armhåla
army *n.* armé
aroma *n.* arom
aromatherapy *n.* aromaterapi
around *prep.* om
around *adv.* runt
arouse *v.* väcka
arraign *v.* anklaga
arrange *v.* arrangera
arrangement *n.* arrangemang
arrant *n.* ärende
array *v.* uppställa
array *n.* jury
arrears *n.pl.* rest
arrest *v.* arrestera
arrest *n.* arrest
arrival *n.* ankomst
arrive *v.* ankomma
arrogance *n.* arrogans
arrogant *adj.* arrogant
arrow *n.* pil
arrowroot *n.* arrowrot
arsenal *n.* arsenal
arsenic *n.* arsenik
arson *n.* mordbrand
art *n.* konst
artery *n.* artär
artful *adj.* skicklig
arthritis *n.* artrit
artichoke *n.* kronärtskocka
article *n.* artikel
articulate *adj.* artikulera
articulate *v.* uttala
artifice *n.* knep
artificial *adj.* konstgjord
artillery *n.* artilleri
artisan *n.* hantverkare
artist *n.* konstnär
artistic *adj.* konstnärlig
artless *adj.* troskyldig
as *adv.* så
as *conj.* allteftersom

as *conj.* som
as *pron.* som
as *pron.* när
asafoetida *n.* dyvelsträck
asbestos *n.* asbest
ascend *v.* stiga
ascendancy *n.* makt
ascent *n.* backe
ascertain *v.* konstatera
ascetic *n.* asketism
ascetic *adj.* asketisk
ascribe *v.* tillskriva
asexuality *n.* asexualitet
ash *n.* aska
ashamed *adj.* skamsen
ashen *adj.* askgrå
ashore *adv.* i land
aside *adv.* åsido
aside *n.* sidoreplik
asinine *adj.* åsne-
ask *v.* fråga
asleep *adv.* sovande
asparagus *n.* sparris
aspect *n.* läge
asperse *v.* smäda
asphyxia *n.* asfyxi
asphyxiate *v.* kväva
aspirant *n.* aspirant
aspiration *n.* aspiration
aspire *v.* dra ut
ass *n.* åsna
assail *v.* angripa
assassin *n.* avrättare
assassinate *v.* avrätta
assassination *n.* avrättning
assault *n.* överfall
assault *v.* överfalla
assemble *v.* församlas
assembly *n.* sällskap
assent *v.* samtycka
assent *n.* samtycke
assert *v.* bedyra
assertive *adj.* säker
assess *v.* fastställa
assessment *n.* bedömning
asset *n.* tillgång

assibilate *v.* assibilera
assign *v.* tillskriva
assignee *n.* uppdragsinnehavare
assimilate *v.* assimilera
assimilation *n.* assimilation
assist *v.* assistera
assistance *n.* assistans
assistant *n.* assistent
associate *v.* associera
associate *adj.* förenad
associate *n.* vän
association *n.* association
assoil *v.* sona
assort *v.* ordna
assuage *v.* stilla
assume *v.* anta
assumption *n.* antagande
assurance *n.* försäkring
assure *v.* försäkra
astatic *adj.* instabil
asterisk *n.* asterix
asterism *n.* asterism
asteroid *adj.* asteroid
asthma *n.* astma
astir *adv.* i rörelse
astonish *v.* förvåna
astonishment *n.* förvåning
astound *v.* förbluffa
astral *adj.* astral
astray *adv.*, vilse
astrolabe *n.* astrolabium
astrologer *n.* astrolog
astrology *n.* astrologi
astronaut *n.* astronaut
astronomer *n.* astronom
astronomy *n.* astronomi
asunder *adv.* sönder
asylum *n.* fristad
asymmetrical *adj.* asymetrisk
at *prep.* i
atheism *n.* ateism
atheist *n.* ateist
athirst *adj.* ivrig
athlete *n.* atlet
athletic *adj.* atletisk
athletics *n.* idrott

athwart *prep.* tvärs över
atlas *n.* atlas
atmosphere *n.* atmosfär
atmospheric *adj.* atmosfärisk
atoll *n.* tokig
atom *n.* atom
atomic *adj.* atomisk
atone *v.* gottgöra
atonement *n.* gottgörelse
atopic *adj.* atopisk
atrocious *adj.* avskyvärd
atrocity *n.* grymhet
atrophy *n.* atrofi
atrophy *v.* förtvina
atropine *n.* atropin
attach *v.* fästa
attach *v.* knyta
attache *n.* attaché
attachment *n.* hängivenhet
attack *n.* attack
attack *v.* attackera
attain *v.* nå
attainment *n.* uppnående
attaint *v.* vanära
attempt *v.* försöka
attempt *n.* försök
attend *v.* betjäna
attendance *n.* närvaro
attendant *n.* deltagare
attention *n.* uppmärksamhet
attentive *adj.* uppmärksam
attenuance *n.* vård
attest *v.* vittna om
attire *n.* dräkt
attire *v.* kläda
attitude *n.* attityd
attorney *n.* ombud
attract *v.* attrahera
attraction *n.* attraktion
attractive *adj.* attraktiv
attribute *v.* attributera
attribute *n.* attribut
atypic *adj.* atypisk
aubergine *n.* äggplanta
auburn *adj.* kastanjebrun
auction *n.* auktion

auction *v.* auktionera
audacity *n.* fräckhet
audible *adj.* hörbar
audience *n.* publik
audiovisual *adj.* audiovisuell
audit *n.* revision
audit *v.* granska
auditive *adj.* auditiv
auditor *n.* revisor
auditorium *n.* salong
auger *n.* jordborr
aught *n.* något alls
augment *v.* öka
augmentation *n.* ökning
August *n.* Augusti
august *adj.* upphöjd
aunt *n.* faster/moster
aura *n.* aura
auriform *adj.* öronformad
aurilave *n.* öronrengörare
aurora *n.* morgonrodnad
auspicate *v.* förutsäga
auspice *n.* beskydd
auspicious *adj.* gynnsam
austere *adj.* sträng
authentic *adj.* äkta
author *n.* författare
authoritative *adj.* auktoritativ
authority *n.* auktoritet
authorize *v.* auktorisera
autobiography *n.* autobiografi
autocracy *n.* diktatur
autocrat *n.* aoutokrat
autocratic *adj.* autokratisk
autograph *n.* autograf
automatic *adj.* automatisk
automobile *n.* bil
autonomous *adj.* autonom
autumn *n.* höst
auxiliary *adj.* hjälp-
auxiliary *n.* medhjälpare
avail *v.* nytta
available *adj.* tillgänglig
avale *v.* nedstiga
avarice *n.* girighet
avenge *v.* hämnd

avenue *n.* gata
average *n.* medel
average *adj.* genomsnittlig
average *v.* beräkna
average *v.* beräkna
averse *adj.* ovillig
aversion *n.* motvilja
avert *v.* förhindra
aviary *n.* fågelhus
aviation *n.* flygning
aviator *n.* flygare
avid *adj.* sniken
avidity *adv.* snikenhet
avidly *adv.* begärligt
avoid *v.* undvika
avoidance *n.* undvikande
avow *v.* vidkännas
avulsion *n.* bortryckning
await *v.* vänta
awake *v.* vakna
awake *adj.* vaken
awakening *n.* uppvaknande
award *v.* tilldela
award *n.* utmärkelse
aware *adj.* medveten
awareness *n.* medvetenhet
away *adv.* ifrån
awe *n.* skräck
awesome *adj.* fantastisk
awful *adj.* hemsk
awhile *adv.* ett tag
awkward *adj.* pinsam
axe *n.* yxa
axial *adj.* axel-
axis *n.* axel
axle *n.* axel
ayield *v.* ge efter
azote *n.* kväve
azure *n.* azur
azzure *adj.* himmelsblå

B

babble *n.* babbel
babble *v.* babbla

babe *n.* sötnos
babe *n.* babe
babel *n.* förbistring
baboon *n.* babian
baby *n.* bäbis
babyface *n.* bäbisansikte
babyproof *adj.* bäbissäker
babysit *v.* sitta barnvakt
babysitting *n.* barnvaktande
baccalaureate *n.* kandidatexamen
bacchanal *n.* backanal
bacchanal *adj.* backanalisk
bachelor *n.* kandidat
bachelorette *n.* ungmö
back *n.* rygg
back *adv.* tillbaka
back *adj.* bakomliggande
back *v.* stödja
backbite *v.* baktala
backbone *n.* ryggrad
background *n.* bakgrund
backhand *n.* backhand
backfire *v.* slå tillbaka
backlash *n.* spelrum
backlash *v.* motreagera
backlight *n.* bakljus
backlight *v.* att lysa upp bakifrån
backlit *adj.* bakgrundsbelyst
backpack *n.* ryggsäck
backpack *v.* vandra
backpacker *n.* backpacker
backslide *v.* avfalla
backstairs *n.* kökstrappa
backstairs *adj.* bakvägs-
backtrack *n.* att ändra uppfattning
backtrack *v.* ändra uppfattning
backup *n.* säkerhetskopiering
backup *adj.* säkerhets-
backward *adj.* bakåtriktad
backward *adv.* avan
bacon *n.* bacon
bacteria *n.* bakterie
bad *adj.* dålig
badge *n.* bricka
badger *n.* grävling

badly *adv.* illa
badly *adv.* dåligt
badminton *n.* badminton
baffle *v.* svika
baffling *adj.* förvirrande
bag *n.* väska
bag *v.* fånga
bag *v.* fälla
baggage *n.* bagage
bagpipe *n.* säckpipa
bagpiper *n.* säckpipblåsare
baguette *n.* baguette
bail *n.* borgen
bail *v.* deponera
bailable *adj.* möjligt frige mot borgen
bailiff *n.* förvaltare
bait *n.* bete
bait *v.* minska
bake *v.* baka
baker *n.* bagare
bakery *n.* bageri
balaclava *n.* balaclava
balance *n.* balans
balance *v.* balansera
balcony *n.* balkong
bald *adj.* skallig
bale *n.* packe
bale *v.* bala
baleful *adj.* ond
baleen *n.* valfiskben
ball *n.* boll
ballad *n.* ballad
ballet *sn.* ballett
ballistics *n.* ballistik
balloon *n.* ballong
ballot *n.* val
ballot *v.* rösta
ballpoint *n.* kulspetspenna
balm *n.* lindring
balmlike *adj.* lindrande
balsam *n.* balsam
balsamic *adj.* balsamisk
bam *n.* högt ljud
bamboo *n.* bambu
ban *n.* förbud

ban *v.* förbjuda
banal *adj.* banal
banana *n.* banan
band *n.* band
bandage *n.* bandage
bandage *v.* bandagera
bandit *n.* bandit
bane *n.* gift
bane *v.* förgifta
bang *v.* smälla igen
bang *n.* smäll
bangle *n.* armring
banish *v.* förbjuda
banishment *n.* förbud
banjo *n.* banjo
bank *n.* bank
bank *n.* dosering
bank *v.* dosera
bank *v.* kränga
banker *n.* bankman
banknote *n.* sedel
bankrupt *n.* bankrupt
bankruptcy *n.* konkurs
banner *n.* flagga
bannister *n.* räcke
banquet *n.* bankett
banquet *v.* festa
bantam *n.* höns
banter *v.* skämta
banter *n.* skämt
bantling *n.* ung
bantling *n.* spädbarn
banyan *n.* banianfikus
baptism *n.* baptism
baptize +*v.t.* döpa
bar *n.* stapel
bar *n.* räcke
bar *v.* blockera
barb *n.* hulling
barbarian *adj.* barbarisk
barbarian *n.* barbar
barbarism *n.* barbarism
barbarity *n.* grymhet
barbarous *adj.* barbarisk
barbed *adj.* hullingförsedd
barber *n.* barberare

bard *n.* bard
bare *adj.* bar
bare *v.* blotta
barefoot *adj.* barfota
barely *adv.* knappast
bargain *n.* kap
bargain *v.* förhandla
barge *n.* pråm
baritone *n.* baryton
barium *n.* barium
bark *n.* bark
bark *v.* skälla
bark *v.* garva
barley *n.* korn
barman *n.* bartender
barn *n.* ladgård
barnacle *n.* havstulpan
barometer *n.* barometer
baron *n.* baron
baroque *adj.* barock-
barouche *n.* barouche
barrack *n.* barrack
barrage *n.* fördämning
barrel *n.* tunna
barren *n.* ödeland
barricade *n.* barrikad
barrier *n.* barriär
barrister *n.* advokat
bartender *n.* bartender
barter *v.* byta
barter *n.* byteshandel
basal *adj.* fundamental
base *n.* bas
base *adj.* enkel
base *v.* grunda
baseborn *adj.* av ringa härkomst
baseless *adj.* grundlös
basement *n.* källare
bash *n.* slag
bash *v.* slå till
bashful *adj.* blyg
basic *adj.* enkel
basically *adv.* enkelt
basil *n.* basilika
basin *n.* fat
basis *n.* grund

bask *v.* värma sig
basket *n.* korg
basketball *n.* basketboll
bass *n.* basgitarr
bastard *n.* oäkting
bastard *adj.* oäkta
bastion *n.* befästning
bat *n.* fladdermus
bat *n.* slagträ
bat *v.* slå
batch *n.* omgång
bath *n.* bad
bathe *v.* bada
baton *n.* batong
batsman *n.* slagman
battalion *n.* trupp
battlement *n.* bröstvärn
batter *n.* slagman
batter *v.* skada
battery *n.* batteri
battle *n.* slag
battle *v.* kämpa med
battlefield *n.* slagfält
battleground *n.* slagfält
battlezone *n.* slagyta
baulk *n.* balk
bawd *n.* kopplerska
bawl *v.* ryta
bawn *n.* inhägnad
bay *n.* kust
bayonet *n.* bajonett
bayou *n.* vattendrag
bayside *adj.* längs kusten
bazaar *n.* basar
bazooka *n.* raketgevär
be *v.* visa sig
be *pref.* vara
beach *n.* strand
beachfront *adj.* strandkant
beachergoer *n.* en som går till stranden
beachside *adj.* strandkant
beacon *n.* fyr
bead *n.* pärla
beadle *n.* pedell
beadwork *n.* pärlbroderi

beady *adj.* pärlformig
beak *n.* näbb
beaker *n.* mugg
beam *n.* stråle
beam *v.* stråla
beamless *adj.* pank
bean *n.* böna
bear *n.* björn
bear *v.* hålla
bear *v.* bära
beard *n.* skägg
bearded *adj.* skäggig
beardless *adj.* skägglös
bearing *n.* bäring
beast *n.* odjur
beastly *adj.* helvetisk
beat *v.* slå
beat *v.* bulta
beat *n.* takt
beautiful *adj.* vacker
beautify *v.* försköna
beauty *n.* skönhet
beaver *n.* bäver
beaverskin *n.* bäverskinn
becalm *v.* stilla
because *conj.* för att
beck *n.* nick
beckon *v.* vinka till sig
beckon *v.* göra tecken
become *v.* bli
becoming *adj.* lämplig
bed *n.* säng
bed *v.* lägga
bedevil *v.* pina
bedding *n.* sängkläder
bedight *v.* pryda
bedlamp *n.* sänglampa
bedrobe *n.* litet sovrum
bedroom *n.* sovrum
bedsheet *n.* sänglakan
bedsore *n.* liggsår
bed-time *n.* läggdags
bee *n.* bi
beech *n.* bok
beef *n.* biff
beefy *adj.* biffig

beehive *n.* bikupa
beekeeper *n.* biodlare
beer *n.* öl
beet *n.* rödbeta
beetle *n.* skalbagge
beetroot *n.* rödbeta
befall *v.* hända
before *prep.* framför
before *prep.* för
before *adv.* innan
before *conj.* inför
beforehand *adv.* förhand
befriend *v.* hjälpa
beg *v.* be
beget *v.* föda
beggar *n.* tiggare
begin *v.* börja
beginner *n.* nybörjare
beginning *n.* början
begird *v.* omge
begrudge *v.* missunna
begrudging *adj.* avundsam
beguile *v.* lura
beguile *v.* tjusa
beguiling *adj.* tjusig
behalf *n.* fördel
behave *v.* uppföra sig
behaviour *n.* beteende
behead *v.* halshugga
behind *n.* bakom
behind *adv.* bakdel
behind *adj.* efter
behind *prep.* bakom
behold *v.* skåda
being *n.* varelse
bejewel *v.* blinga
belabour *v.* angripa
belated *adj.* försenad
belch *v.* rapa
belch *n.* rapning
belief *n.* tro
belief *n.* övertygelse
believe *v.* tro
believe *v.* anse
belittle *v.* förringa
bell *n.* klocka

bellboy *n.* pickolo
belle *n.* skönhet
bellhop *n.* pickolo
bellicose *adj.* krigisk
belligerency *n.* krigstillstånd
belligerent *adj.* krigförande
belligerent *n.* krigförande makt
bellow *v.* under
bellows *n.* rytande
belly *n.* mage
belong *v.* tillhöra
belongings *n.* tillhörigheter
beloved *adj.* älskad
beloved *n.* älskling
below *adv.* under
below *adv.* nere
below *prep.* nedanför
below *prep.* nedtill
bellowing *n.* rytande
belly *n.* mage
belong *v.* tillhöra
belong *prep.* höra hemma
belonging *n.* samhörighet
below *prep.* nedanför
below *adv.* under
belt *n.* bälte
beluga *n.* vitval
belvedere *n.* utsikt
bemask *v.* maskera
bemire *v.* smutsa ned
bemuse *v.* förvirra
bench *n.* bänk
bencher *n.* styrelseledamot
benchtop *n.* ovandel på bänk
benchwork *n.* arbete utfört på bänk
bend *n.* kurva
bend *v.* töja
beneath *adv.* lägre
beneath *adv.* under
beneath *prep.* nedan
beneath *prep.* nedanför
benediction *n.* välsignelse
benefaction *n.* donation
benefactor *n.* donerare
benefic *adj.* nyttig

benefice *n.* församling
beneficial *adj.* förmånlig
benefit *n.* fördel
benefit *v.* ta fördel av
benevolence *n.* generositet
benevolent *adj.* välvillig
benight *v.* förmörka
benign *adj.* vänlig
benignly *adv.* vänligt
benison *n.* välsignelse
bent *n.* läggning
bent *n.* böjelse
bent *adj.* böjd
bent *adj.* bockad
benzene *n.* bensen
benzidine *n.* bensidin
bequeath *v.* testamentera
bereave *v.* beröva
bereaved *adj.* fråntagen
bereavement *n.* förlust
bereavement *n.* depression
beret *n.* basker
berm *n.* motfyllning
berry *n.* bär
berserk *n.* bärsärk
beserk *adj.* bärsärk
beserker *n.* bärsärk
berth *n.* hytt
beryllium *n.* beryllium
beseech *n.* besvärja
beseech *v.* besvärja
beseeching *n.* besvärjelse
beshame *v.* att skämma ut
beside *prep.* bredvid
besides *prep.* förutom
besides *adv.* för övrigt
besiege *v.* belägra
beslaver *v.* förslava
besmirch *v.* smutsa
bespeak *v.* förebåda
bespectacled *adj.* glasögonprydd
bespoken *adj.* edlig
bestial *adj.* bestialisk
bestow *v.* använda
bestrew *v.* beströ
bet *v.* slå vad

bet *n.* vad
beta *adj.* beta-
beta *n.* Beta
betel *n.* betel
betray *v.* svika
betrayal *n.* svek
betroth *v.* trolova
betrothal *n.* trolovning
betrothed *adj.* trolovad
better *adj.* bra
better *adv.* bättre
better *v.* förbättra
betterment *n.* förbättring
betting *adj.* betting
bettor *n.* bettare
between *prep.* mellan
betwixt *prep.* emellan
beverage *n.* dryck
bewail *v.* begråta
beware *v.* se upp
bewilder *v.* förvirra
bewilderment *n.* förvirring
bewind *v.* tillbakaspolning
bewitch *v.* förtrolla
bewitched *adj.* förtrollad
bewitching *adj.* förtrollelse
bewitching *n.* förtrollning
beyond *prep.* utanför
beyond *adv.* vidare
bi *pref* bi
biangular *adj.* ha två vinklar
biannual *adj.* tvåårig
biannually *adv.* vartannat år
biantennary *adj.* ha två antenner
bias *n.* partiskhet
bias *v.* påverka
biased *adj.* partisk
biaxial *adj.* biaxiell
bib *n.* skäggtorsk
bib *v.*
bibber *n.* haklapp
bible *n.* bibel
bibliography +*n* bibliografi
bibliographer *n.* bibliograf
bicellular *adj.* av två celler
bicentenary *adj.* tvåhundraårsdag

biceps *n.* biceps
bicker *v.* träta
bicycle *n.* cykel
bid *v.* buda
bid *v.* bjuda
bid *n.* bud
bidder *n.* budare
bide *v.* avvakta
bidet *n.* bidé
bidimensional *adj.* tvådimensionell
biennial *adj* biennial
bier *n.* kista
bifacial *adj.* tvåsidig
biff *n.* snyting
biff *v.* smocka till
biformity *n.* dubbelform
bifurcate *v.* grena
bifurcation *n.* avgrening
big *adj.* stor
bigamist *n.* bigamist
bigamous *adj.* bigami-
bigamy *n.* bigami
bighead *n.* pösmunk
bighearted *adj.* storhjärtad
bight *n.* bukt
bigot *n.* fanatiker
bigotry *n.* fanatism
bike *n.* cykel
biker *n.* cyklist
bikini *n.* bikini
bilateral *adj.* bilateral
bile *n.* irritation
bile *n.* bitterhet
bilingual *adj.* flerspråkig
bill *v.* fakturera
bill *n.* faktura
billable *adj.* fakturerat för
billboard *n.* affisch
billiard *n.* biljard
billion *n.* miljard
billionaire *n.* miljardär
billow *n.* våg
billow *v.* bölja
billow *v.* svalla
bimonthly *adj.* en gång varannan

månad
bimonthly *adj.* två gånger i månaden
binary *adj.* binär
bind *v.* binda
binding *adj.* bidning
binge *v.* kalasa
binocular *adj.* binoculär
binoculars *n.* kikare
bioabsorption *n.* bioapsorbtion
bioactivity *n.* bioaktivitet
bioagent *n.* bioagent
biochemical *adj.* biokemisk
bioclimate *n.* bioklimat
biodegradation *n.* bionedbrytning
bioengineering *n.* bioteknik
biofuel *n.* biobränsle
biographer *n.* biograf
biography *n.* biografi
biohazardous *adj.* biologiskt farligt
biologist *n.* biolog
biology *n.* biologi
biomass *n.* biologisk massa
biometric *adj.* biometrisk
bionic *adj.* övermänsklig
biopsy *n.* biopsi
biopsy *v.* att göra en biopsi
bioscope *n.* biografprojektor
bioscopy *n.* bioskopi
biped *n.* tvåfotadjur
bipolar *adj.* bipolär
biracial *adj.* två raser
birch *v.* ge smisk med björkris
birch *n.* björk
bird *n.* fågel
birdcage *n.* fågelbur
birdlime *n.* fågellim
birth *n.* födsel
birthdate *n.* födelsedatum
birthmark *n.* födelsemärke
biscuit *n.* skorpa
bisect *v.* bisektris
bisexual *adj.* bisexuell
bisexual *adj.* bisexuella

bishop *n.* biskop
bison *n.* bisonoxe
bisque *n.* biskvi
bistro *n.* bistro
bit *n.* bett
bitch *n.* satkärring
bite *v.* bita
bite *n.* bett
bitter *adj.* bitter
bi-weekly *adj.* varannan vecka
bizarre *adj.* bisarr
blab *v.* skvallra
blab *n.* skvaller
blabber *n.* babblare
black *adj.* svart
blacken *v.* svärta ner
blacklist *n.* svart lista
blacklist *v.* svartlista
blackmail *n.* utpressning
blackmail *v.* utpressa
blackmailer *n.* utpressare
blacksmith *n.* smed
bladder *n.* urinblåsa
blade *n.* blad
blain *n.* blemma
blame *v.* skylla
blame *n.* skuld
blanch *v.* blekna
bland *adj.* smickrande
bland *adj.* inställsam
blank *adj.* ren
blank *adj.* tom
blank *n.* lucka
blank *n.* tomrum
blanket *n.* filt
blare *v.* skrälla
blare *v.* smattra
blasé *adj.* blasé
blast *n.* vindstöt
blast *v.* ljuda
blastoff *n.* uppskjutning
blatant *adj.* uppenbar
blaze *n.* sken
blaze *v.* brassa på
blazing *adj.* tydlig
blazon *n.* sköld

blazon v. måla
blazoned adj. målad
bleach v. bleka
bleach n. blekmedel
bleak n. löja
bleak adj. kal
blear v. fördunkla
bleat n. bräkande
bleat v. böla
bleb n. blåsa
bleed v. blöda
blemish n. fläck
blemish v. fläcka
blend v. blanda
blend n. blandning
bless v. välsigna
blether v. pladdra
blether n. munväder
blight n. förödelse
blind adj. blind
blindage n. splitterskydd
blindfold v. binda för ögonen
blindfold n. ögonbindel
blindness n. blindhet
bling n. stil
blink v. blinka
blip n. ljusfläck
blip v. radera
bliss n. salighet
blister n. blåsa
blizzard n. snöstorm
blob n. droppe
bloc n. block
block n. byggnad
block v. blockera
blockade n. blockad
blockhead n. dumskalle
blood n. blod
bloodshed n. blodspill
bloody adj. blodigt
bloom n. blomma
bloom v. blommar
blossom n. blomning
blossom v. blomma
blot n. fläck
blot v. fläcka

blotted adj. nerfläckat
blouse n. blus
blow v. blåsa
blow n. slag
blowout n. explosion
blue n. blå
blue adj. blåna
bluff v. bluffa
bluff n. bluff
blunder n. synd
blunder v. dumma sig
blundering v. dummat sig
blundering n. dumhet
blunt adj. okänslig
blunt adj. avtrubbad
bluntly adv. trubbigt
blur n. suddighet
blur n. plump
blur v. suddas ut
blurt v. kasta ur sig
blush n. rodnad
blush v. rodna
blushing adj. rodnande
blushing n. rodna
boa n. boaorm
boar n. vildsvin
board n. råd
board n. styrelse
board n. nämnd
board v. brädfodra
board v. kartonnera
boast v. uppvisa
boast n. skryt
boat n. båt
boat v. åka båt
boathouse n. båthus
boatman n. båtuthyrare
bob n. nigning
bob v. guppa
bobbin n. spole
bodice n. livstycke
bodily adv. kroppsligen
body n. kropp
body n. bas
bodyboard v. bodyboarding
bodyboard n. bodyboard

bodyguard *n.* livvakt
bog *n.* kärr
bog *n.* mosse
bog *v.* köra fast
bogland *n.* mossmark
boglet *n.* kota
bogus *adj.* falsk
bohemian *n.* böhmare
bohemian *adj.* bohemiskt
boil *n.* kokas
boil *v.* koka
boiler *n.* kokare
boist *n.* låda
boisterous *adj.* högljudd
bold *adj.* modig
boldly *adv.* modigt
boldness *n.* modighet
bolero *n.* bolero
bollocks *n.* task
bollocks *v.* trassla till
bollocks *int.* nonsens
bolt *n.* regel
bolt *v.* låsa
bomb *n.* bomb
bomb *v.* bomba
bombard *v.* bombardera
bombardment *n.* bombardemang
bomber *n.* bomber
bonafide *adv.* äkta
bonafide *adj.* äkta
bond *n.* band
bondage *n.* slaveri
bonds *n.* band
bone *n.* ben
bonefish *n.* benfisk
bonehead *n.* dumhuvud
boneheaded *adj.* dum
boneless *adj.* benlös
bonfire *n.* brasa
bonnet *n.* huva
bonus *n.* bonus
book *n.* bok
book *v.* boka
book-keeper *n.* bokförare
book-keeping *n.* bokföring
book-mark *n.* bokmärke

book-seller *n.* boksäljare
book-worm *n.* bokmal
bookish *n.* pedantisk
bookish *n.* boklig
booklet *n.* broschyr
boom *n.* uppgång
boom *v.* dundra
boom *int.* dåna
boon *n.* förmån
boor *n.* tölp
boost *n.* höjning
boost *v.* haussa
boost *v.* stärka
boot *n.* stövel
booth *n.* skjul
booty *n.* rumpa
booze *v.* dricka
border *n.* sarg
border *v.* gränsa
bore *v.* hålla
bore *n.* tidvattensvåg
born *v.* född
born rich *adj.* född rik
borne *adj.* född
borough *n.* borgarstad
borrow *v.* låna
bosom *n.* byst
boss *n.* chef
bossy *adj.* bossig
botany *n.* botanik
botch *v.* fuskverk
both *adj.* båda
both *pron* både
both *adv.* bägge
both *conj.* både
bother *v.* besvära
botheration *n.* bråk
bottle *n.* flaska
bottle *v.* buteljera
bottler *n.* buteljerare
bottler *n.* buteljerare
bottler *n.* buteljerare
bottom *n.* botten
bottom *n.* nederända
bough *n.* köp
boulder *n.* sten

bouncer *n.* utkastare
bound *adj.* bunden
bound *v.* binda
bound *n.* språng
boundary *n.* gräns
bountiful *adj.* nådig
bounty *n.* belöning
bouquet *n.* bukett
bourgeois *adj.* borgerlig
bourgeoise *n.* borgarklass
bout *n.* omgång
bow *v.* buga
bow *n.* båge
bow *n.* pilbåge
bowel *n.* tarm
bower *n.* berså
bowl *n.* skål
bowl *v.* slå
box *n.* låda
boxing *n.* boxning
boy *n.* pojke
boycott *v.* bojkotta
boycott *n.* bojkott
boyhood *n.* barndom
boyish *adj.* pojkaktig
brace *n.* sträva
bracelet *n.* armband
braces *n.* tandställning
bracket *n.* grupp
bracket *v.* stödja med konsoler
brag *v.* skryta
brag *n.* skryt
braid *n.* fläta
braid *v.* fläta
braille *n.* blindskrift
brain *n.* hjärna
brainless *adj.* hjärnlös
brainstorm *n.* brainstorm
brainstorm *v.* brainstorma
brake *n.* broms
brake *v.* bromsa
branch *v.* vika av
branch *n.* gren
brand *n.* märke
brand *n.* varumärke
branding *n.* märkesprofilering

brandy *n.* konjak
brangle *v.* gräla
brass *n.* mässing
brat *n.* barnunge
brave *adj.* modig
bravery *n.* tapperhet
brawl *v.* bråka
brawl *n.* bråk
bray *n.* skri
bray *v.* smattra
braze *v.* slaglöda
brazen *adj.* skamlös
brazen *v.* förneka
breach *n.* brott
breach *v.* bryta
bread *n.* bröd
breaden *v.* utvidgas
breadth *n.* bredd
break *v.* bryta
break *v.* krossa
break *n.* broms
breakage *n.* läckage
breakdown *n.* uppdelning
breakfast *n.* frukost
breakfront *n.* möbel med central sektion
breaking *n.* brytning
breakneck *n.* halsbrytande
breakoff *n.* avbrott
breakout *n.* utbrytning
breakpoint *n.* brytpunkt
breaktime *n.* rast
breakup *n.* splittring
breast *v.* trotsa
breast *n.* bröst
breath *n.* andetag
breathe *v.* andas
breeches *n.* bakstycke
breed *v.* uppföda
breed *n.* ras
breed *n.* slag
breeze *n.* vindpust
breviary *n.* breviarum
brevity *n.* knapphet
brew *v.* brygga
brew *v.* koka ihop

brew *n.* brygd
brew *n.* brygd
brewery *n.* bryggeri
bribe *n.* muta
bribe *v.* muta
brick *n.* tegel
bride *n.* brud
bridegroom *n.* brudgum
bridge *n.* bro
bridge *v.* överbrygga
bridle *n.* betsel
brief *adj.* hastig
brigade *n.* brigad
brigadier *n.* brigadgeneral
brigand *n.* bandit
bright *adj.* ljus
brighten *v.* ljusa upp
brilliance *n.* briljans
brilliant *adj.* briljant
brim *n.* kant
brine *n.* saltvatten
bring *v.* ta med
brinjal *n.* aubergine
brink *n.* rand
briquet *n.* brikett
brisk *adj.* rask
bristle *n.* borsthår
british *adj.* brittisk
brittle *adj.* mandelkrokant
broad *adj.* bred
broadcast *n.* sändning
broadcast *v.* sända
brocade *n.* brokad
brocade *v.* väva brokad
broccoli *n.* broccoli
brochure *n.* broschyr
brochure *n.* broschyr
broker *n.* mäklare
bromite *n.* bromat
bronchial *adj.* bronkit-
bronze *n.* brons
bronze *adj.* bli brun
brood *n.* avkomma
brood *n.* kull
brood *v.* grubbla
brood *v.* grunna

brood *adj.* ruv-
broom *n.* kvast
broth *n.* buljong
brothel *n.* bordell
brother *n.* bror
brotherhood *n.* broderskap
brow *n.* ögonbryn
brown *adj.* brynas
brown *n.* brun
brownnoser *n* rövslickare
browse *n.* bläddrande
browse *v.* bläddra
browser *n.* sökmotor
bruise *n.* blåmärke
bruit *v.* basunera ut
bruit *n.* rykte
brunt *n.* angrepp
brush *n.* borste
brush *v.* borsta
brustle *v.* knastra
brutal *adj.* brutal
brute *n.* odjur
brutify *v.* brutalisera
brutish *adj.* grov
bubble *n.* bubbla
buck *n.* dollar
buck *v.* hoppa
bucket *n.* hink
buckle *n.* spänne
buckle *v.* bågna
bud *n.* knopp
buddy *n.* kompis
budge *v.* flytta
budge *n.* flytt
budget *n.* budget
buff *n.* sämskskinn
buff *n.* buffelhud
buffalo *n.* buffalo
buffoon *n.* pajas
bug *n.* insekt
bugle *n.* jakthorn
build *v.* bygga
build *n.* byggnad
building *n.* bygga
bulb *n.* blomlök
bulb *n.* glödlampa

bulimia *n.* bulimia
bulk *n.* majoritet
bulky *adj.* skrymmande
bull *n.* tjur
bulldog *n.* bulldog
bull's eye *n.* centrum
bullet *n.* kula
bulletin *n.* rapport
bullock *n.* oxe
bully *n.* mobbare
bully *v.* mobba
bulwark *n.* bålverk
bumper *n.* kofångare
bumpy *adj.* ojämn
bunch *n.* bukett
bundle *n.* bunt
bungalow *n.* bungalow
bungee *n.* gummirep
bungle *v.* fumla
bungle *n.* klumpighet
bunk *n.* brits
bunk *n.* binge
bunker *n.* bunker
buoy *n.* prick
buoyancy *n.* flyttförmåga
burden *n.* börda
burden *v.* belasta
burdensome *adj.* betungande
bureau *n.* byrå
Bureacuracy *n.* byråkrati
bureaucrat *n.* byråkrat
burglar *n.* inbrottstjuv
burglary *n.* inbrott
burial *n.* begravning
burke *v.* undvika
burlesque *adj.* farsartad
burlesque *n.* fars
burlesque *v.* parodi
burn *v.* bränna
burn *n.* tändning
brup *n.* rap
burp *v.* rapa
burrow *n.* begrava
burst *v.* brista
burst *n.* explosion
bury *v.* begrava

bus *n.* buss
bush *n.* buske
business *n.* affärer
businessman *n.* affärsman
bustle *v.* skynda sig
busy *adj.* upptagen
but *prep.* men
but *conj.* mer än
butcher *n.* slaktare
butcher *v.* slakta
butt *n.* tjockända
butt *v.* stöta
butter *n.* smör
butter *v.* smöra
butterfingers *n.* tafatt person
butterfly *n.* fjäril
butterhead *n.* butterhead
buttermilk *n.* kärnmjölk
buttock *n.* bakdel
button *n.* knapp
button *v.* knäppa
buy *v.* köpa
buy *n.* köp
buyer *n.* köpare
buzz *v.* sorla
buzz *n.* rykte
by *prep.* med
by *prep.* vid
by *prep.* hos
by *adv.* vid
bye-bye *interj.* hejdå
by-election *n.* fyllnadsval
bylaw, bye-law *n.* förordning
bypass *n.* omfartsled
by-product *n.* biprodukt
byre *n.* ladugård
byte *n.* byte
bywalk *n* ensamgång
byway *n.* omfartsväg
byword *n.* ordstäv

C

cab *n.* taxi
cabana *n.* hydda

cabaret *n.* restaurang
cabbage *n.* kål
cabby *n.* chaufför
cabin *n.* kabin
cabinet *n.* kabinett
cabinet *n.* regering
cable *n.* kabel
cable *v.* kabla
cache *n.* cache
cachet *n.* kännetecken
cackle *v.* fnittra
cactus *n.* kaktus
cad *n.* knöl
cadaver *n.* kadaver
cadaverous *adj.* likblek
cadence *n.* kadens
cadence *v.* slå i takt
cadet *n.* kadett
cadge *n.* bur
cadge *v.* snylta
cadmium *n.* kadmium
cafe *n.* café
cage *n.* bur
cage *v.* sätta i bur
caged *adj.* inburad
cajole *v.* övertala
cake *n.* kaka
calamity *n.* katastrof
calcite *n.* kalkspat
calcium *n.* kalcium
calculate *v.* kalkulera
calculator *n.* miniräknare
calculation *n.* uträkning
calendar *n.* kalender
calf *n.* kalv
calibrate *v.* kalibrera
calibration *n.* kalibrering
call *v.* ringa
call *v.* ropa
call *n.* samtal
call *n.* rop
caller *n.* besökare
calligraphy *n.* kalligrafi
calling *n.* kallelse
callow *adj.* dunig
callous *adj.* okänslig

calm *n.* lugn
calm *v.* lugna
calmative *adj.* lugnande medel
calorie *n.* kalori
calorific *adj.* värmeproducerande
calumniate *v.* smäda
calumny *n.* förtal
camel *n.* kamel
cameo *n.* kamé
cameo *v.* kortvarig
camera *n.* kamera
camlet *n.* kamlott
camouflage *n.* kamouflering
camouflage *v.* kamouflera
camouflaged *adj.* kamouflerad
camp *n.* läger
camp *v.* campa
campaign *n.* kampanj
campaign *v.* kampanja
camper *n.* campare
campfire *n.* lägereld
camphor *n.* kamfer
campsite *n.* campingplats
campus *n.* campus
can *n.* burk
can *v.* kan
can *v.* konservera
canal *n.* kanal
canard *n.* anka
canary *n.* kanariefågel
canary *adj.* ljusgul
canary *v.* tjalla
cancel *v.* avbryta
cancellation *n.* upphävande
cancer *n.* cancer
cancerogenic *adj.* cancerframkallande
candid *adj.* uppriktig
candidacy *n.* kandidatur
candidate *n.* kandidat
candle *n.* stearinljus
candle *v.* undersöka
candour *n.* ärlighet
candy *n.* godis
candy *v.* kristallisera
cane *n.* käpp

cane v. slå
canid n. Canidae släktet
canine adj. hunddjur
caning n. stryk
canister n. kardus
cannibal n. kannibal
cannibalise v. kannibalisera
cannibalism n. kannibalism
cannon n. kanon
cannonade v. kanonad
canny adj. försiktig
canon n. kanik
canonize v. kanonisera
canopy n. sänghimmel
canteen n. kantin
canter n. galopp
canton n. kanton
cantonment n. inkvartering
canvas n. kanvas
canvass v. agitera
canyon n. kanjon
cap n. keps
cap v. sätta lock på
capability n. förmåga
capable adj. duktig
capacious adj. stor
capacity n. kapacitet
cape n. kappa
cape n. udde
capillary n. hårkärl
capillary adj. hår-
capital n. kapital
capital n. huvudstad
capital n. medel
capital adj. döds-
capital adj. utmärkt
capitalist n. kapitalist
capitulate v. kapitulera
caprice n. infall
capricious adj. ombytlig
Capricorn n. stenbocken
capsicum n. spansk peppar
capsize v. gå runt
capsular adj. kapselartad
capsule n. kapsyl
captain n. kapten

captaincy n. ledning
caption n. bildtext
captivate v. fångad
captive n. fånge
captive adj. fången
captivity n. fångenskap
capture v. fångad
capture n. kap
car n. bil
carabine v. fäst till karbin
carat n. karat
caravan n. karavan
carbide n. karbid
carbon n. kol
carbonization n. förkolning
carbonize v. förkolna
cabuncle n. karbunkel
card n. kort
cardamom n. kardemumma
cardboard n. kartong
cardiac adj. hjärtstimulerande
cardinal adj. väsentlig
cardinal n. kardinal
cardio adj. kardiovaskulär
cardio n. kardio
cardiology n. kardiologi
care n. omsorg
care v. akta sig
career n. karriär
careful adj. försiktig
careless adj. slarvig
caress v. smeka
caretaker n. vaktmästare
caretaker adj. tillfällig vaktmästare
cargo n. gods
caricature n. parodi
carious adj. maskäten
carl n. oförskämd man
carlock n. billås
carnage n. blodbad
carnal adj. värdslig
carnival n. karneval
carnivore n. köttätare
carol n. psalm
carp n. karp

carpal *adj.* karpal
carpenter *n.* timmerman
carpentry *n.* snickeri
carpet *n.* matta
carrack *n.* galeas
carriage *n.* transport
carriage *n.* frakt
carrier *n.* bud
carrier *n.* budbärare
carrot *n.* morot
carry *v.* bära
carsick *adj.* åksjuk
carsickness *n.* åksjuka
cart *n.* vagn
cart *n.* skottkärra
cartage *n.* vagntransport
cartilage *n.* brosk
cartographer *n.* kartograf
carton *n.* paket
cartoon *n.* tecknad film
cartoonist *n.* serietecknare
cartridge *n.* kassett
carve *v.* snida
carve *v.* hugga ut
cascade *n.* kaskad
case *n.* fall
case *n.* väska
case *n.* låda
case *n.* kapsel
case *v.* lägga in
casern *n.* kasern
cash *n.* kontanter
cash *v.* kassera in
cashier *n.* kassör
cashmere *n.* kashmir
casing *n.* omslag
casino *n.* kasino
cask *n.* tunna
casket *n.* skrin
casserole *n.* gryta
cassette *n.* kassett
cast *v.* kasta
cast *v.* vinna
cast *v.* ställa
cast *n.* förband
cast *n.* avgjutning

cast *n.* kastning
caste *n.* slott
castellan *n.* slottsvakt
caster *n.* trissa
castigate *v.* häcklande
casting *n.* gjutning
cast-iron *adj.* gjugjärn
castle *n.* slott
castor *n.* styrhjul
castor oil *n.* ricinolja
casual *adj.* tillfällighets-
casualty *n.* olycka
cat *n.* katt
cataclysm *n.* katastrof
catacomb *n.* katakomb
catalogue *n.* katalog
catalogue *v.* katalogisera
catalyst *n.* katalysator
catalyzer *n.* katalysator
catapult *n.* katapult
catapult *v.* katapultera
cataract *n.* fors
catastrophe *n.* katastrof
catastrophic *adj.* katastrofiskt
catch *v.* fångad
catch *n.* kap
categorical *adj.* kategori-
category *n.* kategori
cater *v.* arrangera
caterer *n.* matleverantör
caterpillar *n.* bandfordon
catfight *n.* kattslagsmål
catfish *n.* havskatt
catharsis *n.* laxering
cathartical *adj.* laxativ
cathedral *n.* katedral
catholic *adj.* katolik
catholicism *n.* katolism
cattle *n.* nötkreatur
catwalk *n.* catwalk
caudal *adj.* stjärt-
cauldron *n.* gryta
cauliflower *n.* blomkål
causal *adj.* tillfällighets-
causality *n.* kausualitet
causative *adj.* kausativ

cause *n.* orsak
cause *n.* grund
cause *v.* anstifta
causeway *n.* vägbank
caustic *adj.* vass
caution *n.* försiktighet
caution *n.* varning
caution *v.* varna
cautious *adj.* försiktig
cavalry *n.* kavalleri
cave *n.* grotta
cavern *n.* grotta
caviar *n.* kaviar
cavil *v.* spetsfundighet
cavity *n.* hålighet
cavort *v.* hoppa omkring
cavorting *n.* hoppande
caw *n.* kraxande
caw *v.* kraxa
cease *v.* upphöra
ceasefire *n.* vapentillstånd
ceaseless *adj.* oavlåtlig
cedar *n.* ceder
cede *v.* avträda
ceiling *n.* tak
celebrate *v.* fira
celebration *n.* förhärligande
celebrity *n.* kändis
celebrity *n.* stjärna
celerity *n.* hastighet
celery *n.* selleri
celestial *adj.* himmelsk
celibacy *n.* celibat
celibacy *n.* ogift
celibate *adj.* celibat
cell *n.* cell
cell *n.* mobiltelefon
cell *n.* kader
cellar *n.* källare
cello *n.* cello
cellular *adj.* mobil-
Celsius *adj.* Celsius
cement *n.* cement
cement *v.* cementera
cemetery *n.* kyrkogård
cense *v.* bränna rökelse

censer *n.* rökelsekar
censor *n.* censor
censor *v.* censurera
censorious *adj.* kritisk
censorship *n.* censur
censure *n.* klander
censure *v.* kritisera
census *n.* folkräkning
cent *n.* öre
centenarian *n.* hundraåring
centenary *n.* hundraårsdag
centennial *n.* hundraårig
center *n.* mitten
centigrade *adj.* mäta celsius
centipede *n.* tusenfoting
central *adj.* central
centre *n.* mitt
centrical *adj.* centrisk
centrifugal *adj.* centrifugal
centuple *n.* & *adj.* hundrafaldiga
century *n.* sekel
cephaloid *adj.* huvudformat
ceramics *n.* keramik
cerated *adj.* täckt med vax
cereal *n.* flingor
cereal *adj.* sädes-
cerebral *adj.* cerebral
ceremonial *adj.* ceremoniell
ceremonious *adj.* formell
ceremony *n.* ceremoni
certain *adj.* viss
certain *adj.* säker
certainly *adv.* visst
certainty *n.* säkerhet
certificate *n.* certifikat
certify *v.* certifiera
cerumen *n.* öronvax
cervical *adj.* cervikal
cesarean *n* kejsarsnitt
cesarean *adj.* göra ett kejsarsnitt
cessation *n.* slut
cesspool *n.* kloakbrunn
cetin *n.* cetin
cetylic *adj.* cetylic
chain *n.* kedja
chain *v.* kedja

chair n. stol
chairman n. ordförande
chaise n. schäs
chalice n. kalk
chalice n. dryckesbägare
chalk n. krita
chalk v. krita
chalkdust n. kalkdamm
challenge n. utmaning
challenge v. utmana
chamber n. kammare
chamberlain n. kammarherre
champion n. mästare
champion v. kämpa
chance n. chans
chancellor n. kansler
chancery n. domstol
change v. ändra
change n. förändring
channel n. kanal
chant n. sång
chant v. sjunga
chaos n. kaos
chaotic adv. kaotiskt
chapel n. kapell
chapter n. kapitel
character n. person
charade n. charad
charge v. ladda
charge n. laddning
charger n. laddare
chariot n. stridsvagn
charisma n. karisma
charismatic adj. karismatisk
charitable adj. generös
charity n. välgörenhet
charm n. charm
charm v. charmera
chart n. tabell
chart n. diagram
charter n. stadga
chase v. jaga
chase n. jakt
chaste adj. kysk
chasten v. straffa
chastise v. aga

chastity n. kyskhet
chat n. chatt
chat v. chatta
chatter v. prata
chauffeur n. chaufför
chauvinism n. chauvinism
chauvinist adj. chaunistisk
chauvinist n. chauvinist
cheap adj. billig
cheapen v. bli billigare
cheat v. fuska
cheat n. bedragare
cheat n. bedrägeri
cheater n. fuskare
check v. kontrollera
check n. kontroll
checkers n. schack
checklist n. checklista
checkmate n. schackmatt
checkout n. leveranskontroll
checkpoint n. kontroll
checkpoint v. att göra en kontroll
chekup n. undersökning
checkup v. att göra en undersökning
cheddar n. cheddar
cheek n. kind
cheek n. fräckhet
cheep v. pipa
cheer n. hurra
cheer v. hurra för
cheerful adj. glad
cheerless adj. dyster
cheese n. ost
cheesy adj. ostig
chef n. kock
chemical adj. kemikalisk
chemical n. kemikalie
chemise n. linne
chemist n. kemist
chemistry n. kemi
cheque n. check
cherish v. vårda
cheroot n. cigarill
cherry n. körsbär
cherry adj. körsbärsfärgad

cherub n. kerub
chess n. schack
chest n. bröst
chestnut n. kastanj
chew v. tugga
chevalier n. kavaljer
chi n den 22a bokstaven i det grekiska alfabetet
chia n. mexikansk salvia
chic adj. chic
chick n. kyckling
chicken n. kyckling
chicken adj. feg
chide v. förebrå
chief adj. först
chieftain n. ledare
child n. barn
childhood n. barndom
childish adj. barnslig
chiliad n. tusental
chill n. kyla
chilli n. chilipeppar
chilly adj. frusen
chime n. harmoni
chime v. ringa
chimera n. chimär
chimney n. skorsten
chimpanzee n. schimpans
chin n. kind
China n. Kina
china n. porslin
chip n. chip
chip v. spricka
chirp v. kvittra
chirp n. kvitter
chisel n. mejsel
chisel v. stämma
chit n. intyg
chit n. skuldsedel
chivalrous adj. ridderlig
chivalry n. ridderlighet
chlorine n. klorin
chloroform n. kloroform
choice n. val
choir n. kör
choke v. kväva

cholera n. kolera
chocolate n. choklad
choose v. välja
chop v. hugga
chord n. ackord
choroid n. åderhinna
chorus n. kör
Christ n. Kristus
Christendom n. Kristendom
Christian n. Kristen
Christian adj. Kristen
Christianity n. Kristendom
Christmas n. Jul
chrome n. krom
chromosome n. kromosom
chronic adj. obotlig
chronicle n. krönika
chronological n. kronologisk
chronology n. kronologi
chronograph n. kronograf
chrysalis n. puppa
chubby adj. knubbig
chuckle v. skrockande
chum n. kompis
chum v. dela rum
church n. kyrka
churchyard n. kyrkogård
churl n. bonnläpp
churn v. kärna
churn n. smörkärna
cicada n. cikada
cider n. cider
cigar n. cigarr
cigarette n. cigarett
cinema n. biograf
cinnabar n. cinnober
cinnamon n. kanel
cipher n. schifferskrift
cipher v. kryptera
circle n. cirkel
circle v. cirkulera
circuit n. bana
circuit n. strömbana
circumfluence n. cirkel sluten av vätska
circumspect adj. försiktig

circular *adj.* cirkelformad
circular *n.* cirkullär
circulate *v.* cirkulera
circulation *n.* cirkulation
circumference *n.* omkrets
circumstance *n.* omständighet
circumstantial *adj.* tillfällig
circumvent *v.* kringgå
circumvention *n.* kringgående
circus *n.* cirkus
cirrhosis *n.* cirros
cirrhotic *adj.* cirrotisk
cisco *n.* amerkans siklöja
cist *n.* kista
cistern *n.* tank
citadel *n.* citadell
cite *v.* citera
citizen *n.* medborgare
citizenship *n.* medborgarskap
citric *adj.* citron-
citrine *n.* citrin
citrine *adj.* gröngul
citrus *n.* citrus
city *n.* stad
civic *adj.* medborgerlig
civics *n.* samhällskunskap
civil *adj.* civil
civilian *n.* civilperson
civilization *n.* civilisation
civilize *v.* civilisera
clack *v.* rassla
clack *n.* smäll
claim *n.* krav
claim *v.* hävda
claimant *n.* fordringsägare
clam *n.* mussla
clam *v.* samla musslor
clamber *v.* klättra
clamour *n.* krav
clamour *v.* kräva
clamp *n.* klämma
clandestine *adj.* hemlig
clap *v.* klappa
clap *n.* smäll
claque *n.* klack
clarification *n.* klargörande

clarify *v.* tillrättalägga
clarion *n.* trumpet
clarity *n.* klarhet
clarinet *n.* klarinett
clash *n.* kollision
clash *v.* komma i konflikt
clasp *n.* lås
clasp *v.* krama
class *n.* klass
class *n.* kurs
classic *adj.* klassisk
classic *n.* klassiker
classical *adj.* klassisk
classification *n.* klassifikation
classify *v.* klassifiera
clatter *n.* pladder
clatter *v.* pladdra
clause *n.* klausul
clausula *n.* clausula
clave *n.* klave
claw *n.* klo
claw *v.* klösa
clay *n.* lera
clean *adv.* ren
clean *adj.* rengöra
clean *v.* rengöra
cleanliness *n.* renhet
cleanse *v.* rensa
clear *adj.* redig
clear *v.* klara
clear *v.* fria
clearance *n.* uppklarande
clearly *adv.* tydligen
cleft *n.* klyfta
clergy *n.* prästerskap
clerical *adj.* prästerlig
clerk *n.* tjänsteman
clever *adj.* smart
clew *n.* tråd
cliché *n.* kliché
click *n.* klick
click *v.* klicka
client *n..* klient
cliff *n.* klippa
climate *n.* klimat
climax *n.* klimax

climb *n.* stigning
climb *v.* klättra
climber *n.* klättrare
cling *v.* klamra sig fast
clingy *adj.* klängig
clinic *n.* klinik
clinical *adj.* klinisk
clink *n.* kåk
clip *n.* gem
clip *v.* klippa
clive *n.* småborre
clive *v.* att klättra
cloak *n.* kloak
clock *n.* klocka
clod *n.* klump
cloister *n.* klosterliv
close *n.* slut
close *adj.* tät
close *v.* stänga
closet *n.* garderob
closet *v.* stänga in
closure *n.* avslutning
clot *n.* propp
clot *v.* koagulera
cloth *n.* trasa
clothe *v.* hölja
clothes *n.* kläder
clothing *n.* klädsel
cloud *n.* moln
cloudy *adj.* molnigt
clove *n.* klöver
clown *n.* clown
club *n.* klubb
clue *n.* ledtråd
clumsy *adj.* klumpig
cluster *n.* grupp
cluster *v.* samlas
clutch *n.* grepp
clutch *v.* gripa
clutter *v.* röra
coach *n.* tränare
coach *v.* träna
coachman *n.* kusk
coal *n.* kol
coalition *n.* koalition
coarse *adj.* grov

coast *n.* kust
coastal *adj.* kustlig
coat *n.* kappa
coat *v.* bekläda
coating *n.* lager
coax *v.* locka
cobalt *n.* kobolt
cobble *n.* kullersten
cobble *v.* lappa ihop
cobbler *n.* kullerstenssättare
cobblestone *n.* kullersten
cobra *n.* kobra
cobweb *n.* spindelnät
cocaine *n.* kokain
cock *n.* tupp
cocker *v.* cockerspaniel
cockle *v.* hjärtmussla
cock-pit *n.* cock-pit
cockroach *n.* kackerlacka
coconut *n.* kokosnöt
cod *n.* torsk
code *n.* kod
code *v.* koda
coding *n.* kodning
coeducation *n.* samundervisning
coefficient *n.* koefficient
coerce *v.* tvinga
coexist *v.* koexistera
coexistence *n.* koexistens
coffee *n.* kaffe
coffer *n.* kista
coffin *n.* kista
cog *n.* kogg
cogent *adj.* kraftig
cognate *adj.* blodssläkting
cognitive *adj.* kognitiv
cognizance *n.* fattningsförmåga
cohabit *v.* sambo
coherent *adj.* konsekvent
coherent *adj.* sammanhållen
cohesive *adj.* sammanhängande
cohesive *adj.* kohesions-
cohort *n.* kohort
coif *n.* frisyr
coif *n.* huva
coin *n.* mynt

coinage n. prägling
coincide v. sammanträffa
coir n. kör
coke v. koks
coky adj. liknande kol
cold adj. kallt
cold n. förkylning
cold n. kyla
collaborate v. sammarbeta
collaboration n. sammarbete
collapse v. kollapsa
collar n. halsband
colleague n. kollega
college n. college
collect v. samla ihop
collection n. kollektion
collective adj. gemensam
collector n. samlare
collide v. kollidera
collision n. kollission
colloquial adj. talspråkig
colloquialism n. vardagsuttryck
collusion n. samförstånd
colon n. skiljetecken
colonel n. överste
colonial adj. kolonial
colony n. koloni
colour n. färg
colour v. färga
colour-blind adj. färgblind
colourful adj. färgglad
coclourless adj. färglös
colter n. kniv
column n. kolumn
columnist n. kolumnist
coma n. koma
comatose adj. komatös
comb v. kamma
comb n. kam
combat n. strid
combat v. bekämpa
combatant n. kämpe
combative adj. stridslysten
combination n. kombination
combine v. kombinera
combust v. bränna

combustile adj. lättantändlig
combustion n. förbränning
combustor n. förbränningskammare
come v. komma
comedian n. komiker
comedy n. komedi
comely adj. vacker
comet n. komet
comfit n. konfektbit
comfort n. komfort
comfort v. lisa
comfort v. trösta
comfortable adj. bekväm
comforter n. tröstare
comfy adj. bekväm
comic adj. komisk
comic n. serietidning
comical adj. rolig
comma n. komma
command n. order
command n. befallning
command v. befalla
commandant n. kommandant
commander n. befälhavare
commandment n. bud
commemorate v. fira
commemoration n. firande
commence v. börja
commencement n. inledning
commend v. berömma
commendable adj. berömvärd
commendation n. beröm
comment v. kommentera
comment n. kommentar
commentary n. förklaring
commentator n. kommentator
commerce n. handel
commercial adj. reklam
commiserate v. ömka
commission n. kommitté
commission n. fullmakt
commissioner n. kommissionär
commissure n. skiljelinje
commit v. nedskriva
commit v. hänskjuta

commitment n. engagemang
committee n. kommitté
commodity n. vara
common adj. vanlig
commoner n. borgare
commonplace adj. plattityd
commonwealth n. samvälde
commotion n. tumult
commove v. sätta i rörelse
communal adj. gemensam
commune n. kommun
commune v. umgås förtroligt
commune v. ta nattvarden
communicate v. kommunicera
communication n. kommunikation
communiqué n. kommuniké
communism n. kommunism
communist n. kommunist
community n. samhälle
commute v. byta ut
commute v. förvandla
compact adj. kompakt
compact n. konferens
compact n. pakt
companion n. kompanjon
company n. företag
comparative adj. komparativ
compare v. jämföra
comparison n. jämförelse
compartment n. fack
compass n. kompass
compassion n. deltagande
compel v. tvinga
compensate v. kompensera
compensation n. kompensation
compete v. tävla
competence n. skicklighet
competent adj. kompetent
competition n. tävling
competitive adj. tävlingsinriktad
compilation n. kompilering
compile v. ta fram
complacent adj. dryg
complain v. klaga
complaint n. klagomål

complaisance n. artighet
complaisant adj. tillmötesgående
complement n. komplement
complementary adj. komplementera
complete adj. fullständig
complete v. slutföra
completion n. fullständigande
complex adj. komplex
complex n. sammansättning
complexion n. drag
compliance n. överensstämmelse
compliant adj. medgörlig
complicate v. komplicera
complication n. komplikation
compliment n. komplimang
compliment v. ge komplimang
comply v. följa
component adj. konstituerande
compose v. skriva
compose v. författa
composition n. komposition
compositor n. kompositör
compost n. kompost
composure n. lugn
compound n. blandning
compound adj. sammansatt
compound n. sammansättning
compound v. öka
compounder n. blandare
comprehend v. förstå
comprehension n. förståelse
comprehensive adj. förstående
compress v. komprimera
comprise v. omfatta
compromise n. kompromiss
compromise v. kompromisera
compulsion n. tvång
compulsory adj. obligatorisk
compunction n. samvete
computation n. beräkning
compute v. beräkna
computer n. dator
computeracy n. datamogenhet
comrade n. kamrat
comeradery n. kamratskap

concave *adj.* konkav
conceal *v.* täcka
concede *v.* bevilja
conceit *n.* fåfänga
conceive *v.* fatta
conceive *v.* begripa
concentrate *v.* koncentrera sig
concentration *n.* koncentration
concept *n.* koncept
conception *n.* befruktning
concern *v.* oroa sig
concern *n.* oro
concert *n.* konsert
concert *v.* avtala
concession *n.* medgivande
conch *n.* snäcka
conciliate *v.* vinna
concise *adj.* koncis
conclude *v.* besluta
conclusion *n.* slutsats
conclusive *adj.* avslutande
concoct *v.* blanda ihop
concoction *n.* påhitt
concord *n.* sämja
concrescence *n.* sammanväxning
concrete *n.* betong
concrete *adj.* konkret
concrete *v.* vara konkret
concubinage *n.* konkubinat
concubine *n.* konkubin
conculcate *v.* trampa på underfoten
condemn *v.* döma
condemnation *n.* fördömande
condensate *n.* kondensation
condense *v.* kondensera
condescend *v.* bevärdiga
condescending *dj.* nedlåtande
condign *adj.* rättvis
condition *n.* förutsättning
condition *n.* tillstånd
conditional *adj.* konditionalis
condole *v.* kondolera
condolence *n.* deltagande
condonation *n.* förlåtelse
condor *n.* kondor

conduce *v.* bidra till
conduct *n.* ledning
conduct *v.* anföra
conduct *v.* dirigera
conductor *n.* dirigent
conductor *n.* anförare
conductor *n.* åskledare
cone *n.* kon
confectioner *n.* konfektionist
confectionery *n.* konfektion
confer *v.* ge
confer *v.* skänka
conference *n.* konferans
confess *v.* erkänna
confession *n.* erkännande
confidant *n.* rådgivare
confide *v.* anförtro
confidence *n.* självförtroende
confident *adj.* självsäker
confidential *adj.* konfidentiell
config *n.* konfiguration
configuration *n.* konfiguration
configure *v.* konfigurera
confine *v.* begränsa
confinement *n.* fångenskap
confirm *v.* bekräfta
confirmation *n.* bekräftelse
confiscate *v.* konfiskera
confiscation *n.* konfiskation
conflict *n.* konflikt
conflict *v.* sammandrabba
confluence *n.* sammanflöde
confluent *adj.* sammanlöpande
conformity *n.* konformitet
confraternity *n.* broderskap
confrontation *n.* konfrontation
confuse *v.* förvirra
confuse *v.* sammanblanda
confusion *n.* förvirring
confute *v.* vederlägga
conge *n.* avsked
congeal *v.* frysa till
congenial *adj.* lämplig
congolmerate *n.* komglomerat
congolmerate *adj.* konglomerera
conglutinate *v.* limma ihop

congratulate v. gratulera
congratulation n. gratulation
congregate v. samla
congregation n. kongregation
congress n. kongress
congruency n. kongruens
congruent adj. kongruent
conical adj. konisk
conjecture n. gissning
conjecture v. gissa
conjugal adj. äktenskaplig
conjugate v. konjugera
conjunct adj. förbunden
conjunction n. bindeord
conjunctiva n. konjunktiva
conjuncture n. konjunktur
conjure v. trolla
connaisseur n. expert
connect v. koppla
connection n. koppling
connivance n. tyst medgivande
connive v. blunda för
conniving adj. blunda för
conquer v. besegra
conquer v. erövra
conquerer n. erövrare
conquest n. erövring
conscience n. samvete
conscious adj. medveten
consecrate v. helga
consecutive adj. efterföljande
consecutively adv. efter varandra
consensual adj. ömsesidig
consensus n. consensus
consent n. tillåtelse
consent v. samtycka
consequence n. konsekvens
consequent adj. konsekvent
conservation n. konservation
conservative adj. konservativ
conservative n. konservativ
conserve v. konservera
consider v. betrakta
considerable adj. betydande
considerate adj. omtänksam
consideration n. hänsyn

considering prep. med hänsyn till
consign v. anförtro
consignment n. avsändning
consist v. bestå av
consistence n. följdriktighet
consistency n. konsistens
consistency n. konsekvens
consistent adj. konsekvent
consolation n. tröst
console v. konsol
consolidate v. stärka
consolidation n. konsolidering
consonance n. konsonans
consonant n. konsonant
consort n. gemål
conspectus n. översikt
conspicuous adj. framträdande
conspiracy n. konspiration
conspirator n. konspirator
conspire v. konspirera
constable n. konstapel
constant adj. konstant
constellation n. konstellation
constipation n. förstoppning
constituency n. valkrets
constituent n. beståndsdel
constituent adj. konstituerande
constitute v. utgöra
constitution n. författning
constrict v. pressa
construct v. anlägga
construction n. byggnad
consult v. konsultera
consultation n. konsultation
consume v. konsumera
consumption n. konsumption
contact n. kontakt
contact v. kontakta
contagious adj. smittsamt
contain v. innehålla
containment n. innehåll
contaminate v. smitta
contemplate v. betrakta
contemplation n. betraktande
contemporary adj. samtida
contempt n. förakt

contemptuous *adj.* föraktfull
contend *v.* hänvda
content *adj.* nöjd
content *v.* nöja
content *n.* innehåll
content *n.* belåtenhet
contention *n.* åsikt
contentment *n.* tillfredsställelse
contest *v.* kämpa
contest *n.* slag
context *n.* kontext
contiguous *adj.* angränsande
continent *n.* kontinent
continental *adj.* kontinental
contingency *n.* osäkerhet
continual *adj.* ständig
continuation *n.* uppföljare
continue *v.* fortsätta
continuity *n.* kontinuitet
continuous *adj.* beständig
continuum *n.* kontinuum
contour *n.* kontur
contra *pref.* kontra
contraception *n.* preventivmetoder
contraceptive *adj.* preventivmedel
contract *n.* kontrakt
contract *v.* kontraktera
contraction *n.* sammandragning
contractor *n.* entreprenör
contradict *v.* motsäga
contradiction *n.* motsägelse
contralto *n.* alt
contrarian *n.* person som uttrycker en motsägelsefull synvinkel
contrary *adj.* motsats
contrast *v.* jämföra
contrast *n.* kontrast
contribute *v.* bidra
contribution *n.* insats
control *n.* kontroll
control *v.* kontrollera
controller *n.* controller
controversy *n.* kontrovers
contuse *v.* skada

contusion *n.* kontusion
conundrum *n.* gåta
convalesce *v.* tillfriskna
convalescence *n.* tillfrisknande
convalescent *adj.* konvalescent
convene *v.* samlas
convener *n.* sammankallande
convenience *n.* sammanträffande
convenient *adj.* bekväm
convent *n.* kloster
convention *n.* avtal
conventional *adj.* konventionell
convergence *n.* konvergens
convergent *adj.* konvergent
conversant *adj.* insatt i
conversation *n.* konversation
converse *v.* samtala
conversion *n.* förvandling
convert *v.* växla
convert *n.* konvertit
convertible *n.* cabriolet
convertible *adj.* konvertibel
convey *v.* medföra
conveyance *n.* transport
convict *v.* döma
convict *n.* straffånge
conviction *n.* fällande dom
convince *v.* övertala
convivial *adj.* festlig
convocation *n.* sammandragning
convoke *v.* sammankalla
convolve *v.* sammanrulla
convoy *n.* konvoj
convoy *v.* eskortera
convulse *v.* skaka
convulsion *n.* krampanfall
coo *n.* kutter
coo *v.* kurra
cook *v.* laga
cook *n.* kock
cooker *n.* spis
cool *adj.* inne
cool *v.* svalna
cooler *n.* kyla
cooperate *v.* sammarbeta
cooperation *n.* sammarbete

cooperative *adj.* kooperativ
coordinate *adj.* koordinat
coordinate *v.* samordna
coordination *n.* koordination
coot *n.* sothöna
copartner *n.* kompanjon
cope *v.* klara av
coper *n.* hästhandlare
copier *n.* kopieringsmaskin
copist *n.* avskrivare
copper *n.* koppar
coppery *adj.* kopparaktig
coppice *n.* buskage
coprology *n.* koprologi
copulate *v.* kopulera
copy *n.* kopia
copy *v.* kopiera
coral *n.* korall
corbel *n.* överkragning
cord *n.* sladd
cordate *adj.* hjärtformig
corded *adj.* försedd med sladd
cordial *adj.* hjärtlig
cordless *adj.* sladdlös
cordon *v.* spärra
cordon *n.* kordong
corduroy *n.* manchesterbyxor
core *n.* kärnpunkt
coriander *n.* koriander
cork *n.* kork
cork *n.* flöte
cormorant *n.* skarv
corn *n.* majs
cornea *n.* hornhinna
corner *n.* hörn
cornet *n.* kornett
cornicle *n.* bergsväg
coronation *n.* kröning
coronet *n.* liten krona
corporal *adj.* korpral
corporate *adj.* bolags-
corporation *n.* bolag
corps *n.* trupp
corpse *n.* lik
correct *adj.* rätt
correct *v.* ändra

correction *n.* rättelse
correlate *v.* korrelera
correlation *n.* korrelation
correspond *v.* stämma
correspondence *n.* korrespondens
correspondent *n.* korrespondent
corridor *n.* korridor
corroborate *v.* bekräfta
corroborative *adj.* bekräftande
corrosive *adj.* frätande
corrupt *v.* korrupt
corrupt *adj.* förvanskad
corruption *n.* korruption
cosmetic *adj.* kosmetisk
cosmetic *n.* kosmetik
cosmic *adj.* kosmisk
cosmopolitan *adj.* kosmopolitisk
cosmos *n.* kosmos
cost *v.* kosta
cost *n.* kostnad
costal *adj.* revbens-
cote *n.* skjul
costly *adj.* dyr
costume *n.* kostym
cosy *adj.* mysigt
cot *n.* fingertuta
cotemporal *adj.* existerar eller sker samtidigt
cotransfer *n.* överföring av länkade gener
cottage *n.* stuga
cotton *n.* bomull
couch *n.* soffa
cough *n.* hosta
cough *v.* hosta
could *v.* kunde
council *n.* råd
councillor *n.* rådsmedlem
counsel *n.* rådslut
counsel *v.* råda
counsellor *n.* rådgivare
count *n.* summa
count *n.* räkning
count *v.* räkna med
countable *adj.* räknebar

countdown n. nedräkning
countenance n. ansiktsuttryck
counter n. disk
counter v. motarbeta
counteract v. motverka
countercharge n. motanklagelse
counterfeit adj. förfalskning
counterfeiter n. förfalskare
countermand v. kontramandering
counterpart n. motsvarighet
countersign v. kontrasignera
countess n. grevinna
countless adj. otalig
country n. land
county n. stat
coup n. statskupp
couple n. par
couple v. koppla
couplet n. kuplett
coupon n. kupong
courage n. mod
courageous adj. modig
courier n. bud
course v. springa
course n. bana
court n. domstol
court v. söka
courteous adj. belevad
courtesan n. kurtisan
courtesy n. artighet
courtier n. hovman
courtship n. kurtis
courtyard n. gårdsplan
cousin n. kusin
coven n. häxsabbat
covenant n. kontrakt
cover v. avverka
cover n. skärm
coverlet n. överkast
covet v. begära
cow n. ko
cow v. skrämma
coward n. fegis
cowardice n. feghet
cower v. fjäska

coy adj. blyg
coy n. blyghet
cozy adj. gosig
crab n. krabba
crack n. smäll
crack v. spricka
cracker n. smällkaramell
cracker n. kex
cracker n. bonnlurk
crackle v. sprakande
cradle n. krubba
craft n. hantverk
craftsman n. hantverkare
crafty adj. förslagen
cram v. packa
crambo n. rimlek
crane n. kran
crane n. lyftkran
crankle v. att böja eller vrida sig
crash v. krascha
crash n. krasch
crasher n. ovälkommen gäst
crasis n. kris
crass adj. krass
crate n. back
crater n. krater
crave v. tråna efter
craving n. begär
craw n. kräva
crawl v. kravla
crawl n. crawl
crayfish n. kräfta
craze n. modefluga
crazy adj. galen
creak v. gnälla
creak n. gnisslande
cream n. grädde
crease n. veck
create v. skapa
creation n. skapelse
creative adj. kreativ
creator n. skapare
creature n. kreatur
credential n. betyg
credential adj. att vara en rekommendation åt någon

credible *adj.* trovärdig
credit *n.* kredit
creditable *adj.* hederlig
creditor *n.* fordringsägare
credulity *n.* godtrogenhet
credulous *adj.* godtrogen
creed *n.* lära
creek *n.* bäck
creep *v.* krypande
creeper *n.* klätterväxt
creepy *adj.* kuslig
cremate *v.* kremera
cremation *n.* kremation
crematorium *n.* krematorium
creole *n.* kreol
crepe *n.* kräpp
crepitate *v.* knastra
crepitation *n.* knastrande
crest *n.* kam
cretin *n.* kretin
crevet *n.* fullmakt
crew *n.* besättning
crib *n.* lya
cricket *n.* kricket
cricket *n.* syrsa
crime *n.* brott
criminal *adj.* kriminell
crimp *n.* våg
crimple *v.* smulpaj
crimson *n.* karmosin
crimson *v.* bli mörkröd
crimson *n.* karmosinröd
cringe *v.* kryperi
cripple *n.* invalid
crisis *n.* kris
crisp *adj.* knaprig
crisp *adj.* mör
crispen *v.* göra krispigt
criterion *n.* måttstock
critic *n.* kritiker
critical *adj.* kritisk
criticism *n.* kritik
criticize *v.* kritisera
croak *n.* kväkande
crockery *n.* kärl
crocodile *n.* krokodil

croesus *n.* krösus
croft *n.* torp
crome *n.* trädgårdsredskap
crome *v.* använda trädgårdsredskap
crone *n.* gammal käring
crook *adj.* bedragare
crooked *adj.* sned
crookery *n.* bedrägeri
crooning *n.* att sjunga
crop *n.* skörd
cross *v.* tvära
cross *n.* kors
cross *adj.* arg
cross *adj.* sur
crossbar *n.* överliggare
crossbeam *n.* tvärbjälke
crossbench *adj.* en som inte röstar i UK
crosscut *v.* tvärsnitt
crossfire *n.* korseld
crossing *n.* gatukorsning
crotch *n.* gren
crochet *v.* virkning
crotchet *n.* klammer
crouch *v.* huka sig
crow *n.* kråka
crow *v.* vyssja
crowbar *n.* kofot
crowd *n.* publik
crowded *adj.* fullsatt
crowdy *adj.* trång
crown *n.* krona
crown *v.* kröna
crowned *adj.* bli krönt
crucial *adj.* viktig
crucified *adj.* korsfäst
crucifix *n.* crucifix
crucify *v.* korsfästa
crude *adj.* råolja
cruel *adj.* grym
cruelty *n.* grymhet
cruise *v.* kryssning
cruiser *n.* kryssare
crumb *n.* smula
crumble *v.* bryta ihop

crump v. explodera
crunch n. knarrande
crunch v. knapra
crusade n. korståg
crusader n. korstågsfarare
crush v. söndersmula
crust n. kant
crutch n. krycka
cry n. skrik
cry v. ropa
cry v. skrika
cryogenics n. kryoteknik
cryptography n. kryptografi
crystal n. kristall
crystalize v. kristallisera
cub n. unge
cubby n. litet rum
cube n. kub
cubical adj. kubisk
cubiform adj. kubformad
cubit n. aln
cuckold n. hanrej
cuckoo n. gök
cucumber n. gurka
cuddle n. kram
cuddle v. kramas
cudgel n. knölpåk
cue n. replik
cueless adj. utan replik
cuff n. manschett
cuff v. sätta på handbojor
cuisine n. matlagning
cullet n. nersmält glas
culminate v. kulminera
culpable adj. skyldig
culprit n. brottsling
cult n. sekt
cultivate v. kultivera
cultivation n. kultivation
cultural adj. kulturell
culture n. kultur
culvert n. kulvert
cunning adj. listig
cunning n. list
cup n. kopp
cupboard n. skåp

Cupid n. Amor
cupidity n. snikenhet
cupon n. kupong
curable adj. botlig
curative adj. botemedel
curb n. kant
curb v. svänga
curcumin n. kurkumin
curd n. ostmassa
curd v. göra ostmassa
cure n. botemedel
cure v. bota
curfew n. utegångsförbud
curiosity n. nyfikenhet
curious adj. nyfiken
curl n. lock
curly adj. lockigt
currant n. vinbär
currency n. valuta
current n. ström
current adj. nuvarande
curriculum n. linje
curse n. förbannelse
curse v. förbanna
cursory adj. svära
curt adj. snäv
curtail v. förkorta
curtain n. gardin
curvature n. böjning
curve n. kurva
curve v. kröka
cushion n. kudde
cushion v. stoppa
custard n. vaniljkräm
custodian n. väktare
custody n. häkte
custody n. förmyndarskap
custom n. sedvänja
customary adj. sedvanlig
customer n. kund
cut v. skära
cut n. andel
cutis n. hud
cutter n. skärare
cuvette n. kyvett
cyan n. cyan

cyan adj. cyan-
cyanide n. cyanid
cyber adj. cyber-
cybercafé n. internetcafé
cyberchat n. internetchatt
cybercrime n. internetbrott
cycle n. cykel
cycle v. kretsa
cyclic adj. cyklisk
cyclist n. cyklist
cyclone n. cyklon
cyclops n. cyklop
cyclostyle n. stencil
cyclostyle v. stencilera
cylinder n. cylinder
cylindrical adj. cylindrisk
cynic n. cyniker
cynical adj. cynisk
cypher n. chifferskrift
cypress n. cypressträd

D

dabble v. blöta
dacoit n. rövare
dacoity n. banditism
dad n. pappa
daddy n. pappa
daffodil n. strandlilja
daft adj. tokig
dagger n. dolk
daily adj. dagligen
daily adv. dagligt
daily n. blad
dainty adj. förtjusande
dainty n. läckerhet
dairy n. dagbok
dais n. plattform
daisy n. tusensköna
dale n. liten dal
dam n. damm
damage n. skada
damage v. skada
damask n. damask
damask adj. grå-rosa färg

dame n. stormästarinna
damn v. förbanna
damn n. förbannelse
damn adj. jävla
damn adv. upphetsad
damn int. fan
damnable adj. jäkla
damnation n. fördömelse
damned adj. fördömd
damp adj. fuktig
damp n. fukt
damp v. fukta
dampen v. dämpa
damsel n. ungmö
dance n. dans
dance v. dansa
dancer n. dansare
dancing adj. dansande
dandelion n. maskros
dandle v. vyssja
dandruff n. mjäll
dandy n. sprätt
danger n. fara
dangerous adj. farligt
dangle v. dingla
dangling adj. dinglande
dank adj. fuktig
dank n. fukt
dank v. fuktig
dap v. studsa
dapper adj. nätt
dare v. våga
dare n. mod
daredevil n. våghals
daredevil v. våga
daresay v. att våga säga
daring n. djärvhet
daring adj. vågad
dark adj. djärv
dark n. mörker
darken v. förmörka
darkle v. skymma
darkly adv. mörkt
darkness n. mörker
darling n. älskling
darling adj. älska

dart *n.* pil
dart *v.* rusa
darting *n* rusande
dash *v.* slå
dash *n.* stänk
dashing *adj.* livlig
data *n.* data
databank *n.* databank
database *n.* databask
date *n.* datum
date *n.* dejt
date *n.* möte
date *v.* dejta
dated *adj.* daterad
daub *n.* fläck
daub *v.* smeta
daughter *n.* dotter
daunt *v.* skrämma
daunting *adj.* skrämmande
dauntless *adj.* oförfärad
dawdle *v.* driva bort
dawdler *n.* dagdrivare
dawn *n.* daggryning
dawn *v.* uppfatta
dawnlight *n.* gryningsljus
day *n.* dag
daydream *n.* dagdröm
daydream *v.* dagdrömma
daylight *n.* dagsljus
daze *n.* förvirring
daze *v.* förvirra
dazed *adj.* förvirrad
daziness *n.* att vara förvirrad
dazzle *n.* glans
dazzle *v.* blända
dazzling *adj.* bländande
dazzlingly *adv.* förblindat
deacon *n.* diakon
deaconship *n.* diakoninställning
deactivate *v.* deaktivera
deactivator *n.* deaktivator
deactivation *n.* deaktivation
dead *adj.* död
dead *n.* död
deadbeat *n.* döddansare
deadbeat *adj.* dödstrött

deadbolt *n.* skjutregel
deadbolt *v.* skjuta igen med regel
dead-end *adj.* att gå mot en återvändsgränd
dead-end *n.* återvändsgränd
dead-end *v.* att komma till en återvändsgränd
deadline *n.* deadline
deadlock *n.* stopp
deadlock *v.* orsaka stopp
deadly *adj.* dödlig
deaf *adj.* döv
deafen *v.* överrösta
deafening *adj.* öronbedövande
deal *n.* överenskommelse
deal *v.* handla
dealer *n.* handlare
dealership *n.* handel
dealings *n.* mellanhavande
dealmaker *n.* mäklare
dean *n.* dekan
dear *adj.* rar
dearth *n.* brist
death *n.* död
deathbed *n.* dödsbädd
deathblow *n.* nådaskott
deathly *adj.* dödligt
debar *v.* utspärra
debase *v.* sänka
debate *n.* debatt
debate *v.* debattera
debated *adj.* debatterat
debauch *v.* fördärva
debauch *n.* utsvävning
debauchee *n.* vällusting
debauchery *n.* utlevnad
debile *adj.* debil
debilitant *n.* försvagande av agent
debilitation *n.* svek
debilitating *adj.* försvaga
debility *n.* svaghet
debit *n.* debet
debit *v.* debitera
debris *n.* spillror
debt *n.* skuld
debtor *n.* gäldenär

debuff *n.* slut på resurser
debug *v.* avsöka
debutant *n.* debutant
decade *n.* årtionde
decadent *adj.* dekadent
decalcification *n.* avkalkning
decalcifiy *v.* avkalka
decalibrate *v.* att räkna fel
decamp *v.* bryta upp
decay *n.* förruttnelse
decay *n.* röta
decay *v.* förruttna
decease *n.* dödsfall
decease *v.* avlida
deceased *adj.* avliden
deceit *n.* svek
deceitful *adj.* lögnaktig
deceive *v.* bedraga
decelerate *v.* decelerera
deceleration *n.* inbromsning
december *n.* december
decency *n.* anständighet
decennary *n.* tioårsperiod
decent *adj.* lämplig
decentralized *adj.* decentralisera
decentre *v.* decentrera
deception *n.* bedrägeri
deceptive *adj.* bedräglig
decibel *n.* decibel
decide *v.* besluta
decided *adj.* avgjord
decidedly *adv.* avgjort
decidedness *n.* vara bestämd
decillion *n.* decillion
decimal *adj.* decimal
decimate *v.* minska
decimetre *n.* decimeter
decipher *v.* dechiffrera
decision *n.* beslut
decisive *adj.* avgörande
deck *n.* däck
deck *v.* däcka
declaration *n.* deklaration
declare *v.* deklarera
decline *n.* nedgång
decline *v.* böja av
declinous *adj.* nedåtsluttande
declutter *v.* rensa
decode *v.* avkoda
decoder *n.* avkodare
decolonization *n.* avkolonisering
decolonize *v.* avkolonisera
decommission *v.* ta ur bruk
decompose *v.* nedbryta
decomposition *n.* förvittring
decompress *v.* avkomprimera
decompression *n.* avkomprimering
deconstruct *v.* bryta ner i delar
deconstruction *n.* nedbrytning av delar
deconstructively *adv.* nedbrytning av delar
decontrol *v.* kontrollupphävning
decor *n.* dekor
decorate *v.* dekorera
decoration *n.* dekoration
decorative *adj.* dekorativt
decorum *n.* värdighet
decoy *n.* lockbete
decoy *v.* locka
decoyman *n.* en som jobbar med lockbete
decrease *v.* avta
decrease *n.* nedgång
decreasingly *adv.* avtagande
decree *n.* dom
decree *v.* förordna
decrement *n.* minskning
decrepitate *v.* knastra
decrepitation *n.* uppbrytning av uppvärmda kristaller
decriminalization *n.* avkriminalisering
decriminalize *v.* avkriminalisera
decrypt *v.* dekryptera
decrypt *n.* dekryptering
decryption *n.* dekryptering
dedicate *v.* ägna
dedication *n.* trohet
dedicatory *n.* en trohet
dedicatory *adj.* dedikations-

deduce *v.* utläsa
deduct *v.* dra av
deduction *n.* avdrag
deed *n.* verk
deem *v.* anse
deep *adj.* djup
deepen *v.* fördjupa
deeply *adv.* djupt
deer *n.* hjort
defamation *n.* förtal
defamatory *adj.* nedsättande
defame *v.* svärta
default *n.* underlåtenhet
defeat *n.* förlust
defeat *v.* besegra
defect *n.* defekt
defecate *v.* skita
defence *n.* försvar
defenceless *adj.* försvarslös
defend *v.* försvara
defendant *n.* försvarare
defensive *adv.* defensiv
defer *v.* skjuta upp
deference *n.* hänsyn
defiance *n.* utmaning
defiant *adj.* trotsig
deficiency *n.* brist
deficit *n.* underskott
deficient *adj.* undermålig
deficit *n.* brist
defile *n.* passage
define *v.* definiera
definite *adj.* avgjord
definition *n.* definition
deflate *v.* sanera
deflation *n.* deflation
deflect *v.* avlänka
deflection *n.* avvikelse
deflesh *v.* skägga
deflower *v.* deflorera
defoliant *n.* avlövningsmedel
defoliate *v.* avlöva
deforest *v.* kalhugga
deform *v.* deformera
deformity *n.* missbildning
defragment *v.* defragmentera

defragmentation *n.* defragmentation
deft *adj.* skicklig
degenerate *v.* degenerera
degenerate *n.* degenererad person
deglutination *n.* att lossa
degrade *v.* avsätta
degrading *adj.* skymflig
degree *n.* grad
degustation *n.* avsmakning
dehort *v.* beskära
dehumidify *v.* avfukta
dehydrate *v.* torka ut
dehydration *n.* uttorkning
deify *v.* idealisera
deign *v.* nedlåta sig att
deism *n.* deism
deist *n.* deist
deity *n.* gudom
deject *v.* göra bedrövad
dejection *n.* uppgivenhet
delay *v.* försena
delay *n.* försening
delayment *n.* fördröjning
delectability *n.* ljuvlighet
delegacy *n.* delegation
delegator *n.* delegator
delegalize *v.* delegalisera
delegate *n.* delegat
delegate *v.* delegera
delegation *n.* delegation
deletable *adj.* möjligheten att radera
delete *v.* radera
deliberate *adj.* avsiktlig
deliberate *v.* fundera
deliberation *n.* överläggning
delicacy *n.* finhet
delicate *adj.* delikat
delicious *adj.* läcker
delight *n.* glädje
delight *v.* glädja sig
delightedly *adv.* underbart
delightful *adj.* härlig
delimit *v.* begränsa
delimitate *v.* begränsa

delimitation *n.* avgränsning
delinquency *n.* förseelse
delinquent *adj.* brottslig
delinquent *n.* brottsling
delipidate *adj.* förfalla
delipidate *v.* changera
delipidation *n.* borttagning av lipider
deliriant *n.* tillståndet Frank delirium
deliver *v.* ge
deliverance *n.* befrielse
delivery *n.* leverans
delta *n.* delta
deltoid *n.* deltamuskel
delude *v.* lura
deluded *adj.* lurad
delusion *n.* inbillning
delusional *adj.* inbilsk
demagnatize *v.* avmagnetisera
demagogue *n.* agitator
demagogy *n.* demagogi
demand *n.* krav
demand *v.* kräva
demarcate *v.* avgränsa
demarcation *n.* gränsdragning
demasculinization *n.* sterilisering av män
dematerialisation *n.* dematerialisering
dematerialize *v.* dematerialisera
dement *v.* senil
demented *adj.* dement
demerit *n.* brist
demicircle *n.* halvcirkel
demilitarized *adj.* demilitarisera
demise *n.* bortgång
demobilization *n.* demobilisering
demobilize *v.* demobilisera
democracy *n.* demokrati
democratic *adj.* demokratisk
demolish *v.* demolera
demolition *n.* demolition
demon *n.* demon
demonetize *v.* demonisera
demonstrate *v.* demonstrera

demonstration *n.* demonstration
demoralize *v.* demoralisera
demur *n.* protest
demur *v.* protestera
demurrage *n.* överliggedagar
den *n.* bo
dengue *n.* denguefeber
denial *n.* avslag
denominate *v.* beteckna
denomination *n.* valör
denote *v.* beteckna
denounce *v.* ange
dense *adj.* trög
density *n.* täthet
dentist *n.* tandläkare
denude *v.* beröva
denunciation *n.* angivelse
deny *v.* förneka
deodorant *n.* deodorant
deodorant *adj.* eliminera lukt
deontological *adj.* deontologisk
deontology *n.* deontologi
deoxidation *n.* dekapering
deoxy *adj.* ersätte hydroxi med väte
depart *v.* avvika
department *n.* avdelning
departmentalization *n.* organisera efter funktion och geografi
departure *n.* avgång
depauperate *v.* förkrympt
depend *v.* bero
dependant *n.* underlydande
dependence *n.* beroende
dependent *adj.* underordnad
depict *v.* skildra
depiction *n.* avskildring
depilatory *adj.* hårborttagningsmedel
deplete *v.* reducera
depleted *adj.* slut på resurser
depletion *n.* tömning
deplorable *adj.* beklaglig
deploy *v.* utveckla
depolarize *v.* depolarisera

deponent *n.* deponens
deponent *n.* vittne
deport *v.* utvisa
depose *v.* avsätta
deposit *n.* retur
deposit *v.* deponera
depot *n.* depå
depravation *n.* fördärvelse
deprave *v.* fördärva
depraved *adj.* fördärvad
depreciate *v.* depreciera
depreciating *adj.* deprecierande
depreciatory *adj.* nedsättande
depredate *v.* plundra
depress *v.* trycka ned
depress *v.* sänka
depression *n.* depression
depression *n.* lågkonjunktur
depression *n.* dalsänka
depression *n.* nedtryckning
deprive *v.* undandra
depth *n.* djuphet
deputation *n.* utskott
depute *v.* utse
deputy *n.* ställföreträdare
derail *v.* spåra ur
derailment *n.* urspårning
derive *v.* härstamma
dermabrasion *n.* dermabrasion
dermatologist *n.* dermatologist
dermic *adj.* dermisk
derogatory *adj.* nedsättande
derrick *n.* bom
desalt *v.* avsalta
descale *v.* avkalka
descend *v.* sjunka
descendant *n.* ättling
descent *n.* härstamning
describe *v.* beskriva
description *n.* beskrivning
descriptive *adj.* beskrivande
desert *v.* överge
desert *n.* öken
desert *n.* ödemark
deserve *v.* förtjäna
design *v.* designa

design *n.* design
designate *v.* ange
designated *adj.* utsedd
designer *n.* designer
desirable *adj.* önskvärd
desire *n.* begär
desire *v.* begära
desirous *adj.* angelägen
desk *n.* skrivbord
desktop *n.* skrivbordsyta
desocialization *n.* avsocialisering
desolate *adj.* ensam
desolvate *v.* skövla
despair *n.* förtvivlan
despair *v.* misströsta
desperate *adj.* desperat
despicable *adj.* föraktlig
despise *v.* förakta
despiteful *adj.* hatisk
despot *n.* despot
dessert *n.* dessert
destabilization *n.* destabilisering
destabilize *v.* destabilisera
destination *n.* destination
destiny *n.* öde
destitute *adj.* utblottad
destress *v.* lägga mindre vikt på
destroy *v.* förstöra
destroyer *n.* förstörare
destruction *n.* förstörelse
detach *v.* skilja
detachment *n.* objektivitet
detail *n.* detalj
detail *v.* detaljera
detain *v.* gripa
detect *v.* detektera
detective *adj.* utreda
detective *n.* detektiv
determination *n.* beslutsamhet
determination *n.* fastställande
determine *v.* bestämma
detest *v.* avsky
dethrone *v.* avsätta
detonate *v.* detonera
detoxication *n.* avgiftning
detractor *n.* förtalare

deturpation *n.* att göra en foul
devaluate *v.* devalvera
devastate *v.* plundra
develop *v.* utveckla
development *n.* utveckling
deviate *v.* avvikelse
deviation *n.* avvikelse
device *n.* utrustning
devil *n.* djävul
devise *v.* uppfinning
devoid *adj.* blottad
devote *v.* ägna
devotee *n.* entusiast
devotion *n.* andakt
devour *v.* sluka
dew *n.* dagg
diabetes *n.* diabetes
diagnose *v.* diagnosticera
diagnosis *n.* diagnos
diagram *n.* diagram
dial *n.* urtavla
dialect *n.* dialekt
dialogue *n.* dialog
diameter *n.* diameter
diamond *n.* diamant
diaper *n.* blöja
diarrhea *n.* diarré
diary *n.* dagbok
dib *n.* planteringspinne
dib *v.* använda planteringspinne
dice *n.* tärning
dice *v.* tärna
dictate *v.* diktera
dictation *n.* diktering
dictator *n.* diktator
diction *n.* språk
dictionary *n.* ordbok
dictum *n.* utsaga
didactic *adj.* didaktisk
die *v.* avlida
die *n.* stämpel
die *n.* tärning
diesel *n.* diesel
diet *n.* diet
diet *v.* dieta
differ *v.* avvika

difference *n.* skillnad
different *adj.* olik
difficult *adj.* svår
difficulty *n.* svårighet
diffuse *v.* diffus
diffuse *adj.* oklar
dig *n.* utgrävning
dig *v.* stöta
digest *v.* smälta
digest *n.* sammandrag
digestion *n.* matsmältning
digit *n.* siffra
digital *adj.* digital
dignify *v.* hedra
dignity *n.* värdighet
digress *v.* avvika från ämnet
digression *n.* utvikning
dilaceration *n.* sönderslitning
dilemma *n.* dilemma
diligence *n.* diligens
diligent *adj.* flitig
dilute *v.* försvaga
dilute *adj.* ha låg koncentration
dim *adj.* dunkel
dim *v.* fördunkla
dimension *n.* dimension
diminish *v.* minska
diminutive *adj.* liten
dimly *adv.* svagt
dimness *n.* dunkelhet
din *n.* oljud
dine *v.* äta middag
diner *n.* restaurang
dingy *adj.* smutsig
dinner *n.* middag
diocese *n.* biskopsdöme
dioxide *n.* dioxid
dip *n.* dipp
dip *v.* doppa
diploma *n.* diplom
diplomacy *n.* diplomati
diplomat *n.* diplomati
diplomatic *adj.* diplomatisk
dire *adj.* trängande
direct *adj.* direkt
direct *v.* visa

direction *n.* riktning
director *n.* direktör
directory *n.* register
dirt *n.* smuts
dirty *adj.* smutsig
disability *n.* handikapp
disable *v.* invalidisera
disabled *adj.* handikappad
disadvantage *n.* nackdel
disagree *v.* vara oense
disagreeable *adj.* obehaglig
disagreement *n.* oenighet
disappear *v.* försvinna
disappearance *n.* försvinnande
disappoint *v.* göra besviken
disapproval *n.* ogillande
disapprove *v.* förkasta
disarm *v.* nedrusta
disarmament *n.* nedrustning
disaster *n.* katastrof
disastrous *adj.* katastrofal
disband *v.* upplösa
disbelief *n.* misstro
disbelieve *v.* misstro
disc *n.* skiva
discard *v.* slopa
discharge *v.* lossa
discharge *v.* entlediga
discharge *n.* lossning
discharge *n.* avlossande
disciple *n.* lärjunge
discipline *n.* disciplin
disclose *v.* avslöja
discomfort *n.* obekvämlighet
disconnect *v.* stänga
discontent *n.* missnöje
discontinue *v.* inställa
discord *n.* misshällighet
discount *n.* rabatt
discourage *v.* avskräcka
discourse *n.* tal
discourteous *adj.* ohövlig
discover *v.* upptäcka
discovery *n.* upptäckt
discredit *v.* vanära
discretion *n.* gottfinnande

discriminate *v.* diskriminera
discrimination *n.* diskriminering
discuss *v.* diskutera
disdain *n.* förakt
disdain *v.* förakta
disease *n.* sjukdom
disembody *v.* lösgöra
disfigure *v.* misspryda
disguise *n.* förkläda
disguise *v.* förklä
disgusting *adj.* motbjudande
dish *n.* fat
dishearten *v.* göra bedrövad
dishonest *adj.* oärlig
dishonesty *n.* oärlighet
dishonour *v.* vanhedra
dishonour *n.* vanära
dislike *v.* ogilla
dislike *n.* ogillande
disloyal *adj.* illojal
dismay *n.* förskräckelse
dismiss *v.* avskeda
dismiss *v.* avsätta
dismissal *n.* ogillande
disobey *v.* inte lyda
disorder *n.* oordning
disparity *n.* skillnad
dispensary *n.* apotek
disperse *v.* sprida
displace *v.* tränga undan
display *v.* visa
display *n.* uppvisning
displease *v.* reta
displeasure *n.* missnöje
disposal *n.* disposition
dispose *v.* bestämma
disprove *v.* motbevisa
dispute *n.* diskussion
dispute *v.* diskutera
disqualification *n.* diskvalificering
disqualify *v.* diskvalificera
disquiet *n.* oro
disregard *n.* ignorerande
disregard *v.* bortse
disrepute *n.* vanrykte

disrespect *n.* missaktning
disrupt *v.* avbryta
dissatisfaction *n.* missnöje
dissatisfy *v.* göra missnöjd
dissect *v.* dissekera
dissection *n.* disssekering
dissimilar *adj.* olik
dissolve *v.* lösa
dissolve *v.* smälta
dissuade *v.* avråda
distance *n.* distans
distant *adj.* reserverad
distil *v.* sammanfatta
distillery *n.* bränneri
distinct *adj.* distinkt
distinction *n.* distinktion
distinguish *v.* särskilja
distort *v.* snedvrida
distress *n.* nöd
distress *v.* smärta
distribute *v.* fördela
distribution *n.* distribution
district *n.* distrikt
distrust *n.* tvivel
distrust *v.* misstro
disturb *v.* oroa
ditch *n.* dike
ditto *n.* ditomarkering
dive *v.* dyka
dive *n.* dyk
diverse *adj.* olika
divert *v.* omdirigera
divide *v.* dela
divine *adj.* gudomlig
divinity *n.* religionskunskap
division *n.* division
divorce *n.* skilsmässa
divorce *v.* skilja sig
divulge *v.* avslöja
do *v.* göra
doable *adj.* genomförbar
doating *v.* kärleksfull
dob *v.* anmäla
dob *n.* anmälan
dob *int.* anmält
doc *n.* doktor

docent *n.* docent
docent *adj.* en som lär ut
docile *adj.* lydig
dock *n.* docka
dock *n.* hamnplats
dock *v.* beröva
dockmaster *n.* hamnansvarig
dockworker *n.* hamnarbetare
dockyard *n.* skeppsvarv
doctor *n.* doktor
doctor *v.* förfalska
doctored *adj.* förfalskade
doctorate *n.* doktorsgrad
doctrine *n.* doktrin
document *n.* dokument
documentary *adj.* dokumentär-
documentary *n.* dokumentär
dodge *n.* sidosprång
dodge *v.* slingra sig
dodo *n.* dront
doe *n.* hind
doer *n.* handlingsmänniska
doeskin *n.* hjortskinn
dog *n.* hund
dog *v.* jaga
dogbreath *n.* nedsättande
dogcatcher *n.* hundfångare
dogeared *adj.* med hundöron
dogfight *n.* luftduell
dogfight *v.* komma emellan stridsflygplan
doghole *n.* trångt boende
doghouse *n.* hundkoja
dogma *n.* dogm
dogmatic *adj.* dogmatisk
dole *n.* allmosa
dole *v.* utdela
doll *n.* docka
dollar *n.* dollar
dolman *n.* dolma
dolmen *n.* dolmen
dolorous *adj.* smärtsam
dolphin *n.* delfin
domain *n.* domän
dome *n.* kupol
domestic *adj.* inrikes

domestic *n.* tjänare
domestical *adj.* inhemsk
domesticate *v.* tämja
domesticator *n.* en som dometicerar
domicile *n.* hemvist
domiciled *adj.* bosatt
domiciliary *adj.* bostads-
dominant *adj.* dominant
dominate *v.* dominera
domination *n.* domination
dominion *n.* besittning
domino *n.* domino
donate *v.* donera
donation *n.* donation
donkey *n.* åsna
donor *n.* donator
doom *n.* öde
doom *v.* döma
doomed *adj.* dömd
doomsday *adj.* domedag
doomsday *n.* domedagen
door *n.* dörr
doorbell *n.* dörrklocka
doorknob *n.* dörrhandtag
doormat *n.* dörrmatta
dope *n.* knark
dope *v.* knarka
dope *adj.* knarkande
doped *adj.* drogad
dopey *adj.* flummig
dorky *adj.* töntig
dormant *adj.* slumrande
dormitory *n.* studenthem
dorsal *adj.* dorsal
dosage *n.* dos
dose *n.* dosering
dot *n.* prick
dot *v.* pricka
double *adj.* dubbel
double *v.* dubbla
double *n.* kopia
double *n.* dubbelgångare
doubt *v.* tveka
doubt *n.* tvekan
doubtful *adj.* tveksam

doubtless *adj.* utan tvivel
dough *n.* deg
doughnut *n.* munk
dour *adj.* sträng
douse *v.* fira
dove *n.* duva
dowery *n.* hemgift
down *adv.* nedåt
down *prep.* under
down *v.* svepa
downfall *n.* skyfall
downpour *n.* hällregn
downright *adv.* grundlig
downright *adj.* uppriktig
downstairs *adj.* nerför trappan
downward *adj.* utför
downward *adv.* neråt
downwards *adv.* nedåtgående
doze *n.* lur
doze *v.* slumra
dozen *n.* dussin
drab *n.* tristess
drab *adj.* tråkig
drab *v.* umgås med prostituerade
draconic *adj.* drakonisk
draft *v.* skissera
draft *v.* formulera
draft *n.* dragande
draft *n.* ryck
draft *n.* kommendering
drafty *adj.* dragig
draftsman *adj.* tecknare
drag *n.* broms
drag *v.* dra
dragon *n.* drake
dragonfly *n.* trollslända
drain *n.* avlopp
drain *v.* dränera
drainage *n.* dränage
drainpipe *n.* avloppsrör
dram *n.* sup
drama *n.* drama
dramatic *adj.* dramatisk
dramatist *n.* dramatiker
drape *n.* draperi
drape *v.* drapera

draper *n.* tyghandlare
drapery *adj.* tyg
drastic *n.* drastisk
draught *n.* drag
draught *n.* fångst
draw *v.* dra
draw *v.* lyfta
draw *v.* konstruera
draw *v.* framkalla
draw *n.* dragning
draw *n.* drag
draw *n.* dragplåster
drawback *n.* nackdel
drawbridge *n.* klaffbro
drawer *n.* tecknare
drawing *n.* teckning
drawing-room *n.* salong
dread *n.* rädsla
dread *v.* frukta
dread *adj.* fruktansvärd
dreadful *adj.* fruktansvärd
dreadful *n.* en chock
dreadfully *adv.* farligt
dreadlock *n.* rastafrisyr
dreadlock *v.* göra rastafrisyr
dream *n.* dröm
dream *v.* drömma
dreamer *n.* drömmare
dreamily *adv.* drömmande
dreamworld *n.* drömvärld
dreamy *adj.* drömmande
drench *v.* genomdränka
dress *n.* klänning
dress *v.* klä på sig
dressing *n.* dressing
dressmaker *n.* sömmerska
drib *n.* en droppe
dribble *n.* dribbling
dribble *v.* dribbla
dried *adj.* torr
drift *n.* drift
drift *v.* driva
drill *n.* borr
drill *v.* borra
drink *n.* dryck
drink *v.* dricka

drip *n.* droppe
drip *v.* droppa
drive *v.* köra
drive *n.* åktur
drive *n.* körning
drive *n.* väg
driver *n.* förare
drizzle *n.* dugg
drizzle *v.* dugga
droid *n.* droid
drone *n.* drönare
drool *n* drägel
drool *v.* dräggla
droop *v.* sloka
droop *n.* slokande ställning
droopy *adj.* hängande
drop *n.* droppe
drop *v.* släppa
dropout *n.* avhoppare
dropzone *n.* leverans av militär-
    resurser
drought *n.* torka
drown *v.* drunkna
drug *n.* drog
druggist *n.* apotekare
druid *n.* druid
drum *n.* trumma
drum *v.* trumma
drumbeat *n.* trumvirvel
drumfish *n.* trumfisk
drunk *adj.* full
drunkard *n.* fyllo
dry *adj.* torr
dry *v.* torka
dual *adj.* dubbel
duality *n.* dualism
dub *n.* dubbning
dub *v.* dubba
dubious *adj.* tveksam
ducat *n.* dukat
duchess *n.* hertiginna
duck *n.* anka
duck *v.* ducka
duct *n.* gång
duct *v.* leda någonting genom ett
    rör

dude *n.* sprätt
due *adj.* passande
due *n.* vad som tillkommer
due *adv.* gick till
duel *n.* duell
duel *v.* duellera
duet *n.* duett
duet *v.* utföra en duett
duke *n.* hertig
dull *adj.* ointressant
dull *v.* dämpa
duly *adv.* vederbörligen
dumb *adj.* dum
dumbell *n.* idiot
dumbfound *v.* förstumma
dumbfounded *adj.* förstummad
dumbo *n.* stolle
dummy *n.* docka
dummy *v.* göra en dummy
dump *n.* depå
dump *v.* spola
dumpster *n.* sopcontainer
dunce *n.* dumhuvud
dune *n.* dyn
dung *n.* gödsel
dungeon *n.* fängelsehåla
dunk *n.* skruvskott
dunk *v.* skölja
duo *n.* duo
dup *v.* att öppna
dupe *v.* lura
dupe *n.* lättlurad person
duplex *n.* tvåvåningslägenhet
duplicate *adj.* duplicerat
duplicate *n.* duplikat
duplicate *v.* duplicera
duplicity *n.* dubbelhet
durable *adj.* varaktig
duration *n.* varaktighet
during *prep.* under
dusk *n.* skymning
dust *n.* damm
dust *v.* damma
duster *n.* trasa
dutiful *adj.* plikttrogen
duty *n.* plikt

duvet *n.* ejderduntäcke
dwarf *n.* dvärg
dwarf *v.* ställa i skuggan
dwarf *adj.* dvärgaktig
dwell *v.* bo
dwelling *n.* bostad
dwindle *v.* minska
dye *v.* färga
dye *n.* färg
dynamic *adj.* dynamisk
dynamics *n.* dynamik
dynamite *n.* dynamit
dynamo *n.* dynamo
dynasty *n.* dynasti
dysentery *n.* dysenteri
dystopia *n.* dystopi

E

each *adj.* varje
each *adv.* var och en
each *pron.* var sin
eager *adj.* vardera
eagle *n.* örn
ear *n.* öra
early *adv.* tidig
early *adj.* tidigt
earn *v.* tjäna
earnest *adj.* äkta
earth *n.* mark
earthen *adj.* jord-
earthly *adj.* tänkbar
earthquake *n.* jordskalv
ease *n.* lugn
ease *v.* lätta
east *n.* öster
east *adv.* österut
east *adj.* östra
easter *n.* påsk
eastern *adj.* östra
easy *adj.* lätt
eat *v.* äta
eatable *n.* äbart
eatable *adj.* ätligt
eave *n.* undersida av tak

eavesdrop v. tjuvlyssna
eavesdrop n. takdropp
ebb n. ebb
ebb v. avta
ebony n. ebenholts
e-book n. e-bok
ebulliate v. att koka upp
ebullience n. kokning
ebullient adj. översvallande
eccentric adj. originell
ecclesiast n. präst
ecclesiastical adj. kyrklig
echinid adj. sjöborre
echo n. eko
echo v. eka
echocardiogram n. ultraljudskardiogram
eclampsia n. eklampsi
eclectic adj. eklektisk
eclectic n. eklektiker
eclipse n. förmörkelse
eclipse v. förmörka
eclipsis n. nasalering
ecological adj. ekologiskt
ecologist n. ekolog
ecology n. ekologi
economic adj. ekonomisk
e-commerce n. e-handel
economical adj. dryg
economics n. ekonomi
economy n. ekonomi
ecosystem n. ekosystem
ecoterrorism n. ekoterrorism
ectasy n. ectasy
ecstatic adj. extatisk
ectoplasm n. ektoplasma
ecumenic adj. ekumenisk
ecumenical adj. ekumenisk
eczema n. eksem
edema n. ödem
edge n. kant
edible adj. ätlig
edifice n. byggnad
edict n. påbud
edificant adj. byggande
edification n. uppbyggelse

edify v. uppbygga
edit v. redigera
edition n. utgåva
editor n. redigerare
editorial adj. redaktionell
editorial n. ledare
educate v. utbilda
education n. utbildning
eel n. ål
eerie adj. kuslig
effable adj. utplåningsbar
effably adv. på ett utplåningsbart sätt
efface v. utplåna
effect n. påverkan
effect v. påverka
effective adj. effektivt
effeminate adj. omanlig
efficacy n. verksamhet
efficiency n. effektivitet
efficient adj. effektiv
effigy n. avbildning
effort n. insats
effortless adj. lätt
effusive adj. översvallande
egg n. ägg
ego n. ego
egocentric adj. egocentrisk
egotism n. egoism
eight n. åtta
eighteen adj. arton
eighty n. åttio
either pron. någondera
either adv. heller
ejaculate v. ejakulera
ejaculate n. ejakulera
ejaculation n. ejakulation
ejaculatory adj. framstödd
eject v. fördriva
elaborate v. skapa
elaborate adj. detaljerad
elapse v. förflyta
elastic adj. elastisk
elasticity n. elasticitet
elate v. utlova
elate adj. utlovande

elated *adj.* uppprymd
elation *n.* förtjusning
elbow *n.* armbåge
elder *adj.* äldre
elder *n.* äldre person
elderly *adj.* äldre
elect *v.* välja
election *n.* val
electorate *n.* kurfurstendöme
electric *adj.* elektrisk
electricity *n.* elektricitet
electrify *v.* elektrisera
electrocute *v.* avrätta med elektricitet
electrocution *n.* elavrättning
electrolyte *n.* elektrolyt
electron *n.* elektron
electronic *adj.* elektronisk
elegance *n.* elegans
elegant *adj.* elegant
elegy *n.* elegi
element *n.* element
elemental *adj.* elementär
elementary *adj.* grundläggande
elephant *n.* elefant
elephantine *adj.* klumpig
elevate *v.* lyfta
elevation *n.* höjd
elevator *n.* hiss
eleven *n.* elva
elf *n.* älva
elicitate *v.* provocera
eligibility *n.* lämplighet
eligible *adj.* lämplig
eliminate *v.* eliminera
elimination *n.* elimination
eliminator *n.* eliminator
eliminatory *adj.* eliminerande
elision *n.* elision
elite *adj.* elit-
elite *n.* elit
elitism *n.* eltism
elitist *n.* elitist
elixir *n.* elixir
elk *n.* älg
ellipse *n.* ellips

ellipse *v.* ellips
elliptic *adj.* elliptisk
elocution *n.* uppläsning
elope *v.* rymma hemifrån
eloquence *n.* vältalighet
eloquent *adj.* vältalig
else *adj.* annan
else *adv.* annars
elucidate *v.* klargöra
elude *v.* undgå
elusion *n.* undangående
elusive *adj.* gäckande
emaciate *v.* utmärgla
emaciated *adj.* utmärglad
emaculate *v.* försvaga
emaculation *n.* försvagning
email *n* e-post
emanate *v.* utgå
emanation *n.* utflöde
emancipate *v.* emancipera
emancipation *n.* frigörelse
embalm *v.* balsamera
embalming *n.* balsamering
embank *v.* täcka
embankment *n.* fördämning
embargo *n.* beslag
embark *v.* inskeppa
embarrass *v.* besvära
embarrassing *adj.* besvärande
embarrassment *n.* förlägenhet
embassy *n.* ambasad
embitter *v.* förbittra
emblem *n.* emblem
embodiment *n.* förkroppsligande
embody *v.* omfatta
embolden *v.* uppmuntra
embrace *v.* krama
embrace *n.* kram
embroidery *n.* broderi
embryo *n.* embryo
embryonic *adj.* embryo-
embush *v.* lägga sig i bakhåll
emend *v.* förbättra
emendate *v.* rätta
emerald *n.* smaragd
emerge *v.* uppstå

emergency n. fara
emigrate v. emigrera
emigration n. emigration
eminence n. berömmelse
eminent adj. eminent
emissary n. agent
emission n. utstrålning
emit v. avge
emittance n. utsändning
emmet n. pissmyra
emoji n. emoji
emolument n. vederlag
emote v. vara känslosam
emoticon n. emotikon
emotion n. känsla
emotional adj. känslosam
emotive adj. känslomässig
empath n. empati
empathic adj. empatisk
empathy n. empati
emperor n. kejsare
emphasis n. eftertryck
emphasize v. markera
emphatic adj. handgriplig
empire n. rike
empirical adj. empirisk
empiricism n. empirism
empiricist n. empiriker
employ v. anställa
employee n. anställd
employer n. arbetsgivare
employment n. anställning
empower v. bemyndiga
empress n. kejsarinna
empty adj. tom
empty v. tömma
emulate v. efterlikna
emulation n. efterliknande
emulsifier n. emulgeringsmedel
emulsify v. emulgera
enable v. möjliggöra
enact v. uppföra
enamel n. emalj
enamour v. förälska
enamoured adj. förälskad
enamourment n. förälskelse

encage v. bura in
encapsulate v. referera
encase v. innesluta
enchant v. hänföra
encircle v. omfamna
enclose v. omfatta
enclosure n. inhägnad
encompass v. täcka
encounter n. möte
encounter v. möta
encourage v. uppmuntra
encroach v. inkräkta
encrust v. täcka
encrusted adj. täckt
encrypt v. kryptera
encrypted adj. krypterad
encryption n. kryptering
encumber v. hindra
encyclopaedia n. encyklopedi
end v. ta slut
end n. slut
endanger v. sätta i fara
endangered adj. hotad
endear v. göra omtyckt
endearment n. älskvärdhet
endeavour n. strävan
endeavour v. sträva
endemic adj. endemisk
endemic n. endemi
endemiology n. studerandet av endemi
endless adj. utan slut
endorse v. stödja
endorsement n. bekräftelse
endorser n. endossent
endoscopic adj. endoskopisk
endoscopy n. endoskopi
endow v. förläna
endowed adj. utrustad
endurable adj. anständig
endurance n. tålamod
endure v. bestå
enemy n. fiende
energetic adj. energisk
energize v. få liv i
energy n. energi

enervate v. förslappa
enervated adj. förslappad
enfeeble v. svika
enforce v. förstärka
enfranchise v. frige
engage v. engagera
engagement n. engagemang
engaging adj. vinnande
engine n. motor
engineer n. ingenjör
engineering n. ingenjörskonst
enginious adj. ingenjöraktig
English n. Engelska
englobe v. att omge som av ett jordklot
engorge v. sluka
engrave v. gravera
engross v. uppta
engulf v. uppsluka
enhance v. förstärka
enhancement n. förstärkning
enigma n. mysterium
enigmatic adj. gåtfull
enigmatical adj. magisk
enigmatically adv. magiskt
enjoy v. njuta
enjoyability n. att kunna vara trevlig
enjoyable adj. trevlig
enjoyment n. nöje
enlarge v. vidga
enlighten v. upplysa
enlist v. värva
enliven v. pigga upp
enmity n. fiendskap
ennoble v. förädla
enormous adj. enormt
enough adj. nog
enough adv. tillräckligt
enrage v. reta upp
enrapture v. hänrycka
enrich v. anrika
enrol v. anmäla
enshrine v. värna om
enslave v. förslava
ensue v. följa

ensure v. garantera
entangle v. trassla in
enter v. börja
enterprise n. rörelse
entertain v. underhålla
entertainment n. underhållning
enthral v. fängsla
enthrone v. installera
enthusiasm n. entusiasm
enthusiastic adj. entusiastisk
entice v. locka
enticement n. lockelse
enticer n. lockare
enticing adj. lockande
entire adj. hel
entirely adv. alldeles
entitle v. berättiga
entity n. enhet
entomb v. begrava
entomology n. entomologi
entrails n. inälvor
entrance n. ingång
entrap v. fånga
entrapment n. infångande
entreat v. bedja
entreaty n. enträgen bön
entrench v. inkräkta
entrenchment n. förskansning
entropic adj. entropisk
entropy n. entropi
entrust v. överlämna
entry n. tillträde
enumerate v. addera
enumerative adj. baserat på uppräkning
enunciate v. uttala
enunciation n. uttal
enunciatory adj. baserat på uttal
envelop v. innesluta
envelope n. kuvert
envelopment n. inlindning
enviable adj. avundsvärd
envious adj. avundsjuk
environment n. omgivning
environmental adj. miljömässig
environmentalism n. miljövård

environmentalist *n.* miljöaktivist
envisage *v.* betrakta
envision *v.* fantisera
envoy *n.* minister
envy *v.* oförnöjsamhet
envy *v.* avundas
enzyme *n.* enzym
enzymic *adj.* enzymisk
eon *n.* eon
ephemera *n.* övergående företeelse
ephemeral *adj.* ettårsväxt
ephemeric *adj.* efemerid
epibole *n.* återkommande av uttryck
epic *n.* epos
epical *adj.* episk
epicentre *adj.* epicenter
epicentre *n.* epicentrum
epicure *n.* finsmakare
epicurean *adj.* epikureisk
epicurean *n.* epikure
epidemic *n.* epidemi
epidural *n.* epidural
epiglittis *n.* struplock
epigram *n.* epigram
epilepsy *n.* epilepsi
epileptic *adj.* epileptisk
epileptic *n.* epileptiker
epilogue *n.* epilog
epiphany *n.* trettondag
episode *n.* episod
epitaph *n.* epitafium
epoch *n.* epok
equal *adj.* lika
equal *v.* vara jämlik
equal *n.* jämlike
equality *n.* likhet
equalize *v.* utjämna
equate *v.* likställa
equation *n.* ekvation
equator *n.* ekvator
equilateral *adj.* liksidig
equinox *n.* dagjämning
equip *v.* rusta
equipment *n.* utrustning

equitable *adj.* rimlig
equivalent *adj.* motsvarande
equivocal *adj.* tvetydig
era *n.* era
eradicate *v.* radera
eradication *n.* radering
eradicator *n.* utrotare
erase *v.* förinta
eraser *n.* gummi
erect *v.* bygga
erect *adj.* rak
erectile *adj.* upprest
erection *n.* erektion
erode *v.* erodera
erosion *n.* vittring
erosive *adj.* eroderad
erotic *adj.* erotisk
erotica *n.* erotik
eroticism *n.* erotik
eroticize *v.* erotisera
err *v.* göra fel
errand *n.* ärende
erroneous *adj.* felaktig
error *n.* felbedömning
erupt *v.* utbryta
eruption *n.* eruption
escalator *n.* rulltrappa
escapability *n.* hur undvikligt någonting är
escapable *adj.* undviklig
escape *n.* flykt
escape *v.* rymma
escapee *n.* flykting
escapism *n.* eskapism
escapist *n.* eskapist
escapology *n.* studerandet av att rymma
escargot *n.* snigel
eschew *v.* avhålla
eschewment *n.* att utöva avhållsamhet
escort *n.* eskort
escort *v.* eskortera
escorted *adj.* med en eskort
escribe *v.* skilja
escrow *n.* deposition

escrow v. att sätta in en deposition
esophageal adj. esofagus
esoteric adj. esoteriker
esoterism n. esoterism
espace n. period
especial adj. särskild
especially adv. framförallt
espouse v. åtaga
essay n. uppsats
essay v. försöka
essayist n. essäist
essence n. i grund och botten
essential adj. väsentlig
establish v. etablera
establishment n. upprättande
estate n. ställning
esteem n. aktning
esteem v. akta
estimate n. uppskattning
estimate v. uppskatta
estimation n. uppskattning
estimative adj. bedömande
estragon n. dragon
estrange v. fjärma
estranged adj. frånskild
estrogen n. östrogen
estuary n. flodmynning
etcetera adv. etcetera
etch v. etsa
etched adj. etsat
etching adj. etsa
eternal adj. evig
eternalize v. föreviga
eternally adv. evig
eternity n. evighet
ether n. eter
ethical adj. etisk
ethics n. etik
ethnic adj. etnisk
ethnicity n. etnicitet
ethos n. livsuppfattning
etiquette n. etikett
etymology n. etymologi
eunuch n. eunuck
eucalypt n. eucalyptus
euphemistic adj. eufemistisk

euphoria n. euforia
eureka int. eureka
euthanize v. avliva
eutopia n. utopia
evacuate v. evakuera
evacuation n. evakuation
evade v. undgå
evaluate v. bedöma
evangel n. evangelium
evangelic adj. evangelisk
evaporate v. försvinna
evasion n. undvikande
evasive adj. evasiv
even adj. plan
even adj. jämn
even adj. slät
even v. utjämna
even adv. även
evening n. eftermiddag
evenly adv. jämnt
event n. evenemang
eventually adv. eventuellt
ever adv. alltid
everglade n. stor yta sumpmark
evergreen adj. städsegrön
evergreen n. städsegrön växt
everlasting adj. evinnerlig
evert v. kullkasta
every adj. var
everybody pron. alla
everyday adj. varje dag
everyone pron. allihopa
everything pron. allting
everywhere pron. överallt
evict v. vräka
eviction n. vräkning
evictor n. den som vräker
evidence n. bevis
evident adj. tydlig
evil n. ondska
evil adj. ond
evince v. visa
eviscerate v. beröva
evisceration n. evisceration
evitability n. att vara undviklig
evocate v. frammana

evocation *n.* frammaning
evocative *adj.* associationsrik
evoke *v.* väcka
evolution *n.* utveckling
evolutionary *adv.* evolutionär
evolve *v.* utveckla
ewe *n.* moderfår
exact *adj.* exakt
exactly *adv.* precis
exaggerate *v.* överdriva
exaggeration *n.* överdrift
exalt *v.* förhärliga
examination *n.* examination
examine *v.* undersöka
examinee *n.* examinand
examiner *n.* examinator
example *n.* exempel
excavate *v.* urholka
excavation *n.* utgrävning
exceed *v.* övergå
excel *v.* excellera
excellence *n.* överlägsenhet
excellency *n.* excellens
excellent *adj.* excellent
except *v.* utesluta
except *prep.* utom
exception *n.* undantag
exceptional *adj.* exceptionell
excerpt *n.* utdrag
excess *n.* överskott
excess *adj.* överskotts-
excessive *adj.* överdriven
exchange *n.* byte
exchange *v.* byta
excise *n.* accis
excite *v.* hetsa
exclaim *v.* skrika
exclamation *n.* utrop
exclude *v.* exkludera
exclusive *adj.* exklusiv
excommunicate *v.* bannlysa
excursion *n.* exkursion
excuse *v.* ursäkta
excuse *n.* ursäkt
execute *v.* avrätta
execution *n.* avrättning

executioner *n.* bödel
exempt *v.* frita
exempt *adj.* undantagen
exercise *n.* motion
exercise *v.* motionera
exhaust *v.* avgas
exhibit *n.* föremål
exhibit *v.* visa
exhibition *n.* utställning
exile *n.* exil
exile *v.* landsförvisa
exist *v.* existera
existence *n.* existens
existential *adj.* existensiell
existentialism *n.* existensialism
exit *n.* utgång
exit *v.* gå ut
expand *v.* öppnas
expansion *n.* utbredning
ex-parte *adj.* ensidig
ex-parte *adv.* ensidigt
expect *v.* förvänta
expectation *n.* förväntan
expedient *adj.* lämplig
expedite *v.* utsända
expedition *n.* expedition
expel *v.* utesluta
expend *v.* använda
expenditure *n.* slöseri
expense *n.* kostnad
expensive *adj.* dyrbar
experience *n.* upplevelse
experience *v.* uppleva
experiment *n.* experiment
expert *adj.* duktig
expert *n.* expert
expire *v.* utgån
expiry *n.* utgång
explain *v.* förklara
explanation *n.* förklaring
explicit *adj.* tydlig
explode *v.* explodera
exploit *n.* prestation
exploit *v.* utnyttja
exploration *n.* utforskning
explore *v.* utforska

explosion *n.* explosion
explosive *n.* sprängämne
explosive *adj.* explosiv
exponent *n.* exponent
export *n.* export
export *v.* exportera
expose *v.* avslöja
expose *v.* röja
express *v.* uttrycka
express *adj.* snabb
express *n.* express
expression *n.* uttryck
expressive *adj.* uttrycksfull
expulsion *n.* uteslutning
exquisite *adj.* enastående
exquisitive *adj.* nyfiken
extend *v.* utvidga
extent *n.* område
external *adj.* extern
extinct *adj.* utdöd
extinguish *v.* utrota
extol *v.* prisa
extra *adj.* mer
extra *adv.* extra
extract *n.* extrakt
extract *v.* extrahera
extrajuducial *adj.* extra inom domstol
extramarital *adj.* utomäktenskaplig
extranet *n.* privat datanätverk
extraordinary *adj.* enastående
extrapolate *v.* extrapolera
extrapolation *n.* extrapolation
extraspecial *adj.* extraspeciell
extraterrestrial *adj.* utomjordisk
extraterrestrial *n.* utomjording
extravagance *n.* extravagans
extravagant *adj.* extravagant
extreme *adj.* extrem
extreme *n.* utkant
extremist *n.* extremist
extremity *n.* extremitet
extricate *v.* klara
extrinsic *adj.* yttre
extrinsically *adv.* på ett ytligt sätt

extrovert *n.* utåtriktad person
exude *v.* svettas
exultant *adj.* jublande
exult *v.* fröjda sig
eye *n.* öga
eyeball *n.* ögonglob
eyebrow *n.* ögonbryn
eyecatcher *n.* blickfång
eyelash *n.* ögonfrans
eyelet *n.* öljett
eyelid *n.* ögonlock
eyespot *n.* fläck formad som ett öga
eyewash *n.* ögontvätt

F

fable *n.* fabel
fabric *n.* tyg
fabricate *v.* dikta
fabrication *n.* tillverkning
fabulous *adj.* sagolik
facade *n.* fasad
face *n.* ansikte
face *v.* garnera
facelift *n.* ansiktslyftning
facelift *v.* göra ett ansiktslyft
facet *n.* synpunkt
facet *n.* aspekt
facial *adj.* ansiktsbehandling
facile *adj.* ytlig
facilitate *v.* underlätta
facility *n.* lätthet
fac-simile *n.* fax
fact *n.* fakta
faction *n.* fraktion
factious *adj.* missnöjd
factor *n.* faktor
factory *n.* fabrik
faculty *n.* fakultet
fad *n.* påfund
fade *v.* toning
faggot *n.* bög
fail *n.* misslyckande
fail *v.* misslyckas

failure n. brist
faint adj. svimning
faint v. svimma
fair adj. god
fair n. tivoli
fairly adv. ganska
fairy n. fe
faith n. hopp
faithful adj. trogen
fake adj. falsk
fake n. påhitt
fake v. låtsas
falcon n. falk
fall v. falla
fall n. fall
fallacy n. felslut
fallen adj. fallen
fallen n. de döda
fallout n. nedfall
fallow v. lägga i träda
fallow n. trädesåker
falls n. ett vattenfall
false adj. falskt
falsehood n. lögn
falsetto n. falsett
falsification n. förfalskning
falsify v. falsifiera
falter v. tvekan
fame n. berömmelse
familiar adj. familjär
family n. familj
famine n. svält
famous adj. känd
fan n. fan
fan n. fläkt
fanatic adj. fanatisk
fanatic n. fanatiker
fanciful adj. fantastisk
fancy n. föreställning
fancy v. tycka om
fancy adj. fantastisk
fantastic adj. fantastisk
fantasy n. fantasi
far adv. fjärran
far adj. långt bort
farce n. fars

fare n. avgift
farewell n. farväl
farewell interj. på återseende
farm n. bondgård
farmaceutical adj. medicinskt
farmer n. bonde
fascinate v. fascinera
fascination n. fascination
fashion n. mode
fashionable adj. modern
fast adj. fast
fast adj. fastsittande
fast adv. snabbt
fast n. fasta
fast v. fasta
fasten v. fästa
fat adj. fet
fat n. fett
fatal adj. dödlig
fatalism n. fatalism
fatality n. dödsolycka
fate v. döma
fate n. öde
father n. far
father v. bli far till
fathom v. fatta
fathom n. famn
fatigue n. strapats
fatigue v. försvaga
fault n. brist
faulty adj. felaktig
fauna n. fauna
favour n. tjänst
favour n. nåd
favour v. favorisera
favourable adj. gynnsam
favourite adj. favorit-
favourite n. favorit
fax n. fax
fax v. faxa
fealty n. trohet
fear n. rädsla
fear v. vara orolig
fearful adj. orolig
feasible adj. möjlig
feast n. fest

feast v. njuta
feat n. bedrift
feather n. fjäder
feature n. drag
feature v. presentera
febrile adj. febril
February n. Februari
fecal adj. fekal
feces n. avföring
fecund adj. fruktbar
fecundation n. befruktning
federal adj. federal
federation n. federation
fee n. avgift
feeble adj. svag
feed v. mata
feed n. utfodring
feel v. känna
feeling n. känsla
feign v. dikta
felicitate v. lyckönska
felicitations int. lyckoönskningar
felicity n. lycksalighet
feline adj. kattdjur
felinity n. att vara kattlik
fell v. fäll
fellatio n. oralsex
fellow n. kompis
felony n. brott
female adj. kvinnlig
female n. kvinna
feminine adj. feminim
feminist adj. feminist
feminist n. feminist
femur n. lårben
fence n. staket
fence v. inhägna
fencer n. fäktare
fend v. avvärja
ferment n. oro
ferment v. fermentera
fermentation n. fermentering
fern n. ormbunke
ferocious adj. våldsam
ferret n. iller
ferret v. snoka

ferry n. färja
ferry v. ta färjan
ferryboat n. färja
fertile adj. fertil
fertility n. fertilitet
fertilize v. fertilisera
fertilizer n. gödningsmedel
fervent adj. himlastormande
fervour n. värme
fester v. varböld
festival n. festival
festive adj. festlig
festivity n. festlighet
festoon n. festong
fetal adj. foster-
fetch v. fäkta
fetish n. fetisch
fetishism n. fetischism
fetter n. boja
fetter v. fjättra
feud n. strid
feud v. strida
feudal adj. feodal
feudalism n. feodalism
fever n. feber
feverish adj. febrig
few adj. få
fiancé n. fästman
fiasco n. fiasko
fibre n. fiber
fiberglass n. fiberglas
fibrillate v. göra oregelbundna rörelser
fibroid adj. fibrom
fibromuscular adj. gällande fibrös och muskulär vävnad
fibrosis n. fibros
fibrosity n. fibrosit
fibrous adj. fibrös
fickle adj. nyckfull
fiction n. fiktion
fictional adj. nyckfull
fictitious adj. munter
fiddle n. fiol
fiddle v. leka
fidelity n. naturtrogenhet

fidget *n.* nervositet
fidget *v.* irritera
fie *interj* fy
field *n.* plats
fiend *n.* djävul
fierce *adj.* vild
fiery *adj.* stark
fifteen *n.* femton
fifty *n.* femtio
fig *n.* fikon
fight *n.* strid
fight *v.* strida
figment *n.* fantasifoster
figurative *adj.* figurativ
figure *n.* figur
figure *n.* typ
figure *v.* gissa
filament *n.* ståndarsträng
filamentation *n* tillväxt av ståndarsträngar
filamented *adj.* ståndarsträngar
file *n.* fil
file *n.* mapp
file *n.* arkivskåp
file *v.* arkivera
file *v.* fila
file *v.* insända
fill *v.* fylla
fillet *n.* bindel
fillet *v.* binda
film *n.* film
film *v.* filma
filmmaker *n.* filmproducent
filter *n.* filter
filter *v.* filtrera
filth *n.* smuts
filthy *adj.* smutsigt
fin *n.* fena
final *adj.* sista
finance *n.* finans
finance *v.* finansiera
financial *adj.* finansiell
financier *n.* finansman
find *v.* hitta
fine *n.* böter
fine *v.* bötfälla

fine *adj.* snygg
finger *n.* finger
finger *v.* fingra
fingernail *n.* fingernagel
fingerpaint *n.* fingermåla
fingerstick *n.* stick i fingret
finish *v.* avsluta
finish *n.* avslutning
finite *adj.* begränsad
fir *n.* tall
fire *n.* eld
fire *v.* elda
fireball *n.* eldklot
firefight *n.* brandbekämpning
firefighter *n.* brandman
firehose *v.* brandslang
firehouse *n.* brandstation
firepit *n.* eldgrop
fireproof *adj.* brandsäker
fireproof *v.* göra brandsäker
firesuit *n.* brandsäker dräkt
firetruck *n.* brandbil
fireworks *n.* fyrverkerier
firm *adj.* fastgöra
firm *n.* firma
firmament *n.* firmament
firmness *n.* fasthet
first *adj.* först
first *n.* nummer ett
first *adv.* först
fiscal *adj.* fiskal
fish *n.* fisk
fish *v.* fiska
fisherman *n.* fiskare
fissure *n.* fissur
fist *n.* knytnäve
fist *v.* slå med näve
fistula *n.* fistel
fit *v.* passa
fit *adj.* passande
fit *n.* sitta
fit *n.* passa
fitful *adj.* ojämn
fitter *n.* installatör
five *n.* fem
fix *v.* fixa

fix *n.* trubbel
fixer-upper *n.* en person som fixar
fizz *n.* fräs
fizz *v.* fräsa
fizzy *adj.* fräsande
flabbergast *n.* en pinsam person
flabbergast *v.* förbluffa
flabbergasted *adj.* förbluffad
flabby *adj.* slapp
flag *n.* flagga
flagrant *adj.* uppenbar
flake *n.* stativ
flake *v.* flisa
flaking *adj.* bli till flisor
flambé *adj.* flamberad
flambé *n.* flamberad mat
flambé *v.* flambera
falmboyance *n.* festlighet
falmboyant *adj.* flammande
falmboyant *n.* flamboyant
flame *n.* flamma
flame *v.* flamma upp
flank *adj.* flankera
flank *n.* flank
flank *v.* flankera
flannel *n.* flanell
flap *n.* lock
flap *v.* flaxa
flapping *adj.* fladdrig
flapping *n.* fladdrande
flapping *v.* flaxa
flapper *n.* flugsmälla
flare *v.* fladdra
flare *n.* lysraket
flash *n.* blixt
flash *v.* blixtra
flashback *n.* tillbakablick
flashbulb *n.* blixtlampa
flashcard *n.* poängskylt
flasher *n.* blinkljus
flashing *n.* blixt
flask *n.* flaska
flat *adj.* platt
flat *n.* lägenhet
flatbed *n.* öppet fordon utan sidor för frakt
flatbed *adj.* utan sidor
flatfoot *n.* plattfot
flatland *n.* slättmark
flatter *v.* smickra
flattery *n.* smicker
flatulence *n.* väderspänning
flatulent *adj.* väderspänd
flaunt *v.* stoltsera
flaunter *n.* snobb
flavour *n.* smak
flaw *n.* brist
flea *n.* loppa
flee *v.* fly
fleece *n.* fleece
fleece *v.* klippa
fleet *n.* flotte
flesh *n.* kött
flexible *adj.* flexibel
flicker *n.* fladdrande
flicker *v.* fladdra
flight *n.* flyg
flimsy *adj.* genomslagspapper
fling *v.* kasta
flip *n.* knäpp
flip *v.* slänga
flip *adj.* svepande
flippancy *n.* nonchalans
flirt *n.* ragg
flirt *v.* flörta
float *v.* flyta
flock *n.* flock
flock *v.* samlas
flog *v.* piska
flood *n.* översvämning
flood *v.* översvämma
floor *n.* golv
floor *n.* parkettgolv
floor *v.* lägga golv
flora *n.* flora
florist *n.* florist
flour *n.* mjöl
flourish *v.* trivas
flow *n.* flöde
flow *v.* flöda
flower *n.* blomma

flowery *adj.* blommig
fluent *adj.* flytande
fluid *adj.* i flytande form
fluid *n.* vätska
flush *v.* spola
flush *v.* glöda
flush *n.* ström
flush *n.* utbrott
flute *n.* flöjt
flute *v.* spela flöjt
flutter *n.* fladdrande
flutter *v.* sväva
fly *n.* fluga
fly *v.* flyga
foal *n.* föl
foal *v.* föla
foam *n.* skum
foam *v.* skumma
foamy *adj.* löddrig
focal *adj.* fokal
focalization *n.* fokalisering
focalize *v.* fokalisera
focus *n.* fokus
focus *v.* fokusera
focused *adj.* fokuserad
focusing *adj.* fokuserar
fodder *n.* foder
foe *n.* fiende
fog *n.* dimma
fogbank *n.* stor massa av dimma
foggy *adj.* dimmigt
foil *v.* folie
fold *n.* slinga
fold *v.* vika
folding *adj.* hopfällbar
folding *n.* bladning
foldup *adj.* hopvikt
foliage *n.* löv
foliate *adj.* bladlik
foliate *v.* pryda
foliation *n.* bladverk
folic *adj.* fol-
folio *n.* uppslag
folk *adj.* folk-
folk *n.* folk
folklore *n.* folkloristik

folkloric *adj.* folkloristisk
follies *n.* dårskap
follow *v.* följa
follower *n.* efterföljare
folly *n.* dårskap
foment *v.* uppmuntra
fond *adj.* varm
fondant *n.* fondant
fondle *v.* smeka
fondler *n.* en som smeker
fondling *n.* smekande
font *n.* snitt
food *n.* mat
fool *v.* flanta
fool *v.* lura
fool *n.* tok
foolish *adj.* dåraktig
foolscap *n.* skrivpapper
foot *n.* fot
foot *v.* betala
football *n.* fotboll
foothold *n.* fotfäste
footman *n.* fotgängare
footsore *adj.* fotsår
footwork *n.* benföring
for *prep.* som
for *conj.* ty
forage *n.* grovfoder
forage *v.* furagera
forager *n.* sökare
foraging *n.* foragering
foray *n.* räd
foray *v.* plundra
forbear *v.* stamfader
forbearance *n.* förskoning
forbid *v.* förbjuda
forbidden *adj.* förbjudet
forbode *v.* ana
forbode *n.* förbud
forboding *adj.* stötande
force *n.* kraft
force *v.* tvinga
forceful *adj.* kraftfull
forceps *n.* griptång
forcible *adj.* tvångs
forearm *n.* underarm

forearm v. beväpna sig förberedande
forecast n. förutsägelse
forecast v. förutse
forefather n. förfader
forefinger n. pekfinger
forehead n. panna
foreign adj. utländsk
foreigner n. utlänning
foreknowledge n. förhandsvetande
foreleg n. framben
forelock n. pannlugg
foreman n. faktor
foremost adj. främsta
forenoon n. förmiddag
forerunner n. föregångare
foresee v. förutse
foresight n. försiktighet
forest n. skog
forestall v. förekomma
forester n. skogsvaktare
forestry n. skogsbruk
foretell v. förespå
forethought n. förtänksamhet
forever adv. för alltid
forewarn v. förvarna
foreword n. förord
forfeit v. böta
forfeit n. bot
forfeiture n. förlust
forge n. smedja
forge v. förfalska
forge v. smida
forge v. hamra
forgery n. förfalskning
forget v. glömma
forgetful adj. glömsk
forgive v. förlåta
forgo v. avstå från
forlorn adj. övergiven
form n. form
form n. skepnad
form v. skapa
formal adj. formell
format n. format

formation n. formation
former adj. tidigare
former pron föredetta
formerly adv. förutvarande
formidable adj. väldig
formula n. formula
formulate v. formulera
forsake v. överge
forswear v. avsvärja sig
fort n. fort
forte n. en styrka
forth adv. vidare
forth adv. framöver
forthcoming adj. kommande
forthwith adv. omedelbart
fortify v. befästa
fortitude n. styrka
fort-night n. fjorton dagar
fortress n. fästning
fortunate adj. lycklig
fortune n. tur
forty n. fyrtio
forum n. forum
forward adj. framtida
forward adv. framåt
forward v. vidarebefordra
fossil n. fossil
foster v. främja
foster v. hysa
foul n. krock
foul adj. otäck
foul v. ruffa
found v. grunda
foundation n. grund
founder n. grundare
foundry n. gjuteri
fountain n. fontän
four n. fyra
fourteen n. fjorton
fowl n. höns
fowler n. fågeljägare
fox n. räv
fraction n. fraktion
fracture n. fraktur
fracture v. bryta
fragile adj. omtåligt

fragment n. fragment
fragrance n. doft
fragrant adj. doftande
frail adj. svag
frame v. rama in
frame v. sätta dit
frame n. ram
frachise n. franchise
frank adj. ärlig
frantic adj. vild
fraternal adj. broderlig
fraternity n. broderskap
fratricide n. brodermord
fraud n. bedrägeri
fraudulent adj. bedräglig
fraught adj. full av
fray n. kamp
freak n. missfoster
freak adj. knepig
freak v. knarka
free adj. fri
free v. befria
freedom n. frihet
freeze v. frysa
freight n. frakt
French adj. Fransk
French n. Frankrike
frenzy n. raseri
frequency n. frekvens
frequent n. frekvent
fresh adj. fräscht
fret n. mönster
fret v. mönster
friction n. friktion
Friday n. Fredag
fridge n. kylskåp
friend n. vän
fright n. skräck
frighten v. skrämma
frigid adj. frigid
frill n. krås
fringe n. kant
fringe n. frans
fringe v. fransa
frivolous adj. lättsinnig
frock n. klänning

frog n. groda
frolic n. lek
frolic v. leka
from prep. från
front n. fasad
front adj. första
front v. vetta mot
frontier n. gräns
frost n. frost
frown n. bister min
frown v. rynka pannan
frugal adj. ekonomisk
fruit n. frukt
fruitful adj. fruktsam
frustrate v. frustrera
frustration n. frustration
fry v. steka
fry n. yngel
fuel n. bränsle
fugitive adj. flyktig
fugitive n. flykting
fulfil v. fullborda
fulfilment n. fullbordande
full adj. hel
full adv. fullt
fullness n. fullständighet
fully adv. helt
fumble v. famla
fun n. kul
function n. funktion
function v. funktionera
functionary n. funktionerande
fund n. fond
fundamental adj. fundamental
funeral n. begravning
fungus n. svamp
funny n. ett skämt
fur n. päls
furious adj. rasande
furl v. rulla
furlong n. furlong
furnace n. smältugn
furnish v. möblera
furniture n. möbler
furrow n. fåra
further adv. längre

further *adj.* ytterligare
further *v.* främja
fury *n.* furie
fuse *v.* sammansmälta
fuse *n.* säkring
fusion *n.* fusion
fuss *n.* bråk
fuss *v.* tjafsa
futile *adj.* fruktlös
futility *n.* meningslöshet
future *adj.* framtida
future *n.* framtid
futuristic *adj.* futuristisk
futurology *n.* framtidsforskning
fuzz *n.* fjun
fuzz *v.* bli full
fuzzy *adj.* krullig

G

gabble *v.* babbla
gadfly *n.* broms
gadget *n.* inrättning
gaffe *n.* tala
gag *v.* tysta
gag *v.* improvisera
gag *n.* munkavel
gag *n.* skämt
gaiety *n.* glädje
gain *v.* vinna
gain *n.* vinst
gainful *adj* lönande
gainly *adj* smidig
gainsay *v.* förneka
gait *n.* steg
gala *adj* festligt
gala *n.* gala
galactic *adj.* galaktisk
galaxy *n.* galax
gale *n.* kuling
gallant *adj.* tapper
gallant *n.* kavaljer
gallantry *n.* tapperhet
gallery *n.* galleri
gallon *n.* gallon
gallop *n.* gallopp
gallop *v.* galopp
gallows *n.* . galoppera
galore *adv.* överflödigt
galvanize *v.* galvanisera
galvanometer *n.* galvanometer
galvanoscope *n.* galvanoskop
gambit *n.* spelhåla
gamble *v.* spela
gamble *n.* spel
gambler *n.* spelare
game *n.* spel
game *n.* match
game *v.* spela bort
gamemaster *v.* spelledare
gamepad *n.* spelplan
gameplayer *n.* deltagare
gamespace *n.* spelrymd
gamma *n.* gamma
gander *n.* gåskarl
gang *n.* gäng
gangrene *n.* kallbrand
gangster *n.* gangster
gap *n.* lucka
gap *v.* göra en öppning
gape *v.* gapa
garage *n.* garage
garb *n.* utstyrsel
garb *v.* klä sig
garbage *n.* sopor
garden *n.* trädgård
gardener *n.* trädgårsmästare
gargle *v.* gurgla
garland *n.* girlang
garland *v.* pryda
garlic *n.* vitlök
garlicky *adj.* vitlökssmakande
garment *n.* plagg
garnish *v.* garnera
garnish *n.* garnityr
garnishment *n.* garnering
garisson *n.* garnison
garisson *v.* förlägga
garrotte *n.* garrottering
garrotte *v.* garrottera
garrotter *n.* en som dödar genom

att strypa
garter *n.* strumpeband
gas *n.* gas
gasesous *adj.* gasform
gash *n.* jack
gash *v.* skära djupt
gashing *adj.* skärande
gasification *n.* förgasning
gasified *adj.* förgasad
gasify *v.* förgasa
gasket *n.* band
gasmask *n.* gasmask
gasoline *n.* bensin
gasp *n.* flämtning
gasp *v.* flämta
gassy *adj.* gasfylld
gastric *adj.* mag-
gastronomy *n.* gastronomi
gate *n.* grind
gatehouse *n.* grindstuga
gatekeeper *n.* grindvaktare
gatepost *n.* grindstolpe
gateway *n.* inkörsport
gather *v.* samla
gaudy *adj.* skrikig
gauge *n.* mått
gaunt *adj.* mager
gauntlet *n.* stridshandske
gawk *n.* stolle
gawk *v.* stå och glo
gawky *adj.* klumpig
gay *adj.* livlig
gay *n.* homosexuell
gaze *v.* skåda
gaze *n.* stirrande
gazelle *n.* gasell
gazette *n.* tidning
gazillion *n.* ospecifierat stort nummer
gear *n.* utrustning
gearbox *n.* verktygslåda
gearset *n.* verktygsset
gearwheel *n.* kugghjul
geek *n.* nörd
geek *v.* nörda
geeky *adj.* nördig

geeksville *n.* nördigt område
geekwear *n.* nördig klädsel
geisha *n.* geisha
gel *n.* gel
gel *v.* stelna
gelatin *n.* gelatin
gelatinous *adj.* gelatinartad
gelatinize *v.* gelatinera
geld *v.* sterilisera
gelded *adj.* steriliserad
gelding *n.* kastrerat djur
gem *n.* ädelsten
geminal *adj.* geminal
geminate *adj.* geminerad
geminate *v.* geminera
Gemini *n.* Tvillingarna
gender *n.* kön
gene *n.* gen
genealogical *adj.* genealogisk
genealogy *n.* släktforskning
generable *adj.* genererbart
general *adj.* allmän
generally *adv.* generellt
generate *v.* generera
generation *n.* generation
generator *n.* generator
generosity *n.* generositet
generous *adj.* generös
genetic *adj.* genetisk
geneticist *n.* genetiker
genial *adj.* genial
geniality *n.* genialitet
genie *n.* ande
genital *adj.* genital
genitalia *n.* genitalier
genius *n.* geni
genocide *n.* folkmord
genome *n.* genom
genre *n.* genre
genteel *adj.* förnäm
gentility *n.* förnämhet
gentle *adj.* varsamt
gentleman *n.* gentleman
gentry *n.* lågadel
genuine *adj.* genuin
geographer *n.* geograf

geographical *adj.* geografisk
geography *n.* geografi
geological *adj.* geologisk
geologist *n.* geologist
geology *n.* geologi
geometrical *adj.* geometrisk
geometry *n.* geometri
geopolitical *adj.* geopolitisk
geranium *n.* pelargon
germ *n.* bakterie
germicide *n.* bakteriedödande medel
germin *n.* grupp av proteiner
germinate *v.* växa till
germination *n.* groddning
gerund *n.* gerundium
gesture *n.* gest
get *v.* få
geyser *n.* gejser
ghastly *adj.* fasansfull
ghetto *n.* ghetto
ghost *n.* spöke
ghostwriter *n.* ghostwriter
ghoul *n.* ghul
ghoulish *adj.* djävulsk
giant *n.* jätte
giantess *n.* jättinna
gib *n.* hakkil
gib *v.* fastkila
gibber *n.* pladder
gibber *v.* pladdra
gibberish *n.* rappakalja
gibberish *adj.* meningslöst
gibbon *n.* gibbon
gibe *v.* smäda
gibe *n.* gliring
giddy *adj.* lättsinnig
gift *n.* gåva
gift *v.* ge
gifted *adj.* begåvad
gift-wrap *v.* presentpapper
gig *n.* båt
gig *v.* spela en konsert
gigabit *n.* gigabit
gigabyte *n.* gigabyte
gigantic *adj.* gigantisk

giggle *v.* fnissa
gild *v.* gille
gilt *adj.* förgylld
gimmick *n.* trick
gimmick *v.* göra trick
gimmickry *n.* påhitt
gimp *n.* snodd
gimp *v.* halta
gimp *adj.* skicklig
gin *n.* gin
ginger *adj.* rödhårig
ginger *n.* ingefära
giraffe *n.* giraff
gird *v.* förbereda
girder *n.* balk
girdle *n.* höfthållare
girdle *v.* omge
girl *n.* flicka
girlish *adj.* flickig
gist *n.* kärna
give *v.* ge
gizmo *n.* manick
glacier *n.* glaciär
glad *adj.* glad
gladden *v.* glädja
glade *n.* glänta
gladiator *n.* gladiator
gladiatorial *adj.* gladiator-
gladly *adv.* gladeligen
glam *adj.* glamorisera
glam *n.* glamour
glamour *n.* glamour
glance *n.* blick
glance *v.* blicka
gland *n.* körtel
glare *n.* sken
glare *v.* blända
glass *n.* glas
glasses *n.* glas
glasshouse *n.* glashus
glassify *v.* tillverka glas
glassmaker *n.* glastillverkare
glaucoma *n.* starr
glaze *v.* glatta
glaze *n.* glans
glazier *n.* glasmästare

gleam n. blink
gleam v. lysa
gleaming adj. lysande
glee n. glee
gleeful adj. munter
gleefully adv. muntert
glide n. glid
glide v. glida
glider n. glidare
glimmer n. sken
glimmer v. skimra
glimpse n. glimt
glitter v. glittra
glitter n. glitter
gloat v. triumfera
gloat n. skadeglädje
gloatingly adv. självbelåtet
global adj. global
globe n. glob
gloom n. mörker
gloomy adj. mörk
glorification n. förhärligande
glorify v. glorifiera
glorious adj. fantastisk
glory n. ära
gloss n. not
glossary n. ordlista
glossy adj. modejournal
glove n. handske
glow v. skina
glow n. sken
glucose n. glukos
glue n. lim
glue v. limma
glut v. mätta
glut n. överflöd
glutton n. frossare
gluttony n. frosseri
glycerine n. glycerin
gnarl n. knöl
gnarl v. knorra
gnaw v. nöta
gnome n. gnom
go v. bli
goad n. stav
goad v. skämta

goal n. mål
goalkeeper n. målvakt
goalpost n. målstolpe
goalscoring n. att göra mål
goanna n. iguana
goat n. get
gobble n. gobble
goblet n. bägare
god n. gud
goddess n. gudinna
godhead n. gudom
godly adj. gudfruktig
godown n. magasin
godsend n. gudagåva
goggles n. stirrande
gold n. guld
golden adj. guldig
goldsmith n. guldsmed
golf n. golf
gonads n. gonad
gondola n. gondol
gong n. gonggong
goo n. gyttja
goo v. använda gyttja
good adj. bra
good adj. schyst
good n. glödje
good n. gott
good-bye interj. hejdå
goodness n. godhet
goodwill n. goodwill
goof n. dumbom
goof v. klanta till
goofy adj. Långben
google v. googla
gooney n. svartfotad albatross
goose n. gås
gooseberry n. krusbär
gorgeous adj. läcker
gore n. kil
gore v. stånga
gorge n. klyfta
gorge v. sluka
gorge adj. slukande
gorilla n. gorilla
gospel n. gospel

gossip *n.* skvaller
gossip *v.* skvallra
gothic *n.* gotisk
gothic *adj.* gotisk-
gouda *n.* gouda
gourd *n.* kalebass
gout *n.* gikt
govern *v.* bestämma
governance *n.* styrelse
governess *n.* guvernant
government *n.* regering
governor *n.* governör
gown *n.* klänning
grab *v.* greppa
grace *n.* behag
grace *v.* smycka
gracious *adj.* graciös
gradation *n.* gradation
grade *n.* grad
grade *n.* klass
grade *v.* ordna
gradual *adj.* gradvis
graduate *v.* utexaminera
graduate *n.* akademiker
graft *n.* transplantation
graft *n.* ympkvist
graft *v.* transplantera
grain *n.* korn
grammar *n.* grammatik
grammarian *n.* grammatiker
gramme *n.* gram
gramophone *n.* gramofon
granary *n.* spannmålsmagasin
grand *adj.* tusen dollar
grandeur *n.* storhet
grant *v.* bevilja
grant *n.* bidrag
grape *n.* druva
graph *n.* graf
graphic *adj.* grafisk
grapple *n.* dragg
grapple *v.* gripa
grasp *v.* greppa
grasp *n.* grepp
grass *n.* gräs
grate *n.* eldstad

grate *v.* riva
grateful *adj.* tacksam
grater *n.* rivjärn
gratification *n.* tillfredsställande
gratis *adv.* kostnadsfri
gratitude *n.* tacksamhet
gratuity *n.* drickspeng
grave *n.* grav
grave *adj.* allvarlig
gravitate *v.* gravitera
gravitation *n.* gravitation
gravity *n.* betydelse
graze *v.* skrapa
graze *v.* skrubba
graze *n.* skrubbsår
grease *n.* fett
grease *v.* smörja
greasy *adj.* fett
great *adj.* toppen
greed *n.* begär
greedy *adj.* glupsk
Greek *n.* grekiska
Greek *adj.* grekisk
green *adj.* grönt
green *n.* grön
greenery *n.* grönska
greet *v.* hälsa
grenade *n.* granat
grey *adj.* grå
greyhound *n.* greyhound
grief *n.* sorg
grievance *n.* besvär
grieve *v.* sörja
grievous *adj.* allvarlig
grind *v.* förtrycka
grinder *n.* kvarn
grip *v.* greppa
grip *n.* grepp
groan *v.* knaka
groan *n.* knakning
grocer *n.* specerihandlare
grocery *n.* speceriaffär
groom *n.* brudgum
groom *v.* rykta
groove *n.* skåra
groove *v.* urholka

grope v. tafsa
gross n. brutto
gross adj. fett
gross adj. brutto
grotesque adj. grotesk
ground n. skäl
ground n. bakgrund
ground v. basera
ground v. grunda
group n. grupp
group v. gruppera
grow v. växa
grower n. odlare
growl v. morra
growl n. morrande
growth n. utvidgning
grudge v. missunna
grudge n. agg
grumble v. mullra
grunt n. grymtning
grunt v. grymta
guarantee n. garanti
guarantee v. garantera
guard v. vakta
guard n. vakt
guardian n. väktare
guava n. guava
guerilla n. guerilla
guess n. gissning
guess v. gissa
guest n. gäst
guidance n. ledarskap
guide v. guida
guide n. guide
guild n. förening
guile n. svek
guilt n. skuld
guilty adj. skyldig
guise n. gestalt
guitar n. gitarr
gulf n. gulf
gull n. trut
gull n. lättlurad
gull v. lura
gulp v. svälja
gulp n. klunk

gum n. klister
gun n. pistol
gust n. vindstöt
gutter n. rännsten
guttural adj. guttural
gymnasium n. gymnasium
gymnast n. gymnast
gymnastic adj. gymnastisk
gymnastics n. gymnastik

H

habeas corpus n. habeas corpus
habit n. vana
habitable adj. beboelig
habitat n. habitat
habitation n. habitation
habituate v. vänja
hack v. hacka
hacker n. hackare
hag n. häxa
haggard adj. stirrande
haggle v. pruta
hail n. hagel
hail v. hagla
hair n. hår
hale adj. frisk
half n. halva
half adj. halv
hall n. hall
hallmark n. kännetecken
hallow v. helgon
halt v. stanna
halt n. paus
halve v. halvera
hamlet n. småby
hammer n. hammare
hammer v. hamra
hand n. hand
hand v. överlämna
handbill n. reklamblad
handbook n. handbok
handcuff n. handboja
handcuff v. sätta på handbojor
handful n. handfull

handicap *v.* handikappad
handicap *n.* handikapp
handicraft *n.* hantverk
handiwork *n.* handarbete
handkerchief *n.* näsduk
handle *n.* handtag
handle *v.* ge ett handtag
handsome *adj.* stilig
handy *adj.* praktisk
hang *v.* hänga
hanker *v.* längta
haphazard *adj.* slumpmässig
happen *v.* hända
happening *n.* händelse
happiness *n.* glädje
happy *adj.* glad
harass *v.* oroa
harassment *n.* trakasseri
harbour *n.* hamn
harbour *v.* ge fristad
hard *adj.* svår
hard *adj.* hård
hard *adv.* hårt
harden *v.* förhärda
hardihood *n.* tapperhet
hardly *adv.* knappast
hardship *n.* vedermöda
hardy *adj.* djärv
hare *n.* hare
harm *n.* skada
harm *v.* skada
harmonious *adj.* harmonisk
harmonium *n.* harmonium
harmony *n.* harmoni
harness *n.* seldon
harness *v.* sela
harp *n.* harpa
harsh *adj.* hård
harvest *n.* skörd
harvest *v.* skörda
harvester *n.* skördemaskin
haste *n.* hets
hasten *v.* hetsa
hasty *adj.* hastig
hat *n.* hatt
hatchet *n.* yxa

hate *n.* hat
hate *v.* hata
haughty *adj.* överlägsen
haunt *v.* drabba
haunt *n.* tillhåll
have *v.* ta
haven *n.* hamn
havoc *n.* förstörelse
hawk *n.* falk
hawker *n.* nasare
hawthorn *n.* hagtorn
hay *n.* hö
hazard *n.* fara
hazard *v.* våga
haze *n.* torrdis
hazy *adj.* osäker
he *pron.* han
head *n.* huvud
head *v.* nicka
headache *n.* huvudvärk
heading *n.* titel
headlong *adv.* plötsligt
headstrong *adj.* envis
heal *v.* läka
health *n.* hälsa
healthy *adj.* hälsosam
heap *n.* hög
heap *v.* råga
hear *v.* höra
hearsay *n.* rykte
heart *n.* hjärta
hearth *n.* ässja
heartily *adv.* uppriktigt
heat *n.* värme
heat *v.* värma upp
heave *v.* kasta
heaven *n.* himmel
heavenly *adj.* underbar
hedge *n.* häck
hedge *v.* gardera
hedge *v.* slingra
heed *v.* bry
heed *n.* uppmärksamhet
heel *n.* häl
hefty *adj.* kraftig
height *n.* höjd

heighten v. höja
heinous adj. vidrig
heir n. arvtagare
hell adj. helvete
helm n. roder
helmet n. hjälm
help v. hjälpa
help n. hjälp
helpful adj. hjälpsam
helpless adj. hjälplös
helpmate n. hantlangare
hemisphere n. hemisfär
hemp n. hampa
hen n. höna
hence adv. därför
henceforth adv. hädanefter
henceforward adv. hädanefter
henchman n. kumpan
henpeck v. hunsa
her pron. hon
her adj. henne
herald n. budbärare
herald v. proklamera
herb n. örter
herculean adj. övermänsklig
herd n. flock
herdsman n. herde
here adv. här
hereabouts adv. häromkring
hereafter n. livet efter detta
hereafter adv. hädanefter
hereditary n. ärftlig
heredity n. ärftlighet
heritable adj. ärftlig
heritage n. arv
hermit n. eremit
hermitage n. eremitboning
hernia n. bråck
hero n. hjälte
heroic adj. heroisk
heroine n. heroin
heroism n. heroism
herring n. sill
hesitant adj. tveksam
hesitate v. tveka
hesitation n. betänkande

hew v. forma
heyday n. glanstid
hibernation n. övervintring
hiccup n. hicka
hide n. fäll
hide v. gömma
hideous adj. otäck
hierarchy n. hierarki
high adj. hög
highly adv. högt
Highness n. höghet
highway n. motorväg
hilarious adj. löjlig
hilarity n. munterhet
hill n. backe
hillock n. kulle
him pron. honom
hinder v. förhindra
hindrance n. förhindrande
hint n. spår
hint v. syfta
hip n. höft
hire n. hyra
hire v. hyra
hireling n. mutkolv
his pron. hans
hiss n. fräsande
hiss v. fräsa
historian n. historiker
historic a. historisk
historical adj. historisk
history n. historia
hit v. slå
hit n. hit
hitch n. problem
hither adv. hit
hitherto adv. hittills
hive n. kupa
hoarse adj. hes
hoax n. skämt
hoax v. narra
hobby n. hobby
hobbyhorse n. käpphäst
hockey n. hockey
hoist v. lyft
hold n. tag

hold *n.* grepp
hold *v.* hålla
hold *v.* avhålla
hold *v.* anordna
hole *n.* hål
hole *v.* göra hål
holiday *n.* helg
hollow *adj.* tom
hollow *n.* hålighet
hollow *v.* urholka
holocaust *n.* Förintelsen
holy *adj.* helig
homage *n.* hyllning
home *n.* hem
homicide *n.* mord
homeopath *n.* homeopat
homeopathy *n.* homeopati
homogeneous *adj.* likartad
honest *adj.* ärlig
honesty *n.* ärlighet
honey *n.* honung
honeycomb *n.* honungskaka
honeymoon *n.* smekmånad
honorarium *n.* arvode
honorary *adj.* äre-
honour *n.* ära
honour *v.* ära
honourable *adj.* hederlig
hood *n.* huva
hoodwink *v.* lura
hoof *n.* hov
hook *n.* krok
hooligan *n.* huligan
hoot *n.* signal
hoot *v.* vissla
hop *v.* hoppa
hop *n.* hopp
hope *v.* hoppas
hope *n.* hopp
hopeful *adj.* hoppfull
hopeless *adj.* hopplös
horde *n.* hord
horizon *n.* horisont
horn *n.* horn
hornet *n.* bålgeting
horrible *adj.* hemsk

horrify *v.* skrämma
horror *n.* skräck
horse *n.* häst
horticulture *n.* hortikultur
hose *n.* slang
hosiery *n.* trikåer
hospitable *adj.* gästvänlig
hospital *n.* sjukhus
hospitality *n.* gästfrihet
host *n.* värd
hostage *n.* gisslan
hostel *n.* härbärge
hostile *adj.* fientlig
hostility *n.* fientlighet
hot *adj.* varm
hotchpotch *n.* röra
hotel *n.* hotell
hound *n.* jakthund
hour *n.* timme
house *n.* hus
house *v.* husa
how *adv.* hur
however *adv.* däremot
however *conj.* hur som helst
howl *v.* yla
howl *n.* yl
hub *n.* centrum
hubbub *n.* ras
huge *adj.* enorm
hum *v.* humma
hum *n.* brus
human *adj.* människa
humane *adj.* mänsklig
humanitarian *adj.* filantrop
humanity *n.* mänsklighet
humanize *v.* humanisera
humble *adj.* ödmjuk
humdrum *adj.* tråkig
humid *adj.* fuktig
humidity *n.* fuktighet
humiliate *v.* förödmjuka
humiliation *n.* förödmjukelse
humility *n.* ödmjukhet
humorist *n.* humorist
humorous *adj.* skämtsam
humour *n.* humor

hunch *n.* aning
hundred *n.* hundra
hunger *n.* hunger
hungry *adj.* hungrig
hunt *v.* jaga
hunt *n.* jakt
hunter *n.* jägare
huntsman *n.* hundmästare
hurdle *n.* häck
hurdle *v.* hoppa över
hurl *v.* kasta
hurrah *interj.* hurra
hurricane *n.* orkan
hurry *v.* skynda
hurry *n.* bråk
hurt *v.* såra
hurt *n.* skada
husband *n.* make
husbandry *n.* jordbruk
hush *n.* tystnad
hush *v.* lugna
husk *n.* skal
husky *adj.* torr
hut *n.* hydda
hyaena, hyena *n.* hyena
hybrid *adj.* hybrid
hybrid *n.* korsning
hydrogen *n.* väte
hygiene *n.* hygien
hygienic *adj.* hygienisk
hymn *n.* hymn
hyperbole *n.* överdrift
hypnotism *n.* hypnotism
hypnotize *v.* hypnotisera
hypocrisy *n.* hyckleri
hypocrite *n.* hycklare
hypocritical *adj.* hycklande
hypothesis *n.* hypotes
hypothetical *adj.* hypotetisk
hysteria *n.* hysteri
hysterical *adj.* hysterisk

I

I *pron.* jag
iambic *adj.* jambisk
ice *n.* is
ice *v.* kyla
iceberg *n.* isberg
iceblock *n.* isblock
icebraker *n.* isbrytare
icecap *n.* istäcke
iced *adj.* fastfrusen
icicle *n.* istapp
icy *adj.* isig
icon *n.* ikon
iconic *adj.* ikonisk
iconoclastic *adj.* bildstormande
idea *n.* idé
ideal *adj.* idealisk
ideal *n.* ideal
idealism *n.* idealism
idealist *n.* idealist
idealistic *adj.* idealistisk
idealize *v.* skönmåla
identical *adj.* identisk
indentification *n.* identifikation
identify *v.* identifiera
identity *n.* identitet
idiocy *n.* dumhet
idiom *n.* idiom
idiomatic *adj.* idiomatisk
idiot *n.* idiot
idiotic *adj.* idiotisk
idle *adj.* fåfäng
idleness *n.* lättja
idler *n.* dagdrivare
idol *n.* idol
idolater *n.* avgudadyrkare
if *conj.* om
igloo *n.* iglo
ignition *n.* tändning
ignoble *adj.* usel
ignorance *n.* ignorans
ignorant *adj.* ignorant
ignore *v.* ignorera
ill *adj.* sjuk

ill *adv.* dåligt
ill *n.* ondska
illegal *adj.* olagligt
illegibility *n.* oläslig skrift
illegible *adj.* oläslig
illegitimate *adj.* orättmätig
illicit *adj.* olovlig
illiteracy *n.* okunnighet
illiterate *adj.* analfabet
illness *n.* sjukdom
illogical *adj.* ologisk
illuminate *v.* belysa
illumination *n.* belysning
illusion *n.* illussion
illustrate *v.* illustrera
illustration *n.* illustration
image *n.* bild
imagery *n.* bildspråk
imaginary *adj.* påhittad
imagination *n.* fantasi
imaginative *adj.* fantasifull
imagine *v.* föreställa sig
imitate *v.* imitera
imitation *n.* imitation
imitator *n.* imitator
immaterial *adj.* oviktig
immature *adj.* omogen
immaturity *n.* omognad
immeasurable *adj.* omätlig
immediate *a* omedelbar
immemorial *adj.* urminnes
immense *adj.* oändlighet
immensity *n.* ofantlighet
immerse *v.* fördjupa
immersion *n.* försjunkenhet
immigrant *n.* invandrare
immigrate *v.* immigrera
immigration *n.* immigration
imminent *adj.* förestående
immodest *adj.* oanständig
immodesty *n.* att vara fåfäng
immoral *adj.* omoralisk
immorality *n.* omoral
immortal *adj.* odödlig
immortality *n.* odödlighet
immortalize *v.* odödliggöra

immovable *adj.* orörlig
immune *adj.* immun
immunity *n.* immunitet
immunize *v.* immunisera
impact *n.* påverkan
impart *v.* meddela
impartial *adj.* opartisk
impartiality *n.* opartiskhet
impassable *adj.* ofrakomlig
impasse *n.* dödläge
impatience *n.* iver
impatient *adj.* otålighet
impeach *v.* ifrågasätta
impeachment *n.* anklagelse
impede *v.* hindra
impediment *n.* hinder
impenetrable *adj.* oframkomlig
imperative *adj.* nödvändighet
imperfect *adj.* felaktig
imperfection *n.* brist
imperial *adj.* kejserlig
imperialism *n.* imperialism
imperil *v.* äventyra
imperishable *adj.* oförgänglig
impersonal *adj.* opersonlig
impersonate *v.* härma
impersonation *n.* imitation
impertinence *n.* oförskämdhet
impertinent *adj.* oförskämd
impetuosity *n.* häftighet
impetuous *adj.* våldsam
implement *n.* verktyg
implement *v.* genomföra
implicate *v.* innefatta
implication *n.* innebörd
implicit *adj.* implicit
implore *v.* bönfalla
imply *v.* innebära
impolite *adj.* ohövlig
import *v.* importera
import *n.* import
importance *n.* betydelse
important *adj.* viktig
impose *v.* belägga
imposing *adj.* utskjutning
imposition *n.* införande

impossibility *n.* omöjlighet
impossible *adj.* omöjligt
impostor *n.* bedragare
imposture *n.* bedrägeri
impotence *n.* impotens
impotent *adj.* impotent
impoverish *v.* utarma
impracticability *n.* ogenomförbarhet
impracticable *adj.* oanvändbar
impress *v.* prägla
impression *n.* prägel
impressive *adj.* imponerande
imprint *v.* trycka
imprint *n.* avtryck
imprison *v.* fängsla
improper *adj.* felaktig
impropriety *n.* olämplighet
improve *v.* förbättra
improvement *n.* förbättring
imprudence *n.* ofärskämdhet
imprudent *adj.* oförskämd
impulse *n.* impuls
impulsive *adj.* impulsiv
impunity *n.* straffrihet
impure *adj.* oren
impurity *n.* orenhet
impute *v.* tillskriva
in *prep.* i
inability *n.* oförmåga
inaccurate *adj.* felaktig
inaction *n.* overksamhet
inactive *adj.* inaktiv
inadmissible *adj.* oacceptabel
inanimate *adj.* tråkig
inapplicable *adj.* oanvändbar
inattentive *adj.* oartig
inaudible *adj.* orhörbar
inaugural *adj.* invigningshögtidighet
inauguration *n.* installation
inauspicious *adj.* olycksbådande
inborn *adj.* inneboende
incalculable *adj.* oberäknelig
incapable *adj.* okapabel
incapacity *n.* oförmåga

incarnate *adj.* personifierad
incarnate *v.* inkarnera
incarnation *n.* inkarnation
incense *v.* förtörna
incense *n.* rökelse
incentive *n.* incitament
inception *n.* påbörjande
inch *n.* tum
incident *n.* olycka
incidental *adj.* tillfällig
incite *v.* väcka
inclination *n.* dragning
incline *v.* böja
include *v.* inkludera
inclusion *n.* inneslutning
inclusive *adj.* inklusive
incoherent *adj.* oförenlig
income *n.* inkomst
incomparable *adj.* makalös
incompetent *adj.* inkompetent
incomplete *a*. inkomplett
inconsiderate *adj.* hänsynslös
inconvenient *adj.* olämplig
incorporate *v.* införliva
incorporate *adj.* införlivad
incorporation *n.* införlivande
incorrect *adj.* felaktig
incorrigible *adj.* oförbätterlig
incorruptible *adj.* omutlig
increase *v.* öka
increase *n.* ökning
incredible *adj.* otrolig
increment *n.* tillväxt
incriminate *v.* belasta
incubate *v.* ruva
inculcate *v.* inpränta
incumbent *n.* innehavare
incumbent *adj.* liggande
incur *v.* dra på sig
incurable *adj.* obotlig
indebted *adj.* tacksam
indecency *n.* oanständighet
indecent *adj.* oanständig
indecision *n.* obeslutsamhet
indeed *adv.* verkligen
indefensible *adj.* oförsvarbar

indefinite *adj.* obestämd
indemnity *n.* skadestånd
independence *n.* oberoende
independent *adj.* fri
indescribable *adj.* obeskrivlig
index *n.* index
Indian *adj.* Indian
indicate *v.* indikera
indication *n.* indikation
indicative *adj.* indikativ
indicator *n.* indikator
indict *v.* anklaga
indictment *n.* stämning
indifference *n.* kallsinne
indifferent *adj.* likgiltig
indigenous *adj.* inhemsk
indigestible *adj.* svårsmält
indigestion *n.* magbesvär
indignant *adj.* upprörd
indignation *n.* upprördhet
indigo *n.* indigo
indirect *adj.* indirekt
indiscipline *n.* disciplinbrist
indiscreet *adj.* obetänksam
indiscretion *n.* obetänksamhet
indiscriminate *adj.* godtycklig
indispensable *adj.* oumbärlig
indisposed *adj.* opasslig
indisputable *adj.* odiskutabel
indistinct *adj.* otydlig
individual *adj.* individuell
individualism *n.* individualism
individuality *n.* individualitet
indivisible *adj.* odelbar
indolent *adj.* slö
indomitable *adj.* okuvlig
indoor *adj.* inomhus-
indoors *adv.* inomhus
induce *v.* förmå
inducement *n.* motivation
induct *v.* introducera
induction *n.* induktion
induction *n.* framkallande
indulge *v.* skämma bort
indulgence *n.* eftergivenhet
indulgent *adj.* överseende

industrial *adj.* industriell
industrious *adj.* driftig
industry *n.* industri
ineffective *adj.* ineffektiv
inert *adj.* dum
inertia *n.* slöhet
inevitable *adj.* oundvikligt
inexact *adj.* inexakt
inexorable *adj.* obönhörlig
inexpensive *adj.* billig
inexperience *n.* oerfarenhet
inexplicable *adj.* oförklarlig
infallible *adj.* pålitlig
infamous *adj.* ökänd
infamy *n.* skam
infancy *n.* barndom
infant *n.* spädbarn
infanticide *n.* barnamord
infantile *adj.* barnslig
infantry *n.* infanteri
infatuate *v.* förtrolla
infatuation *n.* passion
infect *v.* infektera
infection *n.* infektion
infectious *adj.* smittsam
infer *v.* betyda
inference *n.* slutsats
inferior *adj.* underordnad
inferiority *n.* underlägsenhet
infernal *adj.* underjordisk
infinite *adj.* oändlighet
infinity *n.* oändlighet
infirm *adj.* klen
infirmity *n.* skröplighet
inflame *v.* antända
inflammable *adj.* brandfarlig
inflammation *n.* inflammation
inflammatory *adj.* orsakat av inflammation
inflation *n.* inflation
inflexible *adj.* fast
inflict *v.* tilldela
influence *n.* inflytande
influence *v.* bearbeta
influential *adj.* inflytelserik
influenza *n.* influensa

influx *n.* uppslutning
inform *v.* informera
informal *adj.* informell
information *n.* information
informative *adj.* informativ
informer *n.* anmälare
infringe *v.* bryta mot
infringement *n.* brott
infuriate *v.* reta
infuse *v.* fylla
infusion *n.* tillförsel
ingrained *adj.* impregnera
ingratitude *n.* otacksamhet
ingredient *n.* ingrediens
inhabit *v.* bebo
inhabitable *adj.* beboelig
inhabitant *n.* invånare
inhale *v.* inandas
inherent *adj.* naturlig
inherit *v.* ärva
inheritance *n.* arv
inhibit *v.* hindra
inhibition *n.* förbud
inhospitable *adj.* ogästvänlig
inhuman *adj.* omänsklig
inimical *adj.* skadlig
inimitable *adj.* oefterhärmlig
initial *adj.* inledande
initial *n.* initial
initial *v.* parafera
initiate *v.* börja
initiative *n.* initiativ
inject *v.* injecera
injection *n.* injektion
injudicious *adj.* oförsiktig
injunction *n.* föreskrift
injure *v.* skada
injurious *adj.* skadlig
injury *n.* skada
injustice *n.* orättvisa
ink *n.* bläck
inkling *n.* aning
inland *adj.* inlands-
inland *adv.* inåt land
in-laws *n.* svärföräldrar
inmate *n.* intagen

inmost *adj.* innerst
inn *n.* värdshus
innate *adj.* inneboende
inner *adj.* inre
innermost *adj.* innerst
innings *n.* omgång
innocence *n.* oskuldsfullhet
innocent *adj.* oskyldig
innovate *v.* innovera
innovation *n.* innovation
innovator *n.* innovatör
innumerable *adj.* otalig
inoculate *v.* vaccinera
inoculation *n.* ympning
inoperative *adj.* verkningslös
inopportune *adj.* olämplig
input *n.* intag
inquest *n.* likbesiktning
inquire *v.* undersöka
inquiry *n.* undersökning
inquisition *n.* inkvisition
inquisitive *adj.* nyfiken
insane *adj.* galen
insanity *n.* vansinne
insatiable *adj.* omättlig
inscribe *v.* inregistrera
inscription *n.* inskription
insect *n.* insekt
insecticide *n.* insektsmedel
insecure *adj.* osäker
insecurity *n.* osäkerhet
insensibility *n.* okänslighet
insensible *adj.* okänslig
inseparable *adj.* odelbar
insert *v.* införa
insertion *n.* tillägg
inside *n.* insida
inside *prep.* in
inside *adj.* inre
inside *adv.* inne
insight *n.* insyn
insignificance *n.* obetydlighet
insignificant *adj.* obetydlig
insincere *adj.* falsk
insincerity *n.* hyckleri
insinuate *v.* antyda

insinuation *n.* antydning
insipid *adj.* intetsägande
insipidity *n.* faddhet
insist *v.* insistera
insistence *n.* krav
insistent *adj.* envis
insolence *n.* fräckhet
insolent *adj.* fräck
insoluble *n.* olöslig
insolvency *n.* obestånd
insolvent *adj.* konkursmässig
inspect *v.* inspektera
inspection *n.* inspektion
inspector *n.* inspektör
inspiration *n.* inspiration
inspire *v.* inspirera
instability *n.* ostabilitet
install *v.* installera
installation *n.* installation
instalment *n.* installering
instance *n.* instans
instant *n.* ögonblick
instant *adj.* omedelbar
instantaneous *adj.* omgående
instantly *adv.* genast
instigate *v.* anstifta
instigation *n.* anstiftan
instil *v.* inge
instinct *n.* instinkt
instinctive *adj.* instinktivt
institute *n.* institut
institution *n.* institut
instruct *v.* instruera
instruction *n.* instruktion
instructor *n.* instruktör
instrument *n.* instrument
instrumental *adj.* instrumentell
instrumentalist *n.* instrumentalist
insubordinate *adj.* upprorisk
insubordination *n.* lyydnadsbrott
insufficient *adj.* otillräcklig
insular *adj.* inskränkt
insularity *n.* avskildhet
insulate *v.* isolera
insulation *n.* isolering

insulator *n.* isolator
insult *n.* förolämpning
insult *v.* förolämpa
insupportable *adj.* outhärdlig
insurance *n.* försäkring
insure *v.* försäkra
insurgent *adj.* motsätta sig regering
insurgent *n.* upprorsman
insurmountable *adj.* oöverkomlig
insurrection *n.* uppror
intact *adj.* intakt
intangible *adj.* ogripbar
integral *adj.* integral
integrity *n.* integritet
intellect *n.* intellekt
intellectual *adj.* intellektuell
intellectual *n.* intellektuell person
intelligence *n.* intelligens
intelligence *n.* begåvning
intelligent *adj.* intelligent
intelligentsia *n.* intelligentia
intelligible *adj.* begriplig
intend *v.* åsyfta
intense *adj.* intensivt
intensify *v.* intensifiera
intensity *n.* intensitet
intensity *n.* volym
intensive *adj.* intensivt
intent *n.* syfte
intent *adj.* inriktad
intention *n.* syfte
intentional *adj.* avsiktlig
intercept *v.* fånga upp
interception *n.* hindrande
interchange *n.* utbyte
interchange *v.* utbyta
intercourse *n.* samlag
interdependence *n.* beroendeförhållande
interdependent *adj.* beroende av varandra
interest *n.* intresse
interested *adj.* intresserad

interesting *adj.* intressant
interfere *v.* hindra
interference *n.* hindrande
interim *n.* mellantid
interior *adj.* inrikes
interior *n.* insida
interjection *n.* interjektion
interlock *v.* blockera
interlude *n.* avbrott
intermediary *n.* representant
intermediate *adj.* mellan
interminable *adj.* oändlig
intermingle *v.* umgås
intern *n.* intern
internal *adj.* invändig
international *adj.* internationell
interplay *n.* samverkan
interpret *v.* interpretera
interpreter *n.* uttolkare
interrogate *v.* förhöra
interrogation *n.* förhör
interrogative *adj.* interrogativ
interrogative *n.* frågeord
interrupt *v.* avbryta
interruption *n.* avbrott
intersect *v.* korsa
intersection *n.* korsning
interval *n.* intervall
intervene *v.* ingripa
intervention *n.* ingripande
interview *n.* intervju
interview *v.* intervjua
intestinal *adj.* inälvs-
intestine *n.* tarm
intimacy *n.* intimitet
intimate *adj.* intim
intimate *v.* vara intim
intimation *n.* antydan
intimidate *v.* skrämma
intimidation *n.* skrämsel
into *prep.* in i
intolerable *adj.* outhärdlig
intolerance *n.* intolerans
intolerant *adj.* intolerant
intoxicant *n.* berusningsmedel
intoxicate *v.* berusa

intoxication *n.* förgiftning
intransitive *adj. (verb)* intransitiv
intrepid *adj.* djärv
intrepidity *n.* att vara djärv
intricate *adj.* komplicerad
intrigue *v.* intrigera
intrigue *n.* intrig
intrinsic *adj.* egentlig
introduce *v.* introducera
introduction *n.* introduktion
introductory *adj.* inlednings-
introspect *v.* reflektera över någons tankar
introspection *n.* introspektion
intrude *v.* inkräkta
intrusion *n.* intrång
intuition *n.* intuition
intuitive *adj.* intuitiv
invade *v.* invadera
invalid *adj.* invalid
invalid *n.* invalid
invalidate *v.* spärra
invaluable *adj.* ovärderlig
invasion *n.* invasion
invective *n.* skällsord
invent *v.* uppfinna
invention *n.* uppfinning
inventive *adj.* uppfinningsrik
inventor *n.* uppfinnare
invert *v.* invertera
invest *v.* investera
investigate *v.* investigera
investigation *n.* investigation
investment *n.* investering
invigilate *v.* vakta
invigilation *n.* examinationsvakt
invigilator *n.* skrivvakt
invincible *adj.* oövervinnelig
inviolable *adj.* okränkbar
invisible *adj.* osynlig
invitation *n.* inbjudan
invite *v.* bjuda in
invocation *n.* åberopande
invoice *n.* räkning
invoke *v.* åkalla

involve v. involvera
inward adj. inre
inwards adv. inåt
irate adj. rasande
ire n. ilska
Irish adj. irländsk
Irish n. irländska
irksome adj. irriterande
iron n. järn
iron v. stryka
ironical adj. ironisk
irony n. ironi
irradiate v. irritera
irrational adj. irrationell
irreconcilable adj. oresonliga
irrecoverable adj. oersättlig
irrefutable adj. obestridlig
irregular adj. oregelbunden
irregularity n. ojämnhet
irrelevant adj. irrelevant
irrespective adj. utan hänsyn
irresponsible adj. oansvarig
irrigate v. bevattna
irrigation n. konstbevattning
irritable adj. lättretlig
irritant adj. irriterande
irritant n. retmedel
irritate v. irritera
irritation n. irritation
irritation n. irritation
irruption n. inbrytning
island n. ö
isle n. ö
isobar n. isobar
isolate v. isolera
isolation n. isolering
issue v. komma
issue n. fråga
issue n. ämne
it pron. det
Italian adj. italienska
Italian n. italienare
italic adj. italisk
italics n. kursivstil
itch n. klåda
itch v. klia

item n. artikel
ivory n. elfenben
ivy n. murgröna

J

jab v. slå
jabber v. pladdra
jack n. domkraft
jack v. lyfta med domkraft
jackal n. schakal
jacket n. jacka
jade n. jade
jail n. fängelse
jail v. sätta i fängelse
jailer n. fångvaktare
jam n. sylt
jam v. fylla
janitor n. vaktmästare
January n. januari
jar n. burk
jargon n. jargong
jasmine, jessamine n. jasmin
jaundice n. gulsot
jaundice v. fördunkla
javelin n. spjut
jaw n. käke
jay n. nötskrika
jealous adj. avundssjuk
jealousy n. avundssjuka
jean n. bomullstyg
jeer v. driva
jelly n. gelé
jeopardize v. våga
jeopardy n. risk
jerk n. idiot
jerkin n. väst
jerky adj. ojämn
jersey n. tröja
jest n. agerande för underhållning
jest v. att berätta ett skämt
jet n. ström
Jew n. judel
jewel n. juvel

jewel v. infatta med stenar
jeweller n. juvelerare
jewellery n. juvel
jingle n. klingande
jingle v. klinga
job n. jobb
jobber n. daglönare
jobbery n. spekulation
jocular adj. lustig
jog v. jogga
join v. komma med
joiner n. en som går med i grupper
joint n. fog
joint adj. gemensam
jointly adv. gemensamt
joke n. skämt
joke v. skämta
joker n. skämtare
jollity n. lustighet
jolly adj. trevlig
jolt n. chock
jolt v. chocka
jostle n. knuff
jostle v. knuffa
jot n. dugg
jot v. skissa
journal n. journal
journalism n. journalism
journalist n. journalist
journey n. resa
journey v. resa
jovial adj. gladlynt
joviality n. uppsluppenhet
joy n. glädje
joyful n. glädjande
joyous n. glädje
jubilant adj. jublande
jubilation n. jubel
jubilee n. jubileum
judge n. domare
judge v. döma
judgement n. dom
judicature n. jurisdiktion
judicial adj. juridisk
judiciary n. domstol

judicious adj. omdömesgill
jug n. kanna
juggle v. fiffla
juggler n. skojare
juice n. juice
juicy adj. saftig
jumble n. röra
jumble v. blanda ihop
jump n. hopp
jump v. hoppa
junction n. förbindellse
juncture n. ögonblick
jungle n. djungel
junior adj. yngre
junior n. junior
junk n. skräp
jupiter n. jupiter
jurisdiction n. jurisdiktion
jurisprudence n. rättsvetenskap
jurist n. jurist
juror n. jurymedlem
jury n. jury
juryman n. nämndeman
just adj. rättmätig
just adv. just
justice n. rättvisa
justifiable adj. berättigad
justification n. urskuldande
justify v. berättiga
justly adv. rimligt
jute n. jute
juvenile adj. ungdom
juxtapose v. sammanställa
juxtaposed adj. sammanställda
juxtaposition n. sammanställning

K

kaffir n. kafir
kaki n. kaki
kamikaze n. kamikaze
kangaroo n. känguru
karat n. karat
keen adj. entusiastisk
keenness n. skarphet

keep v. hålla
keeper n. vaktare
keepsake n. souvenir
kennel n. kennel
kerchief n. halsduk
kernel n. kärna
kerosene n. fotogen
ketchup n. ketchup
kettle n. vattenkokare
key n. nyckel
key v. tillföra
key adj. nyckel-
keyhole n. nyckelhål
keypad n. tangentbord
keysmith n. nyckelsmed
keystone n. grundval
keyword n. nyckelord
kick n. spark
kick v. sparka
kid n. barn
kidnap v. kidnappa
kidney n. njure
kill v. döda
kill n. dödande
kiln n. kalkugn
kilo n. kilo
kilogram n. kilogram
kilt n. kilt
kilt v. plissera
kin n. släkting
kind n. typ
kind adj. vänlig
kindergarten n. dagis
kindle v. antända
kindly adv. vänligt
kindness n. vänlighet
kinetic adj. kinetisk
king n. kung
kingdom n. kungarike
kinship n. släktskap
kiss n. kyss
kiss v. kyssa
kit n. utrustning
kitchen n. kök
kite n. drake
kith n. vänner

kitten n. kattunge
knave n. knekt
knavery n. dåligt uppförande av en knäkt
knee n. knä
kneel v. gå ner på knä
knife n. kniv
knight n. riddare
knight v. dubba
knit v. sticka
knock v. knacka
knot n. knut
knot v. göra en knut
know v. veta
knowledge n. kunskap
knowledgeable adj. upplyst
knuckle n. knoge
knuckle v. slå med knogen
koala n. koala
koi n. koifisk
krill n. krill

L

label n. etikett
label v. etikettera
labial adj. labial
laboratory n. laboratorium
laborious adj. besvärlig
labour n. arbete
labour v. arbeta
laboured adj. tvungen
labourer n. arbetare
labyrinth n. labyrint
lac, lakh n. lack
lace n. spets
lace n. snöre
lace v.t. spetsa
lacerate v. stympa
lachrymose adj. gråtande
lack n. brist
lack v. sakna
lackey n. lakej
lacklustre adj. matt
laconic adj. lakonisk

lactate v. laktera
lactometer n. laktometer
lactose n. laktos
lacuna n. brist
lacy adj. spetsliknande
lad n. kille
ladder n. stege
lade v. inta lst
ladle n. skopa
ladle v. sleva
lady n. dam
lag v. komma efter
laggard n. eftersläntrare
lagoon n. lagun
lair n. lya
lake n. sjö
lama n. lama
lamb n. lamm
lambaste v. klå upp
lambkin n. ungt lamm
lame adj. halt
lame v. förlama
lament v. klagosång
lament n. klagosång
lamentable adj. eländig
lamentation n. klagande
laminate v. laminera
lamp n. lampa
lampoon n. nidskrift
lampoon v. skriva nidskrift
lance n. spjut
lance v. sticka med lansett
lancer n. lansiär
lancet adj. lansett
land n. land
land v. landa
landing n. landning
landscape n. landskap
lane n. gång
language n. språk
languish v. tvina
languor n. tröghet
lank adj. slank
lantern n. lykta
lanugo n. fint hår
lap n. etapp

lapse v. upphöra
lapse n. fel
laptop n. bärbar dator
lard n. ister
large adj. stor
largesse n. present
lark n. lärka
lascivious adj. glupsk
lash adj. risig
lash n. ögonfrans
lass n. flicka
last adj. sista
last adv. senast
last v. bestå
last n. sista
lastly adv. slutligen
lasting adj. bestående
latch n. regel
late adj. sen
late adv. sent
lately adv. sistone
latent adj. latent
lath n. ribba
lathe n. svarv
lather n. lödder
latitude n. latitud
latrine n. latrin
latter adj. senare
lattice n. galler
laud v. prisa
laud n. lovprisning
laudable adj. prisvärd
laugh n. skratt
laugh v. skratta
laughable adj. skrattretande
laughter n. skratt
launch v. sätta igång
launch n. start
launder v. tvätta
laundress n. tvätterska
laundry n. tvätt
laurel n. lager
laureate adj. pristagare
laureate n. pristagare
lava n. lava
lavatory n. toalett

lavender *n.* lavendel
lavish *adj.* slösaktig
lavish *v.* slösa
law *n.* lag
lawful *adj.* laglig
lawless *adj.* laglös
lawn *n.* gräsmatta
lawyer *n.* advokat
lax *adj.* lös
laxative *n.* laxeringsmedel
laxative *adj.* laxerande
laxity *n.* slapphet
lay *v.* lägga
lay *adj.* lekmanna-
lay *n.* ställning
layer *n.* lager
layman *n.* lekman
laze *v.* slöa
laziness *n.* lathet
lazy *n.* lat
lea *n.* äng
leach *v.* filtrera
lead *n.* bly
lead *v.* leda
lead *n.* ledning
leaden *adj.* tung
leader *n.* ledare
leadership *n.* ledarskap
leaf *n.* löv
leaflet *n.* broschyr
leafy *adj.* lummig
league *n.* liga
leak *n.* läckage
leak *v.* läcka
leakage *n.* läckage
lean *n.* lutning
lean *v.* luta sig
leap *v.* ta ett språng
leap *n.* språng
learn *v.* lära
learned *adj.* lärt
learner *n.* lärare
learning *n.* inlärning
lease *n.* kontrakt
lease *v.* hyra
least *adj.* minst

least *adv.* minsta
leather *n.* läder
leave *n.* lov
leave *v.* lämna
lecture *n.* föreläsning
lecture *v.* föreläsa
lecturer *n.* föreläsare
ledger *n.* liggare
lee *n.* läsida
leech *n.* blodigel
leek *n.* purjolök
left *adj.* kvar
left *n.* vänster
leftist *n.* vänsteranhängare
leg *n.* ben
legacy *n.* legat
legal *adj.* lagligt
legality *n.* laglighet
legalize *v.* legalisera
legend *n.* legend
legendary *adj.* legendarisk
leghorn *n.* leghorn
legible *adj.* lättläst
legibly *adv.* läsligt
legion *n.* legion
legionary *n.* legionär
legislate *v.* lagstifta
legislation *n.* lagstiftning
legislative *adj.* lagstiftande
legislator *n.* lagstiftare
legislature *n.* legislatur
legitimacy *n.* legitimitet
legitimate *adj.* legitim
leisure *n.* ledighet
leisurely *adj.* lugn
leisurely *adv.* i sakta mak
lemon *n.* citron
lemonade *n.* lemonad
lend *v.* låna ut
length *n.* längd
lengthen *v.* förlänga
lengthy *adj.* utdragen
lenience *n.* barmhärtighet
leniency *n.* mildhet
lenient *adj.* lugnande
lens *n.* lins

lentil n. linser
Leo n. lejon
leonine adj. lejonliknande
leopard n. leopard
leper n. spetälska
leprosy n. lepra
leprous adj. spetälsk
less adj. inte mindre än
less n. för mindre
less adv. i mindre utsträckning
less prep. minus
lessee n. hyresgäst
lessen v. minska
lesser adj. mindre
lesson n. lektion
lest conj. för att inte
let v. låta
lethal adj. dödligt
lethargic adj. letargisk
lethargy n. letargi
letter n. brev
level n. nivå
level adj. slät
level v. plana ut
lever n. reglage
lever v. spetta
leverage n. hävstångskraft
levity n. lätthet
levy v. pålägga
levy n. utskrivning
lewd adj. fräck
lexicography n. lexikografi
lexicon n. lexikon
liability n. pålitlighet
liable adj. pålitlig
liaison n. samband
liar n. lögnare
libel n. ärekränkning
libel v.t. kränka
liberal adj. liberal
liberalism n. liberalism
liberality n. liberalitet
liberate v. befria
liberation n. befrielse
liberator n. befriare
libertine n. libertin

liberty n. frihet
librarian n. bibliotikarie
library n. bibliotek
licence n. licens
license v. licensiera
licensee n. licensinnehavare
licentious adj. tygellös
lick v. slicka
lick n. slick
lid n. lock
lie v. ljuga
lie v. ligga
lie n. lögn
lien n. panträtt
lieu n. ställe
lieutenant n. löjtnant
life n. liv
lifeless adj. livlös
lifelong adj. livslång
lifestyle n. livsstil
lift n. skjuts
lift v. lyfta
light n. ljus
light adj. lätt
light v. tända
lighten v. lätta
lighter n. tändare
lightly adv. lätt
lightening n. fosterställning
lignite n. brunkol
like adj. liknande
like n. make
like v. trivas
like prep. som
likelihood n. sannolikhet
likely adj. troligtvis
liken v. likna
likeness n. gestalt
likewise adv. jämväl
liking n. tycke
lilac n. syren
lily n. lilja
limb n. lem
limber v. mjuka upp
limber adj. mjuk
limber n. hästdraget fordon i strid

lime *n.* kalk
lime *v.* kalka
lime *n.* lime
limelight *n.* rampljus
limit *n.* gräns
limit *v.* begränsa
limitation *n.* begränsning
limited *adj.* begränsad
limitless *adj.* gränslös
line *n.* linje
line *v.* fodra
lineage *n.* härstamning
linen *n.* linne
linger *v.* dröja
lingo *n.* jargong
lingual *adj.* språklig
linguist *n.* lingvist
linguistic *adj.* lingvistisk
linguistics *n.* lingvistik
lining *n.* foder
link *n.* länk
link *v.* länka
linseed *n.* linfrö
lintel *n.* överdel
lion *n.* lejon
lioness *n.* lejoninna
lip *n.* läpp
liquefy *v.* kondensera
liquid *adj.* i vätskeform
liquid *n.* vätska
liquidate *v.* likvidera
liquidation *n.* likvidering
liquor *n.* sprit
lisp *v.* läspa
lisp *n.* läspning
list *n.* lista
list *v.* lista upp
listen *v.* lyssna
listener *n.* lyssnare
listless *adj.* slö
literacy *n.* läs- och skrivkunnighet
literal *adj.* bokstavlig
literary *adj.* litterär
literate *adj.* bildad
literature *n.* litteratur

litigant *n.* tvistepart
litigate *v.* processa
litigation *n.* process
litre *n.* liter
litter *n.* avfall
litter *v.* skräpa ner
litterateur *n.* litteratur
little *adj.* liten
little *adv.* lite
little *n.* lite
littoral *adj.* kustrelaterat
liturgical *adj.* liturgisk
live *v.* vistas
live *v.* bo
live *adj.* direkt
live *adv.* direkt
livelihood *n.* näring
lively *adj.* livlig
liver *n.* lever
livery *n.* livré
living *adj.* levande
living *n.* liv
lizard *n.* ödla
load *n.* last
load *v.* lasta
loadstar *n.* ledstjärna
loadstone *n.* magnet
loaf *n.* limpa
loaf *v.* slöa
loafer *n.* dagdrivare
loan *n.* lån
loan *v.* låna
loath *adj.* obenägen
loathe *v.* avsky
loathsome *adj.* avskyvärd
lobby *n.* lobby
lobe *n.* lob
lobster *n.* hummer
local *adj.* lokal
locale *n.* plats
locality *n.* plats
localize *v.* lokalisera
locate *v.* befinna
location *n.* positionering
lock *n.* lås
lock *v.* låsa

locker *n.* skåp
locket *n.* medaljong
locomotive *n.* lokomotiv
locus *n.* ort
locust *n.* gräshoppa
locution *n.* idiom
lodge *n.* bostad
lodge *v.* husera
lodging *n.* logi
loft *n.* loft
lofty *adj.* upphöjd
log *n.* stock
log *n.* vedträ
log *v.* kapa
logarithim *n.* logaritm
loggerhead *n.* oäkta karettsköldpadda
logic *n.* logik
logical *adj.* logiskt
logician *n.* logiker
loin *n.* fransyska
loiter *v.* driva
loll *v.* slappa
lollipop *n.* klubba
lone *adj.* ensam
loneliness *n.* ensamhet
lonely *adj.* ensam
lonesome *adj.* ensam
long *adj.* länge
long *adv* länge
long *v.* längta
longevity *n.* livslängd
longing *n.* längtan
longitude *n.* longitud
look *v.* se
look *adj.* tittande
loom *n.* vävstol
loom *v.* dyka upp
loop *n.* looping
loop-hole *n.* fönsterglugg
loose *adj.* lös
loosen *v.* lossna
loot *n.* stöldgods
loot *v.* roffa
lop *v.* hugga av
lop *n.* avhuggning

lord *n.* lord
lordly *adj.* befallande
lordship *n.* herravälde
lore *n.* kunskap
lorry *n.* lastbil
lose *v.* förlora
loss *n.* förlust
lot *n.* plats
lot *n.* område
lotion *n.* lotion
lottery *n.* lotteri
lotus *n.* lotus
loud *adj.* hög
lounge *v.* slöa
lounge *n.* lounge
louse *n.* lus
lovable *adj.* förtjusande
love *n.* kärlek
love *v.* älska
lovely *adj.* underbar
lover *n.* älskare
loving *adj.* kärleksfull
low *adj.* låg
low *adv.* lågt
low *v.* råma
low *n.* lågtryck
lower *v.* sänka
lowliness *n.* ödmjukhet
lowly *adj.* obetydlig
loyal *adj.* lojal
loyalist *n.* lojalist
loyalty *n.* lojalitet
lubricant *n.* glidmedel
lubricate *v.* smörja
lubrication *n.* smörjning
lucent *adj.* lysande
lucerne *n.* blålusern
lucid *adj.* strålande
lucidity *n.* klarhet
luck *n.* tur
luckily *adv.* tur nog
luckless *adj.* otursam
lucky *adj.* lycko-
lucrative *adj.* lönsam
lucre *n.* profit
luggage *n.* bagage

lukewarm *adj.* jummen
lull *v.* vyssja
lull *n.* sövande ljud
lullaby *n.* vaggvisa
luminary *n.* ljuskälla
luminous *adj.* lysande
lump *n.* knöl
lump *v.* knöla
lunacy *n.* galenskap
lunar *adj.* mån-
lunatic *n.* stolle
lunatic *adj.* vansinnig
lunch *n.* lunch
lunch *v.* äta lunch
lung *n.* lunga
lunge *n.* attack
lunge *v.* störta
lurch *n.* krängning
lurch *v.* kränga
lure *n.* bete
lure *v.* locka
lurk *v.* vara dold
luscious *adj.* saftig
lush *adj.* alkis
lust *n.* lust
lustful *adj.* vällustig
lustre *n.* glans
lustrous *adj.* glänsande
lusty *adj.* stark
lute *n.* luta
luxuriance *n.* överdådighet
luxuriant *adj.* frodig
luxurious *adj.* lyxig
luxury *n.* lyx
lynch *v.* lyncha
lyre *n.* lyra
lyric *adj.* lyrisk
lyric *n.* sångtext
lyrical *adj.* lyrisk
lyricist *n.* lyriker

M

macadamia *n.* macadamia
mace *n.* spikklubba
mace *v.* slå någon med en spikklubba
machinate *v.* stämpla
machination *n.* intrig
machine *n.* maskin
machinery *n.* maskineri
machinist *n.* maskinist
mack *n.* regnrock
mack *v.* förföra
macro *adj.* makro-
macro *n.* makro
macrobiotic *adj.* makrobiotisk
macrocephaly *n.* makrocefali
macrofibre *n.* makrofiber
macrosphere *n.* makrosfär
maculate *v.* befläcka
maculate *adj.* befläckad
mad *adj.* arg
mad *adv.* argt
madam *n.* madam
madden *v.* irritera
maddening *adj.* vansinnig
madhouse *n.* dårhus
madness *n.* vansinne
mafia *n.* maffia
magazine *n.* magasin
mage *n.* magiker
maggot *n.* mask
magic *n.* magi
magical *adj.* magisk
magician *n.* magiker
magisterial *adj.* högmodig
magistracy *n.* domarämbete
magistrate *n.* domare
majistrature *n.* domarämbete
magma *n.* magma
magnanimity *n.* storsinthet
magnanimous *adj.* storsinnad
magnate *n.* magnat
magnet *n.* magnet
magnetic *adj.* magnetisk
magnetism *n.* magnetism
magnificent *adj.* storslagen
magnify *v.* förstora
magnitude *n.* magnitud
magpie *n.* skata

mahogany *n.* mahogny
mahout *n.* elefantförare
maid *n.* jungfru
maiden *n.* mö
maiden *adj.* jungfrulig
maiden *adj.* flick-
mail *n.* mejl
mail *v.* mejla
main *adj.* huvudsaklig
main *n.* huvudledning
mainly *adv.* huvudsakligen
mainstay *n.* stöttepelare
maintain *v.* bibehålla
maintenance *n.* underhåll
maize *n.* pyramid
majestic *adj.* majestätisk
majesty *n.* majestät
major *adj.* betydande
major *n.* major
major *n.* myndig
majority *n.* majoritet
make *v.* göra
make *v.* ange
make *n.* märke
maker *n.* tillverkare
mal adjustment *n.* missanpassning
mal administration *n.* vanstyre
malady *n.* sjukdom
malaria *n.* malaria
maladroit *adj.* tafatt
malaise *n.* obehag
malcontent *adj.* missnöjd
malcontent *n.* missnöjd person
male *adj.* manlig
male *n.* man
malediction *n.* förbannelse
malefactor *n.* ogärningsman
maleficent *adj.* ond
malice *n.* ondska
malicious *adj.* ondskefull
malign *v.* baktala
malign *adj.* illvillig
malignancy *n.* ondska
malignant *adj.* olycksbringande
malignity *n.* elakhet

malleable *adj.* formbar
malmsey *n.* sött Madeira vin
malnutrition *n.* undernäring
malpractice *n.* felbehandling
malt *n.* malt
mal-treatment *n.* misshandel
mamma *n.* spene
mammal *n.* däggdjur
mammary *adj.* bröst-
mammon *n.* mammon
mammoth *n.* mammut
mammoth *adj.* jätte-
man *n.* man
man *v.* manlig
manage *v.* klara av
manageable *adj.* lättskött
management *n.* ledning
manager *n.* manager
managerial *adj.* direktörs-
mandate *n.* mandat
mandatory *adj.* obligatorisk
mane *n.* man
manes *n.* själar från döda främlingar
manful *adj.* manlig
manganese *n.* mangan
manger *n.* krubba
mangle *v.* mangel
mango *n.* mango
manhandle *v.* misshandla
manhole *n.* manhål
manhood *n.* manlighet
mania *n.* hysteri
maniac *n.* galning
manicure *n.* manikyr
manifest *adj.* manifest
manifest *v.* manifestera
manifestation *n.* manifestation
manifesto *n.* upprop
manifold *adj.* kopia
manipulate *v.* manipulera
manipulation *n.* manipulation
mankind *n.* mänskligheten
manlike *adj.* manlig
manliness *n.* manlighet
manly *adj.* manlig

manna *n.* manna
mannequin *n.* skyltdocka
manner *n.* uppförande
mannerism *n.* maner
mannerly *adj.* artig
manoeuvre *n.* manöver
manoeuvre *v.* manövrera
manor *n.* herrgård
manorial *adj.* herrgårdsliknande
mansion *n.* herrgård
mantel *n.* spiselkrans
mantle *n.* mantel
mantle *v.* täcka
manual *adj.* manuell
manual *n.* manual
manufacture *v.* tillverka
manufacture *n.* tillverkning
manufacturer *n.* tillverkare
manumission *n.* frigivande
manumit *v.* frige
manure *n.* gödsel
manure *v.* gödsla
manuscript *n.* manuskript
many *adj.* många
map *n.* karta
map *v.* kartera
mar *v.* fördärva
marathon *n.* maraton
maraud *v.* plundra
marauder *n.* plundrare
marble *n.* kula
march *n.* marsch
March *n.* Mars
march *v.* marschera
mare *n.* märr
margarine *n.* margarin
margin *n.* marginal
marginal *adj.* marginell
marigold *n.* ringblomma
marine *adj.* marin
mariner *n.* sjöman
marionette *n.* marionett
marital *adj.* äktenskaplig
maritime *adj.* sjö-
mark *n.* märke
mark *v.* markera

marker *n.* markör
market *n.* marknad
market *v.* marknad
marketable *adj.* gångbar
marksman *n.* prickskytt
marl *n.* märgel
marmalade *n.* marmelad
maroon *n.* nödraket
maroon *adj.* rödbrun
maroon *v.* isolera
marriage *n.* äktenskap
marriageable *adj.* giftasvuxen
marrow *n.* benmärg
marry *v.* gifta
Mars *n.* Mars
marsh *n.* kärr
marshal *n.* marskalk
marshal *v.t* serialisera
marshy *adj.* sank
marsupial *n.* pungdjur
mart *n.* marknad
marten *n.* mård
martial *adj.* militär-
martinet *n.* tyrann
martyr *n.* trosvittne
martyrdom *n.* martyrium
marvel *n.* under
marvel *v.* förundras
marvellous *adj.* fantastisk
mascot *n.* maskot
masculine *adj.* maskulin
mash *n.* mos
mash *v.* mosa
mask *n.* mask
mask *v.* maskera
mason *n.* murare
masonry *n.* muraryrke
masquerade *n.* maskerad
mass *n.* massa
mass *v.* samlas
massacre *n.* massaker
massacre *v.* massakrera
massage *n.* massage
massage *v.* massera
masseur *n.* massör
massive *adj.* massiv

massy *adj.* massiv
mast *n.* mast
master *n.* mästare
master *n.* lärare
master *n.* fena
master *v.* bemästra
masterly *adj.* mästerligt
masterpiece *n.* mästerverk
mastery *n.* mästerskap
masticate *v.* tugga
masturbate *v.* onanera
mat *n.* matta
matador *n.* matador
match *n.* match
match *v.* avstämma
match *n.* kap
match *n.* giftermål
matchless *adj.* makalös
matchmaker *n.* äktenskapsmäklare
mate *n.* kompis
mate *v.* para sig
mate *n.* maté
mate *v.* sällskapa
material *adj.* materiell
material *n.* material
materialism *n.* materialism
materialize *v.* materialisera
materialize *v.* uppenbara
maternal *adj.* moderlig
maternity *n.* moderskap
mathematical *adj.* matematisk
mathematician *n.* matematiker
mathematics *n.* matematik
matinee *n.* matinéföreställning
matriarch *n.* matriark
matricidal *adj.* modersmord
matricide *n.* modermord
matriculate *v.* inskriva sig
matriculation *n.* inskrivning
matrimonial *adj.* äktenskaplig
matrimony *n.* giftermål
matrix *n.* matris
matron *n.* husmor
matter *n.* ärende
matter *n.* affär

matter *v.* betyda
mattock *n.* jordhacka
mattress *n.* madrass
mature *adj.* mogen
mature *v.* mogna
maturity *n.* mognad
maudlin *adj.* sentimental
maul *n.* hammare
maul *v.* kritisera
maulstick *n.* målarkäpp
maunder *v.* fantisera
mausoleum *n.* mausoleum
mawkish *adj.* motbjudande
maxilla *n.* överkäke
maxim *n.* maxim
maximize *v.* maximera
maximum *adj.* högst
maximum *n.* maximal
May *n.* Maj
may *v.* hagtorn
mayor *n.* borgmästare
maze *n.* labyrint
me *pron.* mig
mead *n.* mjöd
meadow *n.* äng
meagre *adj.* knapp
meal *n.* måltid
mealy *adj.* mjölig
mean *adj.* genomsnittlig
mean *n.* genomsnitt
mean *v.* betyda
meander *v.* meander
meaning *n.* betydelse
meaningful *adj.* meningsfull
meaningless *adj.* meningslös
meanness *n.* tarvlighet
means *n.* medel
meanwhile *adv.* under tiden
measles *n.* mässling
measurable *adj.* mätbar
measure *n.* mätning
measure *v.* mäta
measureless *adj.* omätbar
measurement *n.* mått
meat *n.* kött
mechanic *n.* mekanik

mechanic *adj.* mekanisk
mechanical *adj.* mekanism
mechanics *n.* mekanik
mechanism *n.* mekanism
medal *n.* medalj
medallist *n.* medaljör
meddle *v.* blanda sig i
medieval *adj.* medeltida
median *adj.* mitt-
mediate *v.* förmedla
mediation *n.* förmedling
mediator *n.* medlare
medic *n.* läkare
medical *adj.* medicinsk
medicament *n.* läkemedel
medicinal *adj.* medicinsk
medicine *n.* medicin
mediocre *adj.* medioker
mediocrity *n.* medelmåttighet
meditate *v.* meditera
meditation *n.* meditation
meditative *adj.* meditativ
medium *n.* omgivning
medium *adj.* mellan
meek *adj.* foglig
meet *n.* möte
meet *n.* samling
meet *v.* möta
meet *v.* träffa
meeting *n.* möte
megalith *n.* megalit
megalithic *adj.* megalitisk
megaphone *n.* megafon
melancholia *n.* melankoli
melancholic *adj.* melankolisk
melancholy *n.* vemod
melancholy *adj.* svårmodig
melee *n.* strid
meliorate *v.* förbättra
mellow *adj.* mogen
melodious *adj.* melodisk
melodrama *n.* melodrama
melodramatic *adj.* melodramatisk
melody *n.* melodi
melon *n.* melon

melt *v.* smälta
member *n.* medlem
membership *n.* medlemskap
membrane *n.* membran
memento *n.* minne
memoir *n.* biografi
memorable *adj.* minnesvärd
memorandum *n.* rapport
memorial *n.* minnesstund
memorial *adj.* minnes-
memory *n.* minne
menace *n.* hot
menace *v.* hota
mend *v.* laga
mendacious *adj.* uppdiktad
menial *adj.* enkel
menial *n.* betjänt
meningitis *n.* hjärnhinneinflammation
menopause *n.* klimakterium
menses *n.* menstruation
menstrual *adj.* menstruell
menstruation *n.* menstruation
mental *adj.* psykisk
mentality *n.* mentalitet
mention *n.* omnämnande
mention *v.* nämna
mentor *n.* rådgivare
menu *n.* meny
mercantile *adj.* merkantil
mercenary *adj.* legosoldat
mercerise *v.* mercerisera
merchandise *n.* handelsvara
merchant *n.* affärsman
merciful *adj.* nådig
merciless *adj.* skoningslös
mercurial *adj.* kvicksilverlik
mercury *n.* kvicksilver
mercy *n.* nåd
mere *adj.* tjärn
merge *v.* sammanfoga
merger *n.* sammanslagning
meridian *n.* meridian
merit *n.* merit
merit *v.* meritera
meritorious *adj.* förtjänstfull

mermaid *n.* sjöjungfru
merman *n.* sjöman
merriment *n.* glädje
merry *a* munter
mesh *n.* maska
mesh *v.* fånga i nät
mesmerism *n.* mesmerism
mesmerize *v.* hypnotisera
mess *n.* röra
mess *v.* gröta
message *n.* meddelande
messenger *n.* meddelare
messiah *n.* messias
Messrs *n.* herrarna
metabolism *n.* metabolism
metal *n.* metall
metallic *adj.* metalisk
metallurgy *n.* metallurgi
metamorphosis *n.* metamorfis
metaphor *n.* metafor
metaphysical *adj.* metafysisk
metaphysics *n.* metafysik
mete *v.* beskära
meteor *n.* meteor
meteoric *adj.* meteorisk
meteorologist *n.* meteorolog
meteorology *n.* meteorologi
meter *n.* meter
method *n.* metod
methodical *adj.* metodisk
metre *n.* meter
metric *adj.* metrisk
metrical *adj.* metrisk
metropolis *n.* metropolis
metropolitan *adj.* storstads-
metropolitan *n.* storstadsinvånare
mettle *n.* mod
mettlesome *adj.* livlig
mew *v.* skria
mew *n.* jamande
mezzanine *n.* entresolvåning
mica *n.* glimmer
microfilm *n.* mikrofilm
micrology *n.* mikrologi
micrometer *n.* mikrometer

microphone *n.* mikrofon
microscope *n.* mikroskop
microscopic *adj.* mikroskopisk
microwave *n.* mikrovågsugn
mid *adj.* mellan-
midday *n.* middagstid
middle *adj.* mellersta
middle *n.* mitt
middleman *n.* mellanhand
middling *adj.* medelmåttig
midget *n.* dvärg
midland *n.* inland
midnight *n.* midnatt
mid-off *n.* mid-off
mid-on *n.* mid-on
midriff *n.* diafragma
midst *n.* mitt
midsummer *n.* midsommar
midwife *n.* barnmorska
might *n.* kraft
mighty *adj.* mäktig
migraine *n.* migrän
migrant *n.* migrant
migrate *v.* migrera
migration *n.* migration
milch *adj.* mjölka
mild *adj.* svag
mildew *n.* mjöldagg
mile *n.* engelsk mil
mileage *n.* reseersättning
milestone *n.* milstolpe
milieu *n.* miljö
militant *adj.* militant
militant *n.* militant
military *adj.* militärisk
military *n.* militär
militate *v.* kämpa
militia *n.* hemvärn
milk *n.* mjölk
milk *v.* mjölka
milky *adj.* mjölkig
mill *n.* kvarn
mill *v.* mala
millennium *n.* millennium
miller *n.* mjölnare
millet *n.* hirs

milliner *n.* modist
millinery *n.* hattmakare
million *n.* miljon
millionaire *n.* miljonär
millipede *n.* tusenfoting
mime *n.* mimare
mime *v.* mima
mimesis *n.* härmning
mimic *adj.* härmande
mimic *n.* imitatör
mimic *v.* imitera
mimicry *n.* parodi
minaret *n.* minaret
mince *v.* hacka
mind *n.* uppfattning
mind *v.t.* passa
mindful *adj.* uppmärksam
mindless *adj.* själlös
mine *pron.* min
mine *n.* gruva
miner *n.* gruvarbetare
mineral *n.* mineral
mineral *adj.* minerala-
mineralogist *n.* mineralog
mineralogy *n.* mineralogi
mingle *v.* mingla
miniature *n.* miniatyr
miniature *adj.* mini
minim *n.* halvnot
minimal *adj.* minimal
minimize *v.* minimera
minimum *n.* minimum
minimum *adj.* minimal
minion *n.* favorit
minister *n.* präst
minister *v.* hjälpa
ministrant *adj.* medverkande
ministry *n.* regering
mink *n.* mink
minor *adj.* mindre
minor *n.* omyndig
minority *n.* minoritet
minster *n.* katedral
mint *n.* mynta
mint *n.* pastill
mint *v.t.* prägla

minus *prep.* utan
minus *adj.* minus
minus *n.* minus
minuscule *adj.* minuskel
minute *adj.* detaljerad
minute *n.* minut
minutely *adv.* noggrant
minx *n.* markatta
miracle *n.* mirakel
miraculous *adj.* mirakulös
mirage *n.* hägring
mire *n.* träsk
mire *v.* smutsa ned
mirror *n.* spegel
mirror *v.* spegla
mirth *n.* glädje
mirthful *adj.* munter
misadventure *n.* olyckshändelse
misalliance *n.* mesallians
misanthrope *n.* misantrop
misapplication *n.* missbruk
misapprehend *v.* missförstå
misapprehension *n.* missförståelse
misappropriate *v.* förskingra
misappropriation *n.* förskingring
misbehave *v.* uppföra sig illa
misbehaviour *n.* oart
misbelief *n.* misstro
miscalculate *v.* felberäkna
miscalculation *n.* felberäkning
miscall *v.* benämna felaktigt
miscarriage *n.* missfall
miscarry *v.* få missfall
miscellaneous *adj.* diverse
miscellany *n.* samlingsband
mischance *n.* olyckligt tillfälle
mischief *n.* skada
mischievous *adj.* okynnig
misconceive *v.* missuppfatta
misconception *n.* missuppfattning
misconduct *n.* tjänstefel
misconstrue *v.* missförstå
miscreant *n.* missdådare

misdeed *n.* missgärning
misdemeanour *n.* förseelse
misdirect *v.* vilseleda
misdirection *n.* vilseledning
miser *n.* snåljåp
miserable *adj.* miserabel
miserly *adj.* snål
misery *n.* lidande
misfire *v.* krångla
misfit *n.* dålig passform
misfortune *n.* olycka
misgive *v.* få farhågor
misgiving *n.* farhåga
misguide *v.* vilseleda
mishap *n.* tillbud
misjudge *v.* missbedöma
mislead *v.* missleda
mismanagement *n.* vanstyre
mismatch *v.* mesallians
misnomer *n.* felbeteckning
misplace *v.* felplacera
misprint *n.* tryckfel
misprint *v.* göra tryckfel
misrepresent *v.* förvanska
misrule *n.* vanstyre
miss *n.* fröken
miss *n.* miss
miss *v.* sakna
missile *n.* missil
mission *n.* uppdrag
missionary *n.* missionär
missis, missus *n.*. fru
missive *n.* skrivelse
mist *n.* dimma
mistake *n.* misstag
mistake *v.* göra misstag
mister *n.* mister
mistletoe *n.* mistel
mistreat *v.* behandla illa
mistress *n.* lärarinna
mistrust *n.* misstro
mistrust *v.* misstro
misty *adj.* immig
misunderstand *v.* missförstå
misunderstanding *n.* missförståelse

misuse *n.* missbruk
misuse *v.* missbruka
mite *n.* gnutta
mite *n.* skärva
mithridate *n.* motgift
mitigate *v.* stilla
mitigation *n.* förmildrande
mitre *n.* mitra
mitten *n.* vante
mix *v.* blanda
mixture *n.* blandning
mnemonic *adj.* mnemoteknisk
mnemonic *n.* mnemoteknik
mnemonization *n.* utförandet av mnemoteknik
moan *v.* stöna
moan *n.* stönande
moat *n.* vallgrav
moat *v.* omgringa ett område med en vallgrav
mob *n.* folkmassa
mob *v.* invadera
mobile *adj.* mobil
mobility *n.* mobilitet
mobilize *v.* mobilisera
mock *v.* driva
mock *adj.* falsk
mockery *n.* skämt
modality *n.* modalitet
mode *n.* sätt
model *n.* modell
model *v.* utforma
moderate *adj.* måttlig
moderate *v.* moderera
moderation *n.* måttlighet
modern *adj.* modern
modernity *n.* modernitet
modernize *v.* modernisera
modernization *n.* modernisering
modest *adj.* måttlig
modesty *n.* blygsamhet
modicum *n.* smula
modification *n.* modifikation
modify *v.* modifiera
module *n.* modul
modulate *v.* modulera

moil v. slita
moist adj. fuktig
moisten v. fukta
moisture n. fukt
molar n. kindtand
molar adj. kind-
molasses n. melass
mole n. födelsemärke
molecular adj. molekylär
molecule n. molekyl
molest v. störa
molestation n. störning
molten adj. smält sten
mollusc n. blötdjur
molluscous adj. Molluscous
moment n. moment
momentary adj. momentär
momentous adj. betydelsefull
momentum n. momentum
monarch n. monark
monarchy n. monarki
monastery n. kloster
monasticism n. klosterliv
Monday n. Måndag
monetary adj. monetär
money n. pengar
monger n. säljare
mongoose n. mungo
mongrel adj. blandnings-
monitor n. bildskärm
monitor v. övervaka
monitory adj. övervakande
monk n. munk
monkey n. apa
monochromatic adj. monokromatisk
monocle n. monokel
monocular adj. monokular
monody n. monodi
monogamy n. monogami
monogram n. monogram
monograph n. monograf
monogynous adj. monogam
monolatry n. monolatrism
monolith n. monolit
monologue n. monolog

monopolist n. monopolist
monopolize v. lägga beslag på
monopoly n. monopol
monosyllable n. enstavigt ord
monosyllabic adj. enstavig
monotheism n. monoteism
monotheist n. monoteist
monotonous adj. monoton
monotony n. monotoni
monsoon n. monsun
monster n. monster
monstrous adj. enorm
monoestrous n. Att ha en östrocykel per år
month n. månad
monthly adj. månatlig
monthly adv. månatligen
monthly n. månadstidning
monument n. monument
monumental adj. monumental
moo v. råma
mood n. humör
moody adj. kärv
moon n. måne
moor n. mor
moor v. ankra
moorings n. ankring
moot n. domstol för juriststudenter
mop n. mopp
mop v. moppa
mope v. sura
moral adj. moralisk
moral n. moral
morale n. moral
moralist n. moralist
morality n. moralitet
moralize v. moralisera
morbid adj. morbid
morbidity n. morbiditet
more adj. fler
more adv. mer
moreover adv. även
morganatic adj. morganatisk
morgue n. bårhus
moribund adj. stagnerad

morning *n.* morgon
moron *n.* idiot
morose *adj.* sur
morph *n.* morf
morph *v.* morfa
morphia *n.* morfin
morphine *n.* morfin
morphology *n.* morfologi
morrow *n.* påföljande dag
morse *n.* valross
morsel *n.* beta
mortal *adj.* dödlig
mortal *adj.* livsfarlig
mortal *n.* varelse
mortality *n.* dödlighet
mortality *n.* dödlighet
mortar *v.* mura
mortgage *n.* säkerhet
mortgage *v.* belåna
mortgagee *n.* pantbrevsinnehavare
mortgagor *n.* pantbrevsinnehavare
mortify *v.* kränka
mortuary *n.* bårhus
mosaic *n.* mosaik
mosque *n.* moské
mosquito *n.* mygga
moss *n.* mossa
most *adj.* mest
most *adv.* flesta
most *n.* av största antal
mote *n.* grand
motel *n.* motell
moth *n.* nattfjäril
mother *n.* mor
mother *v.* beskydda
motherhood *n.* moderskap
motherlike *adj.* bete sig som en moder
motherly *adj.* moderlig
motif *n.* motiv
motion *n.* rörelse
motion *n.* motion
motion *v.* motionera
motionless *adj.* orörlig

motivate *v.* motivera
motivation *n.* motivation
motive *n.* motiv
motley *adj.* brokig
motor *n.* motor
motor *v.* bila
motorist *n.* motorist
mottle *n.* marmorering
motto *n.* motto
mould *n.* matris
mould *v.* pressa
mould *n.* mögel
mouldy *adj.* mossig
moult *v.* rugga
mound *n.* vall
mount *n.* ridhäst
mount *v.* bestiga
mount *n.* klättring
mountain *n.* berg
mountaineer *n.* bergsbestigare
mountainous *adj.* bergig
mourn *v.* sörja
mourner *n.* sörjande
mournful *n.* sorglig
mourning *n.* sörjande
mouse *n.* mus
moustache *n.* mustasch
mouth *n.* mun
mouth *v.* deklamera
mouthful *n.* munfull
movable *adj.* rörlig
movables *n.* lösöre
move *n.* drag
move *v.* flytta
movement *n.* rörelse
mover *n.* flyttare
movies *n.* filmer
mow *v.* meja
much *a* mycket
much *adv.* mycket
mucilage *n.* mucilago
muck *n.* gödsel
mucous *adj.* slemmig
mucus *n.* slem
mud *n.* lera
muddle *n.* oreda

muddle *v.* röra
muffle *v.* dämpa
muffler *n.* ljuddämpare
mug *n.* mugg
muggy *adj.* kvav
mulatto *n.* mulatt
mulberry *n.* mullbär
mule *n.* mula
mulish *adj.* envis
mull *n.* muslintyg
mull *v.* glödga
mullah *n.* mullah
mullion *n.* fönsterport
multifarious *adj.* brokig
multiform *n.* flerformig
multilateral *adj.* multilateral
multiparous *adj.* mångfödare
multiple *adj.* multipel
multiple *n.* mångfald
multiped *n.* organism med många fötter
multiplex *adj.* mångfaldig
multiplicand *n.* multiplikand
multiplication *n.* multiplikation
multiplicity *n.* multiplicitet
multiply *v.* multiplicera
multitude *n.* mängd
mum *adj.* tyst
mum *n.* mamma
mumble *v.* mummla
mummer *n.* pantomim
mummy *n.* mumie
mummy *n.* mamma
mumps *n.* påssjuka
munch *v.* mumsa
mundane *adj.* trivial
municipal *adj.* kommunal
municipality *n.* kommun
munificent *adj.* generös
munitions *n.* krigsmaterial
mural *adj.* vägg-
mural *n.* väggmålning
murder *n.* mord
murder *v.* mörda
murderer *n.* mördare
murderous *adj.* mordisk

murmur *n.* brus
murmur *v.* brusa
muscle *n.* muskel
muscovite *n.* muskovit
muscular *adj.* muskulär
muse *v.* fundera
muse *n.* musa
museum *n.* museum
mush *n.* röra
mushroom *n.* svamp
music *n.* musik
musical *adj.* musikalisk
musician *n.* musiker
musk *n.* mysk
musket *n.* musköt
musketeer *n.* musketör
muslim *adj.* muslim
muslin *n.* muslin
must *v.* vara tvungen att
must *n.* måste
mustache *n.* mustasch
mustang *n.* mustang
mustard *n.* senap
muster *v.* samla
muster *n.* samling
musty *adj.* gammal
mutation *n.* mutation
mutative *adj.* mutativ
mute *adj.* tyst
mute *n.* stum individ
mutilate *v.* stympa
mutilation *n.* stympning
mutinous *adj.* upprorisk
mutiny *n.* uppror
mutiny *v.* göra uppror
mutter *v.* mumla
mutton *n.* fårkött
mutual *adj.* gemensam
muzzle *n.* munkavle
muzzle *v.* tysta ner
my *adj.* min
myalgia *n.* myalgi
myopia *n.* myopi
myopic *adj.* kortsynt
myosis *n.* myositsjukdom
myriad *n.* myriad

myriad *adj.* oräknelig
myrrh *n.* myrra
myrtle *n.* myrten
myself *pron.* mig
mysterious *adj.* mystisk
mystery *n.* mysteri
mystic *adj.* mystisk
mystic *n.* mystiker
mysticism *n.* mystik
mystify *v.* mystifiera
myth *n.* myt
mythical *adj.* mytisk
mythological *adj.* mytologisk
mythology *n.* mytologi

N

nab *v.* gripa
nabob *n.* nabob
nacho *n.* tacobröd
nack *v.* blotta
nacre *n.* pärlemor
nadger *n.* en icke-specifik sjukdom
nadir *n.* nadir
nadir *n.* lägsta punkt
nag *n.* tjatpelle
nag *v.* gnata
nagging *adj.* gnatig
nagging *n.* tjat
nail *n.* spik
nail *n.* nagel
nail *v.* spika
naive *adj.* naiv
naivete *n.* naivitet
naivety *n.* aningslöshet
naked *adj.* naken
name *n.* namn
name *v.* namnge
namely *adv.* nämligen
namesake *n.* namne
nanism *n.* dvärgväxt
nanite *n.* nanorobot
nanny *n.* barnsköterska
nano *n.* nano

nanobiology *n.* nanobiologi
nanobot *n.* nanorobot
nanochip *n.* nanochip
nanocircuitry *n.* nanokrets
nanocomponent *n.* nanokomponent
nanocomputer *n.* nanodator
nanoengineer *n.* nanoingenjör
nanohertz *n.* nanohertz
nanomechanics *n.* nanomekanik
nanoparticle *n.* nanopartikel
nanoplasma *n.* nanoplasma
nanotransistor *n.* nanotransistor
nap *v.* ta en tupplur
nap *n.* tupplur
nap *n.* lur
nape *n.* nacke
napkin *n.* servett
narcissism *n.* narcissism
narcissus *n.* narciss
narcosis *n.* narkos
narcotic *n.* narkotikum
narrate *v.* beskriva
narration *n.* beskrivning
narrative *n.* berättelse
narrative *adj.* berättande
narrator *n.* berättare
narrow *adj.* smal
narrow *v.* smalna
nasal *adj.* nasal
nasal *n.* nasal
nascent *adj.* gryende
nasty *adj.* obehaglig
natal *adj.* födelse-
natant *adj.* flytande
nation *n.* nation
national *adj.* nationell
nationalism *n.* nationalism
nationalist *n.* nationalist
nationality *n.* nationalitet
nationalization *n.* nationalisering
nationalize *v.* nationalisera
native *adj.* infödd
native *n.* invånare
nativity *n.* nativitet

natural *adj.* naturlig
naturalist *n.* naturalist
naturalize *v.* naturalisera
naturally *adv.* naturligt
nature *n.* natur
naughty *adj.* elak
nausea *n.* illamående
nautic(al) *adj.* nautisk
naval *adj.* sjö-
nave *n.* nav
navigable *adj.* farbar
navigate *v.* navigera
navigation *n.* navigation
navigator *n.* navigator
navy *n.* flotta
nay *adv.* "inte bara detta utan också"
neap *adj.* nipflod
near *adj.* knapp
near *prep.* nära
near *adv.* nära
near *v.* närma sig
nearly *adv.* nästan
neat *adj.* skicklig
nebula *n.* nebulosa
necessary *n.* nödvändighet
necessary *adj.* nödvändig
necessitate *v.* framtvinga
necessity *n.* nödvändighet
neck *n.* nacke
necklace *n.* halsband
necklet *n.* halsband
necromancer *n.* svartkonstnär
necropolis *n.* begravningsplats
nectar *n.* nektar
need *n.* behov
need *v.* behöva
needful *adj.* behövlig
needle *n.* nål
needless *adj.* onödig
needs *adv.* absolut
needy *adj.* behövande
negate *v.* förneka
nefarious *adj.* skamlig
negation *n.* negation
negative *adj.* negativt

negative *n.* negativ
negative *v.* vara negativ
neglect *v.* vanvårda
neglect *n.* vanvård
negligence *n.* försumlighet
negligent *adj.* nonchalant
negligible *adj.* negligerbar
negotiable *adj.* förhandlingsbar
negotiate *v.* förhandla
nagotiation *n.* förhandling
negotiator *n.* förhandlare
negress *n.* negress
negro *n.* neger
neigh *v.* gnägga
neigh *n.* gnägg
neighbour *n.* granne
neighbourhood *n.* grannskap
neighbourly *adj.* vänskaplig
neither *conj.* varken
nemesis *n.* nemesis
neolithic *adj.* neolitisk
neon *n.* neon
nephew *n.* syskonbarn
nepotism *n.* nepotism
Neptune *n.* Neptun
nerve *n.* nerv
nerve *n.* mod
nerveless *adj.* kraftlös
nervous *adj.* nervös
nescience *n.* okunnighet
nest *n.* näste
nest *v.* bygga bo
nether *adj.* nedre
nestle *v.* krypa hop
nestling *n.* dununge
net *n.* netto
net *n.* nät
net *v.* tjäna
net *adj.* netto
net *v.* profitera
nettle *n.* nässla
nettle *v.* upphetsa
network *n.* nätverk
neurologist *n.* neurolog
neurology *n.* neurologi
neurosis *n.* neuros

neuter *adj.* kastrera
neuter *n.* kastrerat djur
neutral *adj.* neutral
neutralize *v.* neutralisera
neutron *n.* neutron
never *adv.* aldrig
nevertheless *conj.* icke desto mindre
new *adj.* ny
news *n.* nyheter
next *adj.* nästa
next *adv.* näst
nib *n.* stift
nibble *v.* nafsa
nibble *n.* nafsande
nice *adj.* god
nicely *adv.* fint
nicety *n.* noggrannhet
niche *n.* nisch
nick *n.* skåra
nickel *n.* nickel
nickname *n.* smeknamn
nickname *v.* ge smeknamn
nicotine *n.* nikotin
niece *n.* syskonbarn
niggard *n.* snåljåp
niggardly *adj.* snål
nigger *n.* nigger
nigh *adv.* nära
nigh *prep.* nära
night *n.* natt
nightingale *n.* näktergal
nightly *adv.* nattlig
nightmare *n.* mardröm
nightie *n.* nattlinne
nihilism *n.* nihilism
nil *n.* ingenting
nimble *adj.* kvick
nimbus *n.* nimbus
nine *n.* nio
nineteen *n.* nitton
nineteenth *adj.* nittonde
ninetieth *adj.* nittio
ninth *adj.* nionde
ninety *n.* nittio
nip *v.* sticka

nipple *n.* bröstvårta
nitrogen *n.* nitrogen
no *adj.* ingen
no *adv.* nej
no *n.* nej
nobility *n.* adel
noble *adj.* nobel
noble *n.* adelsman
nobleman *n.* ädling
nobly *adv.* ståtligt
nobody *pron.* ingen
nocturnal *adj.* nattlig
nod *v.* nicka
nod *n.* nick
node *n.* nod
noise *n.* ljud
noisy *adj.* högljudd
nomad *n.* nomad
nomadic *adj.* nomad-
nomenclature *n.* nomenklatur
nominal *adj.* nominal
nominate *v.* nominera
nomination *n.* nomination
nominee *n.* nominerad kandidat
non-alignment *n.* alliansfrihet
nonchalance *n.* nonchalans
nonchalant *adj.* nonchalant
none *pron.* ingen
none *adv.* inget
nonentity *n.* medelmåtta
nonetheless *adv.* i alla fall
nonpareil *adj.* enastående
nonpareil *n.* nonpareil
nonplus *v.* klämma
nonsense *n.* nonsens
nonsensical *adj.* meningslös
nook *n.* ändå
noon *n.* middag
noose *n.* snara
noose *v.* säkra med en snara
nor *conj.* heller
norm *n.* norm
normal *adj.* normal
normalcy *n.* normalitet
normalize *v.* normalisera
normalization *n.* normalisering

north *n.* nord
north *adj.* norra
north *adv.* norrut
northerly *adj.* nordlig
northerly *adv.* nordligt
northern *adj.* norra
nose *n.* näsa
nose *v.* nosa
nosegay *n.* blomsterbukett
nosey *adj.* nyfiken
nosy *adj.* näsvis
nostalgia *n.* nostalgi
nostril *n.* näsborre
nostrum *n.* patentmedicin
not *adv.* inte
notability *n.* att vara notabel
notable *adj.* notabel
notary *n.* notarie
notation *n.* notering
notch *n.* skåra
note *n.* anteckning
note *v.* anteckna
noteworthy *adj.* märklig
nothing *n.* ingenting
nothing *adv.* inget
notice *n.* besked
notice *v.* notera
notification *n.* notifikation
notify *v.* notifiera
notion *n.* begrepp
notional *adj.* teoretisk
notoriety *n.* ökändhet
notorious *adj.* ökänd
notwithstanding *prep.* trots
notwithstanding *adv.* trots det
notwithstanding *conj.* trots att
nought *n.* medelmåtta
noun *n.* substantiv
nourish *v.* hysa
nourishment *n.* näring
novel *adj.* ny
novel *n.* roman
novelette *n.* kortroman
novelist *n.* romanförfattare
novelty *n.* nymodighet
November *n.* November

novice *n.* nybörjare
now *adv.* nu
now *conj.* numera
nowhere *adv.* ingenstans
noxious *adj.* skadlig
nozzle *n.* munstycke
nuance *n.* nyans
nubile *adj.* giftasvuxen
nuclear *adj.* nukleär
nucleus *n.* kärna
nude *adj.* naken
nude *n.* naken person
nudity *n.* nakenhet
nudge *v.* knuffa
nugget *n.* klimp
nuisance *n.* besvär
null *adj.* värdelös
nullification *n.* annullering
nullify *v.* annullera
numb *adj.* domnad
number *n.* nummer
number *v.* numrera
numberless *adj.* nummerlös
numeral *adj.* siffer-
numerator *n.* täljare
numerical *adj.* numerisk
numerous *adj.* omfattande
nun *n.* nunna
nunnery *n.* nunnekloster
nuptial *adj.* bröllops-
nuptials *n.* bröllop
nurse *n.* sjuksköterska
nurse *v.* sköta
nursery *n.* barnkammare
nursery *n.* dagis
nurture *n.* näring
nurture *v.* nära
nut *n.* nöt
nut *v.* plocka nötter
nutcase *n.* tok
nuthouse *n.* dårhus
nutmeg *n.* muskot
nutrient *n.* näringsämne
nutrition *n.* näring
nutritious *adj.* näringsrik
nutritive *adj.* näringsrik

nutty *adj.* nöt-
nuzzle *v.* trycka nosen mot
nylon *n.* nylon
nymph *n.* nymf
nymphet *n.* nymfett
nymphomaniac *adj.* nymfomanisk
nymphomaniac *n.* nymfoman

O

oaf *n.* tölp
oafish *adj.* tölpaktig
oak *n.* ek
oaktree *n.* ekträ
oar *n.* åra
oarsman *n.* roddare
oasis *n.* oas
oat *n.* havre
oath *n.* ed
oathbreaker *n.* edsbrytare
oathbreaking *n.* brytelse av ed
oatmeal *n.* havregröt
oatmeal *adj.* ljusbrun
obduct *v.* obducera
obduction *n.* obduktion
obduracy *n.* förstockelse
obdurate *adj.* förhärdad
obedience *n.* lydnad
obedient *adj.* lydig
obeisance *n.* hälsning
obesity *n.* fetma
obey *v.* lyda
obituary *adj.* dödsruna
object *n.* objekt
object *v.* protestera
objection *n.* protest
objectionable *adj.* motbjudande
objective *n.* mål
objective *adj.* objektiv
oblation *n.* offer
obligation *n.* obligation
obligatory *adj.* obligatorisk
oblige *v.* tvinga
oblique *adj.* indirekt

obliterate *v.* utplåna
obliteration *n.* förintelse
oblivion *n.* glömska
oblivious *adj.* omedveten
oblong *adj.* rektangulär
oblong *n.* rektangel
obnoxious *adj.* motbjudande
obscene *adj.* obscen
obscenity *n.* obscenitet
obscure *adj.* otydlig
obscure *v.* undanskymma
obscurity *n.* oklarhet
observance *n.* iakttagande
observant *adj.* observant
observation *n.* observation
observatory *n.* observatorium
observe *v.* observera
obsess *v.* oroa
obsession *n.* besatthet
obsolete *adj.* föråldrad
obstacle *n.* hinder
obstetric *adj.* obstetrisk
obstetrician *n.* obstetriker
obstinacy *n.* trots
obstinate *adj.* obstinat
obstruct *v.* förhindra
obstruction *n.* blockering
obstructive *adj.* hindrande
obtain *v.* skaffa
obtainable *adj.* tillgänglig
obtuse *adj.* trög
obvious *adj.* tydlig
obviousçy *adv.* självklart
occasion *n.* anledning
occasion *v.* orsaka
occasional *adj.* vissa
occasionally *adv.* tillfälligtvis
occident *n.* västerlandet
occidental *adj.* västerländsk
occipital *adj.* relaterat till bakhuvudet
occipital *n.* bakhuvud
occlude *v.* blockera
occlusive *adj.* tenderar att blockera
occult *v.* dölja

occult *n.* det ockulta
occult *adj.* ockult
occupancy *n.* besittning
occupant *n.* invånare
occupation *n.* ockupation
occupation *n.* sysselsättning
occupier *n.* innehavare
occupy *v.* inta
occur *v.* förekomma
occurrence *n.* begivenhet
ocean *n.* hav
oceanfront *n.* havsutsikt
oceanfront *adj.* havsutsikt
oceanic *adj.* ocean-
oceanographer *n* oceanograf
oceanographic *adj.* oceanografisk
oceanologist *n.* oceanologist
oceanology *n.* oceanologi
octagon *n.* åttahörning
octangular *adj.* något format som en åttahörning
octave *n.* oktav
October *n.* Oktober
octogenarian *n.* åttioåring
octogenarian *adj.* åttioårig
octonionics *n.* applicering av matematik i fysik
octopede *n.* åttabent djur
octopus *n.* bläckfisk
octopussy *n.* bläckfisk
octuple *adj.* åttadubbel
octuple *n.* åttadubbelt
octuple *v.* att miltiplicera med åtta
octuplicate *n.* något lika med åtta
octyne *n.* oktyn
ocular *adj.* okulär
oculist *n.* ögonläkare
odd *adj.* udda
odd *adj.* konstig
oddity *n.* krumelur
odds *n.* odds
ode *n.* ode
odious *adj.* avskyvärd
odium *n.* hat
odometer *n.* distansmätare
odontologist *n.* odontolog

odontology *n.* odontologi
odorous *adj.* doftande
odour *n.* odör
of *prep.* från
off *prep.* av
offence *n.* brott
offend *v.* bryta mot
offender *n.* lagöverträdare
offensive *adj.* anstötlig
offensive *adj.* stötande
offensive *n.* ofenssiv
offer *v.* erbjuda
offer *n.* erbjudande
offering *n.* erbjuda
office *n.* kontor
officer *n.* befäl
official *adj.* officiell
official *n.* funktionär
officially *adv.* officiellt
officiate *v.* officiera
officious *adj.* inofficiell
offing *n.* farvatten
offset *v.* kompensera
offset *n.* början
offshoot *n.* utlöpare
offspring *n.* avkomma
oft *adv.* ofta
often *adv.* vanligtvis
ogle *v.* snegla
ogle *n.* stirrande blick
oil *n.* olja
oil *n.* oljefärg
oil *v.* olja
oilrig *n.* oljerigg
oily *adj.* oljig
oink *v.* skri
oink *n.* skria
oinker *n.* något som skriar
ointment *n.* salva
okay *n.* okej
okay *v.* sanktion
okay *adj.* reko
okay *adv.* ok
okay *int.* okay
okayish *adj.* rätt så okej
okra *n.* okra

old n. fordom
old adj. gammal
oleaceous adj. om olivsläktet
oleaginous adj. lismande
oleochemical n. organisk förening
olfactic adj. lukt-
olfactics n. studien av lukt
olfaltive adj. lukt-
olfactory adj. lukt-
oligarch n. oligark
oligarchal adj. oligarkisk
oligarchy n. oligarki
olive n. oliv
olympiad n. olympiad
omega n. omega
omelette n. omelett
omen n. omen
ominous adj. illavarslande
omission n. försummelse
omission n. underlåtenhet
omit v. underlåta
omittance n. utelämnande
omitter n. utelämnare
omnibus n. samlingsskrift
omnibenevolence n. oändlig godhet
omnibenevolent adj. oändligt god
omnicompetence n. att vara kompetent inom varje område
omnicompetent adj. kompetent i varje område
omnidirectional adj. rundstrålande
omnidirectionality n. egenskapen att vara rundstrålande
omniform adj. att ha varje form
moniformity n. Tillståndet att ha varje form
omnilingual n. en person som kan tala alla språk
omnilingual adj. allspråkig
omnipotence n. obegränsad kraft
omnipotent adj. att ha obegränsad kraft
omnipresence n. överallt närvarande

omnipresent adj. överallt närvarande
omniscience n. allvetenhet
omniscient adj. allvetande
omnivore n. allätare
omnivorous adj. allätande
omophagia n. ätandet av rå mat
on prep. i
on adj på
on adv vidare
once adv. en gång
oncogene n onkogen
oncogenic adj. onkogen
oncologist n onkolog
oncology n. onkologi
one adj. ojämförlig
one pron. ena
oneness n. enhet
onerous adj. betungande
onion n. lök
on-looker n. åskådare
only adj. enda
only adv. bara
only conj. ensam
onology n. dum diskurs
onomancy n. Spådom genom bokstäver i ett namn
onomast n onomastik
onomastic adj. onomastisk
onomatolgist n. onomatolog
onomatology n. onomatologi
onomatope n. ord format av härmning
onomatopoeia n. ljudhärmning
onrush n. anstormning
onset n. angrepp
onslaught n. angrepp
ontogenic adj. ontogenisk
ontogeny n ontogeni
ontologic adj. ontologisk
ontological adj. ontologisk
ontologism n. ontologism
ontologist n. studerandet av ontologi
ontology n. ontologi
onus n. ansvar

onward *adj.* framåt
onwards *adv.* framåt
ooze *n.* flöde
ooze *v.* flöda
opacity *n.* oklarhet
opal *n.* opal
opaque *adj.* oklar
open *adj.* öppen
open *v.* öppna
opening *n.* öppnande
openly *adv.* öppet
opera *n.* opera
operability *n.* i den utsträckning något kan användas
operable *adj.* genomförbar
operate *v.* manövrera
operation *n.* operation
operative *adj.* operativ
operator *n.* operatör
operetta *n.* operett
ophtalmic *adj.* ögon-
ophtalmologic *adj.* oftalmologisk
ophtalmologist *n.* oftalmolog
ophtalmology *n.* oftalmologi
ophtalmoscope *n.* oftalmoskop
opiate *adj.* innehållande opiat
opiate *n.* opiat
opiate *v.* använda opiat
opinator *n.* en person med en åsikt
opine *v.* tycka
opinion *n.* åsikt
opinionate *v.* envis
opinionated *adj.* påstridig
opinioless *adj.* utan åsikt
opinionnaire *n.* lista med förslag
opium *n.* opium
opponent *n.* motståndare
opportune *adj.* läglig
opportunism *n.* opportunism
opportunity *n.* tillfälle
oppose *v.* motarbeta
opposite *adj.* motsats
opposition *n.* opposition
oppress *v.* fötrycka
oppression *n.* tryck
oppressive *adj.* tryckande
oppressor *n.* förtryckare
opt *v.* optera
optic *adj.* optisk
optician *n.* optiker
optimism *n.* optimism
optimist *n.* optimist
optimistic *adj.* optimistisk
optimum *n.* optimum
optimum *adj.* optimal
option *n.* alternativ
optional *adj.* frivillig
opulence *n.* rikedom
opulent *adj.* flödande
oracle *n.* orakel
oracular *adj.* orakel-
oral *adj.* muntlig
oral *adj.* oral
orally *adv.* muntligt
orange *n.* orange
orange *adj.* orange
oration *n.* högtidstal
orator *n.* vältalare
oratorical *adj.* oratorisk
oratory *n.* retorik
orb *n.* sfär
orbit *n.* bana
orbital *adj.* omlopps-
orbital *n.* orbital
orbituary *n.* dödsruna
orca *n.* späckhuggare
orchard *n.* trädgård
orchestra *n.* orkester
orchestral *adj.* orkester-
ordain *v.* döma
ordained *adj.* förordnad
ordeal *n.* prövning
order *n.* beställning
order *v.* befalla
orderly *adj.* ordentlig
orderly *n.* ordonnans
ordinance *n.* förordning
ordinarily *adv.* vanligen
ordinary *adj.* vanlig
ordnance *n.* artilleri
ore *n.* malm

organ *n.* organ
organic *adj.* organisk
organism *n.* organism
organization *n.* organisation
organize *v.* organisera
organograph *n.* organograf
organza *n.* organzatyg
orgasm *n.* orgasm
orgasmic *adj.* orgasmisk
orgy *n.* orgie
orient *n.* orient
orient *v.* bygga
oriental *adj.* östlig
oriental *n.* oriental
orientate *v.* orientera
orientational *adj.* orienterings-
oriented *adj.* orientera
orifice *n.* öppning
orificial *adj.* mynnings-
origami *n.* origami
origin *n.* ursprung
original *adj.* originell
original *n.* orignial
originality *n.* originalitet
originate *v.* skapa
originator *n.* skapare
orl *n.* äldre träd
orn *v.* pryda
ornament *n.* ornament
ornament *v.* dekorera
ornamental *adj.* ornamental
ornamentation *n.* utsmyckning
ornithologist *n.* fågelskådare
ornithology *n.* fågelskådning
ornithoscopy *n.* fågelskådning
orogen *n.* klippbildning
orogenic *adj.* orogenisk
orologist *n.* urmakare
orphan *n.* föräldralöst barn
orphan *v.* vara föräldralös
orphanage *n.* barnhem
orthodox *adj.* ortodox
orthodoxy *n.* ortodoxi
orthograph *n.* ortografi
orthographer *n.* ortograf
orthographic *adj.* ortografisk

orthopaedia *n.* ortopedisk
orthopaedical *adj.* ortopedisk
orthopaedics *n.* ortopedi
oscillate *v.* svänga
oscillation *n.* svängning
oscillograph *n.* oscillograf
oscillometric *adj.* oscillometrisk
oscilloscope *n.* oscilloskop
osculant *adj.* oskulant
oscular *adj.* okular
osculate *v.* oskulera
osmobiosis *n.* osmobiosis
osmobiotic *adj.* osmobiotisk
osmosis *n.* osmos
osmose *v.* att diffundera med osmos
ossify *v.* förbenas
ostensibility *n.* att vara skenbar
ostensible *adj.* skenbar
ostensibly *adv.* till synes
ostension *n.* ostension
ostentation *n.* anspråksfullhet
ostentatious *adj.* ostentativ
ostracize *v.* utesluta
ostrich *n.* struts
other *adj.* annat
other *pron.* andra
otherwise *adv.* annars
otherwise *conj.* på annat sätt
otherworld *n.* från en annan värld
otherworldliness *n.* andlighet
otoscope *n.* otoskop
otoscopis *adj.* otoskopisk
otoscopy *n.* otoskopi
otter *n.* utter
ottoman *n.* ottoman
ouch *int.* oj
ouch *n.* smycke
ought *v.* böra
ounce *n.* uns
our *pron.* vår
oust *v.* driva bort
out *adv.* iväg
out *adj.* yttre
out *prep.* ut
outage *n.* avbrott

outback *n.* vildmark
out-balance *v.* uppväga
outbid *v.* överbjuda
outbreak *n.* uppror
outburst *n.* utbrott
outcast *n.* utslagen
outcast *adj.* hemlös
outcome *n.* utfall
outcry *adj.* härskri
outdated *adj.* föråldrad
outdo *v.* övertrumfa
outdoor *adj.* utomhus
outer *adj.* yttre
outfit *n.* utrustning
outfit *v.* utrusta
outgrow *v.* växa ur
outhouse *n.* uthus
outing *n.* utflykt
outlandish *adj.* främmande
outlaw *n.* lagbrytare
outlaw *v.* kriminalisera
outline *n.* disposition
outline *v.* skissera
outlive *v.* överleva
outlook *n.* utsikt
outmoded *adj.* föråldrad
outnumber *v.* vara överlägsen i antal
outpatient *n.* öppenvårdspatient
outpost *n.* förpost
output *n.* produktion
outrage *n.* skandal
outrage *v.* skymfa
outright *adv.* öppet
outright *adj.* grundlig
outrun *v.* springa fortare än
outset *n.* början
outshine *v.* överglänsa
outside *adj.* utvändig
outside *n.* exteriör
outside *adv.* utanför
outside *prep.* utanpå
outsider *n.* avvikare
outsize *adj.* extrastor
outskirts *n.pl.* utkanter
outspoken *adj.* frispråkig

outstanding *adj.* enastående
outward *adj.* yttre
outward *adv.* utåt
outwards *adv.* utvärtes
outwardly *adv.* till det yttre
outweigh *v.* väga upp
outwit *v.* överlista
outworld *n.* en planet som är långt ifrån civilisation
ouzo *n.* ouzo
oval *adj.* oval
oval *n.* oval
ovary *n.* äggstock
ovation *n.* ovation
oven *n.* ugn
over *prep.* över
over *adv.* borta
over *n.* överskott
overact *v.* överspela
overall *n.* overall
overall *adj.* övergripande
overawe *v.* imponera
overboard *adv.* överbord
overburden *v.* överbelastning
overcast *adj.* mulen
overcharge *v.* överbelasta
overcharge *n.* överbelastning
overcoat *n.* överrock
overcome *v.* besegra
overdo *v.* överdriva
overdose *n.* överdos
overdose *v.* överdosera
overdraft *n.* överdrag
overdraw *v.* övertrassera
overdue *adj.* förfallen
overhaul *v.* undersöka
overhaul *n.* överhalning
overhear *v.* avlyssna
overjoyed *adj.* översvallande glad
overlap *v.* överlappa
overlap *n.* överlappning
overleaf *adv.* verso
overload *v.* överlasta
overload *n.* överbelastning
overlook *v.* se ner på
overnight *adv.* över natten

overnight adj. över natten
overpower v. övermanna
overrate v. överskatta
overrule v. avvisa
overrun v.t översvämma
oversee v. övervaka
overseer n. förman
overshadow v. överskugga
oversight n. översikt
overt adj. öppen
overtake v. övertal
overthrow v. störta
overthrow n. störtande
overtime adv. arbeta övertid
overtime n. övertid
overture n. uvertyr
overwhelm v. övermanna
overwork v. överarbeta
overwork n. överarbete
oviferous adj. producera eller bära ägg
ovular adj. äggliknande
ovulate v. ägglossning
ovum n. ägg
owe v.t vara skyldig
owl n. uggla
owlery n. uggleri
owly adj. uggle-
own adj. egen
own v. äga
owner n. ägare
ownership n. ägarskap
ox n. oxe
oxbird n. kärrsnäppa
oxcart n. oxkärra
oxidant n. oxidationsmedel
oxidate v. oxidera
oxidate n. oxidering
oxidation n. oxidation
oxide n. oxid
odidization n. oxidering
oxyacid n. oxisyra
oxygen n. syre
oxygenate v. syrsätta
oxygenated adj. syresatt
oxygenation n. syresättning

oyster n. ostron
oyster adj. ostron-
oyster v. plocka ostron
oysterling n. ungt ostron
oysterman n. någon som säljer ostron
ozonate n. ozonering
ozonate v. ozonera
ozonation n. ozone
ozone n. ozone
ozone layer n. ozonlager

P

pace n. fart
pace n. tempo
pace v. vanka
pace v. stega upp
pacemaker n. pacemaker
pachyderm n. tjockhuding
pachidermatous adj. tjockhudad
pacific adj. stilla
pacific adj. försonande
pacifier n. napp
pacifism n. pacifism
pacifist n. pacifist
pacify v. försona
pack n. paket
pack v. packa
package n. paketering
package n. postpaket
packet n. paket
packing n. packning
pact n. pakt
pad n. skydd
pad v. skydda
padding n. stoppning
paddle v. paddla
paddle n. paddel
paddy n. matris
paedologist n. patolog
paedology n. patologi
paedophiles n. pedofiler
paedophilia n. pedofili
paedophiliac n. pedofilism

paedophiliac *adj.* pedofili
pagan *n.* hedning
pagan *adj.* hednisk
paganism *n.* hedendom
paganistic *adj.* hednisk
page *n.* sida
page *n.* bud
page *v.* paginera
page *v.* kalla på
pageant *n.* parad
pageantry *n.* pompa
pagoda *n.* pagod
pail *n.* hink
pain *n.* smärta
pain *v.* smärta
painful *adj.* smärtsam
painstaking *adj.* noggrann
paint *n.* färg
paint *v.* måla
painter *n.* målare
painting *n.* målning
painting *n.* tavla
pair *n.* par
pair *v.* para
pal *n.* vän
palace *n.* palats
palanquin *n.* bärstol
palatable *adj.* angemän
palatal *adj.* palatal
palate *n.* gom
palatial *adj.* palats
pale *n.* påle
pale *adj.* blekna
pale *v.* ljus
paleness *n.* blekhet
paleobiolist *n.* paleobiologist
paleobiology *n.* paleobiologi
paleobiological *adj.* paleobiologisk
paleoecologist *n.* paleoekologist
paleoecology *n.* paleoekologi
paleolithic *adj.* paleolitisk
paleolithic *n.* paleolitik
paleontologist *n.* specialist inom paleontologi
paleontology *n.* paleontologi

palette *n.* palett
palm *n.* palm
palm *n.* handflata
palm *v.* dölja i handen
palmist *n.* kiromant
palmistry *n.* kiromanti
palpable *adj.* tydlig
palpitate *v.* slå
palpitation *n.* hjärtklappning
palsy *n.* förlamning
paltry *adj.* fattig
pamper *v.* klema
pamphlet *n.* pampflett
pamphleteer *n.* pamflettist
panacea *n.* universalmedel
pandemonium *n.* pandemonium
pane *n.* ruta
panegyric *n.* eloge
panel *n.* panel
panel *v.* bygga in med panel
pang *n.* smärta
panic *n.* panik
panic *v.* få panik
panorama *n.* panorama
pant *v.* flåsa
pant *n.* flås
pantaloon *n.* clown
pantheism *n.* panteism
pantheist *n.* panteist
panther *n.* panter
pantomime *n.* pantomim
pantry *n.* skafferi
papacy *n.* påvedöme
papal *adj.* påvlig
paper *n.* papper
par *n.* pari
parable *n.* liknelse
parachute *n.* fallskärm
parachutist *n.* fallskärmshoppare
parade *n.* parad
parade *v.* paradera
paradise *n.* paradis
paradox *n.* paradox
paradoxical *adj.* paradoxal
paraffin *n.* paraffin
paragon *n.* mönster

paragraph n. paragraf
parallel adj. parallell
parallel v. vara identisk
parallelism n. motsvarighet
parallelogram n. parallelogram
paralyse v. paralysera
paralysis n. paralys
paralytic adj. paralytiker
paramount n. älskare
paramour n. älskarinna
paraphernalia n. pl pinaler
paraphrase n. parafras
paraphrase v. omskriva
parasite n. parasit
parcel n. parket
parcel v. percellera
parch v. sveda
pardon v. benådning
pardon n. benåda
pardonable adj. förlåtlig
parent n. förälder
parentage n. föräldraskap
parental adj. förändra-
parenthesis n. parentes
parish n. församling
parity n. paritet
park n. park
park v. parkera
parlance n. språkbruk
parley n. parlamentering
parley v. diskustera fiender emellan
parliament n. parlament
parliamentarian n. parlamentariker
parliamentary adj. parlamentarisk
parlour n. salong
parody n. parodi
parody v. parodera
parole n. villkorlig frigivning
parole v. frige villkorligt
parricide n. fadermördare
parrot n. goja
parry v. parera
parry n. parad

parsley n. persilja
parson n. präst
part n. del
part v. separera
partake v. förtära
partial adj. delvis
partial adj. partiell
partiality n. svaghet
participate v. delta
participant n. deltagare
participation n. deltagande
particle adj. partikel
particular adj. speciell
particular n. detalj
particularly adv. särskilt
partisan n. partisan
partisan adj. partisan
partition n. del
partition v. dela
partner n. partner
partnership n. partnerskap
party n. grupp
pass v. ge
pass n. godkännande
passage n. passage
passenger n. passagerare
passion n. passion
passionate adj. passionerat
passive adj. passiv
passport n. pass
past adj. förfluten
past n. det förflutna
past prep. över
paste n. deg
paste n. smet
paste v. klistra
pastel adj. pastell
pastel n. pastell
pastime n. tidsfördriv
pastoral adj. pastoral
pasture n. bete
pasture v. beta
pat v.t. klappa
pat n. klapp
pat adv. snabbt
patch v. lappa ihop

patch *n.* fläck
patent *adj.* öppen
patent *n.* patent
patent *v.* patentera
paternal *adj.* faderlig
path *n.* väg
pathetic *adj.* patetisk
pathos *n.* medkänsla
patience *n.* tålamod
patient *adj.* tålmodig
patient *n.* patient
patricide *n.* fadermördare
patrimony *n.* farsarv
patriot *n.* patriot
patriotic *adj.* patriotisk
partiotism *n.* patriotism
patrol *v.* patrullera
patrol *n.* patrull
patron *n.* patron
patronage *n.* stöd
patronize *v.* gynna
pattern *n.* mönster
paucity *n.* knapphet
pauper *n.* understödstagare
pause *n.* paus
pause *v.* pausa
pave *v.* bereda
pavement *n.* vägbeläggning
pavilion *n.* paviljong
paw *n.* tass
paw *v.* slå
pay *v.* betala
pay *n.* lön
payable *adj.* betalbar
payee *n.* betalningsmottagare
payment *n.* betalning
pea *n.* ärta
peace *n.* fred
peaceable *adj.* fredlig
peaceful *adj.* fredlig
peach *n.* persika
peacock *n.* påfågel
peahen *n.* påfågelhona
peak *n.* topp
pear *n.* päron
pearl *n.* pärla

peasant *n.* bonde
peasantry *n.* bondfolk
pebble *n.* grus
peck *n.* massa
peck *v.* hacka
peculiar *adj.* besynnerlig
peculiarity *n.* egenhet
pecuniary *adj.* pekuniär
pedagogue *n.* pedagog
pedagogy *n.* pedagogik
pedal *n.* pedal
pedal *v.* trampa
pedant *n.* pedant
pedantic *n.* pedantisk
pedantry *n.* pedantri
pedestal *n.* piedestal
pedestrian *n.* fotgängare
pedigree *n.* härkomst
peel *v.* skala
peel *n.* skal
peep *v.* kika
peep *n.* titt
peer *n.* kamrat
peerless *adj.* enastående
peg *n.* sprint
peg *v.* fästa
peg *v.* låsa
pelf *n.* mammon
pell-mell *adv.* huller om buller
pen *n.* penna
pen *n.* fängelse
pen *v.* skriva
penal *adj.* kriminell
penalize *v.* straffa
penalty *n.* straff
pencil *n.* blyertspenna
pencil *v.* skriva med blyertspenna
pending *prep.* förestående
pending *adj.* pågående
pendulum *n.* pendel
penetrate *v.* penetrera
penetration *n.* penetration
penis *n.* penis
penniless *adj.* utfattig
penny *n.* skilling
pension *n.* pension

pension v. pensionera
pensioner n. pensionär
pensive adj. fundersam
pentagon n. pentagon
peon n. peon
people n. folk
people v. befolka
pepper n. peppar
pepper v. peppra
per prep. per
perambulator n. barnvagn
perceive v. finna
perceive v. fatta
perceptible adj. märkbar
per cent adv. procent
percentage n. procent
perception n. perception
perceptive adj. förstående
perch n. abborre
perch v. balansera
perennial adj. evig
perennial n. perenn växt
perfect adj. perfekt
perfect v. förkovra
perfection n. perfektion
perfidy n. trolöshet
perforate v. perforera
perforce adv. av nödvändighet
perform v. uppträda
performance n. uppträdande
performer n. uppträdare
perfume n. parfym
perfume v. parfymera
perhaps adv. kanske
peril n. risk
peril v. äventyra
perilous adj. farlig
period n. period
periodical n. tidsskrift
periodical adj. periodisk
periphery n. periferi
perish v. förstöras
perishable adj. förgänglig
perjure v. begå mened
perjury n. mened
permanence n. beständighet

permanent adj. permanent
permissible adj. tillåtlig
permission n. tillåtelse
permit v. lova
permit v. tillåta
permit n. tillstånd
permutation n. kombination
pernicious adj. skadlig
perpendicular adj. vertikal
perpendicular n. perpendikel
perpetual adj. ständig
perpetuate v. bevara
perplex v. krångla till
perplexity n. förvirring
persecute v. plåga
persecution n. förföljelse
perseverance n. uthållighet
persevere v. framhärda
persist v. fortsätta
persist n. fortsättning
persist n. envisa
persistence n. envishet
persistent adj. ständig
persistent adj. envis
person n. person
personage n. prominent person
personal adj. personlig
personality n. personlighet
personification n. personifikation
personify v. personifiera
personnel n. personal
perspective n. perspektiv
perspiration n. svett
perspire v. svettas
persuade v. övertyga
persuasion n. övertygelse
pertain v. gälla
pertinent adj. relevant
perturb v. störa
perusal n. undersökning
peruse v. granska
pervade v. prägla
perverse adj. pervers
perversion n. förvrängning
perversity n. motsägelselust
pervert v. förvränga

pessimism n. pessimism
pessimist n. pessimist
pessimistic adj. pessimistisk
pest n. pest
pesticide n. bekämpningsmedel
pestilence n. pest
pet n. husdjur
pet v. klappa
petal n. kronblad
petition n. inlaga
petition v. begära
petitioner n. kärande
petrol n. bensin
petroleum n. olja
petticoat n. underkjol
petty adj. liten
petulance n. grinighet
petulant adj. grinig
phagic adj. fatisk
phalange n. falang
phalanx n. falang
phallic adj. fallisk
hallocentric adj. heliocentrisk
phallus n. fallos
phantasmagoria n. bländverk
phantasmal adj. overklig
phantom n. fantom
pharmaceutic adj. farmaceutik
pharmaceutical n. farmaceutisk produkt
pharmaceutical adj. farmaceutisk
pharmaceutist n. farmaceut
pharmacist n. apotekare
pharmacy n. apotek
phase n. fas
phenomenal adj. fenomenal
phenomenon n. fenomen
phial n. parfymflaska
philalethist n. filatelist
philander n. kurtisör
philander v. flörta
philanderer n. kurtisör
philandry n. flirta
philanthropy n. filantropi
philological adj. filologisk

philologist n. filolog
philology n. filologi
philosopher n. filosoferare
philosophical adj. filosofisk
philosophy n. filosofi
phone n. telefon
phonetic adj. fonetisk
phonetics n. fonetik
phosphate n. fosfat
phosphorus n. fosfor
photo n. foto
photograph v. fotografera
photograph n. fotografi
photographer n. fotograf
photographic adj. fotografisk
photography n. fotografi
phrase n. fras
phrase v. uttrycka
phraseology n. fraseologi
physic n. fysik
physic v. lindra
physical adj. fysisk
physical adj. kroppslig
physician n. läkare
physicist n. fysiker
physics n. fysik
physiognomy n. fysionomi
physique n. fysik
pianist n. pianist
piano n. piano
pick v. välja
pick n. val
picket n. stake
picket v. vakta
pickle n. inläggning
pickle v. lägga in
picnic n. picknick
picnic v. åka på picknick
pictorial adj. illustrerad
picture n. fotografi
picture v. föreställa
picturesque adj. pittoresk
piece n. stycke
piece v. laga
pierce v. håla
piercing n. håltagning

piercing *adj.* genomborra
piety *n.* fromhet
pig *n.* gris
pigeon *n.* duva
pigmy *n.* pygmé
pile *n.* hög
pile *v.* lägga på hög
piles *n.* högar
pilfer *v.* snatta
pilgrim *n.* pilgrim
pilgrimage *n.* pilgrimsfärd
pill *n.* piller
pillar *n.* kolonn
pillow *n.* kudde
pillow *v.* vila på en kudde
pilot *n.* pilot
pilot *v.* flyga
pimple *n.* finne
pin *n.* tapp
pin *v.* klämma fast
pinch *v.* nypa
pinch *v.* klämma
pine *n.* tall
pine *v.* tyna bort
pineapple *n.* ananas
pink *n.* rosa
pink *adj.* rosa
pinkish *adj.* rosaaktig
pinnacle *n.* höjdpunkt
pioneer *n.* pionjär
pioneer *v.* bana väg för
pious *adj.* from
pipe *n.* ledning
pipe *n.* rör
pipe *n.* pipa
pipe *v.* vissla
piquant *adj.* pikant
piracy *n.* sjöröveri
pirate *n.* pirat
pirate *v.* ladda ner illegalt
pistol *n.* pistol
piston *n.* kolv
pit *n.* hål
pit *v.* kärna ur
pitch *n.* nivå
pitch *n.* grad

pitch *v.* sätta upp
pitch *v.* slå upp
pitcher *n.* kanna
pitcher *n.* kastare
piteous *adj.* sorglig
pitfall *n.* blindskär
pitiable *adj.* erbarmlig
pitiful *adj.* ömkansvärd
pitiless *adj.* obarmhärtig
pitman *n.* gruvarbetare
pittance *n.* struntsamma
pity *n.* skada
pity *v.* beklaga
pivot *n.* tapp
pivot *v.* bero
pixel *n.* pixel
pixelate *v.* pixla
pizza *n.* pizza
pizzeria *n.* pizzeria
placable *adj.* försonlig
placate *v.* lugna
placative *adj.* lugnande
placatory *adj.* försonande
place *n.* plats
place *v.* placera
placebic *adj.* placebo-
placebo *n.* placebo
placement *n.* placering
placenta *n.* placenta
placid *adj.* blid
plague *adj.* plågande
plague *v.* plåga
plain *adj.* uppenbar
plain *n.* slätt
plaintiff *n.* målsägande
plan *n.* plan
plan *v.* planera
plane *n.* flygplan
plane *v.* skära skivor
plane *adj.* jämn
plane *n.* vinge
planet *n.* planet
planetary *adj.* planet-
plank *n.* plank
plank *v.* bordlägga
plant *n.* planta

plant *v.* plantera
plantain *n.* kämpe
plantation *n.* koloni
plastic *n.* plast
plastic *adj.* plastig
plaster *n.* stuck
plaster *v.* förbinda
plate *n.* fat
plate *n.* tallrik
plate *v.* plätera
plateau *n.* platå
platinum *n.* platina
platinum *adj.* platinafärgad
platform *n.* plattform
platonic *adj.* platonisk
platoon *n.* pluton
play *n.* spel
play *v.* spela
playback *n.* uppspelning
playcard *n.* spelkort
playdate *n.* lekkamrat
player *n.* spelare
playfield *n.* spelfält
playful *adj.* lekfull
playground *n.* lekplats
playhouse *n.* lekstuga
plea *n.* inlaga
plead *v.* be
pleader *n.* advokat
pleasant *adj.* trevlig
pleasantry *n.* skämt
please *v.* behaga
please *adv.* tack
pleasure *n.* nöje
plebiscite *n.* folkomröstning
pledge *n.* löfte
pledge *v.* förbinda
plenty *n.* massor
plight *n.* tillstånd
plod *v.* släpa
plot *n.* anslag
plot *v.* konspirera
plough *n.* plog
plough *v.* plöja
ploughman *n.* plöjare
pluck *v.* plocka

pluck *n.* mod
plug *n.* propp
plug *v.* slå
plum *n.* plommon
plumber *n.* rörmokare
plunder *v.* plundra
plunder *n.* plundring
plunge *v.* hoppa
plunge *n.* språng
plural *adj.* plural
plurality *n.* mängd
plus *adj.* plus
plus *n.* addition
plush *adj.* plyschartad
plush *n.* plysch
plutocrat *adj.* plutokrat
plutonic *adj.* plutonisk
plutonium *n.* plutonium
pluvial *adj.* regn-
pluvial *n.* regnperiod
pluviometer *n.* regnmätare
ply *v.* använda
ply *n.* skikt
plyer *n.* avbitare
plywood *n.* plywood
pneudraulics *n.* kombination av hydraulik och pneumatik
pneuma *n.* själ
pneumatic *n.* pneumatik
pneumatic *adj.* pneumatisk
pneumatological *adj.* pneumatologisk
pneumatology *n.* pneumatologi
pneumogastric *adj.* lungor och mage
pneumology *n.* pneumologi
pneumonia *n.* lunginflammation
pneumoniac *n.* en som har lunginflammation
pneumonic *adj.* lunginflammations-
pneumotherapy *n.* inandning av komprimerad luft
poach *v.* tjuvfiska
poached *adj.* tjuvfiskad
poacher *n.* tjuvfiskare

pocket n. ficka
pocket v. samla
pod n. kapsel
pod v. kapsla in
podcast n. poddsändning
podcast v. göra en poddsändning
podcaster n. poddsändare
pddge n. skäggsimpa
podgy adj. kort
podiatric adj. pediatrisk
podiatrist n. fotvårdsspecialist
podium n. podium
podium v. att komma topp tre i en tävling
poem n. dikt
poesy n. poesi
poet n. poet
poetaster n. versmakare
poetess n. skaldinna
poetic adj. poetisk
poetics n. diktning
poetry n. dikt
poignacy n. bitterhet
poignant adj. stark
point n. poäng
point v.t. peka
pointblank adv. på nära håll
pointed adj. vass
pointedly adv. vasst
pointedness n uddighet
pointerless adj. utan pekare
pointwork n. måleriarbete
pointful adj. ha en poäng
pointillism n. pointillism
pointillist n. pointillist
pointless adj. meningslös
poise v. överväga
poise n. hållning
poison n. gift
poison v. förgifta
poisonous adj. giftig
poke v. sticka
poke n. stöt
poker n. poker
polar adj. polär
polarity n. polaritet

polarize v. polarisera
polarazing adj. polarisering
polaroid n. polaroidkamera
polary adj. tenderar mot en pol
pole v. staka
pole n. stång
polearm n. stridsvapen
polecat n. iller
pole dancer n. strippa
polemic adj. polemisk
polemic n. polemik
polenta n. polenta
police n. polis
police v. övervaka
police beat n. polisbåt
policeboat n. polisbåt
policeless adj. utan polis
policeman n. polisman
policy n. princip
polish v. polera
polish n. glans
polite adj. artig
politeness n. artighet
politic adj. politisk
political adj. politisk
politician n. politiker
politics n. politik
polity n. statsskick
poll n. val
poll v. intervjua
pollen n. pollen
pollute v. förorena
pollution n. förorening
polo n. polo
polyacetylene n. polyacetylen
polyander n. polyander
polyandrianism n. polyandrianism
polyandry n. polyandri
polybutene n. polybuten
polybutylene n. polybuten
polycarbonate n. polykarbonat
polycentric adj. polycentrisk
polycentrism n. polycentrism
polychrome adj. polykrom
polyene n. polyen

polyform *n.* polyform
polygamous *adj.* polygamisk
polygamy *n.* polygami
polyglot *n.* polyglott
polyglot *adj.* flerspråkig
polyloquent *adj.* överdrivet pratglad
polymath *n.* polyhistor
polymer *n.* polymer
polymetallic *adj.* polymetallisk
polymethine *n.* polymetin
polymethylene *n.* polymetylen
polymerize *v.* polymerisera
polymicrobial *adj.* polymikrobiella
polymiotic *adj.* polymiotisk
polymolecular *adj.* polymolekylära
polymorph *n.* polymorf
polymorphic *adj.* polymorf
polymorphism *n.* polymorfi
polymorphosis *n.* polymorfosera
polynucleate *adj.* flerkärnigt
polycracy *n.* polyarki
polypharmacal *adj.* polyfarmaci
polypropylene *n.* polypropen
polyprotein *n.* polyprotein
polysemia *n.* polysemi
polytechnic *adj.* polyteknisk
polytechnic *n.* yrkeshögskola
polytheism *n.* polyteism
polytheist *n.* polyteist
polytheistic *adj.* polyteistisk
pomp *n.* prakt
pomposity *n.* uppblåsthet
pompous *adj.* uppblåst
pond *n.* damm
ponder *v.* fundera
pony *n.* liten häst
pony *n.* ponnyhäst
poor *adj.* fattig
pop *v.* smälla
pop *n.* pop
pope *n.* påve
poplar *n.* poppel
poplin *n.* poplin

populace *n.* massa
popular *adj.* populär
popularity *n.* popularitet
popularize *v.* popularisera
populate *v.* befolka
populate *v.* vistas
population *n.* population
populous *adj.* befolkad
porcelain *n.* porslin
porch *n.* veranda
pore *n.* por
pork *n.* fläsk
porridge *n.* gröt
port *n.* hamn
portable *adj.* portabel
portage *n.* transport
portal *n.* portal
portend *v.* förebåda
porter *n.* porter
portfolio *n.* portfolio
portico *n.* portik
portion *n.* del
portion *v.* dela ut
portrait *n.* porträtt
portraiture *n.* porträttkonst
portray *v.* avbilda
portrayal *n.* porträttering
pose *v.* utgöra
pose *v.* posera
pose *n.* ställning
position *n.* position
position *v.* placera
positive *adj.* positiv
possess *v.* inneha
possession *n.* besättande
possibility *n.* möjlighet
possible *adj.* möjligt
post *n.* plats
post *v.* offentliggöra
post *n.* tjänst
post *n.* befattning
post *adv.* efter-
postage *n.* porto
postal *adj.* post-
post-date *v.* efterdatera
poster *n.* affisch

posterity *n.* efterkommande
posthumous *adj.* postum
postman *n.* brevbärare
postmaster *n.* postmästare
post-mortem *adj.* efter döden
post-mortem *n.* obduktion
post-office *n.* postkontor
postpone *v.* skjuta upp
postponement *n.* uppskjutande
postscript *n.* efterskrift
posture *n.* ställning
pot *n.* kastrull
pot *v.* plantera
potash *n.* pottaska
potassium *n.* kalium
potato *n.* potatis
potency *n.* makt
potent *adj.* potent
potential *adj.* potentiell
potential *n.* möjlighet
potentiality *n.* potentialitet
potter *n.* krukmakare
pottery *n.* krukmakeri
pouch *n.* påse
poultry *n.* hönskött
pounce *v.* kasta
pounce *n.* angrepp
pound *n.* pund
pound *v.* bulta
pour *v.* hälla
poverty *n.* fattigdom
powder *n.* pulver
powder *v.* pudra
power *n.* makt
powerful *adj.* mäktig
practicability *n.* formbarhet
practicable *adj.* framkomlig
practical *adj.* praktisk
practically *adv.* praktiskt
practice *n.* exempel
practise *v.* bedriva
practitioner *n.* allmänpraktiker
pragmatic *adj.* pragmatisk
pragmatism *n.* pragmatism
praise *n.* uppskattning
praise *v.* prisa

praiseworthy *adj.* prisvärd
pram *n.* barnvagn
prank *n.* bus
prattle *v.* pladdra
prattle *n.* pladder
pray *v.* be
prayer *n.* bön
preach *v.* predika
preacher *n.* predikant
preamble *n.* företal
precaution *n.* försiktighetsåtgärd
precautionary *adj.* försiktighets-
precede *v.* komma före
precedence *n.* företrädesrätt
precedent *n.* prejudikat
precept *n.* regel
preceptor *n.* lärare
precious *adj.* värdefull
precis *n.* resumé
precise *n.* exakt
precision *n.* precision
preclude *v.* förhindra
precursor *n.* föregångare
predecessor *n.* företrädare
predestination *n.* predestination
predetermine *v.* förutbestämma
predicament *n.* dilemma
predicate *n.* predikat
predict *v.* förutspå
prediction *n.* profetia
predominance *n.* övermakt
predominant *adj.* dominerande
predominate *v.* dominera
pre-eminence *n.* överlägsenhet
pre-eminent *adj.* framstående
preemptive *adj.* förebyggande
preen *n.* skryt
preen *v.* skryta
preexistence *n.* preexistens
preface *n.* förord
preface *v.* inleda
prefect *n.* prefekt
prefer *v.* föredra
preference *n.* företräde
preferential *adj.* privilegierad
prefix *n.* prefix

prefix v. prefigera
pregnancy n. graviditet
pregnant adj. gravid
prehistoric adj. förhistorisk
prejudice n. prejudikat
prelate n. prelat
preliminary adj. inledande
preliminary n. förmatch
prelude n. förspel
prelude v. inleda
premarital adj. föräktenskaplig
premature adj. förhastad
premeditate v. planera
premeditation n. eftertanke
premier adj. första
premier n. premiärminister
premiere n. premiär
premium n. premie
premonition n. föraning
preoccupation n. huvudsysselsättning
preoccupy v. vara upptagen
preparation n. förberedelse
preparatory adj. förberedande
prepare v. förbereda
preponderance n. överlägsenhet
preponderate v. vara förhärskande
preposition n. preposition
prerequisite adj. nödvändig
prerequisite n. nödvändig förutsättning
prerogative n. förmånsrätt
prescience n. förutseende
prescribe v. bestämma
prescription n. föreskrift
presence n. närvaro
present adj. närvarande
present n. gåva
present n. present
present v. presentera
presentation n. presentation
presently adv. snart
preservation n. bevarande
preservative n. konserveringsmedel

preservative adj. konserverande
preserve v. bevara
preserve n. reservat
preside v. leda
president n. president
presidential adj. president-
press v. trycka
press n. media
pressure n. press
pressurize v. utöva påtryckningar
prestige n. prestige
prestigious adj. prestigefylld
presume v. anta
presumption n. antagande
presuppose v. räkna med
presupposition n. förutsättning
pretence n. sken
pretend v. låtsas
pretension n. anspråk
pretentious adj. pretentiös
pretext n. ursäkt
prettiness n. skönhet
pretty adj. fin
pretty adv. helt
prevail v. råda
prevalence n. utbredning
prevalent adj. utbredd
prevent v. förhindra
prevention n. förebyggande
preventive adj. förebyggande
previous adj. föregående
prey n. byte
prey v. plundra
price n. pris
price v. prissätta
prick n. stick
prick v. sticka
pride n. stolthet
pride v. vara stolt
priest n. präst
priestess n. prästinna
priesthood n. prästerskap
prima facie adv. vid första anblicken
primarily adv. huvudsakligen
primary adj. grundläggande

prime v. fylla	**procrastination** n. förhalning
prime adj. bästa	**proctor** n. skrivvakt
prime n. början	**proctor** v. vakta
primer n. primer	**procure** v. skaffa
primeval adj. ursprunglig	**procurement** n. anskaffande
primitive adj. primitiv	**prodigal** adj. slösande
prince n. prins	**prodigality** n. slösaktighet
princely adj. furstlig	**produce** v. producera
princess n. prinsessa	**produce** n. produktion
principal n. rektor	**product** n. produkt
principal adj. viktigast	**production** n. produktion
principle n. grundregel	**productive** adj. produktiv
print v. trycka	**productivity** n. produktivitet
print n. avtryck	**profane** adj. profan
printer n. skrivare	**profane** v. vanhelga
prior adj. tidigare	**profess** v. förklara
prior n. prior	**profession** n. yrke
prioress n. priorinna	**professional** adj. professionell
priority n. prioritet	**professor** n. professor
prison n. fängelse	**proficiency** n. skicklighet
prisoner n. fånge	**proficient** adj. bildad
privacy n. integritet	**profile** n. profil
private adj. privat	**profile** v. profilera
privation n. misär	**profit** n. vinst
privilege n. privilegium	**profit** v. gagna
prize n. pris	**profitable** adj. lönsam
prize v. uppskatta	**profiteer** n. profitör
probability n. möjlighet	**profiteer** v. ockra
probable adj. trolig	**profligacy** n. slöseri
probably adv. troligen	**profligate** adj. lastbar
probation n. övervakning	**profound** adj. djup
probationer n. elev	**profundity** n. djupsinne
probe v. undersöka	**profuse** adj. riklig
probe n. undersökning	**profusion** n. rikedom
problem n. problem	**progeny** n. avkomma
problematic adj. problematisk	**programme** n. program
procedure n. procedur	**programme** v. programmera
proceed v. fortsätta	**progress** n. utveckling
proceeding n. tillvägagångssätt	**progress** v. utvecklas
proceeds n. framträdande	**progressive** adj. progressiv
process n. process	**prohibit** v. förbjuda
procession n. följe	**prohibition** n. förbud
proclaim v. förklara	**prohibitive** adj. avskräckande
proclamation n. förklaring	**prohibitory** adj. prohibitiv
proclivity n. tendens	**project** n. projekt
procrastinate v. prokrastinera	**project** v. planera

projectile *n.* projektil
projectile *adj.* projektil-
projection *n.* projektering
projector *n.* projektor
proliferate *v.* växa
proliferation *n.* spridning
prolific *adj.* skapande
prologue *n.* prolog
prolong *v.* förlänga
prolongation *n.* omsättning
prominence *n.* position
prominent *adj.* framträdande
promise *n.* löfte
promise *v.* lova
promising *adj.* lovande
promissory *adj.* löftesvis
promote *v.* befordra
promote *v.* upphöja
promotion *n.* kampanj
promotion *n.* marknadsföring
prompt *adj.* omedelbar
prompt *v.* förmå
prompter *n.* sufflör
prone *adj.* benägen
pronoun *n.* pronomen
pronounce *v.* uttala
pronunciation *n.* uttal
proof *n.* bevis
proof *adj.* bevisande
prop *n.* stöd
prop *v.* stödja
propaganda *n.* propaganda
propagandist *n.* propagandist
propagate *v.* propagera
propagation *n.* spridning
propel *v.* driva fram
proper *adj.* lämplig
property *n.* egenskap
prophecy *n.* profetia
prophesy *v.* förutsäga
prophet *n.* profet
prophetic *adj.* profetisk
proportion *n.* proportion
proportion *v.* ge proportion till
proportional *adj.* proportionell
proportionate *adj.* proportionell

proposal *n.* förslag
propose *v.* föreslå
proposition *n.* proposition
propound *v.* föreslå
proprietary *adj.* skyddad
proprietor *n.* ägare
propriety *n.* anständighet
prorogue *v.* skjuta upp
prosaic *adj.* nykter
prose *n.* prosa
prosecute *v.* åklaga
prosecution *n.* åtal
prosecutor *n.* åklagare
prosody *n.* prosodi
prospect *n.* möjlighet
prospective *adj.* framtida
prospectus *n.* broschyr
prosper *v.* blomstra
prosperity *n.* framgång
prosperous *adj.* framgångsrik
prostitute *n.* prostituerad
prostitute *v.* prostituera
prostitution *n.* prostitution
prostrate *adj.* utmattad
prostrate *v.* kullkasta
prostration *n.* nedbrutenhet
protagonist *n.* huvudperson
protect *v.* skydda
protection *n.* skydd
protective *adj.* beskyddande
protector *n.* beskyddare
protein *n.* protein
protest *n.* protest
protest *v.* protestera
protestation *n.* protest
prototype *n.* prototyp
proud *adj.* stolt
prove *v.* styrka
proverb *n.* ordspråk
proverbial *adj.* ordspråksmässig
provide *v.* förse
providence *n.* försyn
provident *adj.* förutseende
providential *adj.* gudomlig
province *n.* provins
provincial *adj.* landskaps-

provincialism *n.* provinsialism
provision *n.* provision
provisional *adj.* provisorisk
proviso *n.* provision
provocation *n.* provokation
provocative *adj.* provokativ
provoke *v.* provocera
prowess *n.* mod
proximate *adj.* närmast
proximity *n.* grannskap
proxy *n.* ombud
prude *n.* pryd person
prudence *n.* försiktighet
prudent *adj.* klok
prudential *adj.* klok
prune *v.* putsa sig
pry *v.* snoka
psalm *n.* psalm
pseudonym *n.* pseudonym
psyche *n.* själ
psychiatrist *n.* psykiater
psychiatry *n.* psykiatri
psychic *adj.* övernaturlig
psychological *adj.* psykologisk
psychologist *n.* psykolog
psychology *n.* psykologi
psychopath *n.* psykopat
psychosis *n.* psykos
psychotherapy *n.* psykoterapi
puberty *n.* pubertet
public *adj.* publik
public *n.* allmänhet
publication *n.* utgivning
publicity *n.* reklam
publicize *v.* göra reklam för
publish *v.* publicera
publisher *n.* förläggare
pudding *n.* pudding
puddle *n.* pöl
puddle *v.* doppa ner
puerile *adj.* naiv
puff *n.* pust
puff *v.* pusta
pull *v.* dra
pull *n.* drag
pulley *n.* dragkrok

pullover *n.* pullover
pulp *n.* mos
pulp *v.* krossa
pulpit *adj.* predikstol
pulpy *adj.* lös
pulsate *v.* pulsera
pulsation *n.* pulsering
pulse *n.* puls
pulse *v.* pulsera
pump *n.* pump
pump *v.* pumpa
pumpkin *n.* pumpa
pun *n.* vits
pun *v.* vitsa
punch *n.* punsch
punch *v.* stansa
punctual *adj.* punktlig
punctuality *n.* punktlighet
punctuate *v.* punktera
punctuation *n.* skiljetecken
puncture *n.* punktering
puncture *v.* få punktering på
pungency *n.* skärpa
pungent *adj.* skarp
punish *v.* straffa
punishment *n.* straff
punitive *adj.* straff-
puny *adj.* ynkigt liten
pupil *n.* elev
puppet *n.* marionett
puppy *n.* hundvalp
purblind *n.* skumögd
purchase *n.* köp
purchase *v.* köpa
pure *a* ren
purgation *n.* laxering
purgative *n.* laxermedel
purgative *adj.* laxerande
purgatory *n.* skärseld
purge *v.* rena
purification *n.* rening
purify *v.* rena
purist *n.* purist
puritan *n.* puritan
puritan *n.* puritan
puritanical *adj.* puritansk

purity n. renhet
purple adj./n. lila
purport n. innebörd
purport v. ge sig ut för
purpose n. syfte
purpose v. ämna
purposely adv. med flit
purr n. spinnande
purr v. spinna
purse n. handväska
purse v. snörpa på
pursuance n. utövande
pursue v. bedriva
pursuit n. jakt
purview n. sfär
pus n. var
push v. skjuta på
push n. att knuffa
put v. sätta
put n. ett försök
puzzle n. pussel
puzzle v. förbrylla
pygmy n. dvärg
pyorrhoea n. pyorre
pyramid n. pyramid
pyre n. bål
pyromantic adj pyromantisk
pyromantic n. pyromant
python n. pytonorm

Q

quack v. kvacka
quack n. kvacksalvare
quackery n. kvacksalveri
quadrangle n. fyrhörning
quadrangular adj. fyrkantig
quadrilateral n. fyrsiding
quadrilateral adj. fyrsidig
quadruped n. fyrfotad
quadruple adj. fyrdubbel
quadruple v. fyrdubbla
quail n. vaktel
quaint adj. pittoresk
quake v. skälva

quake n. skalv
qualification n. kvalifikation
qualify v. kvalificera
qualitative adj. kvalitativ
quality n. kvalitet
quandary n. dilemma
quantitative adj. kvantitativ
quantity n. kvantitet
quantum n. kvant
quarrel n. gräl
quarrel v. gräla
quarrelsome adj. stridslysten
quarry n. stenbrott
quarry n. villebråd
quarry v. bryta
quarter n. fjärdedel
quarter v. dela i fyra delar
quarterly adj. kvartalsvis
queen n. drottning
queer adj. besynnerlig
queer v. förfuska
queer n. bög
quell v. kväsa
quench v. släcka
query n. fråga
query v. ifrågasätta
quest n. sökande
quest v.t. söka
question n. fråga
question v. fråga
questionable adj. tvivelaktig
questionnaire n. frågeformulär
queue n. kö
queue v. köa
quibble n. ordlek
quibble v. käbbla
quick adj. rask
quick n. ömt ställe
quicksand n. kvicksand
quicksilver n. kvicksilver
quiet adj. tyst
quiet n. tystnad
quiet v.t. lugn
quilt n. täcke
quinine n. kinin
quintessence n. kärnan

quit v. sluta
quite adv. ganska
quiver n. darrning
quiver v. darra
quixotic adj. donquijotisk
quiz n. frågesport
quiz v. förhöra
quorum n. beslutsmässigt antal
quota n. kvot
quotation n. citat
quote v. citera
quotient n. kvot

R

rabbi n. rabbin
rabbit n. kanin
rabble n. slödder
rabies n. rabies
race n. lopp
race v. tävla med
racial adj. ras-
racialism n. rasism
racism n. rasism
racist adj. rasist
rack v. plåga
rack n. ställning
racket n. racket
racket n. oväsen
radiance n. strålning
radiant adj. utstrålande
radiate v. utstråla
radiation n. strålning
radical adj. radikal
radio n. radio
radio v. radiografera
radiogram n. radiogram
radiography n. radiografi
radiommunology n. radioimmunologiska
radiolocation n. radiolokalisering
radiology n. radiologi
radiomercury n. radioaktivt kvicksilver
radion n. radion

radiophone n. radiotelefon
radioscan n. skanning för radioaktivt material
radiotelegraphy n. radiotelegrafi
radious adj. strålande
radish n. rädisa
radium n. radium
radius n. radie
rag n. trasa
rag v. reta
rage n. raseri
rage v. rasa
raid n. räd
raid v. göra räder mot
rail n. järnväg
rail v. rasa mot
railing n. räcke
raillery n. raljeri
railway n. järnväg
rain v. regna
rain n. regn
rainy adj. regnig
raise v. höja
raisin n. russin
rally v. samla
rally n. samling
ram n. bagge
ram v. ramma
ramble v. ströva
ramble n. strövtåg
rampage v. rusa fram
rampage n. framfart
rampant adj. vild
rampant adj. grasserande
rampart n. fästningsvall
ranch n. ranch
ranch v. driva en ranch
rancid adj. härsken
rancidify v. härskna
rancour n. agg
random adj. slumpmässig
randomise v. randomisera
range v. sträcka sig
range n. räckvidd
ranger n. skogvaktare
rank n. rang

rank *v.* ranka
rank *adj.* yppig
ransack *v.* plundra
ransom *n.* lösesumma
ransom *v.* utlösa
rape *n.* våldtäkt
rape *v.* våldta
rapid *adj.* snabb
rapidity *n.* snabbhet
rapier *n.* värja
rapport *n.* rapport
rapt *adj.* försjunken
rapture *n.* hänryckning
rare *adj.* sällsynt
rarefy *v.* förtunna
rarely *adv.* sällan
rareness *n.* sällsynthet
rarity *n.* sällsynthet
rascal *n.* skojare
rash *adj.* överilad
rash *n.* utslag
rasp *n.* rasp
rasp *v.* raspa
raspberry *n.* hallon
raspberry *adj.* smakar hallon
raspy *adj.* rivande
rasta *n.* rasta
rasure *n.* radering
rat *v.* jaga råttor
rat *n.* råtta
rate *v.* taxera
rate *n.* hastighet
rather *adv.* snarare
ratify *v.* ratificera
ratio *n.* förhållande
ration *n.* ranson
rational *adj.* rationell
rationale *n.* logisk grund
rationality *n.* rationalitet
rationalize *v.* rationalisera
rattle *v.* skallra
rattle *n.* skallra
ravage *n.* härjning
ravage *v.* härja
rave *v.* yra
raven *n.* korp

ravine *n.* ravin
raw *adj.* rå
ray *n.* stråle
raze *v.* rasera
razor *n.* rakapparat
reabsorb *v.* återabsorbera
reabsorption *n.* återabsorption
reaccept *v.* acceptera igen
reach *n.* räckvidd
reach *v.* nå
react *v.* reagera
reaction *n.* reaktion
reactionary *adj.* reaktionär
reactionist *n.* bakåtsträvare
reactivate *v.* återaktivera
reactivation *n.* återaktivering
reactive *adj.* reaktiv
reactor *n.* reaktor
read *v.t.* läsa
reader *n.* läsare
readily *adv.* lätt
readiness *n.* beredskap
reak *n.* ryt
ready *adj.* redo
real *adj.* rktig
realism *n.* realism
realist *n.* realist
realistic *adj.* realistisk
reality *n.* verklighet
realization *n.* insikt
realize *v.* inse
reallocate *v.* omfördela
reallocation *n.* omfördelning
really *adv.* verkligen
really *int.* verkligen?
realm *adj.* rike
realtor *n.* fastighetsmäklare
realty *n.* fast egendom
ream *n.* rispapper
ream *v.* brotscha
reamer *n.* brotsch
reamplify *v.* återförstärka
reamputation *n.* en andra amputation
reanimate *adj.* animerande
reanimate *v.* väcka till liv

reanimation *n.* återupplivning
reannex *v.* att bifoga igen
reannexation *n.* återbifogning
reap *n.* skörd
reap *v.* skörda
reaper *n.* skördeman
reappear *v.* återuppstå
reappearance *n.* återuppträdande
reapplication *n.* återapplicering
reapply *v.* återapplicera
reappoint *v.* återinsätta
reappraisal *n.* omvärdering
reappraise *v.* omvärdera
reapproach *v.* närma sig igen
reappropriate *v.* återta
reapproval *n.* ogillande
rear *n.* baksida
rear *v.* uppfostra
rear *adj.* bak-
rear *adv.* bakre
rearrange *v.* ordna om
rearticulate *v.* omformulera sig
rearview *adj.* bakåtsikt
reason *n.* anledning
reason *v.* resonera
reasonable *adj.* rimlig
reassure *v.* försäkra
rebate *n.* rabatt
rebel *v.* göra uppror
rebel *n.* rebell
rebellion *n.* uppror
rebellious *adj.* upprorisk
rebirth *n.* återfödelse
rebound *v.* studsa tillbaka
rebound *n.* studs
rebuff *n.* avvisande
rebuff *v.* avvisa
rebuke *v.* tillrättavisa
rebuke *n.* tillrättavisande
recall *v.* återkalla
recall *n.* återkallelse
recede *v.* gå tillbaka
receipt *n.* kvitto
receive *v.* motta
receiver *n.* mottagare
recent *adj.* nyligen

recently *adv.* nyligen
reception *n.* reception
receptive *adj.* receptiv
recess *n.* fördjupning
recession *n.* lågkonjunktur
recipe *n.* recept
recipient *n.* mottagare
reciprocal *adj.* ömsesidig
reciprocate *v.* återgälda
recital *n.* skäl
recitation *n.* deklamation
recite *v.* recitera
reckless *adj.* hänsynslös
reckon *v.* räkna
reclaim *v.* återvinna
reclamation *n.* regenerering
reclamation *n.* uppodling
recluse *n.* eremit
recognition *n.* erkännande
recognize *v.* erkänna
recoil *v.* rygga tillbaka
recoil *adv.* tillbakaryggande
recollect *v.* minnas
recollection *n.* hågkomst
recommend *v.* rekommendera
recommendation *n.* rekommendation
recompense *v.* vedergälla
recompense *n.* kompensation
reconcile *v.* förena
reconciliation *n.* försoning
recondensation *n.* kondensering
recondense *v.* kondensera
recondition *v.* renovera
reconductor *n.* rekonduktör
reconfiguration *n.* omkonfigurering
reconfigurate *v.* omkonfigurera
reconsider *v.* ompröva
reconsolidate *v.* rekonsolidera
reconquer *v.* återerövring
record *v.* spela in
record *n.* rekord
recorder *n.* inspelare
recount *v.* räkna om
recoup *v.* ta igen

recourse n. tillflykt
recourse n. utväg
recover v. ta igen sig
recover v. återvinna
recovery n. återhämtning
recovery n. bättring
recreation n. rekreation
recreational adj. rekreations-
recreative adj. rekreativ
recriminate v. motanklaga
recrimination n. motanklagelse
recrudency n. återfall
recruit n. rekryt
recruit v. rekrytera
rectangle n. rektangel
rectangular adj. rektangulär
rectification n. rättelse
rectify v. rätta
rectum n. rektum
recur v. upprepas
recurrence n. uppprepning
recurrent adj. återkommande
red adj. röd
red n. röd
redden v. rodna
reddish adj. rödaktig
redeem v. lösa in
redemption n. inlösen
redouble v. fördubbla
redress v. avhjälpa
redress n. gottgörelse
reduce v. reducera
reduction n. reducering
redundance n. redundans
redundant adj. överflödig
reel n. rulle
reel v. rulla
reel v. snurra
refer v. hänvisa
referee n. domare
reference n. referens
referendum n. folkomröstning
refine v. förfina
refinement n. förfining
refinery n. raffinaderi
reflect v. reflektera

reflection n. reflektion
reflective adj. reflektiv
reflector n. reflektor
reflex n. reflex
reflex adj. reflex-
reflexive adj. reflexiv
reform v. reformera
reform n. reform
reformation n. reformation
reformatory n. uppfostringsanstalt
reformatory adj. uppfostrings-
reformer n. reformator
refrain v. avstå
refrain n. refräng
refresh v. uppfrisha
refreshment n. uppfriskning
refrigerate v. kyla
refrigeration n. kylning
refrigerator n. kylskåp
refuge n. tillflykt
refugee n. flykting
refulgence n. sken
refulgent adj. glänsande
refund v. återbetala
refund n. återbetalning
refusal n. vägran
refuse v. vägra
refuse n. avfall
refutation n. vederläggning
refute v. vederlägga
regal adj. kunglig
regard v. betrakta
regard n. avseende
regenerate v. regenerera
regeneration n. regeneration
regicide n. kungamördare
regime n. regim
regiment n. regemente
regiment v. reglementera
region n. område
regional adj. regional
register n. register
register v. registrera
registrar n. registrator
registration n. registration

registry n. register
regret v. ångra
regret n. ånger
regular adj. regelbunden
regularity n. regelbundenhet
regulate v. reglera
regulation n. reglering
regulator n. regulator
rehabilitate v. rehabilitera
rehabilitation n. rehabilitering
rehearsal n. repition
rehearse v. repetera
reign v. regera
reign n. regering
reimburse v. ersätta
reimbursement n. ersättning
rein n. tygel
rein v. tygla
reinforce v. förstärka
reinforcement n. förstärkning
reinstate v. återinföra
reinstatement n. återställande
reiterate v. upprepa
reiteration n. upprepning
reject v. avvisa
rejection n. avslag
rejoice v. glädjas
rejoin v. återförenas
rejoin v. genmäla
rejoinder n. replik
rejuvenate v. föryngra
rejuvenation n. föryngring
relapse v. återfalla
relapse n. återfall
relate v. relatera
relation n. relation
relative adj. relativ
relative n. släkting
relax v. koppla av
relaxation n. avslappning
relay n. relä
relay v. vidarebefordra
release v. släppa
release n. frigivning
relent v. mjukna
relentless adj. oveklig

relevance n. relevans
relevant adj. relevant
reliable adj. pålitlig
reliance n. beroende
relic n. relik
relief n. lättnad
relief n. undsättning
relieve v. lindra
religion n. religion
religious adj. religiös
relinquish v. överge
relish v. njuta av
relish n. smak
reluctance n. motvillighet
reluctant adj. motvillig
rely v. lita
remain v. förbli
remainder n. återstod
remains n. resterna
remand v. återförvisa
remand n. återsända till häkte
remark n. anmärkning
remark v. anmärka
remarkable adj. anmärkningsvärd
remedial adj. avhjälpande
remedy n. avhjälpa
remedy v. bota
remember v. kom ihåg
remembrance n. minne
remind v. påminna
reminder n. påminnelse
reminiscence n. minne
reminiscent adj. påminnande om
remission n. eftergift
remit v. remittera
remit v. förlåta
remittance n. remittering
remorse n. ånger
remote adj. fjärran
removable adj. borttagbar
removal n. avlägsnande
remove v. avlägsna
remunerate v. ersätta
remuneration n. ersättning
remunerative adj. lönande

renaissance n. renässans
render v. göra
rendezvous n. mötesplats
renew v. förnya
renewal n. förnyelse
renounce v. avsäga sig
renovate v. renovera
renovation n. renovering
renown n. ryktbarhet
renowned adj. ryktbar
rent n. hyra
rent v. hyra ut
renunciation n. avsägelse
repair v. reparera
repair n. renovering
repairable adj. reparerbar
repartee n. kvick replik
repatriate v. repatriera
repatriate n. repatrierad person
repatriation n. repatriering
repay v. återbetala
repayment n. återbetalning
repeal v. upphäva
repeal n. upphävande
repeat v. upprepa
repel v. slå tillbaka
repellent adj. frånstötande
repellent n. avskräckningsmedel
repent v. ångra
repentance n. ånger
repentant adj. ångerfull
repercussion n. återverkan
repetition n. repetition
replace v. ersätta
replacement n. ersättning
replenish v. fylla på
replete adj. fylld
replica n. kopia
reply v. svara
reply n. svar
report v. rapportera
report n. rapport
reporter n. reporter
repose n. vila
repose v. vila sig
repository n. förvaringsplats

represent v. representera
representation n. representation
representative n. representant
representative adj. representativ
repress v. förtränga
repression n. undertryckande
reprimand n. tillrättavisning
reprimand v. tillrättavisa
reprint v. trycka om
reprint n. omtryck
reproach v. förebrå
reproach n. förebråelse
reproduce v. reproducera
reproduce v. återge
reproduction n. fortplantning
reproduction n. kopiering
reproductive adj. reproduktiv
reproof n. förebråelse
reptile n. reptil
republic n. republik
republican adj. republikansk
republican n. republikan
repudiate v. förkasta
repudiation n. förkastande
repugnance n. avsky
repugnant adj. motbjudande
repulse v. slå tillbaka
repulse n. avvisande
repulsion n. motvilja
repulsive adj. motbjudande
reputation n. rykte
repute v. respektera
repute n. anseende
request v. be
request n. begäran
requiem n. själamässa
require v. behöva
requirement n. krav
requisite adj. erforderlig
requisite n. förnödenheter
requisition n. rekvisition
requisition v. rekvirera
requite v. löna
rescue v. rädda
rescue n. räddning
research v. forska

research *n.* forskning
resemblance *n.* likhet
resemble *v.* likna
resent *v.* harmas över
resentment *n.* förbittring
reservation *n.* bokning
reserve *v.* boka
reservoir *n.* reservoar
reside *v.* vistas
residence *n.* bostad
resident *adj.* bosatt
resident *n.* invånare
residual *adj.* resterande
residue *n.* återstod
resign *v.* avgå
resignation *n.* avgång
resist *v.* motstå
resistance *n.* motstånd
resistant *adj.* resistent
resolute *adj.* beslutsam
resolution *n.* upplösning
resolve *v.* lösa
resonance *n.* resonans
resonant *adj.* resonant
resort *v.* rekventera
resort *n.* tillflykt
resound *v.* genljuda
resource *n.* resurs
resourceful *adj.* rådig
respect *v.* respektera
respect *n.* respekt
respectful *adj.* respektfull
respective *adj.* respektive
respiration *n.* andning
respire *v.* andas
resplendent *adj.* glänsande
respond *v.* svara
respondent *n.* svarande
response *n.* svar
responsibility *n.* ansvar
responsible *adj.* ansvarig
rest *v.* vila
rest *n.* resten
restaurant *n.* restaurang
restive *adj.* bångstyrig
restoration *n.* återställande

restoration *n.* restitution
restore *v.* återställa
restore *v.* restaurera
restrain *v.* hålla tillbaka
restrict *v.* begränsa
restriction *n.* begränsning
restrictive *adj.* restriktiv
result *v.* resultera
result *n.* resultat
resume *v.* återuppta
resume *n.* sammanfattning
resumption *n.* återupptagande
resurgence *n.* uppsving
resurgent *adj.* återuppvaknande
retail *v.* sälja i minut
retail *n.* detaljhandel
retail *adv.* styckevis
retail *adj.* detaljhandels-
retailer *n.* återförsäljare
retain *v.* behålla
retaliate *v.* hämnas
retaliation *n.* hämnd
retard *v.* hämma
retardation *n.* fördröjning
retention *n.* behållande
retentive *adj.* kvarhållande
reticence *n.* förtegenhet
reticent *adj.* förtegen
retina *n.* näthinna
retinue *n.* följe
retire *v.* avgå
retirement *n.* pensionering
retort *v.* replikera
retort *n.* replik
retouch *v.* retuschera
retrace *v.* spåra
retread *v.* regummera
retread *n.* regummerat däck
retreat *v.* retirera
retrench *v.* skära ned
retrenchment *n.* nedskärning
retrieve *v.* hämta
retrospect *n.* återblick
retrospection *n.* tillbakablickande
retrospective *adj.* retrospektiv

return v. återvända
return n. avkastning
revel v. frossa
revel n. fest
revelation n. uppenbarelse
reveller n. rumlare
revelry n. festande
revenge v. hämnas
revenge n. hämnd
revengeful adj. hämndlysten
revenue n. inkomst
revere v. vörda
reverence n. vördnad
reverend adj. högvördig
reverent adj. vördnadsfull
reverential adj. vördnadsfull
reverie n. dagdröm
reversal n. omkastning
reverse adj. motsatt
reverse n. motsats
reverse v. backa
reversible adj. vändbar
revert v. återgå
review v. granska
review n. recension
revise v. revidera
revise v. genomse
revision n. revision
revision n. ändring
revival n. väckelse
revive v. återuppliva
revocable adj. återkallelig
revocation n. återkallande
revoke v. återkalla
revolt v. revoltera
revolt n. revolt
revolution n. revolution
revolutionary adj. revolutionerande
revolutionary n. revolutionär
revolve v. rotera
revolver n. revolver
reward n. belöning
reward v. belöna
rhetoric n. retorik
rhetorical adj. retorisk

rheumatic adj. reumatisk
rheumatism n. reumatism
rhinoceros n. noshörning
rhyme n. rim
rhyme v. rimma
rhymester n. rimsmed
rhythm b. rytm
rhythmic adj. rytmisk
rib n. revben
ribbon n. rosett
rice n. ris
rich adj. rik
riches n. rikedom
richness adj. rikedom
rick n. stack
rickets n. engelska sjukan
rickety adj. rankig
rickshaw n. richshaw
rid v. befria
riddle n. gåta
riddle v. sålla
ride v. rida
ride n. ritt
rider n. ryttare
ridge n. ås
ridicule v. förlöjliga
ridicule n. åtlöje
ridiculous adj. löjlig
rifle v. rota
rifle n. gevär
rift n. råk
right adj. höger
right adv rätt
right n. höger
right v. korrigera
righteous adj. rättfärdig
rigid adj. stel
rigorous adj. rigorös
rigour n. stränghet
rim n. fälg
ring n. ring
ring v. ringa
ringlet n. hårlock
ringworm n. revorm
rinse v. skölja
riot n. upplopp

riot v. delta i upplopp
rip v. reva
ripe adj. mogen
ripen v. mogna
ripple n. krusning
ripple v. skvalpa
rise v. stiga
rise n. ökning
risk v. riskera
risk n. risk
risky adj. riskabel
rite n. rit
ritual n. ritual
ritual adj. rituell
rival n. rival
rival v. rivalisera
rivalry n. rivalitet
river n. flod
rivet n. nit
rivet v. nita
rivulet n. liten å
roach n. kackerlacka
road n. väg
roadblock n. vägspärr
roadblock v. spärra vägen
roadhouse n. vägkrog
roadkill n. djurdöd i trafiken
road race n. landsvägslopp
road rage n. ilska bakom ratten
roadrunner n. tuppgök
roadshow n. turné
roadster n. sportbil
roam v. ströva omkring
roar n. ryt
roar v. ryta
roast v. steka
roast adj. stekt
roast n. stek
rob v. råna
robber n. rånare
robbery n. rån
robe n. morgonrock
robe v. kläda
robot n. robot
robust adj. robust
rock v. vagga

rock n. sten
rock-bottom v. nå absoluta botten
rock climber n. stenklättrare
rocker n. gungstol
rocket n. raket
rocketeer n. raketforskare
rocketman n. raketman
rocket scientist n. raketforskare
rockfall n. stenras
rockfish n. stenfisk
rocking adj. gungande
rod n. stav
rodent n. gnagare
roe n. rom
rogue n. skurk
roguery n. skurkaktighet
roguish adj. skälmsk
role n. roll
roll n. rulle
roll v. rulla
roll-call n. namnupprop
roller n. vält
romance n. romans
romantic adj. romantisk
romp v. stoja
romp n. vild lek
rood n. krucifix
roof n. tak
roof v. lägga tak på
rook n. råka
rook n. falskspelare
rook v. svindla
room n. rum
roomy adj. rymlig
roost n. hönshus
roost v. slå sig ner för natten
root n. rot
root v. rota
rope n. rep
rope v. binda med rep
rosary n. radband
rose n. ros
roseate adj. rosenröd
rostrum n. talarstol
rosy adj. rosig
rot n. röta

rot v. ruttna
rotary adj. roterande
rotate v. rotera
rotation n. rotation
rote n. rutinmässig
rouble n. rubel
rough adj. grov
round adj. rund
round adv. runt
round n. runda
round v. runda
rouse v. väcka
rout v. slå på flykten
rout n. vild flykt
route n. rutt
routine n. rutin
routine adj. rutinmässig
rove v. flacka
rover n. vandrare
rover n. fribytare
row n. rad
row v. ro
row n. varv
row v. gräla
row n. länga
rowdy adj. bråkig
royal adj. kunglig
royal adj. statlig
royalist n. rojalist
royalist n. rojalist
royalty n. avgift
royalty n. kunglighet
rub v. gnugga
rubber n. gummi
rubber bullet n. gummikula
rubber duck n. gummianka
rubberneck n. nyfiken person
rubberneck v. vara turist
rubber tree n. gummiträd
rubbing n. gnuggning
rubbish n. skräp
rubble n. spillror
rubblework n. murverk
rubeola n. mässling
rubian n. rubin
rubican adj. rubican

rubicon n. punkt utan återvända
rubify v. göra röd
rubric n. överskrift
rubricate v. indraga
ruby n. rubin
ruck n. veck
ruck v. vecka
rucksack n. ryggsäck
ruckus n. oreda
rudder n. roder
rudderpost n. hjärtstock
ruddy adj. röödblommig
rude adj. oförskämd
rudiment n. rudiment
rudimentary adj. rudimentär
rue v. ångra
rue n. ånger
rueful adj. ynklig
ruffian n. buse
ruffle n. krås
ruffle v. rufsa till
rug n. matta
rugged adj. oländig
ruin n. ruin
ruin v. förstöra
rule n. regel
rule v. styrka
rulebook n. regelbok
rulebound adj. regelbunden
rulebraker n. regelbrytare
rulebreaking n. regelbrytning
ruler n. linjal
ruling n. styrande
rum n. rom
rum adj. underlig
rumble v. mullra
rumble n. dån
ruminant adj. idisslande
ruminant n. idisslare
ruminate v. idissla
rumination n. grubbel
rummage v. leta
rummage n. letande
rummy n. rummy
rumour n. rykte
rumour v. ryktas

run v. springa
run n. sikt
run v. löpa
run n. löpning
runabout n. vagabond
runaway n. rymmare
runback n. runback
runcation n. avkortning
runcible adj. ett nonsensord
rundown n. nedskärning
rune n. runa
rung n. tvärslå
runner n. löpare
runs n. körning
rupee n. rupee
rupture n. bristning
rupture v. brista
rural adj. lantlig
ruse n. knep
rush n. rusning
rush v. rusa
rush n. brådska
rust n. rost
rust v. rosta
rustic adj. rustik
rustic n. lantbo
rusticate v. bo på landet
rustication n. boende på landet
rusticity n. lantlighet
rusty adj. rostig
rut adj. brunstig
rut n. brunst
ruthless adj. hänsynslös
rye n. råg

S

sabbath n. sabbat
sabbatical n. sabbatsår
sabbatical adj. sabbats-
sabotage n. sabotage
sabotage v. sabotera
sabre n. sabel
sabre v. hugga ned
saccharin n. sackarin
saccharine adj. sirapssöt
sack n. säck
sack v. avskeda
sacrament n. sakrament
sacred adj. helig
sacrifice n. offer
sacrifice v. offra
sacrificial adj. offer-
sacrilege n. helgerån
sacrilegious adj. vanhelgande
sacrosanct adj. helig
sad adj. ledsen
sadden v. bedröva
saddle n. sadel
saddle v. sadla
sadism n. sadism
sadist n. sadist
sadness n. sorg
safe adj. säker
safe n. säkerhet
safebox n. kassaskåp
safebraker n. kassaskåpssprängare
safe-conduct n. fri lejd
safecracker n. kassaskåpstjuv
safe-deposit n. kassavalv
safeguard n. skydd
safeguard v. skydda
safe harbour n. säker hamn
safehouse n. säkert hus
safekeeping n. säkert förvar
safely adv. säkert
safety n. säkerhet
saffron n. saffran
saffron adj. saffransgult
sag n. fördjupning
sag v. svikta
saga n. saga
sagacious adj. klok
sagacity n. klokhet
sage n. salvia
sage adj. vis
sagebush n. salviabuske
sage-green n. salviagrön
sageness n. erfarenhet
saggy adj. foglig

sagittary *n.* kentaur
sahib *n.* herre
sail *n.* segel
sail *v.* segla
sailboard *n.* vindsurfingbräda
sailboard *v.* vindsurfa
sailboarder *n.* vindsurfare
sailboat *n.* segelbåt
sailboater *n.* en som seglar segelbåten
sailboating *n.* segling
sailcraft *n.* segelbåts
sailing *adj.* segel-
sailing *n.* segling
sailor *n.* sjöman
saint *n.* helgon
saintly *adj.* helig
sake *n.* skull
salable *adj.* säljbar
salad *n.* sallad
salamander *n.* salamander
salamander *v.* använda en eldgaffel
salary *n.* lön
sale *n.* försäljning
salebrosity *n.* grovhet
salesforce *v.* säljpersonal
salesman *n.* försäljare
salient *adj.* framträdande
saline *adj.* salthaltig
salinity *n.* salthalt
saliva *n.* saliv
sally *n.* utfall
sally *v.* göra utfall
saloon *n.* salong
salt *n.* salt
salt *v.* salta
salty *adj.* salt
salutary *adj.* välgörande
salutation *n.* hälsning
salute *v.* hälsa
salute *n.* honnör
salvage *n.* räddning
salvage *v.* rädda
salvation *n.* frälsning
samaritan *n.* samarit

samba *n.* samba
samba *v.* dansa samba
sambuca *n.* sambuca
same *adj.* lika
samely *adv.* samma
samite *n.* samitum
samovar *n.* samovar
sample *n.* prov
sample *v.* ta prov av
sampler *n.* provtagare
sampling *n.* provtagning
samsonite *n.* samsonite
samurai *n.* samuraj
sanability *n.* förutsägbar
sanatorium *n.* sanatorium
sanctification *n.* helgelse
sanctify *v.* helga
sanction *n.* sanktion
sanction *v.* sanktionera
sanctity *n.* helighet
sanctuary *n.* fristad
sand *n.* sand
sand *adj.* sandig
sand *v.* sanda
sandal *n.* sandal
sandalwood *n.* sandelträ
sandbank *n.* sandbank
sandbell *n.* sandbell
sandboard *n.* sandboard
sandboard *v.* åka sandboard
sandbox *n.* sandlåda
sandcastle *n.* sandslott
sandfish *n.* sandfisk
sandglass *n.* timglas
sandhill *n.* sandkulle
sandpaper *n.* sandpapper
sandpaper *v.* sandpappra
sandscape *n.* landskap av sand
sandstorm *n.* sandstorm
sandwich *n.* smörgås
sandwich *v.* varva
sandy *adj.* sandig
sane *adj.* förnuftig
sanely *adv.* förnuftigt
sanguine *adj.* sangvinisk
sanitary *adj.* sanitär

sanity *n.* förnuft
sap *n.* sav
sap *v.* underminera
sap *n.* saft
sap *v.* tappa
sapidity *n.* smaklighet
sapience *n.* förnumstighet
sapiens *n.* sapiens
sapient *adj.* vis
sapling *n.* ungt träd
sapphire *n.* safir
sarcasm *n.* sarkasm
sarcastic *adj.* sarkastisk
sardonic *adj.* hånfull
satan *n.* satan
satanic *adj.* satanisk
satanically *adv.* sataniskt
satchel *n.* skolväska
satellite *n.* satellit
satiable *adj.* mättbar
satiate *v.* mätta
satiety *n.* mättnad
satin *n.* satin
satin *adj.* satinliknande
satire *n.* satir
satirical *adj.* satirisk
satirist *n.* satiriker
satirize *v.* satirisera
satisfaction *n.* tillfredsställelse
satisfactory *adj.* tillfredsställande
satisfy *v.* uppfylla
saturate *v.* mätta
saturation *n.* mättnad
Saturday *n.* Lördag
sauce *n.* sås
sauce *v.* käfta emot
saucer *n.* tefat
saucy *adj.* uppkäftig
sauna *n.* bastu
sauna *v.* basta
saunter *v.* flanera
saunter *n.* promenad
saunterer *n.* flanerare
sausage *n.* korv
saute *v.* sautera

savable *adj.* räddas
savage *adj.* vild
savage *n.* vilde
savage *v.* anfalla
savagely *adv.* brutalt
savagery *n.* barbari
savant *n.* lärd
save *v.* spara
save *v.* rädda
save *prep.* utom
saviour *n.* räddare
savour *n.* smak
savour *v.* njuta av
savour *n.* arom
savour *v.* avnjuta
savour *v.* smaka på
saw *n.* såg
saw *v.* såga
saw *n.* ordstäv
sawbench *n.* sågbänk
sawbill *n.* gravansdrake
sawbones *n.* bensågare
sawbuck *n.* sågbock
sawdust *n.* sågspån
sawfish *n.* sågfisk
sawgrass *n.* såggräs
sawhorse *n.* sågbock
sawmill *n.* sågverk
sawn *n.* sågat
sawpit *n.* såg-grop
sawtooth *n.* sågtand
sawyer *n.* sågare
saxophone *n.* saxofon
saxophonist *n.* saxofonist
say *v.* säga
say *n.* ord
say *v.* yttra
say *n.* talan
say *adv.* ordet
scab *n.* sårskorpa
scab *v.* bilda sårskorpa
scabbard *n.* skida
scabies *n.* skabb
scaffold *n.* schavott
scale *n.* skala
scale *v.* bestiga

scale n. fjäll
scale v. rita i skala
scale n. våg
scale v. väga
scalp n. huvudsvål
scamper v. rusa
scamper n. skena
scan v. skanna
scan n. undersökning
scandal n. skandal
scandalize v. skandalisera
scandalous adj. skandalös
scandalously adv. skandalöst
scant v. snåla på
scant n. ark av sten
scant adj. ringa
scanty adj. knapphändig
scape n. stängel
scape v. rymma
scapegoat v. vara syndabock
scapegoat n. syndabock
scapeless adj. klumpig
scapula n. skulderblad
scapular n. skulderblads
scapular adj. skulderblads-
scar n. ärr
scar v. bilda ärr
scarab n. skarabe
scarce adj. knapp
scarcely adv. knappt
scarcity n. brist
scare n. skräck
scare v. skrämma
scarf n. halsduk
scatter v. sprida ut
scatterbrain n. virrhöna
scatterbrained adj. virrig
scattered adj. spridd
scattergun n. pistol
scatteringly adv. utpsritt
scattery adj. spridning
scatty adj. knasig
scavenge v. söka fram
scavenger n. asätare
scenario n. scenario
scenarist n. scenarioförfattare

scene v. göra en scen
scene n. scen
scenery n. landskap
scenic adj. naturskön
scent n. doft
scent v. vädra
scent v. parfumera
sceptic n. skeptiker
sceptical adj. skeptisk
scepticism n. skepticism
sceptre n. spira
schedule n. schema
schedule v. schemalägga
schematic n. schematisk
schematic adj. schematisk
schematically adv. schematiskt
schematist n. schematist
scheme n. schema
scheme v. planera
schemer n. planerare
schism n. schism
schyzophrenia n. schizofreni
schyzophreniac adj. schizofren
schyzophreniac n. schizofreni
scholar n. forskare
scholarly adj. vetenskaplig
scholarship n. stipendium
scholarship n. lärdom
scholastic adj. undervisnings-
school n. skola
school v. skola
schoolfekkow n. skolkamrat
schoolhouse n. skolbyggnad
schoolmaster n. skollärare
schoolmate n. skolkamrat
schoolteacher n. lärare
schooner n. skonare
schollyard n. skolgård
sciatic adj. ischias-
sciatica n. ischias
science n. vetenskap
scientific adj. vetenskaplig
scientist n. forskare
scintillate v. gnistra
scintillation n. gnistrande
scissors n. sax

scoff n. hån
scoff v. sluka
scold v. skälla
scooter n. skoter
scope n. omfattning
scorch v. bränna
scorch n. brännskada
score n. poäng
score v. göra mål
scoreboard n. resultattavla
scorebook n. resultatbok
scorebox n. poänglåda
scorecard n. program
scorekeeper n. en som räknar poäng
scorekeeping n. att räkna poäng
scorepad n. poängblock
scorer n. poänggörare
scorn n. förakt
scorn v. förakta
scorpion n. skorpion
Scot n. skotte
scot n. andel
scotch adj. skotsk
scotch n. skotsk whisky
scot-free adj. ostraffad
scoundrel n. skurk
scourge n. gissel
scourge v. gissla
scourge n. piska
scourge v. piska
scout n. scout
scout v. spana
scowl v. se bister ut
scowl n. bister uppsyn
scragg n. nacke
scragg v. nacka
scragged adj. nackad
scraggy adj. mager
scramble v. förvränga
scramble n. rusning
scrambled adj. förvrängd
scambling n. krypteringskod
scrap v. skrota
scrap n. skrot
scrape n. skrapa

scrape v. skrapa
scrapbook n. klippbok
scraper n. skrapa
scratch n. repa
scratch v. repa
scratch adj. improviserad
scratchboard n. scraperboard
scratchbush n. repoborste
scratched adj. repig
scratchpad n. anteckningsblock
scratchy adj. knaster
scrawl v. klottra
scrawl n. klotter
scream v. skrika
scream n. skrik
screen n. skärm
screen v. undersöka
screenable adj. sållningsbar
screencast n. screencast
screendoor n. skärmdörr
screen name n. skärmnamn
screenprint n. skärmdump
screensaver n. skärmsläckare
screenshot n. skärmbild
screenwork n. skärmarbete
screw n. skruv
screw v. skruva
scribble v. klottra
scribble n. klotter
script n. manus
scripture n. skriften
scroll n. skriftrulle
scrooge n. girigbuk
scrotum n. scrotum
scrub n. buske
scrub v. skrubba
scrub adj. förkrympt
scrubby adj. risig
scruff n. nackskinn
scruff v. ta i nackskinnet
scruffiness n. sjaskighet
scrumble n. klättring
scrump v. stjäla frukt
scrumptious adj. läcker
scruple n. skrupel
scruple v. ha skrupler

scrupleless *adj.* utan skrupler
scrupulous *adj.* noga
scrupulously *adv.* noggrant
scrutinize *v.* syna
scrutiny *n.* granskning
scuffle *n.* handgemäng
scuffle *v.* knuffas
sculpt *v.* skulptera
sculptor *n.* skulptör
sculptural *adj.* skulptural
sculpture *n.* skulptur
sculpture *n.* bildhuggarkonst
sculpturist *n.* skulpturist
scum *n.* avskum
scum *v.* skumma
scumbag *n.* drägg
scurry *v.* springa
scuttle *n.* kilande
scuttle *v.* rusa
scutllebutt *n.* skvaller
scythe *n.* lie
scythe *v.* slå med lie
sea *n.* hav
seabase *n.* havsbas
seabeach *n.* havsstrand
seabird *n.* sjöfågel
seaboat *n.* havsbåt
seaborn *adj.* sjöburen
seacliff *n.* havsklippa
seadog *n.* sjöbjörn
seafarer *n.* sjöfarare
seafloor *n.* havsbotten
seafoam *n.* havsskum
seafood *n.* skaldjur
seagull *n.* fiskmås
seajack *n.* Ett olagligt beslag på ett fartyg
seajack *v.* ta beslag på fartyg olagligt
seajacker *n.* en som tar beslag på fartyg olagligt
sealjacking *n.* olagligt fartygsbeslag
seak *n.* tvål för fräsduk
seakeeping *n.* sjöegenskaper
seal *n.* säl

seal *n.* sigill
seal *v.* täta
sealab *n.* förseglingsbart
sealability *n.* förseglingsbarhet
sealant *n.* tätningsmedel
sealed *adj.* sluten
sealion *n.* sjölejon
sealskin *n.* sälskinn
seam *n.* söm
seam *v.* sy ihop
seamy *adj.* eländig
sear *n.* brynt
sear *v.* bryna
search *n.* sök
search *v.* söka
searchability *n.* sökbarhet
searching *n.* letande
searching *adj.* sökande
searchlight *n.* sökarljus
search warrant *n.* husrannsakningsorder
seared *adj.* brynt
seashore *n.* havsstrand
season *n.* säsong
season *v.* krydda
seasonable *adj.* läglig
seasonal *adj.* säsong-
seat *n.* sittplats
seat *v.* placera
secede *v.* utträda
secession *n.* utträde
secessionist *n.* utbrytare
seclude *v.* isolera
secluded *adj.* isolerad
seclusion *n.* isolering
second *adj.* andra
second *n.* sekund
second *v.* understödja
secondary *adj.* sekundär
seconder *n.* instämmare
secrecy *n.* sekretess
secret *adj.* hemlig
secret *n.* hemlighet
secretariat (e) *n.* sekretariat
secretary *n.* sekreterare
secrete *v.* utsöndra

secretion n. utsöndring
secretive adj. hemlighetsfull
sect n. sekt
sectarian adj. sekteristisk
section n. sektion
sector n. sektor
secure adj. säker
secure v. säkra
security n. säkerhet
sedan n. sedan
sedate adj. stillsam
sedate v. ge lugnande medel
sedative adj. lugnande
sedative n. lugnande medel
sedentary adj. stillasittande
sediment n. sediment
sedition n. upproriskhet
seditious adj. uppviglande
seduce v. förföra
seduction n. förförelse
seductive adj. förförisk
see v. se
seed n. frö
seed v. beså
seek v. söka
seem v. verka
seemly adj. passande
seep v. läcka
seer n. siare
seethe v. koka
segment n. segment
segment v. segmentera
segregate v. segregera
segregation n. segregation
seismic adj. seismisk
seimicity n. seismicitet
seismogram n. seismogram
seismograph n. seismograf
seismography n. seismografi
seismologist n. seismologist
seismology n. seismologi
seismoscope n. seismoskop
seize v. beslagta
seizure n. beslag
seldom adv. sällan
select v. välja

select adj. utvald
selection n. urval
selective adj. selektiv
self n. jag
self-abuse n. självbefläckelse
self-appointed adj. självutnämnd
self-centered adj. självupptagen
self-confident adj. självsäker
self-conscious adj. självmedveten
self-control n. självkontroll
self-destruct v. självförstörelse
self-doubt n. självtvivel
selfie n. selfie
selfish adj. självisk
selfless adj. osjälvisk
sell v. sälja
seller n. säljare
semblance n. sken
semen n. sädesvätska
semester n. termin
semiamusing adj. delvis underhållande
semiautomatic adj. halvautomatisk
semicircle n. halvcirkel
semiconductor n. halvledare
semi-finalist n. semi-finalist
semi-formal adj. semi-formell
seminal adj. nyskapande
seminar n. seminarium
senate n. senat
senator n. senator
senatorial adj. senats-
send v. skicka
senile adj. senil
senility n. senilitet
senior adj. äldre
senior n. senior
seniority n. anciennitet
sensation n. sensation
sensational adj. sensationell
sense n. känsla
sense v. uppfatta
senseless adj. meningslös
sensibility n. känslighet
sensible adj. förnuftig

sensitive *adj.* känslig
sensitivity *n.* känslighet
sensual *adj.* sensuell
sensualist *n.* sensualist
sensuality *n.* sensualitet
sensuous *adj.* sinnlig
sentence *n.* mening
sentence *n.* dom
sentence *v.* döma
sentience *n.* medvetenhet
sentient *adj.* kännande
sentiment *n.* känsla
sentimental *adj.* semtimental
sentimental *adj.* känslosam
sentinel *n.* vakt
sentry *n.* vakt
separable *adj.* skiljbar
separate *v.* åtskilja
separate *adj.* separat
separation *n.* separation
sepsis *n.* blogförgiftning
September *n.* September
septic *adj.* septisk
sepulchre *n.* grav
sepulture *n.* begravning
sequel *n.* fortsättning
sequence *n.* sekvens
sequester *v.* avskilja
serene *adj.* lugn
serendipitous *adj.* slumpartat
serendipity *n.* ödets lyckokast
serenity *n.* lugn
serf *n.* livegen
serge *n.* sarstyg
sergeant *n.* sergeant
serial *adj.* serie-
serial *n.* serie
series *n.* serier
serious *adj.* seriös
sermon *n.* predikan
sermonize *v.* hålla straffpredikan
serpent *n.* orm
serpentine *n.* serpentin
servant *n.* tjänare
serve *v.* tjäna
serve *n.* serve

service *n.* service
service *v.* serva
serviceable *adj.* funktionsduglig
servile *adj.* servil
servility *n.* underdånighet
servitude *n.* träldom
sesame *n.* sesam
sesamin *n.* sesamin
session *n.* session
sessional *n.* sessionerna
sessional *adj.* sessions-
sessionless *adj.* sessionslös
set *v.* ställa
set *adj.* stel
set *n.* uppsättning
setback *n.* motgång
setlist *n.* låtlista
settee *n.* soffa
settle *v.* bosätta sig
settle *v.* lösa
settlement *n.* bosättning
settlement *n.* lösning
settler *n.* nybyggare
seven *n.* sju
seven *adj.* sju
seventeen *n., a* sjutton
seventeenth *adj.* sjuttonde
seventh *adj.* sjunde
seventieth *adj.* sjuttionde
seventy *n., a* sjuttio
sever *v.* kapa
several *adj.* flera
severance *n.* avskiljande
severe *adj.* svår
severity *n.* stränghet
sew *v.* sy
sewage *n.* avlopp
sewer *n.* avlopp
sewer *n.* kloak
sewerage *n.* avloppsnät
sex *v.* besluta kön
sex *n.* sex
sexily *adv.* sexigt
sexual *adj.* sexuell
sexuality *n.* sexualitet
sexy *adj.* sexig

shabby *adj.* sjaskig
shack *n.* hydda
shack *v.* flytta ihop
shackle *n.* schackel
shackle *v.* fjättra
shade *n.* skugga
shade *v.* skugga
shadow *n.* skugga
shadow *v.* skugga
shadowy *adj.* skuggig
shaft *n.* skaft
shake *v.* skaka
shake *n.* skakning
shaky *adj.* skakig
shallow *adj.* ytlig
sham *v.* hyckla
sham *n.* bluff
sham *n.* hyckleri
sham *adj.* falsk
shaman *n.* schaman
shamble *v.* lufsa
shambles *n.* förödelse
shambolic *adj.* kaotisk
shame *n.* skam
shame *v.* skämma ut
shameful *adj.* skamlig
shameless *adj.* skamlös
shampoo *n.* schampo
shampoo *v.* schamponera
shanty *adj.* nonchalant
shape *n.* form
shape *v.* forma
shapely *adj.* välväxt
shapeshift *v.* shapeshift
shapeshifter *n.* shapeshifter
shapeup *n.* ommöblering
shard *n* skärva
shard *v.* göra skärvor
share *v.* dela
share *v.* berätta
share *n.* aktie
share *n.* andel
sharebeam *n.* del på en plog
sharebroker *n.* aktiemäklare
sharecrop *n.* kollektivt jordbruk
shareholder *n.* aktieägare

shareholding *adj.* aktieinnehav
shareholding *n.* aktieinnehav
sharemarket *n.* aktiemarknad
shark *n.* haj
sharp *adj.* skarp
sharp *adj.* vass
sharp *adj.* skärpt
sharp *adv.* prick
sharp *adv.* för högt
sharpen *v.* skärpa
sharpener *n.* pennvässare
sharper *n.* falskspelare
shatter *v.* splittras
shave *v.* raka sig
shave *n.* rakning
shavling *n.* rakning
shaven *adj.* renrakad
shavings *n.* hyvelspån
shawarma *n.* shawarma
shawl *n.* sjal
she *pron.* hon
sheaf *n.* kärve
shear *v.* klippa
shears *n. pl.* sax
shearwall *n.* Skjuvvägg
sheat *n.* mal
sheath *n.* hölje
sheath *v.* sätta på kondom
sheathe *v.* skyla
sheading *n.* district på Isle of Man
shed *v.* sprida
shed *n.* skjul
sheep *n.* får
sheepish *adj.* fåraktig
sheer *adj.* ren
sheet *n.* ark
sheet *n.* plåt
sheet *v.* svepa in
shelf *n.* hylla
shell *n.* skal
shell *n.* snäcka
shell *v.* beskjuta
shelter *n.* skydd
shelter *v.* skydda
shelve *v.* lägga på hyllan

shepherd n. fåraherde
shide n. planka
shield n. sköld
shield v. skydda
shift v. flytta
shift n. skift
shifty adj. lömsk
shilling n. shilling
shilly-shally v. vela
shilly-shally n. velande
shin n. skenben
shine v. glänsa
shine n. glans
shiny adj. skinande
ship n. fartyg
ship v. skeppa
shipboard n. ombord
shipboard adj. ombord
shipborne adj. fartygsburen
shipbuilder n. skeppsbyggare
shiplap n. träbräda som kan överlappas
shipload n. båtlast
shipmaster n. sjökapten
shipmate n. skeppskamrat
shipment n. sädning
shipowner n. skeppsredare
shipped adj. skickad
shipping n. frakt
shipshape adj. välordnad
shipwreck n. skeppsvrak
shipwreck v. lida skeppsbrott
shipyard n. skeppsvarv
shire n. fylke
shirk v. undandra sig
shirker n. smitare
shirt n. skjorta
shive n. spett
shiver v. darra
shoal n. stim
shoal n. massa
shock n. chock
shock v. chocka
shoe n. sko
shoe v. sko
shoot v. skjuta

shoot v. fotografera
shoot v. filma
shoot v. spela
shoot n. skott
shoot n. jakt
shop n. affär
shop v. shoppa
shopaholic n. shopaholic
shpaholism n. shopaholism
shopbook n. shopbook
shopfloor n. verkstadsgolv
shopfront n. skyltfönster
shopkeep n. bodknodd
shopkeeper n. affärsinnehavare
shoplift v. snatta
shoplifter n. snattare
shopowner n. butiksägare
shore n. kust
shore v. stötta
shorefront n. magasin
shoreline n. kustlinje
shoreward adj. mot land
shoreward adv. mot land
shoreweed n. strandpryl
short n. kort vokal
short adj. kort
short adv. plötsligt
shortbread n. mörbakelse
shortcake n. mördegskaka
shortcoming n. brist
shorten v. förkorta
shortening n. förkortning
shortfall n. underskott
shorthand n. stenografi
shortish adj. ganska kort
shortlist v. nominera
shortlisted adj. nominerad
shortly adv. kort
shorts n. pl. shorts
shot n. skott
shot adj. vattrad
shot int. strimmig
shotgun n. hagelgevär
shotproof adj. skottsäker
shottie n. hagelgevär
should v. borde

shoulder *n.* axel
shoulder *v.* knuffa
shout *n.* rop
shout *v.* ropa
shove *v.* knuffa
shove *n.* knuff
shovel *n.* skyffel
shovel *v.* skyffla
show *v.* visa
show *n.* show
shower *n.* dusch
shower *v.* duscha
showerhead *n.* duschmunstycke
showerless *adj.* utan dusch
showerproof *adj.* vattentålig
showery *adj.* regnig
showoff *n.* skrytmåns
showpiece *n.* mönsterexempel
showstopper *n.* showstopper
showup *n.* framträda
shapnel *n.* splitter
shred *n.* remsa
shred *v.* strimla
shreder *n.* dokumentförstörare
shrew *n.* argbigga
shrew *n.* näbbmus
shrewd *adj.* slug
shriek *n.* skrik
shriek *v.* skrika
shrill *adj.* gäll
shrine *n.* helgedom
shrink *v.* minska
shrinkage *n.* krympning
shroud *n.* hölje
shroud *v.* svepa
shrub *n.* buske
shrug *v.* rycka på axlarna
shrug *n.* axelryckning
shudder *v.* rysa
shudder *n.* rysning
shuffle *v.* blanda
shuffle *v.* skyffla
shuffle *n.* hasande
shuffle *n.* ombildning
shun *v.* sky
shunt *v.* flytta

shut *v.* stänga
shutter *n.* slutare
shuttle *n.* pendelbuss
shuttle *v.* skyttla
shuttlecock *n.* fjäderboll
shy *n.* kas
shy *v.* skygga
siamese *adj.* siames
sibilant *adj.* väsande
sibilate *v.* vissla
sibilating *n.* vissling
sich *n.* sich
sick *adj.* sjuk
sickbag *n.* spypåse
sickbay *n.* läkarmottagning
sickbed *n.* sjukbädd
sicken *v.* insjukna
sickened *adj.* äcklas
sickle *n.* skära
sickly *adj.* sjuklig
sickness *n.* sjukdom
side *n.* sida
side *v.* välja sida
sidearm *n.* höftvapen
sidearm *v.* kasta boll med armen parallellt med marken
sidearm *adj.* armen parallelt med marken
sideband *n.* sidoband
sidebar *n.* sidofält
sideboard *n.* skänk
sidebox *n.* sidologe
sideburn *n.* polisong
sideburns *n.* polisonger
sidecar *n.* sidovagn
sideline *n.* sidolinje
sideline *v.* ta ur spel
sidereal *adj.* siderisk
sidesaddle *n.* damsadel
sidesaddle *adv.* rida damsadel
sideshow *n.* bisak
sidestream *n.* destillering
sidestroke *n.* crawl
sidetrack *n.* sidospår
sidetrack *v.* växla in på ett sidospår

sidewalk *n.* trottoar
sidewall *n.* sidovägg
sideway *n.* trottoar
sideway *adj.* sido-
sideway *adv.* sned
sidewind *n.* sidovind
siege *n.* belägring
siege *v.* belägra
siesta *n.* siesta
sieve *n.* sikt
sieve *v.* sikta
sift *v.* sålla
sigh *n.* suck
sigh *v.* sucka
sight *n.* sikt
sight *v.* sikta
sightly *adj.* vacker
sign *n.* tecken
sign *v.* underteckna
signal *n.* signal
signal *adj.* märklig
signal *v.* signalera
signatory *n.* tecknare
signature *n.* signatur
significance *n.* signifikans
significant *adj.* signifikant
signification *n.* signifikation
signify *v.* betyda
silence *n.* tystnad
silence *v.* tysta
silencer *n.* ljuddämpare
silent *adj.* tyst
silhouette *n.* silhuett
silica *n.* kiseldioxid
silicene *n.* ett monoskikt av kiselatomer
silicon *n.* silikon
silk *n.* silke
silken *adj.* sidenlen
silky *adj.* silkig
silly *adj.* dum
silt *n.* slam
silt *v.* slamma igen
silver *n.* silver
silver *adj.* silver-
silver *v.* försilvra

similar *adj.* liknande
similarity *n.* likhet
simile *n.* liknelse
similitude *n.* likhet
simmer *v.* sjuda
simmer *v.* småkoka
simple *adj.* enkel
simpleton *n.* dumbom
simplicity *n.* enkelhet
simplification *n.* förenkling
simplify *v.* förenkla
simultaneous *adj.* samtidig
sin *n.* synd
sin *v.* synda
since *prep.* sedan
since *conj.* eftersom
since *adv.* sen
sincere *adj.* sedan
sincerity *n.* uppriktighet
sinful *adj.* syndig
sing *v.* sjunga
singe *v.* sveda
singe *n.* brännskada
singer *n.* sångare
single *adj.* enda
single *adj.* enstaka
single *adj.* ensamstående
single *n.* enkel
single *n.* ogift
single *n.* singelmatch
single *v.* vara singel
singular *adj.* enastående
singularity *n.* säregenhet
singularly *adv.* ovanligt
sinister *adj.* olycksbådande
sink *v.* sjunka
sink *n.* diskbänk
sinner *n.* syndare
sinuous *adj.* buktig
sip *v.* smutta
sip *n.* smutt
sir *n.* herr
siren *n.* siren
sister *n.* syster
sisterhood *n.* systerskap
sisterly *adj.* systerlig

sit v. sitta	slam n. smäll
site n. webbplats	slander n. förtal
situation n. situation	slander v. förtala
six n., a sex	slanderous adj. kränkande
sixteen n., adj. sexton	slang n. slang
sixteenth adj. sextonde	slant v. luta
sixth adj. sjätte	slant n. vinkling
sixtieth adj. sextionde	slap n. slag
sixty n., adj. sextio	slap v. smälla
sizable adj. anselig	slash v. sabla ner
size n. storlek	slash n. snedstreck
size v. ordna efter storlek	slate n. skiffer
sizzle v. vara kokhet	slattern n. slampa
sizzle n. fräsande	slatternly adj. slarvig
skate n. skridsko	slaughter n. slakt
skate v. åka skridskor	slaughter v. slakta
skein n. härva	slave n. slav
skeleton n. skelett	slave v. slava
sketch n. skiss	slavery n. slaveri
sketch v. skissera	slavish adj. slavisk
sketchy adj. luddigt	slay v. dräpa
skid v. sladda	sleek adj. elegant
skid n. sladd	sleep v. sova
skilful adj. skicklig	sleep n. sömn
skill n. skicklighet	sleeper n. sovvagn
skin n. hud	sleepy adj. sömnig
skin v. flå	sleeve n. ärm
skip v. hoppa	sleight n. släde
skip v. skippa	slender n. smal
skip n. hopp	slice n. skiva
skip n. skutt	slice v. skiva
skipper n. skeppare	slick adj. smart
skirmish n. skärmytsling	slide v. glida
skirmish v. drabba samman	slide n. rutschkana
skirt n. kjol	slight adj. lätt
skirt v. kringgå	slight n. ringaktning
skit n. sketch	slight v. ringakta
skull n. skalle	slim adj. smal
sky n. himmel	slim v. magra
sky v. gå rakt upp	slime n. slem
slab n. skiva	slimy adj. slemmig
slack adj. slak	sling n. slunga
slacken v. slakna	sling n. bindel
slacks n. byxor	slip v. glida
slake v. släcka törst	slip n. glidning
slam v. smälla	slipper n. toffel

slippery *adj.* hal
slipshod *adj.* slarviga
slit *n.* slits
slit *v.* skära
slogan *n.* slogan
slope *n.* sluttning
slope *v.* slutta
sloth *n.* sengångare
slothful *n.* lättjefull
slough *n.* träsk
slough *n.* gyttja
slough *v.* ömsa skinn
slovenly *adj.* slarvig
slow *adj.* långsam
slow *v.* sakta
slowly *adv.* långsamt
slowness *n.* tröghet
sluggard *n.* slöfock
sluggish *adj.* trög
sluice *n.* sluss
slum *n.* slum
slumber *v.* slumra
slumber *n.* slummer
slump *n.* slump
slump *v.* slumpa
slur *n.* sludder
slush *n.* slask
slushy *adj.* slaskig
slut *n.* slampa
sly *adj.* slug
smack *n.* dask
smack *v.* smiska
smack *n.* smisk
smack *v.* smacka
small *adj.* liten
small *n.* den smala delen på ryggen
smallness *adv.* litenhet
smallpox *n.* smittkoppor
smart *adj.* smart
smart *adj.* skarp
smart *v.* svida
smart *n.* smärta
smash *v.* krossa
smash *n.* krasch
smear *v.* smeta

smear *n.* fläck
smell *n.* lukt
smell *v.* lukta
smelt *v.* smälta
smile *n.* leende
smile *v.* le
smith *n.* smed
smock *n.* skyddsrock
smog *n.* rökblandad dimma
smoke *n.* rök
smoke *v.* röka
smoky *adj.* rökig
smooth *adj.* slät
smooth *v.* jämna
smother *v.* kväva
smoulder *v.* glöda
smug *adj.* självbelåten
smuggle *v.* smuggla
smuggler *n.* smugglare
snack *n.* mellanmål
snag *n.* ögla
snail *n.* snigel
snake *n.* orm
snake *v.* slingra sig
snap *v.* knäppa
snap *n.* knäpp
snap *adj.* förhastad
snare *n.* snara
snare *v.* snärja
snarl *n.* morrande
snarl *v.* morra
snatch *v.* rycka till sig
snatch *n.* ryck
sneak *v.* smyga
sneak *n.* smyg
sneer *v.* håna
sneer *n.* hånleende
sneeze *v.* nysa
sneeze *n.* nysning
sniff *v.* sniffa
sniff *n.* svag doft
snob *n.* snobb
snobbery *n.* snobberi
snobbish *v.* snobbig
snore *v.* snarka
snore *n.* snarkning

snort v. fnysa
snort n. fnysning
snout n. tryne
snow n. snö
snow v. snöa
snowy adj. snöig
snub v. nonchalera
snub n. förolämpning
snub adj. en motbjudande-
snuff n. snus
snug n. ostört bås
so adv. så
so conj. därför
soak v. blöta
soak n. blötläggning
soap n. tvål
soap v. tvåla in
soapy adj. tvålig
soar v. sväva
sob v. snyfta
sob n. snyftning
sober adj. nykter
sobriety n. nykterhet
sociability n. sällskaplighet
sociable adj. sällskaplig
social n. social
socialism n. socialism
socialist n,a socialist
society n. samhälle
sociology n. sociologi
sock n. strumpa
socket n. uttag
sod n. grästorv
sodomite n. sodomit
sodomy n. sodomi
sofa n. soffa
soft n. mjuk
soften v. mjukna
soil n. jord
soil v. smutsa
sojourn v. vistas
sojourn n. vistelse
solace v. trösta
solace n. tröst
solar adj. sol-
solder n. lod

solder v. löda
soldier n. soldat
soldier v. vara soldat
sole n. tunga
sole n. sula
sole v. sula
sole adj. ensam
solemn adj. högtidlig
solemnity n. högtidlighet
solemnize v. högtidlighålla
solicit v. värva
solicitation n. värvning
solicitor n. advokat
solicitous adj. angelägen
solicitude n. omtanke
solid adj. fast
solid n. fast kropp
solidarity n. solidaritet
soliloquy n. monolog
solitary adj. enslig
solitude n. ensamhet
solo n. solo
solo adj. solo-
solo adv. solo
soloist n. solist
solubility n. löslighet
soluble adj. löslig
solution n. lösning
solution n. upplösning
solve v. lösa
solvency n. solvens
solvency n. betalningsförmåga
solvent adj. vederhäftig
solvent n. lösningsmedel
sombre adj. dyster
some adj. mörk
some pron. några
somebody pron. någon
somebody n. något
somehow adv. på något sätt
someone pron. någon
somersault n. kullerbytta
somersault v. slå en kullerbytta
something pron. någonting
something adv. något
sometime adv. ibland

sometimes *adv.* emellanåt
somewhat *adv.* något
somewhere *adv.* någonstans
somnambulism *n.* somnambulism
somnambulist *n.* sömngångare
somnolence *n.* sömnighet
somnolent *n.* sömnig
son *n.* son
song *n.* sång
songster *n.* sångare
sonic *adj.* sonisk
sonnet *n.* sonett
sonority *n.* klang
soon *adv.* snart
soot *n.* sot
soot *v.* sota ned
soothe *v.* lugna
sophism *n.* sofism
sophist *n.* sofist
sophisticate *v.* sofistikera
sophisticated *adj.* sofistikerad
sophistication *n.* sofistik
sorcerer *n.* trollkarl
sorcery *n.* trolldom
sordid *adj.* smutsig
sore *adj.* öm
sore *n.* sår
sorrow *n.* sorg
sorrow *v.* sörja
sorry *adj.* ledsen
sort *n.* typ
sort *v.* sortera
soul *n.* själ
sound *adj.* sund
sound *v.* låta
sound *n.* ljud
soup *n.* soppa
sour *adj.* sur
sour *v.* komma att surna
source *n.* källa
south *n.* söder
south *adj.* sydlig
south *adv.* söderut
southerly *adj.* sydlig
southern *adj.* sydländsk

souvenir *n.* souvenir
sovereign *n.* suverän
sovereign *adj.* suverän
sovereignty *n.* suveränitet
sow *v.* beså
sow *n.* sugga
space *n.* rymden
space *v.* placera med avstånd emellan
spacious *adj.* rymlig
spade *n.* spade
spade *v.* gräva
span *n.* spann
span *v.* spänna
Spaniard *n.* Spanjor
spaniel *n.* spaniel
Spanish *adj.* Spansk
Spanish *n.* Spanska
spanner *n.* skruvnyckel
spare *v.* skona
spare *adj.* extra-
spare *n.* reservdel
spark *n.* gnisa
spark *v.* gnistra
sparkle *v.* tindra
sparkle *n.* gnistande
sparrow *n.* sparv
sparse *adj.* gles
spasm *n.* spasm
spasmodic *adj.* krampaktig
spate *n.* ström
spatial *adj.* rumslig
spawn *n.* rom
spawn *v.* lägga rom
speak *v.* tala
speaker *n.* talare
spear *n.* spjut
spear *v.* genomborra
spearhead *n.* spjutspets
spearhead *v.* gå i spetsen
special *adj.* speciell
specialist *n.* specialist
speciality *n.* specialitet
specialization *n.* specialisering
specialize *v.* specialisera
species *n.* arter

specific *adj.* specifik
specification *n.* specifikation
specify *v.* specificera
specimen *n.* prov
speck *n.* prick
spectacle *n.* spektakel
spectacular *adj.* spektakulär
spectator *n.* åskådare
spectre *n.* spöke
speculate *v.* spekulera
speculation *n.* spekulation
speech *n.* tal
speed *n.* fart
speed *v.* rusa
speedily *adv.* snabbt
speedy *adj.* snabb
spell *n.* förtrollning
spell *v.* stava
spell *n.* trollformel
spend *v.* spendera
spend *v.* använda
spendthrift *n.* slösare
sperm *n.* sperma
sphere *n.* sfär
spherical *adj.* sfärisk
spice *n.* krydda
spice *v.* krydda
spicy *adj.* kryddad
spider *n.* spindel
spike *n.* pigg
spike *v.* spika
spill *v.* spilla
spill *n.* spill
spin *v.* snurra
spin *n.* snurrande
spinach *n.* spinat
spinal *adj.* ryggrads-
spindle *n.* axel
spine *n.* ryggrad
spinner *n.* spinnare
spinster *n.* ogift kvinna
spiral *n.* spiral
spiral *adj.* spiral-
spirit *n.* ande
spirited *adj.* pigg
spiritual *adj.* andlig

spiritualism *n.* spiritism
spiritualist *n.* spiritualist
spirituality *n.* andlighet
spit *v.* spotta
spit *n.* spott
spite *n.* trots
spittle *n.* spott
spittoon *n.* spottkopp
splash *v.* stänka
splash *n.* stänk
spleen *n.* mjälte
splendid *adj.* härlig
splendour *n.* prakt
splinter *n.* flisa
splinter *v.* splittra
split *v.* dela
split *n.* klyvning
spoil *v.* förstöra
spoil *v.* skämma bort
spoil *n.* byte
spoke *n.* eker
spokesman *n.* talesman
sponge *n.* svamp
sponge *v.* snylta
sponsor *n.* sponsor
sponsor *v.* sponsra
spontaneity *n.* spontanitet
spontaneous *adj.* spontan
spoon *n.* sked
spoon *v.* ösa
spoonful *n.* sked
sporadic *adj.* sporadisk
sport *n.* sport
sport *v.* leka
sportive *adj.* lekfull
sportsman *n.* friluftsmänniska
spot *n.* fläck
spot *v.* fläcka
spotless *adj.* fläckfri
spousal *n.* makar
spouse *n.* make
spout *n.* stråle
spout *v.* spruta
sprain *n.* vrickning
sprain *v.* vricka
spray *n.* sprey

spray v. spruta
spread v. sprida
spread v. bre
spread n. utbredning
spread n. utsträckning
spree n. festande
sprig n. kvist
sprightly adj. pigg
spring v. fjädra
spring n. fjäder
sprinkle v. beströ
sprint v. sprinta
sprint n. spurt
sprout v. gro
sprout n. grodd
spur n. sporre
spur v. sporra
spurious adj. oäkta
spurn v. förakta
spurt v. spruta
spurt n. stråle
sputnik n. Sputnik
sputum n. upphostning
spy n. spion
spy v. spionera
squad n. trupp
squadron n. skvadron
squalid adj. smutsig
squalor n. snusk
squander v. slösa
square n. fyrkant
square n. ryta
square adj. fyrkantig
square v. kvadrera
squash v. mosa
squash n. squash
squat v. huka sig med
squeak v. gnissla
squeak n. pip
squeeze v. pressa
squint v. skela
squint n. vindögdhet
squire n. väpnare
squirrel n. ekorre
stab v. knivhugg
stab n. genomborra

stability n. stabilitet
stabilization n. stabilisering
stabilize v. stabilisera
stable adj. stabil
stable n. stall
stable v. stalla
stadium n. stadion
staff n. personal
staff n. stat
staff v. hitta personal till
stag n. hjorthane
stage n. skede
stage v. sätta upp
stagger v. sprida
stagger n. vacklande
stagnant adj. stagnerande
stagnate v. stagnera
stagnation n. stagnation
staid adj. stadgad
stain n. fläck
stain v. färga
stainless adj. fläckfri
stair n. trappsteg
stake n. insats
stake n. stake
stake v. stödja
stale adj. unken
stale v. göra gammal
stalemate n. dödläge
stalk n. stjälk
stalk v. smyga
stall n. bås
stall n. spilta
stall v. uppehålla
stallion n. hingst
stalwart adj. trogen
stalwart n. trogen anhängare
stamina n. uthållighet
stammer v. stamma
stammer n. stamning
stamp n. stämpel
stamp v. stämpla
stampede n. panik
stampede v. rusa
stand v. stå
stand n. stativ

standard *n.* standard
standard *adj.* normal
standardization *n.* standardisering
standardize *v.* standardisera
standing *n.* stående
standpoint *n.* ståndpunkt
standstill *n.* stillastående
stanza *n.* strof
staple *n.* häftklammer
staple *n.* klammer
staple *adj.* huvudsaklig
staple *v.* häfta ihop
star *n.* stjärna
star *v.* spela huvudrollen
starch *n.* stärkelse
starch *v.* stärka
stare *v.* stirra
stare *n.* blick
stark *adv.* fullständigt
stark *adj.* kal
starry *adj.* stjärnlik
start *v.* starta
start *n.* start
startle *v.* skrämma
starvation *n.* svält
starve *v.* svälta
state *n.* stat
state *v.* ange
stateliness *n.* högdragenhet
stately *adj.* ståtlig
statement *n.* påstående
statesman *n.* statsman
static *n.* statisk
static *adj.* statisk
statics *n.* statik
station *n.* station
station *v.* stationera
stationary *adj.* stationär
stationer *n.* pappershandlare
stationery *n.* brevpapper
statistical *adj.* statistisk
statistician *n.* statistiker
statistics *n.* statistik
statue *n.* staty
stature *n.* resning

status *n.* status
statute *n.* stadgad
statutory *adj.* lagstadgad
staunch *adj.* pålitlig
stay *v.* stanna
stay *n.* vistelse
steadfast *adj.* ståndaktig
steadiness *n.* stadighet
steady *adj.* stadig
steady *v.* bli stadig
steal *v.* stjäla
stealthily *adv.* i smyg
steam *n.* ånga
steam *v.* ånga
steamer *n.* ångkokare
steed *n.* springare
steel *n.* stål
steep *adj.* brant
steep *v.* doppa
steeple *n.* torn
steer *v.* styra
stellar *adj.* stjärn-
stem *n.* stam
stem *v.* stämma
stench *n.* stank
stencil *n.* stencil
stencil *v.* stencilera
stenographer *n.* stenograf
stenography *n.* stenografi
step *n.* steg
step *v.* gå
steppe *n.* stäpp
stereotype *n.* stereotyp
stereotype *v.* klichera
stereotyped *adj.* stereotyp
sterile *adj.* steril
sterility *n.* sterilitet
sterilization *n.* sterilisering
sterilize *v.* sterilisera
sterling *adj.* förstklassig
sterling *n.* sterlingsilver
stern *adj.* barsk
stern *n.* akter
stethoscope *n.* stetoskop
stew *n.* gryta
stew *v.* sjuda

steward *n.* förvaltare
stick *n.* pinne
stick *v.* sticka
sticker *n.* dekal
stickler *n.* pedant
sticky *n.* klibbig
stiff *n.* stel
stiffen *v.* stelna
stifle *v.* kväva
stigma *n.* stigma
still *adj.* fortfarande
still *adv.* ändå
still *v.* stilla
still *n.* stillhet
stillness *n.* stillhet
stilt *n.* stylta
stimulant *n.* stimulerande medel
stimulate *v.* stimulera
stimulus *n.* stimulans
sting *v.* sticka
sting *n.* sting
stingy *adj.* snål
stink *v.* stinka
stink *n.* stank
stipend *n.* stipendium
stipulate *v.* föreskriva
stipulation *n.* fastställande
stir *v.* röra
stirrup *n.* stigbygel
stitch *n.* stygn
stitch *v.* sy
stock *n.* stock
stock *n.* lager
stock *v.* fylla
stock *adj.* lager-
stocking *n.* strumpbyxor
stoic *n.* stoiker
stoke *v.* fyra på
stoker *n.* eldare
stomach *n.* mage
stomach *v.* smälta
stone *n.* sten
stone *v.* stena
stony *adj.* stenig
stool *n.* avföring
stoop *v.* böja sig

stoop *n.* lutning
stop *v.* sluta
stop *n.* stopp
stoppage *n.* stagnation
storage *n.* förvaring
store *n.* affär
store *v.* lagra
storey *n.* våning
stork *n.* stork
storm *n.* storm
storm *v.* storma
stormy *adj.* stormig
story *n.* berättelse
stout *adj.* kraftig
stove *n.* spis
stow *v.* stuva
straggle *v.* sacka efter
straggler *n.* eftersläntrare
straight *adj.* rak
straight *adv.* rakt
straighten *v.* räta
straightforward *adj.* enkel
straightway *adv.* genast
strain *v.* anstränga
strain *n.* belastning
strain *n.* sträckning
strait *n.* sund
straiten *v.* bringa i trångmål
strand *v.* stranda
strand *n.* strand
strange *adj.* konstig
stranger *n.* främling
strangle *v.* strypa
strangulation *n.* strypning
strap *n.* rem
strap *v.* spänna fast
stratagem *n.* knep
strategic *adj.* strategisk
strategist *n.* strateg
strategy *n.* strategi
stratum *n.* skikt
straw *n.* sugrör
strawberry *n.* jordubbe
stray *v.* gå vilse
stray *adj.* herrelös
stray *n.* kringströvande djur

stream *n.* ström
stream *v.* strömma
streamer *n.* banderoll
streamlet *n.* bäck
street *n.* gata
strength *n.* styrka
strengthen *v.* stärka
strenuous *adj.* ansträngande
stress *n.* stress
stress *n.* spänning
stress *v.* betona
stress *v.* stressa
stretch *v.* sträcka
stretch *n.* spänning
stretcher *n.* bår
strew *v.* strö
strict *adj.* sträng
stricture *n.* förträngning
stride *v.* kliva
stride *n.* kliv
strident *adj.* skärande
strife *n.* tvist
strike *v.* slå
strike *n.* strejk
striker *n.* anfallare
string *n.* sträng
string *v.* stränga
stringency *n.* stränghet
stringent *adj.* bindande
strip *n.* remsa
strip *v.* strippa
stripe *n.* rand
stripe *v.* randa
strive *v.* sträva
stroke *n.* strykning
stroke *v.* stryka
stroke *n.* klockslag
stroke *n.* tag
stroll *v.* promenera
stroll *n.* promenad
strong *adj.* stark
stronghold *n.* fäste
structural *adj.* strukturell
structure *n.* struktur
struggle *v.* kämpa
struggle *n.* kamp

strumpet *n.* prostituerad
strut *v.* stötta
strut *n.* stag
stub *n.* stumb
stubble *n.* stubb
stubborn *adj.* envis
stud *n.* hingst
stud *v.* dubba
student *n.* student
studio *n.* studio
studious *adj.* flitig
study *v.* studera
study *n.* studie
study *n.* läsa
stuff *n.* grejer
stuff *v.* stoppa
stuffy *adj.* tilltäppt
stumble *v.* snubbla
stumble *n.* snavande
stump *n.* stubbe
stump *v.* förbrylla
stun *v.* bedöva
stunt *v.* hämma
stunt *n.* stunt
stupefy *v.* förbluffa
stupendous *adj.* förbluffande
stupid *adj.* dum
stupidity *n.* dumhet
sturdy *adj.* kraftig
sty *n.* vagel
sty *n.* stia
stye *n.* svinstia
style *n.* stil
subdue *v.* dämpa
subject *n.* ämne
subject *adj.* ämnes-
subject *v.* utsätta
subjection *n.* underkastelse
subjective *adj.* subjektiv
subjudice *adj.* uppe till behandling i rätten
subjugate *v.* underkuva
subjugation *n.* underkuvande
sublet *v.* hyra ut
sublimate *v.* sublimera
sublime *adj.* sublim

sublime *n.* sublimitet
sublimity *n.* höghet
submarine *n.* u-båt
submarine *adj.* undervattens-
submerge *v.* dränka
submission *n.* underkastelse
submissive *adj.* undergiven
submit *v.* lämna
subordinate *adj.* underordnad
subordinate *n.* underlydande
subordinate *v.* underordna
subordination *n.* underordning
subscribe *v.* prenumerera
subscription *n.* prenumeration
subsequent *adj.* senare
subservience *n.* underkastelse
subservient *adj.* underdånig
subside *v.* avta
subsidiary *adj.* biträdande
subsidize *v.* subventionera
subsidy *n.* bidrag
subsist *v.* existera
subsistence *n.* uppehälle
substance *n.* substans
substantial *adj.* väsentlig
substantially *adv.* väsentligen
substantiate *v.* dokumentera
substantiation *n.* bevis
substitute *n.* substitut
substitute *v.* vara ersättare
substitution *n.* utbyte
subterranean *adj.* underjordisk
subtle *n.* subtil
subtlety *n.* subtilitet
subtract *v.* subtrahera
subtraction *n.* subtraktion
suburb *n.* förort
suburban *adj.* förortsbo
subversion *n.* omstörtning
subversive *adj.* omstörtande
subvert *v.* omstörta
succeed *v.* lyckas
success *n.* framgång
successful *a* framgångsrik
succession *n.* följd
successive *adj.* på varandra
följande
successor *n.* efterträdare
succour *n.* undsättning
succour *v.* undsätta
succumb *v.* ge efter
such *adj.* sådan
such *pron.* så
suck *v.* suga
suck *n.* sug
suckle *v.* amma
suckling *n.* dibarn
sudden *n.* plötslig
suddenly *adv.* plötsligt
sue *v.* stämma
suffer *v.* lida
suffice *v.* räcka
sufficiency *n.* tillräcklig mängd
sufficient *adj.* tillräcklig
suffix *n.* ändelse
suffix *v.* tillfoga
suffocate *v.* kväva
suffocation *n.* kvävning
suffrage *n.* rösträtt
sugar *n.* socker
sugar *v.* sockra
suggest *v.* föreslå
suggestion *n.* förslag
suggestive *adj.* suggestiv
suicidal *adj.* självmordsbenägen
suicide *n.* självmord
suit *n.* kostym
suit *v.* passa
suitability *n.* lämplighet
suitable *adj.* lämplig
suite *n.* svit
suitor *n.* friare
sullen *adj.* trumpen
sulphur *n.* svavel
sulphuric *adj.* svavel-
sultry *adj.* kvav
sum *n.* summa
sum *v.* summera
summarily *adv.* summarisk
summarize *v.* sammanfatta
summary *n.* sammanfattning
summary *adj.* kortfattad

summer n. sommar	supply v. förse
summit n. topp	supply n. tillförsel
summon v. sammankalla	support v. stötta
summons n. kallelse	support n. stöd
sumptuous adj. överdådig	suppose v. anta
sun n. sol	supposition n. antagande
sun v. sola	suppress v. dämpa
Sunday n. Söndag	suppression n. undertryckande
sunder v. uppdela	supremacy n. överlägsenhet
sundary adj. diverse	supreme adj. överlägsen
sunny adj. solig	surcharge n. tilläggsavgift
sup v. klunk	surcharge v. överbelasta
sup n. supera	sure adj. säker
superabundance n. överflöd	sure adj. övertygad
superabundant adj. flödande	surely adv. säkert
superb adj. utmärkt	surety n. säkerhet
superficial adj. ytlig	surf n. bränning
superficiality n. ytlighet	surf v. surfa
superfine adj. superfin	surface n. yta
superfluity n. överflöd	surface v. gå upp
superfluous adj. överflödig	surfeit n. övermått
superhuman adj. övermänsklig	surge n. svallvåg
superintend v. övervaka	surge n. spänningsökning
superintendence n. uppsikt	surge v. svalla
superintendent n. inspektör	surgeon n. kirurg
superior adj. överlägsen	surgery n. operation
superiority n. överlägsenhet	surmise n. förmodan
superlative adj. superlativ	surmise v. förmoda
superlative n. superlativ	surmount v. övervinna
superman n. stålman	surname n. efternamn
supernatural adj. övernaturlig	surpass v. överstiga
supersede v. ersätta	surplus n. överskott
supersonic adj. överljuds-	surprise n. överraskning
superstition n. vidskepelse	surprise v. överraska
superstitious adj. vidskeplig	surrender v. överlämna
supertax n. tilläggsskatt	surrender n. överlämnande
supervise v. övervaka	surround v. omge
supervision n. övervakning	surroundings n. omgivning
supervisor n. övervakare	surtax n. extraskatt
supper n. kvällsmat	surveillance n. övervakning
supple adj. smidig	survey n. undersökning
supplement n. tillägg	survey v. överblicka
supplement v. öka	survival n. överlevnad
supplementary adj. kompletterande	survive v. överleva
	suspect v. misstänka
supplier n. leverantör	suspect adj. misstänksam

suspect n. misstänksamhet
suspend v. uppskjuta
suspense n. spänning
suspension n. uppskov
suspicion n. misstanke
suspicious adj. misstänksam
sustain v. upprätthålla
sustenance n. uppehälle
swagger v. stoltsera
swagger n. skryt
swallow v. svälja
swallow n. svala
swallow n. sväljning
swamp n. träsk
swamp v. dränka
swan n. svan
swarm n. svärm
swarm v. svärma
swarthy adj. svartmuskig
sway v. vingla
sway v. svänga
sway n. inflytande
sway n. svängning
swear v. svära
sweat n. svett
sweat v. svettas
sweater n. tröja
sweep v. sopa
sweep n. svep
sweeper n. sopmaskin
sweet adj. söt
sweet n. karamell
sweeten v. söta
sweetmeat n. godsak
sweetness n. sötma
swell v. svälla
swell n. dyning
swift adj. snabb
swim v. simma
swim n. simning
swimmer n. simmare
swindle v. lura
swindle n. svindel
swindler n. svindlare
swine n. svin
swing v. gunga

swing n. gunga
Swiss n. schweizare
Swiss adj. schweizisk
switch n. strömbrytare
switch v. växla
swoon n. svimning
swoon v. svimma
swoop v. slå ned på
swoop n. nedslag
sword n. svärd
sycamore n. platan
sycophancy n. smicker
sycophant n. smickrare
syllabic n. stavelse
syllable n. stavelse
syllabus n. kursplan
sylph n. sylfid
sylviculturist n. skogsvårds
symbiosis n. symbios
symbiote n. symbiot
symbol n. symbol
symbolic adj. symbolisk
symbolism n. symbolism
symbolize v. symbolisera
symmetrical adj. symmetrisk
symmetry n. symmetri
sympathetic adj. sympatisk
sympathize v. sympatisera
sympathy n. sympati
symphony n. symfoni
symposium n. symposium
symptom n. symptom
symptomatic adj. symptomatisk
synergy n. synergi
synonym n. synonym
synonymous adj. liktydig
synopsis n. synopsis
syntax n. satslära
synthesis n. syntes
synthetic adj. syntetisk
synthetic n. syntet
syringe n. spruta
syringe v. spruta in
syrup n. sirap
system n. system
systematic adj. systematisk
systematize v. systematisera

T

table *n.* bord
table *n.* tabell
table *v.* framlägga
table *v.* bordlägga
tablet *n.* tablett
tablet *n.* surfplatta
tablet *v.* forma en medicin till tablett
tabloid *n.* tidning i litet format
taboo *n.* tabu
taboo *adj.* tabu
taboo *v.* tabubelägga
tabular *adj.* tabellarisk
tabulate *v.* tabulera
tabulation *n.* tabulering
tabulator *n.* tabulator
tacit *adj.* tyst
taciturn *adj.* tystlåten
tack *n.* hals
tack *v.* kryssa
tackle *n.* tackling
tackle *v.* tackla
tact *n.* finkänslighet
tactful *adj.* finkänslig
tactician *n.* taktiker
tactics *n.* taktik
tactile *adj.* taktil
tag *n.* etikett
tag *v.* märka
tail *n.* svans
tail *v.* skugga
tailor *n.* skräddare
tailor *v.* skräddarsy
taint *n.* bismak
taint *v.* fläcka
take *v.* ta
taleable *adj.* avgiftsbar
takeaway *adj.* gatukök
takeaway *n.* hämtmat
taken *adj.* tagen
takeoff *n.* start
takeout *adj.* takeout
takeout *n* avhämtningsbutik
takeover *n.* övertagande
taker *n.* tagare
tala *n.* tala
talbot *n.* talbot
talc *n.* talk
tale *n.* berättelse
talebear *v.* berätta sagor
talebearer *n.* förtal
talebearing *n.* skvaller
talebook *n.* sagobok
talent *n.* talang
talisman *n.* talisman
talk *v.* prata
talk *n.* prat
talkative *adj.* pratsam
talkavively *adv.* pratsamt
talkativeness *n.* pratsamhet
talkback *n.* prata tillbaka
talkboard *n.* chattrum
talkfast *n.* prata snabbt
tall *adj.* lång
tallow *n.* talg
tally *n.* räkning
tally *v.* överensstämma
tally *adj.* räknande
talon *n.* klo
taloned *adj.* kloförsedd
tamarind *n.* bärnstensvippa
tame *adj.* tam
tame *v.* tämja
tamper *v.* manipulera
tamper *n.* en person som manipulerar
tamperproof *adj.* manipuleringssäker
tampon *n.* tampong
tampon *v.* tamponera
tan *v.* garva
tan *n.* solbränna
tan *adj.* solbränd
tanbark *n.* bark rik på tannin
tandem *n.* tandem
tandem *adv.* i rad
tandem *adj.* i tandem
tandoor *n.* tandoori
tang *n.* bismak

tang *v.* göra ett högt ljud
tanged *adj.* ha en bismak
tangent *n.* tangent
tangible *adj.* påtaglig
tangle *n.* härva
tangle *v.* trassla in sig
tango *n.* tango
tango *v.* dansa tango
tank *n.* tank
tank *n.* behållare
tankard *n.* sejdel
tanker *n.* tankfartyg
tanner *n.* garvare
tannery *n.* garveri
tantalize *v.* reta
tantamount *adj.* liktydig
tantamount *v.* vara liktydig
tantra *n.* tantra
tantric *adj.* tantrisk
tap *n.* kran
tap *n.* tapp
tap *v.* knacka
tap *v.* avtappa
tape *n.* tejp
tape *v.* tejpa
tapeless *adj.* bandlös
tapeline *n.* band
tape player *n.* bandspelare
taper *v.* smalna av
taper *n.* avsmalning
tapestry *n.* gobeläng
tar *n.* tjära
tar *v.* asfaltera
taramite *n.* taramit
tarantism *n.* taramtism
tardiness *n.* senfärdighet
tardy *adj.* långsam
target *n.* mål
tariff *n.* taxa
tarnish *v.* fläcka
task *n.* uppgift
task *v.* ge i uppgift
taste *n.* smak
taste *v.* smaka
tasteful *adj.* smakfull
tasty *adj.* välsmakande

tatter *n.* trasa
tatter *v.* trasa
tattoo *n.* tatuering
tattoo *v.* tatuera
taunt *v.* håna
taunt *n.* hån
taunter *n.* smädare
taunting *adj.* hån
tauntingly *adv.* retsamt
tauromachy *n.* tjurfäktning
taut *adj.* spänd
tautly *adv.* spänt
tavern *n.* krog
taverner *n.* krogvärd
tavernkeeper *n.* krögare
taw *v.* beta
taw *n* kula
tawer *n.* en som piskar
tax *n.* skatt
tax *v.* beskatta
taxable *adj.* beskattningsbar
taxation *n.* beskattning
taxi *n.* taxi
taxi *v.* åka taxi
taxibus *n.* taxibuss
taxicab *n.* taxi
taxidermal *adj.* uppstoppning
taxidermic *adj.* konservator-
taxidermist *n.* upppstoppare
taxidermy *n.* konservering
T-bone *n.* T-ben
T-bone *v.* kollidera vinkelrätt
tchick *n.* palatalklick
tchick *int.* thcick
tchick *v.* uttala thcick
tea *v.* dricka te
tea *n.* te
teabag *n.* tepåse
teabagging *n.* teabagging
teabox *n.* telåda
teacake *n.* tekaka
teach *v.* lära ut
teacheable *adj.* läraktig
teacher *n.* lärare
teachercentric *adj.* fokusera på läraren

teachings *n.* läror
teacup *n.* tekopp
teagle *n.* lyftanordning
teahouse *n.* tehus
teak *n.* teak
teak *v.* teak
team *v.* bilda lag
team *n.* lag
teamaker *n.* täckt sked med perforering
teambuilder *n.* en teambuilding aktivitet
teamed *adj.* lagrelaterat
teammate *n.* lagkamrat
teamwise *adv.* lagvis
teamwork *n.* lagarbete
teapot *n.* tekanna
tear *v.* riva
tear *n.* reva
tear *n.* hål
tearful *adj.* tårfylld
tease *v.* reta
tease *n.* retsticka
teaser *n.* aptitretare
teasing *n.* retsam
teasingly *adv.* retsamt
teat *n.* spene
technical *n.* teknisk
technicality *n.* teknikalitet
technician *n.* tekniker
technique *n.* teknik
technological *adj.* teknologisk
technologist *n.* teknolog
technology *n.* teknologi
technomad *n.* resande person ansluten till internet
technomania *n.* entusiasm för modern teknologi
technomusic *n.* technomusik
technophile *n.* teknofil
technophobe *n.* teknofob
techy *n.* snarstucken
tect *adj.* täckt
tect *n.* tak
tectonic *adj.* tektonisk
tedious *adj.* tråkig

tedium *n.* tråkighet
teem *v.* vimla
teenager *n.* tonåring
teens *n. pl.* tonåringar
teethe *v.* få tänder
teetotal *adj.* helnykterist
teetotaller *n.* nykterist
telebanking *n.* telefonbankärenden
telecast *n.* tv-sändning
telecast *v.* sända i tv
telecommunications *n.* telekommunikation
telecomputing *n.* distansarbete
teleconference *n.* telekonferens
telecopier *n.* telefax
telecourse *n.* distansutbildning
telefax *n.* telefax
telegram *n.* telegram
telegraph *n.* telegraf
telegraph *v.* telegrafera
telegraphic *adj.* telegrafisk
telegraphist *n.* telegrafist
telegraphy *n.* telegrafi
teleguide *n.* fjärrstyrd
telejournalism *n.* telejournalism
telekinesis *n.* telekinesi
telekinetic *adj.* telekinetisk
telemarket *v.* telefonförsäljare
telemarketing *n.* telefonförsäljning
telematic *adj.* telematik
telemetry *n.* telemetri
teleologic *adj.* teleologisk
teleologist *n.* teleologist
teleology *n.* teleologi
teleoperator *n.* teleoperatör
telepathic *adj.* telepatisk
telepathist *n.* tankeläsare
telepathy *n.* telepati
telephone *n.* telefon
telephone *v.* telefonera
teleport *v.* teleportera
teleport *n.* teleporterare
teleportation *n.* teleportering
teleprint *n.* teleprinter

teleprint v. teleprinta
teleprompt v. teleprompter
telescope n. teleskop
telescopic adj. teleskopisk
telescopy n. tillverkning av teleskop
teleshopper n. TV-shoppare
teleshopping n. TV-shopping
teletext n. text-TV
televise v. televisera
television n. television
tell v. berätta
teller n. berättare
telling adj. talande
telling n. berättande
telling-off n. utskällning
telltale n. skvallrande
telltale adj. varnings-
tellural adj. tellur-
telluric adj. tellur-
temeritous adj. hänsynslös
temerity n. dumdristighet
temper n. humör
temper v. mildra
temperament n. temerament
temperamental adj. temperamentsfull
temperance n. måtta
temperate v. vara nykter
temperate adj. måttlig
temperature n. temperatur
tempest n. storm
tempestuous adj. stormig
templar n. tempelriddare
template v. göra en mall
template n. mall
temple n. tempel
temple n. helgedom
temporal adj. timlig
temporary adj. tillfällig
tempt v. fresta
temptation n. frestelse
tempter n. frestare
ten n., a tio
tenable adj. hållbar
tenacious adj. envis

tenacity n. envishet
tenancy n. arrende
tenant n. hyresgäst
tend v. tendera
tendency n. tendens
tender n. anbud
tender v. frambära
tender n. offert
tender adj. öm
tendefoot n. nykomling
tenderhearted adj. ömsint
tenderize v. möra
tenderizer n. mörningsmedel
tenderly adv. ömt
tenderness n. ömhet
tending n. skötsel
tendinitis n. tendinit
tendril n. klänge
tenebrose adj. mörk
tenebrosity n. mörkt
tenebrous adj. mörkt
tenent n. grundsats
tenet n. dogm
tenfold adj. tiofaldig
tenfold adv. tiofaldigt
tennis n. tennis
tenor n. tenor
tenor adj. tenor.
tense adj. spänd
tense adj. stram
tense n. tempus
tense v. spänna
tensely adv. spänt
tensible adj. tänjbar
tensile adj. spänn-
tensility n. dragfasthet
tension n. spänning
tension v. dragning
tensioned adj. spänd
tensor n. sträckmuskel
tensor adj. sträckmuskel-
tensor v. beräkna tensorprodukten av två tensorer
tent n. tält
tentative adj. trevande
tentative n. försiktig

tentativeness *n.* försiktighet
tenth *adj.* tionde
tentmaker *n.* en som gör tält
tentpole *n.* tältstång
tenue *n.* tempus
tenuous *adj.* svag
tenuously *adv.* svagt
tenure *v.* få fast tjänst
tenure *n.* varaktighet
tepid *adj.* ljummen
tepidity *n.* ljumhet
tepidly *adv.* ljummet
tequila *n.* tequila
terabase *n.* en mängd genetiska sekvensdata
terabit *n.* terabit
terabyte *n.* terabyte
terajoule *n.* terajoule
term *n.* term
term *n.* period
term *n.* tid
term *v.* uttrycka
terminable *adj.* uppsägbar
terminal *adj.* avslutande
terminal *n.* terminal
terminate *v.* avsluta
termination *n.* uppsägning
terminological *adj.* terminologisk
terminology *n.* terminologi
terminus *n.* terminal
termite *n.* termit
termiticide *n.* termit-dödande medel
terp *n.* översättare
terp *v.* tillsätta en eterisk olja
terrace *n.* terrass
terrace *v.* terrassera
terracotta *n.* terrakotta
terracotta *adj.* terrakotta-
terraforming *n.* jordomvandling
terrain *n.* terräng
terrestrial *n.* jordinvånare
terrestrial *adj.* jordisk
terrible *adj.* fruktansvärd
terrier *n.* terrier

terrific *adj.* fantastisk
terrify *v.* skrämma
territorial *adj.* territoriell
territory *n.* territorium
terror *n.* terror
terrorism *n.* terrorism
terrorist *n.* terrorist
terrorize *v.* terrorisera
terse *adj.* koncis
tersely *adv.* kort
tertian *adj.* från feber
tertian *n.* gammalt vinfat
tertiary *n.* tertiärtiden
tertiary *adj.* tertiär
tesseract *n.* fyrdimensionell kub
test *v.* testa
test *n.* test
testament *n.* testamente
testicle *n.* testikel
testify *v.* vittna
testimonial *n.* rekommendation
testimony *n.* vittnesbörd
testosterone *n.* testosteron
tete-a-tete *n.* möte på tu man hand
tether *n.* tjuder
tether *v.* tjudra
tetra *n.* tetra
text *n.* text
textbook *n.* lärobok
textbook *adj.* typisk
textbookish *adj.* typisk
textile *adj.* textil-
textile *n.* textilmaterial
textual *n.* texttrogen
texture *n.* textur
thank *v.* tacka
thanks *n.* tack
thankful *adj.* tacksam
thankless *adj.* otacksam
that *adj.* som
that *dem. pron.* det
that *rel. pron.* den
that *adv.* det
that *conj.* att
thatch *n.* halmtak

thatch v. täcka med halm
thaw v. tina
thaw n. tö
theatre n. teater
theatrical adj. teatralisk
theft n. stöld
their adj. deras
theirs pron. sin
theism n. teism
theist n. teist
them pron. dem
thematic adj. tematisk
theme n. tema
then adv. sedan
then adv. då
then adj. dåvarande
thence adv. därefter
theocracy n. teokrati
theologian n. teolog
theological adj. teologisk
theology n. teologi
theorem n. sats
theoretical adj. teoretisk
theorist n. teorist
theorize v. teorisera
theory n. teori
therapy n. terapi
there adv. där
thereabouts adv. däromkring
thereafter adv. därefter
thereby adv. därigenom
therefore adv. därför
thermal adj. termisk
thermometer n. termometer
thermos (flask) n. termos
thesis n. tes
thick adj. tjock
thick n. idiot
thick adv. tjock
thicken v. tjockna
thicket n. snår
thief n. tjuv
thigh n. lår
thimble n. fingerborg
thin adj. tunn
thin adj. mager

thin v. förtunna
thing n. sak
think v. tänka
thinker n. tänkare
third adj. tredje
third n. tredjedel
thirdly adv. för det tredje
thirst n. törst
thirst v. törsta
thirsty adj. törstig
thirsty adj. törstig
thirteen n. tretton
thirteen adj. tretton
thirteenth adj. trettonde
thirtieth adj. trettionde
thirtieth n. trettionde
thirty n. trettio
thirty adj. trettio
thistle n. tistel
thither adv. dit
thorax n. bröstkorg
thorn n. tagg
thorny adj. taggig
thorough adj. noggrann
thoroughfare n. genomfart
though conj. dock
though adv. fast
thought n. tanke
thoughtful adj. omtänksam
thousand n. tusen
thousand adj. tusende
thrall n. träl
thralldom n. träldom
thrash v. tröska
thread n. tråd
thread v. trä
threadbare adj. luggsliten
threat n. hot
threaten v. hota
three n. trea
three adj. tre
thresh v. tröska
thresher n. tröskverk
threshold n. tröskel
thrice adv. tre gånger
thrift n. sparsamhet

thrifty *adj.* sparsam
thrill *n.* spänning
thrill *v.* rysa
thrive *v.* frodas
throat *n.* strupe
throaty *adj.* strup-
throb *v.* bulta
throb *n.* bankande
throe *n.* tuff kamp
throne *n.* tron
throne *v.* trona
throng *n.* trängsel
throng *v.* trängas
throttle *n.* spjäll
throttle *v.* strypa
through *prep.* genom
through *adv.* igenom
through *adj.* genomgående
throughout *adv.* alltigenom
throughout *prep.* över hela
throw *v.* kasta
throw *n.* kast
thrust *v.* stöta
thrust *n.* stöt
thud *n.* duns
thud *v.* dunsa
thug *n.* gangster
thumb *n.* tumme
thumb *v.* tumma
thump *n.* dunk
thump *v.* dunka
thunder *n.* åska
thunder *v.* åska
thunderous *adj.* dånande
Thursday *n.* Torsdag
thus *adv.* således
thwart *v.* omintetgöra
tiara *n.* tiara
tick *n.* bock
tick *n.* fästing
tick *n.* prick
tick *v.* bocka för
tick *v.* förpricka
ticket *n.* biljett
tickle *v.* kittla
ticklish *adj.* kittlig

tidal *adj.* tidvattens-
tide *n.* tidvatten
tidings *n. pl.* nyhet
tidiness *n.* puts
tidy *adj.* städad
tidy *v.* städa
tie *v.* knyta
tie *n.* slips
tier *n.* lager
tiger *n.* tiger
tight *adj.* stram
tighten *v.* spänna
tigress *n.* tigrinna
tile *n.* bricka
tile *v.* täcka med kakel
till *prep.* tills
till *conj.* ända tills
till *v.* odla upp
till *n.* kassa
tilt *v.* luta
tilt *n.* lutning
timber *n.* timmer
time *n.* tid
time *n.* gång
time *n.* tidpunkt
time *v.* tajma
timely *adj.* i god tid
timid *adj.* skygg
timidity *n.* skygghet
timorous *adj.* ängslig
tin *n.* tenn
tin *n.* burk
tin *v.* förtenna
tincture *n.* färg
tincture *v.* tona
tinge *n.* skiftning
tinge *v.* färga
tinker *n.* fuskare
tinsel *n.* glitter
tint *n.* färgton
tint *v.* tona
tiny *adj.* mycket liten
tip *n.* dricks
tip *v.* tipsa
tip *n.* tips
tip *v.* tippa

tip *n.* ända
tip (off) *v.* stjälpa av
tip *n.* vink
tip *v.* stupa
tipsy *adj.* berusad
tirade *n.* tirad
tire *v.* tröttna
tire *n.* däck
tiresome *adj.* tröttsam
tissue *n.* vävnad
titanic *adj.* titanic
tithe *n.* tiondel
title *n.* titel
title *n.* rubrik
title *v.* titulera
titular *adj.* titulär-
toad *n.* padda
toast *n.* toast
toast *v.* rosta
tobacco *n.* tobak
today *adv.* i dag
today *n.* nu för tiden
toe *n.* tå
toe *v.* nudda med tårna
toffee *n.* kola
toga *n.* toga
together *adv.* tillsammans
toil *n.* slit
toil *v.* slita
toilet *n.* toalett
toils *n. pl.* mödor
token *n.* tecken
tolerable *adj.* tolerabel
tolerance *n.* tolerans
tolerant *adj.* tolerant
tolerate *v.* tolerera
toleration *n.* tolerans
toll *n.* vägtull
toll *n.* avgift
toll *v.* ringa
tomato *n.* tomat
tomb *n.* grav
tomboy *n.* pojkflicka
tomcat *n.* hankatt
tome *n.* lunta
tomorrow *n.* morgondag

tomorrow *adv.* i morgon
ton *n.* ton
tone *n.* ton
tone *n.* stämning
tone *v.* tona
tongs *n. pl.* tång
tongue *n.* tunga
tonic *adj.* tonisk
tonic *n.* stärkande medel
tonic *n.* tonikum
tonight *n.* i natt
tonight *adv.* i kväll
tonne *n.* ton
tonsil *n.* halsmandel
tonsure *n.* tonsur
too *adv.* också
tool *n.* verktyg
tooth *n.* tand
toothache *n.* tandvärk
toothsome *adj.* aptitlig
top *n.* topp
top *v.* nå toppen av
top *n.* övre
topaz *n.* topas
topic *n.* ämne
topical *adj.* aktuell
topographer *n.* topograf
topographical *adj.* topografisk
topography *n.* topografi
topple *v.* störta
topsy turvy *adj.* rörig
topsy turvy *adv.* upp och ner
torch *n.* fackla
torment *n.* plåga
torment *v.* plåga
tornado *n.* tornado
torpedo *n.* torped
torpedo *v.* stjälpa
torrent *n.* ström
torrential *adj.* brusande
torrid *adj.* förbränd
tortoise *n.* sköldpadda
tortuous *adj.* slingrande
torture *n.* tortyr
torture *v.* tortera
toss *v.* kasta

toss *n.* kast	tracheoscopy *n.* undersökning av luftröret med laryngoskop
total *adj.* total	
total *n.* slut-	track *n.* spår
total *v.* lägga ihop	track *v.* spåra
totality *n.* helhet	trackable *adj.* spårbar
totalitarian *adj.* totalitär	trackback *n.* spåra tillbaka
touch *v.* röra	trackball *n.* styrkula
touch *n.* handlag	tracker *n.* spårhund
touchy *adj.* känslig	tracklist *n.* spellista
tough *adj.* tuff	tracksuit *n.* träningsoverall
toughen *v.* göra segare	tract *n.* tarmkanalen
tour *n.* turne	tract *n.* landområde
tour *v.* turnera	traction *n.* dragning
tourism *n.* turism	tractor *n.* traktor
tourist *n.* turist	trade *n.* handel
tournament *n.* turnering	trade *v.* handla
tow *n.* bogsering	trader *n.* näringsidkare
tow *v.* bogsera	tradesman *n.* handelsman
towards *prep.* mot	tradition *n.* tradition
towboat *n.* bogserbåt	traditional *adj.* traditionell
towel *n.* handduk	traffic *n.* trafik
towel *v.* torka sig med en handduk	traffic *v.* trafikera
tower *n.* torn	tragedian *n.* tragediförfattare
tower *v.* resa sig	tragedy *n.* tragedi
town *n.* stad	tragic *adj.* tragisk
township *adj.* kommun	trail *n.* spår
toxemia *n.* toxemi	trail *n.* slinga
toxic *adj.* giftig	trail *v.* släpa
toxicity *n.* giftighet	trailer *n.* släpvagn
toxicologist *n.* toxikolog	train *n.* tåg
toxicology *n.* toxikologi	train *v.* träna
toxification *n.* toxifiering	trainee *n.* praktikant
toxin *n.* gift	training *n.* träning
toy *n.* leksak	trait *n.* egenskap
toy *v.* leka	traitor *n.* förrädare
toyhouse *n.* lekstuga	tram *n.* gruvvagn
toymaker *n.* leksakstillverkare	trample *v.* trampa ner
toyseller *n.* leksaksförsäljare	trance *n.* trans
toystore *n.* leksaksaffär	tranquil *adj.* lugn
trace *n.* spår	tranquility *n.* stillhet
trace *v.* spåra	tranquillize *v.* lugna
traceable *adj.* spårbar	tranquillizer *n.* lugnande medel
trachea *n.* luftstrupe	transact *v.* genomföra
tracheal *adj.* trakeal	transaction *n.* transaktion
tracheole *n.* trakeol	transboarder *n.* gränsöverskridande

transboundery *n.* gränsöverskridning
transceive *v.* använda radioanläggning
transceiver *n.* radioanläggning
transcend *v.* överskrida
transcendent *adj.* överlägsen
transcendental *adj.* översinnlig
transcendentalize *v.* göra någon översinnlig
transcendentally *adv.* översinnligt
transcendingly *adv.* överlägset
transcribe *v.* transkribera
transcriber *n.* en som transkriberar
transcription *n.* transkription
transfer *n.* överföring
transfer *v.* överföra
transferable *adj.* överförbar
transfiguration *n.* förvandling
transfigure *v.* förvandla
transform *v.* omvandla
transformation *n.* omvandling
transgress *v.* öveskrida
transgression *n.* överskridelse
transit *n.* transport
transit *v.* transportera
transition *n.* övergång
transitive *n.* transitiv
transitory *adj.* övergående
translate *v.* översätta
translation *n.* översättning
transmigration *n.* utvandring
transmission *n.* överföring
transmission *n.* sändning
transmit *v.* överföra
transmit *v.* sända
transmitter *n.* sändare
transparent *adj.* transparent
transplant *v.* transplantera
transplant *n.* transplantation
transplantation *n.* transplantation
transplantee *n.* transplantat
transport *v.* transportera
transport *n.* transport

transportation *n.* transportering
trap *n.* fälla
trap *v.* fånga
trapball *n.* trapball
trapdoor *n.* fallucka
trapeze *n.* trapets
trapeze *v.* hoppa på trapets
trapezist *n.* en som hoppar på trapets
trapezoid *n.* fyrsidig med två parallella sidor
trapline *n.* en linje med fällor
trash *n.* skräp
trashed *adj.* skrotad
trauma *n.* trauma
traumatic *adj.* traumatisk
traumatism *n.* traumatism
traumatology *n.* traumatologi
traunch *n* delbelopp
traunch *v.* delbetala
traunch *adj.* delbetalning
travel *v.* resa
travel *n.* resa
traveller *n.* resenär
travelogue *n.* reseberättelse
travetime *n.* restid
traversable *adj.* möjligheten att kunna resa
traverse *v.* korsa
traverse *n.* travers
trawl *n.* trål
trawl *v.* tråla
trawlboat *n.* trålbåt
tray *v.* irritera
tray *n.* bricka
treacherous *adj.* förrädisk
treachery *n.* förräderi
tread *v.* beträda
tread *n.* steg
treader *n.* trampare
treadmill *n.* löpband
treadplate *n.* metallgolv
treadwheel *n.* ekorrehjul
treason *n.* förräderi
treasure *n.* skatt
treasure *v.* skatta

treasurer *n.* skattmästare
treasury *n.* guldgruva
treat *v.* behandla
treat *v.* bemöta
treat *n.* njutning
treatise *n.* avhandling
treatment *n.* behandling
treatment *n.* bemötande
treaty *n.* fördrag
tree *n.* träd
trek *v.* vandra
trek *n.* vandring
tremble *v.* darra
tremendous *adj.* enorm
tremor *n.* darrning
trench *n.* dike
trench *v.* gräva ett dike
trend *n.* trend
trespass *v.* inkräkta
trespass *n.* intrång
trial *n.* rättegång
triangle *n.* triangel
triangular *adj.* triangulär
tribal *adj.* stam-
tribe *n.* stam
tribulation *n.* vedermöda
tribunal *n.* domstol
tributary *n.* biflod
tributary *adj.* bidragande
tribute *n.* hyllning
trick *n.* knep
trick *v.* lura
trickery *n.* bluff
trickle *v.* sippra
trickle *n.* ett litet flöde av vätska
trickster *n.* skojare
tricky *adj.* knepig
tricolour *adj.* trefärgad
tricolour *n.* trefärgad flagga
tricycle *n.* trehjuling
trifle *n.* bagatell
trifle *n.* småsak
trifle *v.* leka med
trigger *n.* avtryckare
trigger *v.* utlösa
trim *adj.* välordnad

trim *n.* trimning
trim *v.* trimma
trinity *n.* treenighet
trio *n.* trio
trip *v.* snubbla
trip *n.* resa
tripartite *adj.* tredelad
triple *adj.* tredubbel
triple *v.t.,* trippel
triplicate *adj.* triplikata
triplicate *n.* tre kopior
triplicate *v.* göra tre kopior
triplication *n.* tredubbling
tripod *n.* trefot
triumph *n.* triumf
triumph *v.* segra
triumphal *adj.* triumf-
triumphant *adj.* triumferande
trivial *adj.* obetydlig
troop *n.* trupp
troop *v.* strömma in
trooper *n.* kavallerist
trophy *n.* trofé
tropic *n.* tropic
tropical *adj.* tropisk
trot *v.* trava
trot *n.* trav
trouble *n.* problem
trouble *v.* besvära
troublesome *adj.* besvärlig
troupe *n.* trupp
trousers *n. pl* byxor
trowel *n.* handduk
truce *n.* vapenvila
truck *n.* lastbil
true *adj.* sann
trump *n.* trumf
trump *v.* bräcka
trumpet *n.* trumpet
trumpet *v.* trumpeta
trunk *n.* trunk
trust *n.* förtroende
trust *v.* lita på
trustee *n.* förvaltare
trustful *adj.* förtroendefull
trustworthy *adj.* pålitlig

trusty *n.* trofast
truth *n.* sanning
truthful *adj.* sanningsenlig
try *v.* försöka
try *n.* försök
trying *adj.* påfrestande
tryst *n.* avtalat möte
tub *n.* badkar
tube *n.* tub
tuberculosis *n.* tuberkulos
tubular *adj.* rörformig
tug *v.* rycka
tuition *n.* undervisning
tuition *n.* handledning
tumble *v.* tumla
tumble *n.* fall
tumbler *n.* akrobat
tumbler *n.* tillhållarlås
tumour *n.* tumör
tumult *n.* tumult
tumultuous *adj.* stormande
tune *n.* melodi
tune *v.* ställa in
tunnel *n.* tunnel
tunnel *v.* gräva en tunnel
turban *n.* turban
turbine *n.* turbin
turbulence *n.* turbulens
turbulent *adj.* turbulent
turf *n.* torva
turkey *n.* kalkon
turmeric *n.* gurkmeja
turmoil *n.* kaos
turn *v.* vända
turn *v.* vrida
turn *n.* sväng
turn *n.* tur
turner *n.* svarvare
turnip *n.* rova
turpentine *n.* terpentin
turtle *n.* sköldpadda
tusk *n.* bete
tussle *n.* slagsmål
tussle *v.* tampas
tutor *n.* handledare
tutorial *adj.* handledar-

tutorial *n.* handledning
twelfth *adj.* tolfte
twelfth *n.* tolftedel
twelve *n.* tolv
twentieth *adj.* tjugonde
twentieth *n.* tjugondel
twenty *adj.* tjugo
twenty *n.* tjugotal
twice *adv.* dubbelt
twig *n.* kvist
twilight *n.* skymning
twin *n.* tvilling
twin *adj.* tvilling-
twinkle *v.* tindra
twinkle *n.* tindrande
twist *v.* vrida
twist *n.* vridning
twist *n.* krök
twitter *n.* kvitter
twitter *v.* kvittra
two *n.* tvåa
two *adj.* två
twofold *adj.* dubbelt
type *n.* typ
type *v.* skriva
typhoid *n.* tyfus
typhoon *n.* tyfon
typhus *n.* fläckfeber
typical *adj.* typisk
typify *v.* vara ett mönster
typist *n.* maskinskriverska
tyranny *n.* tyranni
tyrant *n.* tyrann
tyre *n.* däck

U

uber *adj.* hög ranking
uber *adv* väldigt hög ranking
ubergeek *n.* supertönt
uberous *adj.* bördig
ubersexual *n.* heterosexuell man som visar förtroende för andra
ubersexual *adj.* heterosexuell man som visar förtroende för

andra
ubicity *n.* plats
uniquous *adj.* allestädes närvarande
ubiquity *n.* en som är närvarande
udder *n.* juver
ufo *n.* ufo
ufologist *n.* ufolog
ufology *n.* ufologi
uglify *v.* förfula
ugliness *n.* fulhet
ugly *adj.* ful
ukelele *n.* ukulele
ukeleleist *n.* en som spelar ukulele
ulcer *n.* varigt sår
ulcerous *adj.* varig
ulterior *adj.* underliggande
ultimate *adj.* ultimat
ultimately *adv.* i sista hand
ultimatum *n.* ultimatum
ultracasual *adj.* extremt flyktig
ultracompact *adj.* extremt kompakt
ultraconservative *adj.* extremt konservativ
ultraconservative *n.* extremkonservativ
ultrasecure *adj.* extremt säker
ultrasonic *adj.* ultraljuds-
ultrasonics *n.* ultraljud
ultraviolet *adj.* ultraviolett
ultraviolet *n.* ultraviolett ljus
ululate *v.* yla
ululation *n.* ylande
umbrella *n.* paraply
umpire *n.* domare
umpire *v.t.*, döma
unabashed *adj.* oblyg
unabashedly *adv.* oblygt
unable *adj.* oförmögen
unabridged *adj.* oavkortad
unacceptable *adj.* oacceptabel
unaccessible *adj.* oåtkomlig
unaccommodating *adj.* omedgörlig

unaccurate *adj.* oriktig
unachievable *adj.* onåbar
unacquainted *adj.* obekant
unadapted *adj.* oanpassad
unajusted *adj.* ojusterad
unaffected *adj.* opåverkad
unaffectionate *adj.* oberörd
unambiguous *adj.* otvetydig
unambivalence *n.* oambivalent
unamused *adj.* inte road
unanimity *n.* enhällighet
unanimous *adj.* enhällig
unannounced *adj.* oanmäld
unappealing *adj.* oattraktiv
unapproved *adj.* ej godkänd
unavoidable *adj.* oundviklig
unaware *adj.* omedveten
unawares *adv.* omedvetet
unburden *v.* avlasta
uncanny *adj.* kuslig
uncertain *adj.* osäker
uncle *n.* farbror
uncouth *adj.* obildad
under *prep.* under
under *adv.* nere
under *adj.* lägre
undercurrent *n.* underström
underdog *n.* strykpojke
undergo *v.* genomgå
undergraduate *n.* universitetsstuderande
underhand *adj.* bedräglig
underline *v.* understryka
undermine *v.* underminera
underneath *adv.* inunder
underneath *prep.* under
underneath *adj.* under-
understand *v.* förstå
undertake *v.* åta sig
undertone *n.* underton
underwear *n.* underkläder
underworld *n.* underjorden
undo *v.* ångra
undo *v.* lossa
undue *adj.* otillbörlig
undulate *v.* bölja

undulate v. undulera
undulation n. vågformighet
unearth v. gräva upp
uneasy adj. illa till mods
unfair adj. orättvis
unfold v. veckla ut
unfortunate adj. olycklig
ungainly adj. otymplig
unhappy adj. olycklig
unification n. förening
union n. union
unionist n. fackföreningsmedlem
unique adj. unik
unison n. unison
unit n. enhet
unite v. förena
unity n. enhet
universal adj. universal
universality n. universalitet
universe n. universum
university n. universitet
unjust adj. orättvis
unless conj. om inte
unlike adj. olik
unlike prep. till skillnad från
unlikely adj. osannolik
unmanned adj. obemannad
unmannerly adj. ohyfsad
unprincipled adj. principlös
unreliable adj. opålitlig
unrest n. oro
unruly adj. bångstyrig
unsettle v. förvirra
unsheathe v. dra ur skidan
until prep. tills
until conj. till
untoward adj. motig
unwell adj. sjuk
unwittingly adv. oavsiktligt
up adv. upp
up prep. fram
upbraid v. förebrå
upheaval n. omvälvning
uphold v. vidmakthålla
upkeep n. underhåll
uplift v. lyfta

uplift n. lyftande
upon prep. på
upper adj. övre
upright adj. upprätt
uprising n. uppror
uproar n. kalabalik
uproarious adj. bråkig
uproot v. göra rotlös
upset v. uppröra
upset v. rubba
upshot n. utgång
upstart n. uppkomling
up-to-date adj. aktuell
upward adj. uppåt
upwards adv. uppför
urban adj. urban
urbane adj. belevad
urbanity n. belevenhet
urchin n. sjöborre
urchin n. gatunge
urge v. yrka
urge n. drift
urgency n. brådskande karaktär
urgent adj. brådskande
urinal n. urinoar
urinary adj. urin-
urinate v. urinera
urination n. urinering
urine n. urin
urn n. urna
usage n. användande
use n. användning
use v. använda
useful adj. användbar
usher n. vaktmästare
usher v. föra in
usual adj. vanlig
usually adv. vanligtvis
usurer n. ockrare
usurp v. tillskansa sig
usurpation n. usurpation
usury n. ocker
utensil n. redskap
uterus n. livmoder
utilitarian adj. utilitarist
utility n. verktyg

utilization *n.* utnyttjande
utilize *v.* utnyttja
utmost *adj.* yttersta
utmost *n.* göra sitt yttersta
utopia *n* . utopi
utopian *adj.* utopisk
utter *v.* uttala
utter *adj.* fullkomlig
utterance *n.* yttrande
utterly *adv.* ytterst

V

vacancy *n.* vakans
vacant *adj.* ledig
vacate *v.* utrymma
vacation *n.* semester
vaccinate *v.* vaccinera
vaccination *n.* vaccination
vaccinator *n.* vaccinatör
vaccine *n.* vaccin
vacillate *v.* vackla
vacuum *n.* dammsugare
vacuum *v.* dammsuga
vagabond *n.* luffare
vagabond *adj.* kringflackande
vagary *n.* nyck
vagina *n.* vagina
vague *adj.* vag
vagueness *n.* vaghet
vain *adj.* fåfäng
vainglorious *adj.* högfärdig
vainglory *n.* högfärd
vainly *adv.* förgäves
vale *n.* dal
valiant *adj.* tapper
valid *adj.* giltig
validate *v.* bekräfta
validity *n.* giltighet
valley *n.* dal
valour *n.* tapperhet
valuable *adj.* värdefull
valuation *n.* värdering
value *n.* värde
value *v.* värdera

valve *n.* valv
van *n.* skåpbil
vanish *v.* försvinna
vanity *n.* fåfänga
vanquish *v.* besegra
vaporize *v.* förånga
vaporous *adj.* ångformig
vapour *n.* ånga
variable *adj.* variabel
variance *n.* motsättning
variation *n.* variation
varied *adj.* varierande
variety *n.* mängd
various *adj.* olika
varnish *n.* lack
varnish *v.* lackera
vary *v.* variera
vase *n.* vas
vasectomy *n.* vasektomi
vaseline *n.* vaselin
vast *adj.* omfattande
vault *n.* valv
vault *n.* hålighet
vault *v.* välva sig
vector *n.* vektor
vector *v.* sätta kurs
vectorial *adj.* vektoriell
vegan *n.* vegan
vegan *adj.* vegansk
vegetable *n.* grönsak
vegetable *adj.* vegetabilisk
vegetarian *n.* vegetarian
vegetarian *adj.* vegetarisk
vegetation *n.* vegetation
vehemence *n.* häftighet
vehement *adj.* häftig
vehicle *n.* fordon
vehicular *adj.* fordons-
veil *n.* slöja
veil *v.* beslöja
vein *n.* ven
vein *n.* åder
vein *v.* ådra
velocity *n.* hastighet
velvet *n.* sammet
velvety *adj.* sammetslen

venal *adj.* korrumperad
venality *n.* korruption
vendor *n.* säljare
venerable *adj.* ärevördig
venerate *v.* vörda
veneration *n.* vördnad
vengeance *n.* hämnd
venial *adj.* förlåtlig
venom *n.* gift
venomous *adj.* giftig
vent *n.* utlopp
ventilate *v.* ventilera
ventilation *n.* ventilation
ventilator *n.* fläkt
ventriloquism *n.* buktaleri
ventriloquist *n.* buktalare
ventriloquistic *adj.* buktalarliknande
ventriloquize *v.* uppträda som buktalare
venture *n.* företag
venture *v.* våga
venturesome *adj.* äventyrlig
venturous *adj.* våghalsig
venue *n.* mötesplats
veracity *n.* sanningshalt
verendah *n.* veranda
verb *n.* verb
verbal *adj.* verbal
verbal *adj.* muntlig
verbally *adv.* verbalt
verbatim *adj.* ordagrann
verbatim *adv.* ord för ord
verbose *adj.* mångordig
verbosity *n.* ordrikedom
verdant *adj.* grönskande
verdict *n.* dom
verge *n.* kant
verification *n.* verifikation
verify *v.* verifiera
verisimilitude *n.* sannolikhet
veritable *adj.* veritabel
vermillion *n.* cinnober
vermillion *adj.* cinnoberröd
vernacular *n.* lokal dialekt
vernacular *adj.* folklig

vernal *adj.* vårlig
versatile *adj.* mångsidig
versatility *n.* mångsidighet
verse *n.* vers
versed *adj.* kunnig
versification *n.* versifikation
versify *v.* versifiera
version *n.* version
versus *prep.* mot
vertical *adj.* vertikal
verve *n.* fart
very *adj.* allra
vessel *n.* fartyg
vest *n.* väst
vest *v.* förse
vested *adj.* lagstadgad
vestige *n.* spår
vestment *n.* skrud
veteran *n.* veteran
veteran *adj.* erfaren
veterinary *adj.* veterinär-
veto *n.* veto
veto *v.* inlägga veto mot
vex *v.* förarga
vexation *n.* förargelse
via *prep.* via
viable *adj.* genomförbar
vial *n.* injektionsflaska
vibrate *v.* vibrera
vibration *n.* vibration
vicar *n.* kyrkoherde
vicarious *adj.* ställföreträdande
vice *n.* last
vice *n.* skruvstäd
viceroy *n.* vicekonung
vice-versa *adv.* vice-versa
vicinity *n.* närhet
vicious *adj.* ond
vicissitude *n.* växling
victim *n.* offer
victimize *v.* göra till offer
victor *n.* segrare
victorious *adj.* segrande
victory *n.* seger
victuals *n. pl* proviant
video *n.* video

video *v.* spela in på video
videoblogger *n.* videobloggare
videobook *n.* videobok
videocassette *n.* videokasett
videogaming *n.* videospel
videotape *n.* videoband
videotape *v.* spela in på video
videotelephone *n.* videotelefon
vie *v.* strida
view *n.* utsikt
view *n.* vy
view *v.* se
vigil *n.* vaka
vigilance *n.* vaksamhet
vigilant *adj.* vaksam
vigorous *adj.* kraftfull
vile *adj.* vidrig
vilify *v.* förtala
villa *n.* villa
village *n.* by
villager *n.* bybo
villain *n.* skurk
vindicate *v.* försvara
vindication *n.* rättfärdigande
vine *n.* vinstock
vinegar *n.* vinäger
vintage *n.* årgång
violate *v.* kränka
violation *n.* kränkning
violence *n.* våld
violent *adj.* våldsam
violet *n.* violett
violin *n.* fiol
violinist *n.* violinist
virgin *n.* jungfru
virgin *adj.* oskuld
virginity *n.* oskuld
virile *adj.* manlig
virility *n.* manlighet
virtual *adj.* virtuell
virtue *n.* dygd
virtuous *adj.* dygdig
virulence *n.* virulens
virulent *adj.* elakartad
virus *n.* virus
visage *n.* anlete

visibility *n.* synlighet
visible *adj.* synlig
vision *n.* syn
visionary *adj.* visionär
visionary *n.* visionär
visit *n.* besök
visit *v.* besöka
visitor *n.* besökare
vista *n.* perspektiv
visual *adj.* visuell
visualize *v.* visualisera
vital *adj.* avgörande
vitality *n.* vitalitet
vitalize *v.* vitalisera
vitamin *n.* vitamin
vitiate *v.* förvanska
vivacious *adj.* livlig
vivacity *n.* livlighet
viva voce *adv.* oralt hellre än skrift
viva voce *adj.* oralt hellre än skrift
viva voce *n.* muntlig tentamen
vivid *adj.* levande
vixen *n.* ragata
vocabulary *n.* ordförråd
vocal *adj.* muntlig
vocalist *n.* vokalist
vocation *n.* yrke
vogue *n.* mod
voice *n.* röst
voice *v.* uttrycka
void *adj.* ogiltig
void *v.* förklara någonting ogiltigt
void *n.* tomrum
volcanic *adj.* vulkanisk
volcano *n.* vulkan
volition *n.* vilja
volley *n.* volley
volley *v.* ta på volley
volt *n.* volt
voltage *n.* volt
volume *n.* volym
voluminous *adj.* omfattande
voluntarily *adv.* frivilligt
voluntary *adj.* frivillig
volunteer *n.* volontär

volunteer *v.* erbjuda
voluptuary *n.* vällusting
voluptuous *adj.* vällustig
vomit *v.* spy
vomit *n.* spya
voracious *adj.* glupsk
vortex *n.* virvel
votary *n.* trogen tjänare
vote *n.* röst
vote *n.* väljare
vote *v.* rösta
voter *n.* röstare
vouch *v.* garantera
voucher *n.* kupong
vouchsafe *v.* förunna
vow *n.* högtidligt löfte
vow *v.* svära
vowel *n.* vokal
voyage *n.* resa
voyage *v.* resa
voyager *n.* resande
voyeur *n.* fönstertittare
voyeurism *n.* föstertittning
vulgar *adj.* vulgär
vulgarity *n.* vulgaritet
vulnerable *adj.* sårbar
vulnerable *adj.* känslig
vulture *n.* gam

W

wabble *v.* vackla
wabbly *adj.* vacklande
wack *adj.* knäppskalle
wack *n.* original
wacko *adj.* knäppskalle
wacko *n.* original
wade *v.* vada
waddle *v.* stulta
waft *v.* föras
waft *n.* fläkt
wag *v.* vifta
wag *n.* viftning
wage *v.* utkämpa
wage *n.* lön

wager *n.* vad
wager *v.* slå vad
wagon *n.* vagn
wail *v.* jämra sig
wail *n.* jämmer
wain *n.* stora björn
waist *n.* midja
waistband *n.* midjeband
waistcoat *n.* väst
wait *v.* vänta
wait *n.* väntan
waiter *n.* servitör
waitress *n.* servitris
waive *v.* vinka
waiver *n.* avstående
wake *v.* vakna
wake *n.* kölvatten
wake *n.* efterdyning
wakeful *adj.* vaken
walk *v.* gå
walk *n.* promenad
wall *n.* vägg
wall *v.* mura igen
wallet *n.* plånbok
wallop *v.* dänga
wallow *v.* vältra sig
walnut *n.* valnöt
walrus *n.* valross
wan *adj.* glåmig
wand *n.* taktpinne
wander *v.* vandra
wane *v.* avta
wane *n.* avtagande
want *v.* vilja
want *n.* brist
wanton *adj.* hänsynslös
war *n.* krig
war *v.* kriga
warble *v.* drilla
warble *n.* kvitter
warbler *n.* sångare
ward *n.* avdelning
ward *v.* skydda
warden *n.* vakt
warder *n.* fångvaktare
wardrobe *n.* garderob

wardship *n.* godmanskap
ware *n.* gods
warehouse *v.* lager
warfare *n.* krigföring
warlike *adj.* krigisk
warm *adj.* varm
warm *v.* värma
warmth *n.* värme
warn *v.* varna
warning *n.* varning
warrant *n.* fullmakt
warrant *v.* berättiga
warrantee *n.* den som utdelar fullmakt
warrantor *n.* borgensman
warranty *n.* garanti
warren *n.* kaningård
warrior *n.* krigare
wart *n.* vårta
wary *adj.* försiktig
wash *v.* tvätta
wash *n.* tvätt
washable *adj.* tvättbar
washer *n.* tvättmaskin
wasp *n.* geting
waspish *adj.* getinglik
wassail *n.* dryckjom
wastage *n.* slöseri
wastage *n.* minskning
waste *adj.* outnyttjad
waste *n.* avfall
waste *v.* slösa
waste *v.* spilla
wasteful *adj.* slösaktig
watch *v.* titta
watch *n.* klocka
watchful *adj.* vaksam
watchword *n.* lösen
water *n.* vatten
water *v.* vattna
waterfall *n.* vattenfall
water-melon *n.* vattenmelon
waterproof *adj.* vattentät
waterproof *n.* regnjacka
waterproof *v.* impregnera
watertight *adj.* vattentät

watery *adj.* vattnig
watt *n.* watt
wave *n.* våg
wave *v.* vinka
waver *v.* vackla
wavy *adj.* vågig
wax *n.* vax
wax *v.* vaxa
way *n.* sätt
wayfarer *n.* vägfarande
waylay *v.* stoppa
wayward *adj.* egensinnig
weak *adj.* svag
weaken *v.t. & i* försvaga
weakling *n.* vekling
weakness *n.* svaghet
weal *n.* valk
wealth *n.* rikedom
wealthy *adj.* rik
wean *v.* avvänja
weapon *n.* vapen
wear *v.* bära
weary *adj.* trött
weary *v.* göra utmattad
weather *n.* väder
weather *v.* rida ut
weave *v.* väva
weaver *n.* vävare
web *n.* nät
webby *adj.* vävliknande
webcam *n.* webbkamera
webcasting *n.* webbutsändning
webinar *n.* webinar
webisode *n.* webisode
webmaster *n.* webmaster
wed *v.* viga
wedding *n.* bröllop
wedge *n.* kil
wedge *v.* kila
wedlock *n.* äktenskap
Wednesday *n.* Onsdag
weed *n.* ogräs
weed *v.* rensa
week *n.* vecka
weekly *adj.* varje vecka
weekly *adv.* per vecka

weekly *n.* veckotidning
weep *v.* gråta
weevil *n.* vivel
weigh *v.* väga
weight *n.* vikt
weightage *n.* tilldelning av en kvot
weighty *adj.* tung
weir *n.* fördämning
weird *adj.* konstig
welcome *adj.* välkommen
welcome *n.* välkommen
welcome *v.* välkomna
weld *v.* svetsa
weld *n.* svetsning
welfare *n.* välfärd
well *adj.* väl
well *adv.* bra
well *n.* brunn
well *v.* välla fram
wellington *n.* stövel
well-known *adj.* välkänd
well-read *adj.* beläst
well-timed *adj.* läglig
well-to-do *adj.* välbärgad
welt *n.* bård
welter *n.* kaos
wen *n.* utväxt
wench *n.* piga
west *n.* väst
west *adj.* västra
west *adv.* väster
westerly *adj.* västlig
westerly *adv.* mot väster
western *adj.* västerländsk
wet *adj.* våt
wet *v.* blöta
wetness *n.* våthet
whack *v.* smälla till
whale *n.* val
wharfage *n.* hamnavgift
what *adj.* vad
what *pron.* vilka
what *interj.* vilken
whatever *pron.* vad som helst
wheat *n.* vete

wheedle *v.* locka
wheel *n.* hjul
wheel *v.* rulla
whelm *v.* övertäcka
whelp *n.* valp
when *adv.* när
when *conj.* då
whence *adv.* varav
whenever *conj.* närhelst
whenever *adv.* när det nu var som
where *adv.* där
where *conj.* var
whereabout *adv.* var någonstans
whereabout *n.* plats
whereas *conj.* medan
whereat *conj.* var då
wherein *adv.* vari
whereupon *conj.* varpå
wherever *adv.* varhelst
whet *v.* vässa
whether *conj.* huruvida
which *pron.* som
which *adj.* vilken
whichever *pron* vad än
whiff *n.* doft
while *n.* medan
while *conj.* samtidigt som
while *v.* få tiden att passera
whim *n.* infall
whimper *v.* gnälla
whimsical *adj.* nyckfull
whine *v.* gnälla
whine *n.* gnäll
whip *v.* piska
whip *n.* piska
whipcord *n.* pisksnärt
whir *n.* surr
whirl *v.* virvla
whirl *n.* virvel
whirligig *n.* snurra
whirlpool *n.* bubbelpool
whirlwind *n.* virvelvind
whisk *v.* vispa
whisk *n.* visp
whisker *n.* morrhår
whisky *n.* whisky

whisper v. viska
whisper n. viskande
whistle v. vissla
whistle n. visslande
white adj. vit
white n. vita
whiten v. vitna
whitewash n. bortförklaring
whitewash n. kalkfärg
whitewash v. rentvå
whitewash v. vitkalka
whither adv. dit
whitish adj. vitaktig
whittle v. tälja
whiz v. susa
who pron. vem
whoever pron. vem som än
whole adj. hela
whole n. helhet
whole-hearted adj. helhjärtad
wholesale n. grosshandel
wholesale adj. grossist-
wholesale adv. i parti
wholesaler n. grossist
wholesome adj. hälsosam
wholly adv. helt
whom pron. vem
whore n. hora
whose pron. vars
why adv. varför
wick n. veke
wicked adj. ond
wicker n. flätverk
wicket n. grind
wide adj. bred
wide adv. brett
widen v. bredda
widespread adj. utbredd
widow n. änka
widow v. bli änka
widower n. änkling
width n. bredda
wield v. svinga
wife n. hustru
wig n. peruk
wigwam n. indianhydda

wild adj. vild
wilderness n. vildmark
wile n. list
will n. vilja
will n. testamente
will n. tanke
will v. vilja
willing adj. villig
willingness n. villighet
willow n. vide
wily adj. slug
wimble n. drillborr
wimple n. dok
win v. vinna
win n. vinst
wince v. rygga tillbaka
winch n. vinsch
wind n. vind
wind v. linda
wind v. vira
windbag n. vindsäck
winder n. rullmaskin
windlass v. ankarspel
windmill n. väderkvarn
window n. fönster
windy adj. blåsig
wine n. vin
wing n. vinge
wink v. blinka
wink n. blinkning
winner n. vinnare
winnow v. sålla
winsome adj. älskvärd
winter n. vinter
winter v. övervintra
wintry adj. vintrig
wipe v. torka
wipe n. avtorkning
wire n. tråd
wire v. ansluta
wireless adj. trådlös
wireless n. radio
wiring n. ledningar
wisdom n. visdom
wisdom-tooth n. visdomstand
wise adj. vis

wish n. önskning
wish v. önska
wishful adj. längtansfull
wisp n. tapp
wistful adj. trånande
wit n. kvickhet
witch n. häxa
witchcraft n. trolldom
witchery n. häxeri
with prep. med
withal adv. därjämte
withdraw v. dra tillbaka
withdrawal n. uttag
withe n. vidja
wither v. vissna
withhold v. hålla inne
within prep. inom
within adv. inuti
within n. innanför
without prep. utan
without adv. ute
without n. utomhus
withstand v. motstå
witless adj. dum
witness n. vittne
witness v. vittna
witticism n. kvickhet
witty adj. kvick
wizard n. trollkarl
wobble v. vingla
woe n. ve
woebegone adj. bedrövlig
woeful n. bedrövad
wolf n. varg
woman n. kvinna
womanhood n. kvinnlighet
womanish n. fruntimmersaktig
womanise v. flirta
womaniser n. kvinnojägare
womb n. livmoder
wonder n. förundran
wonder v. undra
wonderful adj. underbar
wondrous adj. underbar
wont adj. van
wont n. vana

wonted adj. van
woo v. uppvakta
wood n. trä
woods n. trän
wooden adj. trä-
woodland n. skog
woof n. väft
wool n. ull
woollen adj. ull-
woollen n. ylle
word n. ord
word v. orda
wordy adj. ordrik
work n. arbete
work v. arbeta
workable adj. genomförbar
workaday adj. alldaglig
worker n. arbetare
workman n. kroppsarbetare
workmanship n. yrkesskicklighet
workshop n. verkstad
world n. värld
worldling n. världslig
worldly adj. världslig
worm n. mask
wormwood n. malört
worn adj. sliten
worry n. oro
worry v. oroa sig
worsen v. förvärra
worship n. dyrkan
worship v. dyrka
worshipper n. dyrkare
worst n. sämst
worst adj. värst
worst v. besegra
worsted n. kamgarn
worth n. värde
worth adj. värd
worthless adj. värdelös
worthy adj. värdig
would-be adj. skulle vara
wound n. sår
wound v. såra
wrack n. tång

wraith *n.* vålnad
wrangle *v.* käbbla
wrangle *n.* käbbel
wrap *v.* slå in
wrap *n.* sjal
wrapper *n.* omslag
wrath *n.* vrede
wreath *n.* krans
wreathe *v.* bekransa
wreck *n.* vrak
wreck *v.* förstöra
wreckage *n.* spillror
wrecker *n.* förstörare
wren *n.* gärdsmyg
wrench *n.* skiftnyckel
wrench *v.* rycka
wrest *v.* rycka
wrestle *v.* brottas
wrestler *n.* brottare
wretch *n.* usling
wretched *adj.* usel
wrick *n.* muskelspasmer
wriggle *v.* slingra sig
wriggle *n.* vridning
wring *v.* vrida ur
wrinkle *n.* rynka
wrinkle *v.* skrynkla
wrist *n.* handled
writ *n.* stämning
write *v.* skriva
writer *n.* författer
writhe *v.* vrida sig
wrong *adj.* fel
wrong *adv.* fel
wrong *v.* göra orätt
wrongful *adj.* orättfärdig
wry *adj.* sned

X

xenobiology *n.* xenobiologi
xenogenesis *n.* xenogenes
xenomania *n.* xenomani
xenomorph *n.* xenomorf
xenophile *n.* xenofil

xenophobe *n.* xenofob
xenophobia *n.* xenofobi
xerox *n.* fotokopia
xerox *n.* xeroxapparat
xerox *v.* göra en fotokopia
Xmas *n.* jul
x-ray *n.* röntgen
x-ray *v.* röntga
xylophagous *adj.* xylofag
xylophilous *adj.* bor på eller i trä
xylophone *n.* xylofon

Y

yacht *n.* lustjakt
yacht *v.* segla
yak *n.* jak
yak *n.* grymtoxe
yak *v.* snacka
yap *v.* gläfsa
yap *n.* käft
yard *n.* gård
yarn *n.* garn
yarn *n.* tråd
yawn *v.* gäspa
yawn *n.* gäsp
year *n.* år
yearly *adj.* årligen
yearly *adv.* årligt
yearn *v.* längta
yearning *n.* längtan
yeast *n.* jäst
yell *v.* ropa
yell *n.* rop
yellow *adj.* gul
yellow *adj.* feg
yellow *n.* gult
yellow *v.* gulfärga
yellowish *adj.* gulaktig
Yen *n.* yen
yen *n.* längtan
yen *v.* längta intensivt
yes *adv.* ja
yesterday *n.* i går
yesterday *adv.* gårdagen

yet *adv.* ännu
yet *conj.* än
yield *v.* avkasta
yield *n.* avkastning
yodle *n.* joddel
yodle *v.* joddla
yoga *n.* yoga
yogi *n.* yogalärare
yogurt *n.* joghurt
yoke *n.* oxspann
yoke *v.* spänna för
yoke *v.* spänna
yolk *n.* äggula
yonder *adj.* den där
yonder *adv.* där borta
yonder *n.* där borta
young *adj.* ung
young *n.* unge
young *n.* de unga
youngster *n.* ungdom
youth *n.* ungdom
youthful *adj.* ungdomlig

Z

zany *n.* dumbom
zany *adj.* komisk
zeal *n.* iver
zealot *n.* fanatiker
zealous *adj.* nitisk
zebra *n.* zebra
zenith *n.* zenit
zephyr *n.* sefyr
zero *n.* noll
zest *n.* krydda
zest *v.* krydda
zesty *adj* läcker
zig *n.* skarp sväng
zig *v.* göra en skarp sväng
zigzag *n.* sicksack
zigzag *adj.* sicksack-
zigzag *adv.* gå i sicksack
zigzag *v.* gå i sicksack
zinc *n.* zink
zip *n.* smutt
zip *n.* liten klunk
zip *v.* smutta
zipper *n.* dragkedja
zodiac *n.* blixtlås
zonal *adj.* zon-
zone *n.* zon
zoo *n.* zoo
zoological *adj.* zoologisk
zoologist *n.* zoolog
zoology *n.* zoologi
zoom *n.* zoom
zoom *v.* zooma

Swedish - English

A

abakus *n.* abacus
abborre *n.* perch
abbot *n.* abbot
abdikation *n.* abdication
abdikera *v.t,* abdicate
ablation *n.* ablactation
ablativ *adj.* ablative
abnormalitet *n.* abnormalcy
abnormt *adv.* abnormally
abolitionism *n.* abolitionism
aborigin *n. pl* aborigines
abort *n.* abortion
abrupt *adj.* abrupt
abscess *v.* absist
absolut *adj.* absolute
absolut *adv.* needs
absolution *n.* absolution
absolutionism *n.* absolutism
absorbera *v.* absorb
absorptivitet *n.* absorptivity
abstinent *n.* abstinence
abstrakt *adj.* abstract
abstraktion *n.* abstraction
acaciaträd *n.* acacia
acceleration *n.* acceleration
accelerator *n.* accelerator
accelerera *v.* accelerate
acceptabel *adj.* acceptable
acceptans *n.* acceptance
acceptera *v.* accept
acceptera igen *v.* reaccept
accis *n.* excise
acefali *n.* acephaly
acentrisk *adj.* acentric
acetat *n.* acetate
aceton *n.* acetone
acidifiera *v.* acidify
ackommodera *v.* accommodate
ackompanjering *n.* accompani-
ment
ackord *n.* accord
ackord *n.* chord
ackreditera *v.* accredit
ackreditering *n.* accreditation
ackumulation *n.* accumulation
ackumulera *v.* accumulate
ad hoc *adj.* ad hoc
addera *v.* enumerate
addition *n.* plus
adekvat *adj.* adequate
adel *n.* nobility
adelsman *n.* noble
adjektiv *n.* adjective
adjunkt *n.* adjunct
adjutant *n.* aide
adjuvans *n.* adjuvant
administration *n.* administration
administrativ *adj.* administrative
administratör *n.* administrator
administrera *v.* administrate
adoptera *v.* adopt
adoption *n.* adoption
adoptiv- *adj.* adoptive
adrenalin *n.* adrenaline
adrenalisera *v.* adrenalise
adress *n.* address
adsorbera *v.* adsorp
adsorption *n.* adsorption
adverb *n.* adverb
adverbiell *adj.* adverbial
advokat *n.* barrister
advokat *n.* lawyer
advokat *n.* pleader
advokat *n.* solicitor
aerob *adj.* aerobic
aerobatik *n.* aerobot
aerobics *n.* aerobics
aerobiologi *n.* aerobiology
aerobiologisk *adj.* aerobiologic
aerodynamik *adj.* aerodynamic
aeronautik *n.pl.* aeronautics

aeroponik *adj.* aeroponic
aeropuls *n.* aeropulse
aerosol *adj.* aerosol
aerostatik *n.* aerostatics
aerostatistik *adj.* aerostatic
afasi *n.* aphasia
affektion *n.* affectation
affinitet *n.* affinity
affirmativ *adj.* affirmative
affisch *n.* billboard
affisch *n.* poster
affixering *n.* affixation
affluenza *n.* affluenza
affär *n.* matter
affär *n.* store
affär *n.* shop
affärer *n.* business
affärsinnehavare *n.* shopkeeper
affärsman *n.* businessman
affärsman *n.* merchant
aforism *n.* aphorism
aga *v.* chastise
agamist *n.* agamist
agape *n.* agape
agenda *n.* agenda
agent *n.* emissary
agentur *n.* agency
agentur *n.* agent
agerande för underhållning *n.* jest
agg *n.* grudge
agg *n.* rancour
agglomerat *n.* agglomerate
agglomerera *v.* agglomerate
agglomererad *adj.* agglomerate
aggregera *v.* aggregate
aggression *n.* aggression
aggressiv *adj.* abrasive
aggressiv *adj.* aggressive
aggressiv *adj.* agro
aggressivitet *n.* abrasiveness
aggressivt *adv.* abrasively

agitation *n.* agitation
agitator *n.* demagogue
agitera *v.* canvass
agnosticism *n.* agnosticism
agonist *n.* agonist
agorafobi *n.* agoraphobia
agrikultur *n.* agriculture
agrikulturell *adj.* agricultural
agrikulturist *n.* agriculturist
agrologi *n.* agrology
agronomi *n.* agronomy
airbag *n.* airbag
ajournering *n.* adjournment
akademi *n.* academy
akademiker *n.* graduate
akademisk *adj.* academic
akinesi *n.* akinesia
akne *n.* acne
akolut *n.* accensor
akritisk *adj.* acritical
akrobat *n.* acrobat
akrobat *n.* tumbler
akrobatik *n.* acrobatics
akrobatisk *adj.* acrobatic
akrostikon *n.* acrostic
akryl- *adj.* acrylic
akta *v.* esteem
akta sig *v.* care
akter *n.* stern
akterut *adv.* aft
aktie *n.* share
aktieinnehav *adj.* shareholding
aktieinnehav *n.* shareholding
aktiemarknad *n.* sharemarket
aktiemäklare *n.* sharebroker
aktieägare *n.* shareholder
aktiver *adj.* active
aktivera *v.* activate
aktivist *n.* activist
aktivitet *n.* activity
aktning *n.* esteem
aktuell *adj.* topical

aktuell *adj.* up-to-date
akupunktur *n.* acupuncture
akupunktör *n.* acupuncturist
akustik *n.* acoustics
akustisk *adj.* acoustic
akvarium *n.* aquarium
akvedukt *n.* aqueduct
alabaster *n.* alabaster
alabaster- *adj.* alabaster
albino *n.* albino
album *n.* album
aldrig *adv.* never
alegar *n.* alegar
alert *adj.* alert
alfa *n.* alfa
alfa *n.* alpha
alfabet *n.* alphabet
alfabetisk *adj.* alphabetical
alg *n.* alga
algartad *adj.* algal
algebra *n.* algebra
alias *adv.* alias
alibi *n.* alibi
alienera *v.* alienate
alkali *n.* alkali
alkalisk *adj.* alkaline
alkemi *n.* alchemy
alkemist *n.* alchemist
alkis *adj.* lush
alkohol *n.* alcohol
alkoholism *n.* alcoholism
alkoholist *n.* alcoholic
alkov *n.* alcove
alla *adj.* all
alla *pron.* everybody
alldaglig *adj.* workaday
alldeles *adv.* entirely
allegori *n.* allegory
allegorisk *adj.* allegorical
allergi *n.* allergy
allestädes närvarande *adj.* uniquous

allians *n.* alliance
alliansfrihet *n.* non-alignment
allierad *n.* ally
alligator *n.* alligator
allihopa *pron.* everyone
allittera *v.* alliterate
allitteration *n.* alliteration
allmosa *n.* dole
allmosor *n.* alms
allmän *adj.* general
allmänhet *n.* public
allmänpraktiker *n.* practitioner
allom *pron* all
allra *adj.* very
allsmäktige *adj.* almighty
allspråkig *adj.* omnilingual
allt *n.* all
allteftersom *conj.* as
alltid *adv.* always
alltid *adv.* ever
alltigenom *adv.* throughout
allting *pron.* everything
allusion *n.* allusion
allvarlig *adj.* grave
allvarlig *adj.* grievous
allvetande *adj.* omniscient
allvetenhet *n.* omniscience
allätande *adj.* omnivorous
allätare *n.* omnivore
almanacka *n.* almanac
aln *n.* cubit
alp *n.* alp
alpin *n.* alpine
alpinist *n.* alpinist
alpinsk *adj.* alpine
alstra *v.* alter
alt *n.* alto
alt *n.* contralto
altare *n.* altar
alteration *n.* alteration
alternativ *n.* alternative
alternativ *n.* option

alternera *adj.* alternative
altruism *n.* altruism
altruist *n.* altruist
altruistisk *adj.* altruistic
aluminera *v.* aluminate
aluminium *n.* aluminium
amalgam *n.* amalgam
amatör *n.* amateur
ambasad *n.* embassy
ambassadör *n.* ambassador
ambition *n.* ambition
ambitiös *adj.* ambitious
ambivalens *n.* ambivalence
ambivalent *adj.* ambivalent
ambulans *n.* ambulance
ambulera *v.* ambulate
amen *interj.* amen
amenorré *n.* amenorrhoea
amerkans siklöja *n.* cisco
amfibie- *adj.* amphibious
amfiteater *n.* amphitheatre
amiral *n.* admiral
amma *v.* suckle
ammoniak *n.* ammonia
ammunition *n.* ammunition
amnesti *n.* amnesty
Amor *n.* Cupid
amoralisk *adj.* amoral
amoralitet *n.* admiralty
amorfism *n.* amorph
amortera *v.* amortise
ampere *n.* ampere
amputation *n.* amputation
amputera *v.* amputate
amputerad person *n.* amputee
amulett *n.* amulet
amygdala *n.* amygdala
ana *v.* forbode
anabaptism *n.* anabaptism
anabol *adj.* anabolic
anabolisk *n.* anabolic
anaclasis *n.* anaclasis

anal- *adj.* anal
analfabet *adj.* illiterate
analog *adj.* analogous
analogi *n.* analogy
analys *n.* analysis
analysera *v.* analyse
analytiker *n.* analyst
analytisk *adj.* analytical
anamnes *n.* anamnesis
anamorfisk *adj.* anamorphosis
ananas *n.* pineapple
anarki *n.* anarchy
anarkism *n.* anarchism
anarkist *n.* anarchist
anastesi *n.* anaesthesia
anatomi *n.* anatomy
anbud *n.* tender
anciennitet *n.* seniority
andakt *n.* devotion
andas *v.* breathe
andas *v.* respire
ande *n.* genie
ande *n.* spirit
andel *n.* cut
andel *n.* scot
andel *n.* share
andetag *n.* breath
andlig *adj.* spiritual
andlighet *n.* otherworldliness
andlighet *n.* spirituality
andning *n.* respiration
andra *pron.* other
andra *adj.* second
andraspel *n.* aftergame
androfagi *n.* androphagi
anekdot *n.* anecdote
anemi *n.* anaemia
anemometer *n.* anemometer
anfalla *v.* savage
anfallare *n.* striker
anföra *v.* adduce
anföra *v.* conduct

anförare *n.* conductor
anförtro *v.* confide
anförtro *v.* consign
ange *v.* denounce
ange *v.* designate
ange *v.* make
ange *v.* state
angelägen *adj.* desirous
angelägen *adj.* solicitous
angelägenhet *n.* affair
angemän *adj.* palatable
angivelse *n.* denunciation
angrepp *n.* brunt
angrepp *n.* onset
angrepp *n.* onslaught
angrepp *n.* pounce
angripa *v.* assail
angripa *v.* belabour
angripare *n.* aggressor
angränsande *adj.* contiguous
animat *adj.* animate
animation *n.* animation
animera *v.* animate
animerande *adj.* reanimate
aning *n.* hunch
aning *n.* inkling
aningslöshet *n.* naivety
anis *n.* aniseed
anka *n.* canard
anka *n.* duck
ankare *n.* anchor
ankarplats *n.* anchorage
ankarspel *v.* windlass
anklaga *v.* arraign
anklaga *v.* indict
anklagad *n.* accused
anklagare *n.* accusator
anklagare *v.* accuse
anklagelse *n.* accusation
anklagelse *n.* acquisition
anklagelse *n.* impeachment
anklagelsepunkt *n.* allegation

ankomma *v.* arrive
ankomst *n.* advent
ankomst *n.* arrival
ankra *v.* moor
ankring *n.* moorings
anledning *n.* occasion
anledning *n.* reason
anlete *n.* visage
anlägga *v.* construct
anmäla *v.* dob
anmäla *v.* enrol
anmälan *n.* dob
anmälare *n.* informer
anmält *int.* dob
anmärka *v.* remark
anmärkning *n.* remark
anmärkningsvärd *adj.* remarkable
annaler *n.pl.* annals
annan *adj.* else
annars *adv.* else
annars *adv.* otherwise
annat *adj.* other
annektera *v.* annex
annons *n.* advertisement
annonsera *v.* advertise
annullera *v.* annul
annullera *v.* nullify
annullering *n.* annulment
annullering *n.* nullification
annulus *n.* annulet
anomitet *n.* anonymity
anonym *adj.* anonymous
anorak *n.* anorak
anordna *v.* hold
anorektisk *adj.* anorexic
anpassa *v.* adapt
anpassa sig *v.* acclimatise
anpassa sig till *v.* accommodate
anpassning *n.* adaptation
anrika *v.* enrich
ansats *n.* approach

anse *v.* believe
anse *v.* deem
anseende *n.* repute
anselig *adj.* sizable
ansikte *n.* face
ansiktsbehandling *adj.* facial
ansiktslyftning *n.* facelift
ansiktsuttryck *n.* countenance
anskaffande *n.* procurement
anslag *n.* appropriation
anslag *n.* plot
ansluta *v.* affiliate
ansluta *v.* wire
ansluta till *v.* accede
anslutning *n.* accession
anslutning *n.* adherence
anslutning *n.* affiliation
anspela *v.* allude
anspråk *n.* pretension
anspråksfullhet *n.* ostentation
anstifta *v.* cause
anstifta *v.* instigate
anstiftan *n.* instigation
anstormning *n.* onrush
anstränga *v.* strain
ansträngande *adj.* strenuous
anställa *v.* appoint
anställa *v.* employ
anställd *n.* employee
anställning *n.* employment
anständig *adj.* endurable
anständighet *n.* decency
anständighet *n.* propriety
anstötlig *adj.* offensive
ansvaig *adj.* accountable
ansvar *n.* onus
ansvar *n.* responsibility
ansvarig *adj.* answerable
ansvarig *adj.* responsible
ansvarsskyldighet *n.* accountability
ansökning *n.* application

anta *v.* assume
anta *v.* presume
anta *v.* suppose
anta *v.* anticipate
antagande *n.* assumption
antagande *n.* presumption
antagande *n.* supposition
antarktisk *adj.* antarctic
antasta *n.* accost
antastad *adj.* accosted
antecardium *n.* antecardium
anteckna *v.* note
anteckning *n.* note
anteckningsblock *n.* scratchpad
antenn *n.* aerial
antenn *n.* antennae
anti- *pref.* anti
antibiotika *n.* antibiotic
antifoni *n.* antiphony
antiken *n.* antiquity
antikvarie *n.* antiquary
antikvarisk *adj.* antiquarian
antilop *n.* antelope
antipati *n.* antipathy
antipod *n.* antipodes
antiseptisk *adj.* antiseptic
antites *n.* antithesis
antologi *n.* anthology
antyda *v.* insinuate
antydan *n.* intimation
antydning *n.* insinuation
antända *v.* accend
antända *v.* inflame
antända *v.* kindle
anus *n.* anus
anvisa *v.* allot
anvisning *n.* allotment
använda *v.* adhibit
använda *v.* bestow
använda *v.* expend
använda *v.* ply
använda *v.* spend

använda *v.* use
använda en eldgaffel *v.* salamander
använda gyttja *v.* goo
använda opiat *v.* opiate
använda planteringsspinne *v.* dib
använda radioanläggning *v.* transceive
använda trädgårdsredskap *v.* crome
användande *n.* usage
användbar *adj.* useful
användning *n.* use
aorta *n.* aorta
aoutokrat *n.* autocrat
apa *n.* ape
apa *n.* monkey
apati *n.* apathy
apliknande *adj.* anthropoid
apliknande *adj.* apish
apné *n.* apnoea
apostel *n.* apostle
apostrof *n.* apostrophe
apotek *n.* dispensary
apotek *n.* pharmacy
apotekare *n.* druggist
apotekare *n.* pharmacist
appendix *n.* appendix
applicera *v.* apply
applicering av matematik i fysik *n.* octonionics
applikation *n.* application
applåder *n.* applause
applådera *v.* applaud
approbation *n.* approbation
aprikos *n.* apricot
April *n.* April
aptit *n.* appetite
aptitlig *adj.* toothsome
aptitretare *n.* teaser
Arab *n.* Arab
arabisk *adj.* Arabic

arabiska *n.* Arabic
arbeta *v.* labour
arbeta *v.* work
arbeta övertid *adv.* overtime
arbetare *n.* labourer
arbetare *n.* worker
arbete *n.* labour
arbete *n.* work
arbete utfört på bänk *n.* benchwork
arbetsgivare *n.* employer
areal *n.* acreage
arekapalm *n.* areca
arena *n.* arena
arg *adj.* angry
arg *adj.* cross
arg *adj.* mad
argbigga *n.* shrew
argonaut *n.* argonaut
argt *adv.* mad
argument *n.* argument
aristokrat *n.* aristocrat
aristokrati *n.* aristocracy
aritmetik *n.* arithmetic
aritmetisk *adj.* arithmetical
ark *n.* ark
ark *n.* sheet
ark av sten *n.* scant
arkad *n.* arcade
arkeologi *n.* archaeology
arkitekt *n.* architect
arkitektur *n.* architecture
arkiv *n.pl.* archives
arkivera *v.* file
arkivskåp *n.* file
Arktika *n.* Arctic
arm *n.* arm
armatur *n.* armature
armband *n.* bracelet
armbindel *adj.* armlet
armbåge *n.* elbow
armé *n.* army

armen parallelt med marken *adj.* sidearm
armhåla *n.* armpit
armring *n.* bangle
arom *n.* aroma
arom *n.* savour
aromaterapi *n.* aromatherapy
arrangemang *n.* arrangement
arrangera *v.* arrange
arrangera *v.* cater
arrende *n.* tenancy
arrest *n.* arrest
arrestera *v.* arrest
arrogans *n.* arrogance
arrogant *adj.* arrogant
arrowrot *n.* arrowroot
arsenal *n.* arsenal
arsenik *n.* arsenic
arter *n.* species
artig *adj.* mannerly
artig *adj.* polite
artighet *n.* complaisance
artighet *n.* courtesy
artighet *n.* politeness
artikel *n.* article
artikel *n.* item
artikulera *adj.* articulate
artilleri *n.* artillery
artilleri *n.* ordnance
arton *adj.* eighteen
artrit *n.* arthritis
artär *n.* artery
arv *n.* inheritance
arv *n.* heritage
arvode *n.* honorarium
arvtagare *n.* heir
asbest *n.* asbestos
asexualitet *n.* asexuality
asfaltera *v.* tar
asfyxi *n.* asphyxia
aska *n.* ash
asketisk *adj.* ascetic

asketism *n.* ascetic
askgrå *adj.* ashen
aspekt *n.* facet
aspirant *n.* aspirant
aspiration *n.* aspiration
assibilera *v.* assibilate
assimilation *n.* assimilation
assimilera *v.* accrete
assimilera *v.* assimilate
assistans *n.* assistance
assistent *n.* assistant
assistera *v.* assist
association *n.* association
associationsrik *adj.* evocative
associera *v.* associate
asterism *n.* asterism
asterix *n.* asterisk
asteroid *adj.* asteroid
astma *n.* asthma
astral *adj.* astral
astrolabium *n.* astrolabe
astrolog *n.* astrologer
astrologi *n.* astrology
astronaut *n.* astronaut
astronom *n.* astronomer
astronomi *n.* astronomy
asymetrisk *adj.* asymmetrical
asätare *n.* scavenger
ateism *n.* atheism
ateist *n.* antitheist
ateist *n.* atheist
atlas *n.* atlas
atlet *n.* athlete
atletisk *adj.* athletic
atmosfär *n.* atmosphere
atmosfärisk *adj.* atmospheric
atom *n.* atom
atomisk *adj.* atomic
atopisk *adj.* atopic
atrofi *n.* atrophy
atropin *n.* atropine
att *conj.* that

att berätta ett skämt *v.* jest
att bifoga igen *v.* reannex
att böja eller vrida sig *v.* crankle
att diffundera med osmos *v.* osmose
att gå mot en återvändsgränd *adj.* dead-end
att göra en biopsi *v.* biopsy
att göra en foul *n.* deturpation
att göra en kontroll *v.* checkpoint
att göra en undersökning *v.* checkup
att göra mål *n.* goalscoring
Att ha en östrocykel per år *n.* monoestrous
att ha obegränsad kraft *adj.* omnipotent
att ha varje form *adj.* omniform
att klättra *v.* clive
att knuffa *n.* push
att koka upp *v.* ebulliate
att komma till en återvändsgränd *v.* dead-end
att komma topp tre i en tävling *v.* podium
att kunna vara trevlig *n.* enjoyability
att lossa *n.* deglutination
att lysa upp bakifrån *v.* backlight
att miltiplicera med åtta *v.* octuple
att omge som av ett jordklot *v.* englobe
att räkna fel *v.* decalibrate
att räkna poäng *n.* scorekeeping
att sjunga *n.* crooning
att skämma ut *v.* beshame
att sätta in en deposition *v.* escrow
att utöva avhållsamhet *n.* eschewment
att vara anonym *n.* anonymosity

att vara djärv *n.* intrepidity
att vara en rekommendation åt någon *adj.* credential
att vara fåfäng *n.* immodesty
att vara förvirrad *n.* daziness
att vara kattlik *n.* felinity
att vara kompetent inom varje område *n.* omnicompetence
att vara notabel *n.* notability
att vara skenbar *n.* ostensibility
att vara undviklig *n.* evitability
att våga säga *v.* daresay
att vänta *adj.* abideable
att ändra uppfattning *n.* backtrack
att öppna *v.* dup
attaché *n.* attache
attack *n.* attack
attack *n.* lunge
attackera *v.* attack
attiralj *n.* apparatus
attityd *n.* attitude
attrahera *v.* attract
attraktion *n.* attraction
attraktiv *adj.* attractive
attribut *n.* attribute
attributera *v.* attribute
atypisk *adj.* atypic
aubergine *n.* brinjal
audiovisuell *adj.* audiovisual
auditiv *adj.* auditive
Augusti *n.* August
auktion *n.* auction
auktionera *v.* auction
auktorisera *v.* authorize
auktoritativ *adj.* authoritative
auktoritet *n.* authority
aura *n.* aura
autobiografi *n.* autobiography
autograf *n.* autograph
autokratisk *adj.* autocratic
automatisk *adj.* automatic

autonom *adj.* autonomous
av *prep.* off
av nödvändighet *adv.* perforce
av ringa härkomst *adj.* baseborn
av största antal *n.* most
av två celler *adj.* bicellular
avan *adv.* backward
avancemang *n.* advancement
avancera *v.* advance
avbilda *v.* portray
avbildning *n.* effigy
avbitare *n.* plyer
avbrott *n.* breakoff
avbrott *n.* interlude
avbrott *n.* interruption
avbrott *n.* outage
avbryt *v.* abort
avbryta *v.* cancel
avbryta *v.* disrupt
avbryta *v.* interrupt
avdelning *n.* department
avdelning *n.* ward
avdrag *n.* deduction
avfall *n.* litter
avfall *n.* refuse
avfall *n.* waste
avfalla *v.* backslide
avfukta *v.* dehumidify
avföring *n.* feces
avföring *n.* stool
avgas *v.* exhaust
avge *v.* emit
avgift *n.* fare
avgift *n.* fee
avgift *n.* royalty
avgift *n.* toll
avgiftning *n.* detoxication
avgiftsbar *adj.* taleable
avgjord *adj.* decided
avgjord *adj.* definite
avgjort *adv.* decidedly
avgjutning *n.* cast

avgrening *n.* bifurcation
avgränsa *v.* demarcate
avgränsning *n.* delimitation
avgudadyrkare *n.* idolater
avgå *v.* resign
avgå *v.* retire
avgång *n.* departure
avgång *n.* resignation
avgörande *adj.* decisive
avgörande *adj.* vital
avhandling *n.* treatise
avhjälpa *v.* redress
avhjälpa *n.* remedy
avhjälpande *adj.* remedial
avhoppare *n.* dropout
avhuggning *n.* lop
avhålla *v.* eschew
avhålla *v.* hold
avhållsamhet *n.* abstenance
avhämtningsbutik *n* takeout
avkalka *v.* decalcifiy
avkalka *v.* descale
avkalkning *n.* decalcification
avkasta *v.* yield
avkastning *n.* return
avkastning *n.* yield
avkoda *v.* decode
avkodare *n.* decoder
avkolonisera *v.* decolonize
avkolonisering *n.* decolonization
avkomma *n.* brood
avkomma *n.* offspring
avkomma *n.* progeny
avkomprimera *v.* decompress
avkomprimering *n.* decompression
avkortning *n.* runcation
avkriminalisera *v.* decriminalize
avkriminalisering *n.* decriminalization
avlasta *v.* unburden
avlida *v.* decease

avlida *v.* die
avliden *adj.* deceased
avliva *v.* euthanize
avlopp *n.* drain
avlopp *n.* sewage
avlopp *n.* sewer
avloppsnät *n.* sewerage
avloppsrör *n.* drainpipe
avlossande *n.* discharge
avlyssna *v.* overhear
avlägsna *v.* remove
avlägsnande *n.* removal
avlänka *v.* deflect
avlöva *v.* defoliate
avlövningsmedel *n.* defoliant
avmagnetisera *v.* demagnetize
avnjuta *v.* savour
avråda *v.* dissuade
avrätta *v.* execute
avrätta *v.* assassinate
avrätta med elektricitet *v.* electrocute
avrättare *n.* assassin
avrättning *n.* assassination
avrättning *n.* execution
avsalta *v.* desalt
avseende *n.* regard
avsiktlig *adj.* deliberate
avsiktlig *adj.* intentional
avskaffa *v.* abrogate
avskaffande *v.* abolition
avskaffande *n.* abolishment
avskaffande *n.* abrogation
avskaffare *n.* abolisher
avsked *interj.* adieu
avsked *n.* conge
avskeda *v.* dismiss
avskeda *v.* sack
avskildhet *n.* insularity
avskildring *n.* depiction
avskilja *v.* sequester
avskiljande *n.* abruption

avskiljande *n.* severance
avskrivare *n.* copist
avskrivning *n.* amortization
avskräcka *v.* discourage
avskräckande *adj.* prohibitive
avskräckningsmedel *n.* repellent
avskum *n.* scum
avsky *v.* abhor
avsky *v.* abominate
avsky *n.* abomination
avsky *v.* detest
avsky *v.* loathe
avsky *n.* repugnance
avskyvärd *adj.* abominable
avskyvärd *adj.* atrocious
avskyvärd *adj.* loathsome
avskyvärd *adj.* odious
avskyvärt *adv.* abominably
avskärning *n.* abjunction
avslag *n.* denial
avslag *n.* rejection
avslappning *n.* relaxation
avsluta *v.* finish
avsluta *v.* terminate
avslutande *adj.* conclusive
avslutande *adj.* terminal
avslutning *n.* closure
avslutning *n.* finish
avslöja *v.* disclose
avslöja *v.* divulge
avslöja *v.* expose
avsmakning *n.* degustation
avsmalning *n.* taper
avsocialisering *n.* desocialization
avstå *v.* abnegate
avstå *v.* abstain
avstå *v.* refrain
avstå från *v.* forgo
avstående *n.* waiver
avstämma *v.* match
avsvärja sig *v.* forswear
avsäga sig *v.* renounce

avsägelse *n.* ablegation
avsägelse *n.* abnegation
avsägelse *n.* renunciation
avsändning *n.* consignment
avsätta *v.* degrade
avsätta *v.* depose
avsätta *v.* dethrone
avsätta *v.* dismiss
avsättning *n.* appropriation
avsöka *v.* debug
avta *v.* decrease
avta *v.* ebb
avta *v.* subside
avta *v.* wane
avtagande *adv.* decreasingly
avtagande *n.* wane
avtal *n.* convention
avtala *v.* concert
avtalat möte *n.* tryst
avtappa *v.* tap
avtorkning *n.* wipe
avtrubbad *adj.* blunt
avtryck *n.* imprint
avtryck *n.* print
avtryckare *n.* trigger
avträda *v.* cede
avundas *v.* envy
avundsam *adj.* begrudging
avundsjuk *adj.* envious
avundssjuk *adj.* jealous
avundssjuka *n.* jealousy
avundsvärd *adj.* enviable
avvakta *v.* bide
avverka *v.* cover
avvika *v.* abscond
avvika *v.* depart
avvika *v.* differ
avvika från ämnet *v.* digress
avvikare *n.* outsider
avvikelse *n.* aberrance
avvikelse *n.* abnormality
avvikelse *n.* anomaly

avvikelse *n.* deflection
avvikelse *v.* deviate
avvikelse *n.* deviation
avvisa *v.* overrule
avvisa *v.* reject
avvisa *v.* rebuff
avvisande *n.* rebuff
avvisande *n.* repulse
avvänja *v.* wean
avvänja från bröstet *v.* ablactate
avvärja *v.* fend
axel *n.* axle
axel *n.* shoulder
axel *n.* spindle
axel *n.* axis
axel- *adj.* axial
axelryckning *n.* shrug
azur *n.* azure

B

babbel *n.* babble
babbla *v.* babble
babbla *v.* gabble
babblare *n.* blabber
babe *n.* babe
babian *n.* baboon
back *n.* crate
backa *v.* reverse
backanal *n.* bacchanal
backanalisk *adj.* bacchanal
backe *n.* ascent
backe *n.* hill
backhand *n.* backhand
backpacker *n.* backpacker
bacon *n.* bacon
bad *n.* bath
bada *v.* bathe
badkar *n.* tub
badminton *n.* badminton
bagage *n.* baggage

bagage *n.* luggage
bagare *n.* baker
bagatell *n.* trifle
bageri *n.* bakery
bagge *n.* ram
baguette *n.* baguette
bajonett *n.* bayonet
bak- *adj.* rear
baka *v.* bake
bakdel *adv.* behind
bakdel *n.* buttock
bakgrund *n.* background
bakgrund *n.* ground
bakgrundsbelyst *adj.* backlit
bakhuvud *n.* occipital
bakhåll *n.* ambuscade
bakhållsanfall *n.* ambush
bakljus *n.* backlight
bakom *conj.* after
bakom *n.* behind
bakom *prep.* behind
bakomliggande *adj.* back
bakre *adv.* rear
baksida *n.* rear
bakstycke *n.* breeches
baktala *v.* backbite
baktala *v.* malign
bakterie *n.* bacteria
bakterie *n.* germ
bakteriedödande medel *n.* antiseptic
bakteriedödande medel *n.* germicide
bakvägs- *adj.* backstairs
bakåt *adv.* aback
bakåtriktad *adj.* backward
bakåtsikt *adj.* rearview
bakåtsträvare *n.* reactionist
bala *v.* bale
balaclava *n.* balaclava
balans *n.* balance
balansera *v.* balance

balansera *v.* perch
balk *n.* baulk
balk *n.* girder
balkong *n.* balcony
ballad *n.* ballad
ballett *sn.* ballet
ballistik *n.* ballistics
ballong *n.* balloon
balsam *n.* balsam
balsamera *v.* embalm
balsamering *n.* embalming
balsamisk *adj.* balsamic
bambu *n.* bamboo
bana *n.* circuit
bana *n.* course
bana *n.* orbit
bana väg för *v.* pioneer
banal *adj.* banal
banan *n.* banana
band *n.* band
band *n.* bond
band *n.* bonds
band *n.* gasket
band *n.* tapeline
bandage *n.* bandage
bandagera *v.* bandage
banderoll *n.* streamer
bandfordon *n.* caterpillar
bandit *n.* bandit
bandit *n.* brigand
banditism *n.* dacoity
bandlös *adj.* tapeless
bandspelare *n.* tape player
banianfikus *n.* banyan
banjo *n.* banjo
bank *n.* bank
bankande *n.* throb
bankett *n.* banquet
bankman *n.* banker
bankrupt *n.* bankrupt
bannlysa *v.* excommunicate
baptism *n.* baptism

bar *adj.* bare
bara *adv.* only
barbar *n.* barbarian
barbari *n.* savagery
barbarisk *adj.* barbarian
barbarisk *adj.* barbarous
barbarism *n.* barbarism
barberare *n.* barber
bard *n.* bard
barfota *adj.* barefoot
barium *n.* barium
bark *n.* bark
bark rik på tannin *n.* tanbark
barmhärtighet *n.* lenience
barn *n.* child
barn *n.* kid
barnamord *n.* infanticide
barndom *n.* boyhood
barndom *n.* childhood
barndom *n.* infancy
barnhem *n.* orphanage
barnkammare *n.* nursery
barnmorska *n.* midwife
barnsköterska *n.* nanny
barnslig *adj.* childish
barnslig *adj.* infantile
barnunge *n.* brat
barnvagn *n.* perambulator
barnvagn *n.* pram
barnvaktande *n.* babysitting
barock- *adj.* baroque
barometer *n.* barometer
baron *n.* baron
barouche *n.* barouche
barrack *n.* barrack
barrikad *n.* barricade
barriär *n.* barrier
barsk *adj.* stern
bartender *n.* barman
bartender *n.* bartender
baryton *n.* baritone
bas *n.* base

bas *n.* body
basar *n.* bazaar
basera *v.* ground
baserat på uppräkning *adj.* enumerative
baserat på uttal *adj.* enunciatory
basgitarr *n.* bass
basilika *n.* basil
basker *n.* beret
basketboll *n.* basketball
basta *v.* sauna
bastu *n.* sauna
basunera ut *v.* bruit
batong *n.* baton
batteri *n.* battery
be *v.* beg
be *v.* plead
be *v.* pray
be *v.* request
be *v.* appeal
be om ursäkt *v.* apologize
bearbeta *v.* influence
bebo *v.* inhabit
beboelig *adj.* habitable
beboelig *adj.* inhabitable
bedja *v.* entreat
bedraga *v.* deceive
bedragare *n.* cheat
bedragare *adj.* crook
bedragare *n.* impostor
bedrift *n.* feat
bedriva *v.* practise
bedriva *v.* pursue
bedrägeri *n.* cheat
bedrägeri *n.* crookery
bedrägeri *n.* deception
bedrägeri *n.* fraud
bedrägeri *n.* imposture
bedräglig *adj.* deceptive
bedräglig *adj.* fraudulent
bedräglig *adj.* underhand
bedröva *v.* sadden

bedrövad *n.* woeful
bedrövlig *adj.* woebegone
bedyra *v.* assert
bedårande *adj.* adorable
bedöma *v.* evaluate
bedömande *adj.* estimative
bedömning *n.* assessment
bedöva *v.* stun
bedövningsmedel *n.* anaesthetic
befalla *v.* order
befalla *v.* command
befallande *adj.* lordly
befallning *n.* command
befattning *n.* post
befinna *v.* locate
befläcka *v.* maculate
befläckad *adj.* maculate
befolka *v.* people
befolka *v.* populate
befolkad *adj.* populous
befordra *v.* promote
befria *v.* free
befria *v.* liberate
befria *v.* rid
befriare *n.* liberator
befrielse *n.* deliverance
befrielse *n.* liberation
befruktning *n.* conception
befruktning *n.* fecundation
befäl *n.* officer
befälhavare *n.* commander
befängd *adj.* absurd
befästa *v.* fortify
befästning *n.* bastion
begivenhet *n.* occurrence
begrava *v.* entomb
begrava *n.* burrow
begrava *v.* bury
begravning *n.* burial
begravning *n.* funeral
begravning *n.* sepulture
begravningsplats *n.* necropolis

begrepp *n.* notion
begripa *v.* apprehend
begripa *v.* conceive
begriplig *adj.* intelligible
begråta *v.* bewail
begränsa *v.* confine
begränsa *v.* delimit
begränsa *v.* delimitate
begränsa *v.* limit
begränsa *v.* restrict
begränsad *adj.* finite
begränsad *adj.* limited
begränsning *n.* limitation
begränsning *n.* restriction
begå mened *v.* perjure
begåvad *adj.* gifted
begåvning *n.* intelligence
begär *n.* appetence
begär *n.* desire
begär *n.* greed
begär *n.* craving
begära *v.* covet
begära *v.* desire
begära *v.* petition
begäran *n.* request
begärligt *adv.* avidly
behag *n.* grace
behaga *v.* please
behandla *v.* treat
behandla illa *v.* mistreat
behandling *n.* treatment
behov *n.* need
behålla *v.* retain
behållande *n.* retention
behållare *n.* tank
behöva *v.* need
behöva *v.* require
behövande *adj.* needy
behövlig *adj.* needful
bejaka *v.* affirm
bekanta sig *v.* acquaint
bekantskap *n.* acquaintance

beklaga *v.* pity
beklaglig *adj.* deplorable
bekläda *v.* coat
bekransa *v.* wreathe
bekräfta *v.* confirm
bekräfta *v.* corroborate
bekräfta *v.* validate
bekräftande *adj.* corroborative
bekräftelse *n.* affirmation
bekräftelse *n.* confirmation
bekräftelse *n.* endorsement
bekväm *adj.* comfortable
bekväm *adj.* comfy
bekväm *adj.* convenient
bekämpa *v.* combat
bekämpningsmedel *n.* pesticide
belasta *v.* burden
belasta *v.* incriminate
belastning *n.* strain
belevad *adj.* courteous
belevad *adj.* urbane
belevenhet *n.* urbanity
belopp *n.* amount
belysa *v.* illuminate
belysning *n.* illumination
belåna *v.* mortgage
belåtenhet *n.* content
belägga *v.* impose
belägra *v.* besiege
belägra *v.* siege
belägring *n.* siege
beläst *adj.* well-read
belöna *v.* reward
belöning *n.* bounty
belöning *n.* reward
bemyndiga *v.* empower
bemästra *v.* master
bemöta *v.* treat
bemötande *n.* treatment
ben *n.* bone
ben *n.* leg
benfisk *n.* bonefish

benföring *n.* footwork
benlös *adj.* boneless
benmärg *n.* marrow
bensen *n.* benzene
bensidin *n.* benzidine
bensin *n.* gasoline
bensin *n.* petrol
bensågare *n.* sawbones
benåda *n.* pardon
benådning *v.* pardon
benägen *adj.* prone
benämna felaktigt *v.* miscall
bereda *v.* pave
beredskap *n.* readiness
beredvillig *adj.* alacrious
beredvillighet *n.* alacrity
berg *n.* mountain
bergig *adj.* mountainous
bergsbestigare *n.* mountaineer
bergsväg *n.* cornicle
bero *v.* depend
bero *v.* pivot
beroende *n.* dependence
beroende *n.* reliance
beroende av varandra *adj.* interdependent
beroendeförhållande *n.* interdependence
berså *n.* bower
berusa *v.* intoxicate
berusad *adj.* tipsy
berusningsmedel *n.* intoxicant
beryllium *n.* beryllium
beräkna *v.* account
beräkna *v.* average
beräkna *v.* average
beräkna *v.* compute
beräkna tensorprodukten av två tensorer *v.* tensor
beräkning *n.* computation
berätta *v.* share
berätta *v.* tell

berätta sagor v. talebear
berättande adj. narrative
berättande n. telling
berättare n. narrator
berättare n. teller
berättelse n. narrative
berättelse n. story
berättelse n. tale
berättiga v. entitle
berättiga v. warrant
berättiga v. justify
berättigad adj. justifiable
beröm n. commendation
berömma v. commend
berömmelse n. eminence
berömmelse n. fame
berömvärd adj. commendable
beröva v. bereave
beröva v. denude
beröva v. dock
beröva v. eviscerate
besatthet n. obsession
besegra v. conquer
besegra v. defeat
besegra v. overcome
besegra v. vanquish
besegra v. worst
besittning n. dominion
besittning n. occupancy
beskatta v. tax
beskattning n. taxation
beskattningsbar adj. taxable
besked n. notice
beskjuta v. shell
beskriva v. describe
beskriva v. narrate
beskrivande adj. descriptive
beskrivning n. description
beskrivning n. narration
beskydd n. auspice
beskydda v. mother
beskyddande adj. protective

beskyddare n. protector
beskära v. dehort
beskära v. mete
beslag n. embargo
beslag n. seizure
beslagta v. seize
beslut n. decision
besluta v. conclude
besluta v. decide
besluta kön v. sex
beslutsam adj. resolute
beslutsamhet n. determination
beslutsmässigt antal n. quorum
beslöja v. veil
bestialisk adj. bestial
bestiga v. mount
bestiga v. scale
bestigare n. acceder
beströ v. bestrew
beströ v. sprinkle
bestå v. endure
bestå v. last
bestå av v. consist
bestående adj. abiding
bestående adj. lasting
beståndsdel n. constituent
beställning n. order
bestämma v. determine
bestämma v. dispose
bestämma v. govern
bestämma v. prescribe
beständig adj. continuous
beständighet n. permanence
besvär n. grievance
besvär n. nuisance
besvära v. bother
besvära v. embarrass
besvära v. trouble
besvärande adj. embarrassing
besvärja n. beseech
besvärja v. beseech
besvärjelse n. beseeching

besvärlig *adj.* laborious
besvärlig *adj.* troublesome
besynnerlig *adj.* peculiar
besynnerlig *adj.* queer
beså *v.* seed
beså *v.* sow
besättande *n.* possession
besättning *n.* crew
besök *n.* visit
besöka *v.* visit
besökare *n.* caller
besökare *n.* visitor
beta *n.* morsel
beta *v.* pasture
beta *v.* taw
Beta *n.* beta
beta- *adj.* beta
betala *v.* foot
betala *v.* pay
betalbar *adj.* payable
betalning *n.* payment
betalningsförmåga *n.* solvency
betalningsmottagare *n.* payee
bete *n.* bait
bete *n.* lure
bete *n.* pasture
bete *n.* tusk
bete sig som en moder *adj.*
   motherlike
beteckna *v.* denominate
beteckna *v.* denote
beteende *n.* behaviour
betel *n.* betel
betjäna *v.* attend
betjänt *n.* menial
betona *v.* accent
betona *v.* stress
betong *n.* concrete
betoning *n.* accent
betrakta *v.* consider
betrakta *v.* contemplate
betrakta *v.* envisage

betrakta *v.* regard
betraktande *n.* contemplation
beträda *v.* tread
betsel *n.* bridle
bett *n.* bit
bett *n.* bite
bettare *n.* bettor
betting *adj.* betting
betungande *adj.* burdensome
betungande *adj.* onerous
betyda *v.* infer
betyda *v.* matter
betyda *v.* mean
betyda *v.* signify
betydande *adj.* considerable
betydande *adj.* major
betydelse *n.* gravity
betydelse *n.* importance
betydelse *n.* meaning
betydelsefull *adj.* momentous
betyg *n.* credential
betänkande *n.* hesitation
beundra *v.* admire
beundra *v.* adore
beundran *n.* admiration
beundransvärd *adj.* admirable
beundrare *n.* admirer
bevara *v.* perpetuate
bevara *v.* preserve
bevarande *n.* preservation
bevattna *v.* irrigate
bevilja *v.* accord
bevilja *v.* appropriate
bevilja *v.* concede
bevilja *v.* grant
bevis *n.* evidence
bevis *n.* proof
bevis *n.* substantiation
bevisande *adj.* proof
beväpna *v.* arm
beväpna sig förberedande *v.*
   forearm

bevärdiga v. condescend
bi n. bee
bi pref bi
biaxiell adj. biaxial
bibehålla v. maintain
bibel n. bible
bibliograf n. bibliographer
bibliografi +n bibliography
bibliotek n. library
bibliotikarie n. librarian
biceps n. biceps
bidé n. bidet
bidning adj. binding
bidra v. contribute
bidra till v. conduce
bidrag n. grant
bidrag n. subsidy
bidragande adj. tributary
bieffekt n. aftereffect
biennial adj biennial
bifall n. acclamation
biff n. beef
biffig adj. beefy
biflod n. tributary
bigami n. bigamy
bigami- adj. bigamous
bigamist n. bigamist
bihang n. appendage
bikini n. bikini
bikupa n. apiary
bikupa n. beehive
bil n. automobile
bil n. car
bila v. motor
bilaga n. appendix
bilateral adj. bilateral
bild n. image
bilda lag v. team
bilda sårskorpa v. scab
bilda ärr v. scar
bildad adj. literate
bildad adj. proficient

bildhuggarkonst n. sculpture
bildskärm n. monitor
bildspråk n. imagery
bildstormande adj. iconoclastic
bildtext n. caption
biljard n. billiard
biljett n. ticket
billig adj. cheap
billig adj. inexpensive
billås n. carlock
binda v. bind
binda v. bound
binda v. fillet
binda för ögonen v. blindfold
binda med rep v. rope
bindande adj. stringent
bindel n. fillet
bindel n. sling
bindeord n. conjunction
binge n. bunk
binoculär adj. binocular
binär adj. binary
bioagent n. bioagent
bioaktivitet n. bioactivity
bioapsorbtion n. bioabsorption
biobränsle n. biofuel
biodlare n. beekeeper
biodling n. apiculture
biograf n. biographer
biograf n. cinema
biografi n. biography
biografi n. memoir
biografprojektor n. bioscope
biokemisk adj. biochemical
bioklimat n. bioclimate
biolog n. biologist
biologi n. biology
biologisk massa n. biomass
biologiskt farligt adj. biohazardous
biometrisk adj. biometric
bionedbrytning n. biodegradation

biopsi *n.* biopsy
bioskopi *n.* bioscopy
bioteknik *n.* bioengineering
bipolär *adj.* bipolar
biprodukt *n.* by-product
bisak *n.* sideshow
bisarr *adj.* bizarre
bisektris *v.* bisect
bisexualitet *n.* ambissexuality
bisexuell *adj.* ambissexual
bisexuell *n.* ambissexual
bisexuell *adj.* bisexual
bisexuella *adj.* bisexual
biskop *n.* bishop
biskopsdöme *n.* diocese
biskvi *n.* bisque
bismak *n.* taint
bismak *n.* tang
bisonoxe *n.* bison
bister min *n.* frown
bister uppsyn *n.* scowl
bistro *n.* bistro
bita *v.* bite
biträdande *adj.* subsidiary
bitter *adj.* bitter
bitterhet *n.* acrimony
bitterhet *n.* bile
bitterhet *n.* poignacy
bjuda *v.* bid
bjuda in *v.* invite
björk *n.* birch
björn *n.* bear
blad *n.* blade
blad *n.* daily
bladlik *adj.* foliate
bladning *n.* folding
bladverk *n.* foliation
bland *prep.* among
blanda *v.* blend
blanda *v.* mix
blanda *v.* shuffle
blanda ihop *v.* concoct

blanda ihop *v.* jumble
blanda sig i *v.* meddle
blandare *n.* compounder
blandning *n.* blend
blandning *n.* compound
blandning *n.* mixture
blandnings- *adj.* mongrel
blasé *adj.* blasé
bleka *v.* bleach
blekhet *n.* paleness
blekmedel *n.* bleach
blekna *v.* blanch
blekna *adj.* pale
blemma *n.* blain
bli *v.* become
bli *v.* go
bli billigare *v.* cheapen
bli brun *adj.* bronze
bli far till *v.* father
bli full *v.* fuzz
bli krönt *adj.* crowned
bli mörkröd *v.* crimson
bli stadig *v.* steady
bli till flisor *adj.* flaking
bli änka *v.* widow
blick *n.* glance
blick *n.* stare
blicka *v.* glance
blickfång *n.* eyecatcher
blid *adj.* placid
blind *adj.* blind
blindhet *n.* ablepsy
blindhet *n.* amaurosis
blindhet *n.* blindness
blindskrift *n.* braille
blindskär *n.* pitfall
blindtarmsinflammation *n.* appendicitis
blinga *v.* bejewel
blink *n.* gleam
blinka *v.* blink
blinka *v.* wink

blinkljus *n.* flasher
blinkning *n.* wink
blixt *n.* flash
blixt *n.* flashing
blixtlampa *n.* flashbulb
blixtlås *n.* zodiac
blixtra *v.* flash
block *n.* bloc
blockad *n.* blockade
blockera *v.* bar
blockera *v.* block
blockera *v.* interlock
blockera *v.* occlude
blockering *n.* obstruction
blod *n.* blood
blodbad *n.* carnage
blodigel *n.* leech
blodigt *adj.* bloody
blodspill *n.* bloodshed
blodssläkting *adj.* cognate
blogförgiftning *n.* sepsis
blomkål *n.* cauliflower
blomlök *n.* bulb
blomma *n.* bloom
blomma *v.* blossom
blomma *n.* flower
blommar *v.* bloom
blommig *adj.* flowery
blomning *n.* blossom
blomsterbukett *n.* nosegay
blomstra *v.* prosper
blotta *v.* bare
blotta *v.* nack
blottad *adj.* devoid
bluff *n.* sham
bluff *n.* trickery
bluff *n.* bluff
bluffa *v.* bluff
blunda för *v.* connive
blunda för *adj.* conniving
blus *n.* blouse
bly *n.* lead

blyertspenna *n.* pencil
blyg *adj.* bashful
blyg *adj.* coy
blyghet *n.* coy
blygsamhet *n.* modesty
blå *n.* blue
blålusern *n.* lucerne
blåmärke *n.* bruise
blåna *adj.* blue
blåsa *n.* bleb
blåsa *n.* blister
blåsa *v.* blow
blåsig *adj.* windy
bläck *n.* ink
bläckfisk *n.* octopus
bläckfisk *n.* octopussy
bläddra *v.* browse
bläddrande *n.* browse
blända *v.* dazzle
blända *v.* glare
bländande *adj.* dazzling
bländare *n.* aperture
bländverk *n.* phantasmagoria
blöda *v.* bleed
blöja *n.* diaper
blöta *v.* dabble
blöta *v.* soak
blöta *v.* wet
blötdjur *n.* mollusc
blötläggning *n.* soak
bo *n.* den
bo *v.* dwell
bo *v.* live
bo på landet *v.* rusticate
boaorm *n.* boa
bock *n.* tick
bocka för *v.* tick
bockad *adj.* bent
bodknodd *n.* shopkeep
bodyboard *n.* bodyboard
bodyboarding *v.* bodyboard
boende på landet *n.* rustication

bogsera v. tow
bogserbåt n. towboat
bogsering n. tow
bohemiskt adj. bohemian
boja n. fetter
bojkott n. boycott
bojkotta v. boycott
bok n. beech
bok n. book
boka v. book
boka v. reserve
bokförare n. book-keeper
bokföring n. accountancy
bokföring n. book-keeping
boklig n. bookish
bokmal n. book-worm
bokmärke n. book-mark
bokning n. reservation
bokstavlig adj. literal
boksäljare n. book-seller
bolag n. corporation
bolags- adj. corporate
bolero n. bolero
boll n. ball
bom n. derrick
bomb n. bomb
bomba v. bomb
bombardemang n. bombardment
bombardera v. bombard
bomber n. bomber
bomull n. cotton
bomullstyg n. jean
bonde n. farmer
bonde n. peasant
bondfolk n. peasantry
bondgård n. farm
bonnlurk n. cracker
bonnläpp n. churl
bonus n. bonus
bor på eller i trä adj. xylophilous
bord n. table

borde v. should
bordell n. brothel
bordlägga v. plank
bordlägga v. table
borgare n. commoner
borgarklass n. bourgeoise
borgarstad n. borough
borgen n. bail
borgensman n. warrantor
borgerlig adj. bourgeois
borgmästare n. mayor
borr n. drill
borra v. drill
borsta v. brush
borste n. brush
borsthår n. bristle
borta adv. over
bortföra v. abduct
bortförklaring n. whitewash
bortgång n. demise
bortryckning n. avulsion
borttröva v. abduct
bortrövande n. abduction
bortrövare n. abductee
bortrövaren n. abductor
bortse v. disregard
borttagande n. ablation
borttagbar adj. removable
borttagning n. abstraction
borttagning av lipider n. delipidation
bosatt adj. domiciled
bosatt adj. resident
boskapstjuv n. abactor
bossig adj. bossy
bostad n. dwelling
bostad n. lodge
bostad n. residence
bostads- adj. domiciliary
bosätta sig v. settle
bosättning n. settlement
bot n. forfeit

bota *v.* cure
bota *v.* remedy
botanik *n.* botany
botemedel *adj.* curative
botemedel *n.* cure
botlig *adj.* curable
botten *n.* bottom
boxning *n.* boxing
bra *adj.* better
bra *adj.* good
bra *adv.* well
brainstorm *n.* brainstorm
brainstorma *v.* brainstorm
brandbekämpning *n.* firefight
brandbil *n.* firetruck
brandfarlig *adj.* inflammable
brandman *n.* firefighter
brandslang *v.* firehose
brandstation *n.* firehouse
brandsäker *adj.* fireproof
brandsäker dräkt *n.* firesuit
brant *adj.* arduous
brant *adj.* steep
brasa *n.* bonfire
brassa på *v.* blaze
bre *v.* spread
bred *adj.* broad
bred *adj.* wide
bredd *n.* breadth
bredda *v.* widen
bredda *n.* width
bredvid *prep.* beside
brett *adv.* wide
brev *n.* letter
brevbärare *n.* postman
breviarum *n.* breviary
brevpapper *n.* stationery
bricka *n.* badge
bricka *n.* tile
bricka *n.* tray
brigad *n.* brigade
brigadgeneral *n.* brigadier

brikett *n.* briquet
briljans *n.* brilliance
briljant *adj.* brilliant
bringa i trångmål *v.* straiten
brinnande *adv.* aflame
brinnande *adj.* ardent
brist *n.* dearth
brist *n.* deficiency
brist *n.* deficit
brist *n.* demerit
brist *n.* failure
brist *n.* fault
brist *n.* flaw
brist *n.* imperfection
brist *n.* lack
brist *n.* lacuna
brist *n.* scarcity
brist *n.* shortcoming
brist *n.* want
brista *v.* burst
brista *v.* rupture
bristning *n.* rupture
brits *n.* bunk
brittisk *adj.* british
bro *n.* bridge
broccoli *n.* broccoli
broderi *n.* embroidery
broderlig *adj.* fraternal
brodermord *n.* fratricide
broderskap *n.* brotherhood
broderskap *n.* confraternity
broderskap *n.* fraternity
brokad *n.* brocade
brokig *adj.* motley
brokig *adj.* multifarious
bromat *n.* bromite
broms *n.* brake
broms *n.* break
broms *n.* drag
broms *n.* gadfly
bromsa *v.* brake
bronkit- *adj.* bronchial

brons *n.* bronze
bror *n.* brother
broschyr *n.* booklet
broschyr *n.* brochure
broschyr *n.* brochure
broschyr *n.* leaflet
broschyr *n.* prospectus
brosk *n.* cartilage
brotsch *n.* reamer
brotscha *v.* ream
brott *n.* breach
brott *n.* crime
brott *n.* felony
brott *n.* infringement
brott *n.* offence
brottare *n.* wrestler
brottas *v.* wrestle
brottslig *adj.* delinquent
brottsling *n.* culprit
brottsling *n.* delinquent
brud *n.* bride
brudgum *n.* bridegroom
brudgum *n.* groom
brun *n.* brown
brunkol *n.* lignite
brunn *n.* well
brunst *n.* rut
brunstig *adj.* rut
brus *n.* hum
brus *n.* murmur
brusa *v.* murmur
brusande *adj.* torrential
brutal *adj.* brutal
brutalisera *v.* brutify
brutalt *adv.* savagely
brutto *n.* gross
brutto *adj.* gross
bry *v.* heed
brygd *n.* brew
brygd *n.* brew
brygga *v.* brew
bryggeri *n.* brewery

bryna *v.* sear
brynas *adj.* brown
brynt *n.* sear
brynt *adj.* seared
bryta *v.* breach
bryta *v.* break
bryta *v.* fracture
bryta *v.* quarry
bryta ihop *v.* crumble
bryta mot *v.* infringe
bryta mot *v.* offend
bryta ner i delar *v.* deconstruct
bryta upp *v.* decamp
brytelse av ed *n.* oathbreaking
brytning *n.* breaking
brytpunkt *n.* breakpoint
bråck *n.* hernia
brådska *n.* rush
brådskande *adj.* urgent
brådskande karaktär *n.* urgency
bråk *n.* ado
bråk *n.* botheration
bråk *n.* brawl
bråk *n.* fuss
bråk *n.* hurry
bråka *v.* argue
bråka *v.* brawl
bråkig *adj.* rowdy
bråkig *adj.* uproarious
bräcka *v.* trump
brädfodra *v.* board
bräkande *n.* bleat
bränna *v.* burn
bränna *v.* combust
bränna *v.* scorch
bränna rökelse *v.* cense
bränneri *n.* distillery
bränning *n.* surf
brännskada *n.* scorch
brännskada *n.* singe
bränsle *n.* fuel
bröd *n.* bread

bröllop *n.* wedding
bröllop *n.* nuptials
bröllops- *adj.* nuptial
bröst *n.* breast
bröst *n.* chest
bröst- *adj.* mammary
bröstkorg *n.* thorax
bröstvårta *n.* nipple
bröstvärn *n.* battlement
bubbelpool *n.* whirlpool
bubbla *n.* bubble
bud *n.* carrier
bud *n.* commandment
bud *n.* courier
bud *n.* page
bud *n.* bid
buda *v.* bid
budare *n.* bidder
budbärare *n.* carrier
budbärare *n.* herald
budget *n.* budget
buffalo *n.* buffalo
buffelhud *n.* buff
buga *v.* bow
buk *n.* abdomen
buk- *adj.* abdominal
bukett *n.* bouquet
bukett *n.* bunch
bukt *n.* bight
buktalare *n.* ventriloquist
buktalarliknande *adj.* ventriloquistic
buktaleri *n.* ventriloquism
buktig *adj.* sinuous
bulimia *n.* bulimia
buljong *n.* broth
bulldog *n.* bulldog
bulta *v.* beat
bulta *v.* pound
bulta *v.* throb
bunden *adj.* bound
bungalow *n.* bungalow

bunker *n.* bunker
bunt *n.* bundle
bur *n.* cadge
bur *n.* cage
bura in *v.* encage
burk *n.* can
burk *n.* jar
burk *n.* tin
bus *n.* prank
buse *n.* ruffian
buskage *n.* coppice
buske *n.* bush
buske *n.* scrub
buske *n.* shrub
buss *n.* bus
buteljera *v.* bottle
buteljerare *n.* bottler
buteljerare *n.* bottler
buteljerare *n.* bottler
butiksägare *n.* shopowner
butterhead *n.* butterhead
by *n.* village
bybo *n.* villager
bygga *v.* build
bygga *n.* building
bygga *v.* erect
bygga *v.* orient
bygga bo *v.* nest
bygga in med panel *v.* panel
byggande *adj.* edificant
byggnad *n.* block
byggnad *n.* build
byggnad *n.* construction
byggnad *n.* edifice
byrå *n.* bureau
byråkrat *n.* bureaucrat
byråkrati *n.* Bureacuracy
byst *n.* bosom
byta *v.* barter
byta *v.* exchange
byta ut *v.* commute
byte *n.* byte

byte *n.* exchange
byte *n.* prey
byte *n.* spoil
byteshandel *n.* barter
byxor *n.* slacks
byxor *n. pl* trousers
båda *adj.* both
både *pron* both
både *conj.* both
båge *n.* arc
båge *n.* bow
bågna *v.* buckle
bågskytt *n.* archer
bågskytte *n.* archery
bål *n.* pyre
bålgeting *n.* hornet
bålverk *n.* bulwark
bångstyrig *adj.* restive
bångstyrig *adj.* unruly
bår *n.* stretcher
bård *n.* welt
bårhus *n.* morgue
bårhus *n.* mortuary
bås *n.* stall
båt *n.* boat
båt *n.* gig
båthus *n.* boathouse
båtlast *n.* shipload
båtuthyrare *n.* boatman
bäbis *n.* baby
bäbisansikte *n.* babyface
bäbissäker *adj.* babyproof
bäck *n.* creek
bäck *n.* streamlet
bägare *n.* goblet
bägge *adv.* both
bälte *n.* belt
bänk *n.* bench
bär *n.* berry
bära *v.* bear
bära *v.* carry
bära *v.* wear

bärbar dator *n.* laptop
bäring *n.* bearing
bärnstensvippa *n.* tamarind
bärstol *n.* palanquin
bärsärk *n.* berserk
bärsärk *adj.* beserk
bärsärk *n.* beserker
bästa *adj.* prime
bättre *adv.* better
bättring *n.* recovery
bäver *n.* beaver
bäverskinn *n.* beaverskin
bödel *n.* executioner
bög *n.* faggot
bög *n.* queer
böhmare *n.* bohemian
böja *v.* incline
böja av *v.* decline
böja sig *v.* stoop
böjd *n.* abscess
böjd *adj.* bent
böjelse *n.* bent
böjning *n.* curvature
böla *v.* bleat
bölja *v.* billow
bölja *v.* undulate
bön *n.* appeal
bön *n.* prayer
bön *n.* adjuration
böna *n.* bean
bönfalla *v.* adjure
bönfalla *v.* implore
böra *v.* ought
börda *n.* burden
bördig *adj.* uberous
börja *v.* begin
börja *v.* commence
börja *v.* enter
börja *v.* initiate
början *n.* beginning
början *n.* offset
början *n.* outset

början *n.* prime	**charad** *n.* charade
böta *v.* forfeit	**charm** *n.* charm
böter *n.* fine	**charmera** *v.* charm
bötfälla *v.* fine	**chatt** *n.* chat
cabriolet *n.* convertible	**chatta** *v.* chat
cache *n.* cache	**chattrum** *n.* talkboard
café *n.* cafe	**chaufför** *n.* cabby
campa *v.* camp	**chaufför** *n.* chauffeur
campare *n.* camper	**chaunistisk** *adj.* chauvinist
campingplats *n.* campsite	**chauvinism** *n.* chauvinism
campus *n.* campus	**chauvinist** *n.* chauvinist
cancer *n.* cancer	**check** *n.* cheque
cancerframkallande *adj.* cancerogenic	**checklista** *n.* checklist
Canidae släktet *n.* canid	**cheddar** *n.* cheddar
catwalk *n.* catwalk	**chef** *n.* boss
ceder *n.* cedar	**chic** *adj.* chic
celibat *n.* celibacy	**chifferskrift** *n.* cypher
celibat *adj.* celibate	**chilipeppar** *n.* chilli
cell *n.* cell	**chimär** *n.* chimera
cello *n.* cello	**chip** *n.* chip
Celsius *adj.* Celsius	**chock** *n.* jolt
cement *n.* cement	**chock** *n.* shock
cementera *v.* cement	**chocka** *v.* jolt
censor *n.* censor	**chocka** *v.* shock
censur *n.* censorship	**choklad** *n.* chocolate
censurera *v.* censor	**cider** *n.* cider
central *adj.* central	**cigarett** *n.* cigarette
centrifugal *adj.* centrifugal	**cigarill** *n.* cheroot
centrisk *adj.* centrical	**cigarr** *n.* cigar
centrum *n.* bull's eye	**cikada** *n.* cicada
centrum *n.* hub	**cinnober** *n.* cinnabar
cerebral *adj.* cerebral	**cinnober** *n.* vermillion
ceremoni *n.* ceremony	**cinnoberröd** *adj.* vermillion
ceremoniell *adj.* ceremonial	**cirkel** *n.* circle
certifiera *v.* certify	**cirkel sluten av vätska** *n.* circumfluence
certifikat *n.* certificate	**cirkelformad** *adj.* circular
cervikal *adj.* cervical	**cirkulation** *n.* circulation
cetin *n.* cetin	**cirkulera** *v.* circle
cetylic *adj.* cetylic	**cirkulera** *v.* circulate
changera *v.* delipidate	**cirkullär** *n.* circular
chans *n.* chance	**cirkus** *n.* circus

cirros *n.* cirrhosis
cirrotisk *adj.* cirrhotic
citadell *n.* acropolis
citadell *n.* citadel
citat *n.* quotation
citera *v.* cite
citera *v.* quote
citrin *n.* citrine
citron *n.* lemon
citron- *adj.* citric
citrus *n.* citrus
civil *adj.* civil
civilisation *n.* civilization
civilisera *v.* civilize
civilperson *n.* civilian
clausula *n.* clausula
clown *n.* clown
clown *n.* pantaloon
cock-pit *n.* cock-pit
cockerspaniel *v.* cocker
college *n.* college
consensus *n.* consensus
controller *n.* controller
crawl *n.* crawl
crawl *n.* sidestroke
crucifix *n.* crucifix
cyan *n.* cyan
cyan- *adj.* cyan
cyanid *n.* cyanide
cyber- *adj.* cyber
cykel *n.* bicycle
cykel *n.* bike
cykel *n.* cycle
cyklisk *adj.* acyclical
cyklisk *adj.* cyclic
cyklist *n.* biker
cyklist *n.* cyclist
cyklon *n.* cyclone
cyklop *n.* cyclops
cylinder *n.* cylinder
cylindrisk *adj.* cylindrical
cyniker *n.* cynic

cynisk *adj.* cynical
cypressträd *n.* cypress

D

dag *n.* day
dagbok *n.* dairy
dagbok *n.* diary
dagdrivare *n.* dawdler
dagdrivare *n.* idler
dagdrivare *n.* loafer
dagdröm *n.* daydream
dagdröm *n.* reverie
dagdrömma *v.* daydream
dagg *n.* dew
daggryning *n.* dawn
dagis *n.* kindergarten
dagis *n.* nursery
dagjämning *n.* equinox
dagligen *adj.* daily
dagligt *adv.* daily
daglönare *n.* jobber
dagsljus *n.* daylight
dal *n.* vale
dal *n.* valley
dalsänka *n.* depression
dam *n.* lady
damask *n.* damask
damm *n.* dam
damm *n.* dust
damm *n.* pond
damma *v.* dust
dammsuga *v.* vacuum
dammsugare *n.* vacuum
damsadel *n.* sidesaddle
dans *n.* dance
dansa *v.* dance
dansa samba *v.* samba
dansa tango *v.* tango
dansande *adj.* dancing
dansare *n.* dancer

darra *v.* quiver
darra *v.* shiver
darra *v.* tremble
darrning *n.* quiver
darrning *n.* tremor
dask *n.* smack
data *n.* data
databank *n.* databank
databask *n.* database
datamogenhet *n.* computeracy
daterad *adj.* dated
dator *n.* computer
datum *n.* date
de döda *n.* fallen
de unga *n.* young
deadline *n.* deadline
deaktivation *n.* deactivation
deaktivator *n.* deactivator
deaktivera *v.* deactivate
debatt *n.* debate
debattera *v.* debate
debatterat *adj.* debated
debet *n.* debit
debil *adj.* debile
debitera *v.* debit
debutant *n.* debutant
decelerera *v.* decelerate
december *n.* december
decentralisera *adj.* decentralized
decentrera *v.* decentre
dechiffrera *v.* decipher
decibel *n.* decibel
decillion *n.* decillion
decimal *adj.* decimal
decimeter *n.* decimetre
dedikations- *adj.* dedicatory
defekt *n.* defect
defensiv *adv.* defensive
definiera *v.* define
definition *n.* definition
deflation *n.* deflation
deflorera *v.* deflower

deformera *v.* deform
defragmentation *n.* defragmentation
defragmentera *v.* defragment
deg *n.* dough
deg *n.* paste
degenerera *v.* degenerate
degenererad person *n.* degenerate
deism *n.* deism
deist *n.* deist
dejt *n.* date
dejta *v.* date
dekadent *adj.* decadent
dekal *n.* sticker
dekan *n.* dean
dekapering *n.* deoxidation
deklamation *n.* recitation
deklamera *v.* mouth
deklaration *n.* declaration
deklarera *v.* declare
dekor *n.* decor
dekoration *n.* decoration
dekorativt *adj.* decorative
dekorera *v.* decorate
dekorera *v.* ornament
dekryptera *v.* decrypt
dekryptering *n.* decrypt
dekryptering *n.* decryption
del *n.* part
del *n.* partition
del *n.* portion
del på en plog *n.* sharebeam
dela *v.* divide
dela *v.* partition
dela *v.* split
dela *v.* share
dela i fyra delar *v.* quarter
dela rum *v.* chum
dela ut *v.* portion
delbelopp *n* traunch
delbetala *v.* traunch

delbetalning *adj.* traunch
delegalisera *v.* delegalize
delegat *n.* delegate
delegation *n.* delegacy
delegation *n.* delegation
delegator *n.* delegator
delegera *v.* delegate
delfin *n.* dolphin
delikat *adj.* delicate
delta *n.* delta
delta *v.* participate
delta i upplopp *v.* riot
deltagande *n.* compassion
deltagande *n.* condolence
deltagande *n.* participation
deltagare *n.* attendant
deltagare *n.* gameplayer
deltagare *n.* participant
deltamuskel *n.* deltoid
delvis *adj.* partial
delvis underhållande *adj.* semi-amusing
dem *pron.* them
demagogi *n.* demagogy
dematerialisera *v.* dematerialize
dematerialisering *n.* dematerialisation
dement *adj.* demented
demilitarisera *adj.* demilitarized
demobilisera *v.* demobilize
demobilisering *n.* demobilization
demokrati *n.* democracy
demokratisk *adj.* democratic
demolera *v.* demolish
demolition *n.* demolition
demon *n.* demon
demonisera *v.* demonetize
demonstration *n.* demonstration
demonstrera *v.* demonstrate
demoralisera *v.* demoralize
den *rel. pron.* that

den 22a bokstaven i det grekiska alfabetet *n* chi
den där *adj.* yonder
den smala delen på ryggen *n.* small
den som utdelar fullmakt *n.* warrantee
den som vräker *n.* evictor
denguefeber *n.* dengue
deodorant *n.* deodorant
deontologi *n.* deontology
deontologisk *adj.* deontological
depolarisera *v.* depolarize
deponens *n.* deponent
deponera *v.* bail
deponera *v.* deposit
deposition *n.* escrow
depreciera *v.* depreciate
deprecierande *adj.* depreciating
depression *n.* bereavement
depression *n.* depression
depå *n.* depot
depå *n.* dump
deras *adj.* their
dermabrasion *n.* dermabrasion
dermatologist *n.* dermatologist
dermisk *adj.* dermic
design *n.* design
designa *v.* design
designer *n.* designer
desperat *adj.* desperate
despot *n.* despot
dessert *n.* dessert
destabilisera *v.* destabilize
destabilisering *n.* destabilization
destillering *n.* sidestream
destination *n.* destination
det *pron.* it
det *dem. pron.* that
det *adv.* that
det förflutna *n.* past
det ockulta *n.* occult

detalj *n.* detail
detalj *n.* particular
detaljera *v.* detail
detaljerad *adj.* elaborate
detaljerad *adj.* minute
detaljhandel *n.* retail
detaljhandels- *adj.* retail
detektera *v.* detect
detektiv *n.* detective
detonera *v.* detonate
devalvera *v.* devaluate
diabetes *n.* diabetes
diafragma *n.* midriff
diagnos *n.* diagnosis
diagnosticera *v.* diagnose
diagram *n.* chart
diagram *n.* diagram
diakon *n.* deacon
diakoninställning *n.* deaconship
dialekt *n.* dialect
dialog *n.* dialogue
diamant *n.* diamond
diameter *n.* diameter
diarré *n.* diarrhea
dibarn *n.* suckling
didaktisk *adj.* didactic
diesel *n.* diesel
diet *n.* diet
dieta *v.* diet
diffus *v.* diffuse
digital *adj.* digital
dike *n.* ditch
dike *n.* trench
dikt *n.* poem
dikt *n.* poetry
dikta *v.* fabricate
dikta *v.* feign
diktator *n.* dictator
diktatur *n.* autocracy
diktera *v.* dictate
diktering *n.* dictation
diktning *n.* poetics

dilemma *n.* dilemma
dilemma *n.* predicament
dilemma *n.* quandary
diligens *n.* diligence
dimension *n.* dimension
dimma *n.* fog
dimma *n.* mist
dimmigt *adj.* foggy
dingla *v.* dangle
dinglande *adj.* dangling
dioxid *n.* dioxide
diplom *n.* diploma
diplomati *n.* diplomacy
diplomati *n.* diplomat
diplomatisk *adj.* diplomatic
dipp *n.* dip
direkt *adj.* direct
direkt *adj.* live
direkt *adv.* live
direktör *n.* director
direktörs- *adj.* managerial
dirigent *n.* conductor
dirigera *v.* conduct
disciplin *n.* discipline
disciplinbrist *n.* indiscipline
disk *n.* counter
diskbänk *n.* sink
diskriminera *v.* discriminate
diskriminering *n.* discrimination
diskussion *n.* argument
diskussion *n.* dispute
diskustera fiender emellan *v.* parley
diskutera *v.* discuss
diskutera *v.* dispute
diskvalificera *v.* disqualify
diskvalificering *n.* disqualification
disposition *n.* disposal
disposition *n.* outline
dissekera *v.* dissect
disssekering *n.* dissection

distans *n.* distance
distansarbete *n.* telecomputing
distansmätare *n.* odometer
distansutbildning *n.* telecourse
distinkt *adj.* distinct
distinktion *n.* distinction
distribution *n.* distribution
district på Isle of Man *n.* sheading
distrikt *n.* district
dit *adv.* thither
dit *adv.* whither
ditomarkering *n.* ditto
diverse *adj.* miscellaneous
diverse *adj.* sundary
division *n.* division
djungel *n.* jungle
djup *adj.* deep
djup *adj.* profound
djuphet *n.* depth
djupsinne *n.* profundity
djupt *adv.* deeply
djur *n.* animal
djurdöd i trafiken *n.* roadkill
djärv *adj.* dark
djärv *adj.* hardy
djärv *adj.* intrepid
djärvhet *n.* daring
djävul *n.* devil
djävul *n.* fiend
djävulsk *adj.* ghoulish
docent *n.* docent
dock *conj.* though
docka *n.* dock
docka *n.* doll
docka *n.* dummy
doft *n.* fragrance
doft *n.* scent
doft *n.* whiff
doftande *adj.* fragrant
doftande *adj.* odorous
dogm *n.* dogma

dogm *n.* tenet
dogmatisk *adj.* dogmatic
dok *n.* wimple
doktor *n.* doc
doktor *n.* doctor
doktorsgrad *n.* doctorate
doktrin *n.* doctrine
dokument *n.* document
dokumentera *v.* substantiate
dokumentförstörare *n.* shreder
dokumentär *n.* documentary
dokumentär- *adj.* documentary
dolk *n.* dagger
dollar *n.* buck
dollar *n.* dollar
dolma *n.* dolman
dolmen *n.* dolmen
dom *n.* decree
dom *n.* judgement
dom *n.* sentence
dom *n.* verdict
domare *n.* arbiter
domare *n.* judge
domare *n.* magistrate
domare *n.* referee
domare *n.* umpire
domarämbete *n.* magistracy
domarämbete *n.* majistrature
domedag *adj.* doomsday
domedagen *n.* doomsday
dominant *adj.* dominant
domination *n.* domination
dominera *v.* dominate
dominera *v.* predominate
dominerande *adj.* predominant
domino *n.* domino
domkraft *n.* jack
domnad *adj.* numb
domstol *n.* chancery
domstol *n.* court
domstol *n.* judiciary
domstol *n.* tribunal

domstol för juriststudenter *n.* moot
domän *n.* domain
donation *n.* benefaction
donation *n.* donation
donator *n.* donor
donera *v.* donate
donerare *n.* benefactor
donquijotisk *adj.* quixotic
doppa *v.* dip
doppa *v.* steep
doppa ner *v.* puddle
dorsal *adj.* dorsal
dos *n.* dosage
dosera *v.* bank
dosering *n.* bank
dosering *n.* dose
dotter *n.* daughter
dra *v.* drag
dra *v.* pull
dra *v.* draw
dra av *v.* deduct
dra på sig *v.* incur
dra tillbaka *v.* withdraw
dra ur skidan *v.* unsheathe
dra ut *v.* aspire
drabba *v.* haunt
drabba samman *v.* skirmish
drag *n.* complexion
drag *n.* draught
drag *n.* draw
drag *n.* feature
drag *n.* move
drag *n.* pull
dragande *n.* draft
dragfasthet *n.* tensility
dragg *n.* grapple
dragig *adj.* drafty
dragkedja *n.* zipper
dragkrok *n.* pulley
dragning *n.* draw
dragning *n.* inclination
dragning *v.* tension
dragning *n.* traction
dragon *n.* estragon
dragplåster *n.* draw
drake *n.* dragon
drake *n.* kite
drakonisk *adj.* draconic
drama *n.* drama
dramatiker *n.* dramatist
dramatisk *adj.* dramatic
drapera *v.* drape
draperi *n.* drape
drastisk *n.* drastic
dressing *n.* dressing
dribbla *v.* dribble
dribbling *n.* dribble
dricka *v.* booze
dricka *v.* drink
dricka te *v.* tea
dricks *n.* tip
drickspeng *n.* gratuity
drift *n.* drift
drift *n.* urge
driftig *adj.* industrious
drilla *v.* warble
drillborr *n.* wimble
driva *v.* drift
driva *v.* jeer
driva *v.* loiter
driva *v.* mock
driva bort *v.* dawdle
driva bort *v.* oust
driva en ranch *v.* ranch
driva fram *v.* propel
drog *n.* drug
drogad *adj.* doped
droid *n.* droid
dront *n.* dodo
droppa *v.* drip
droppe *n.* blob
droppe *n.* drip
droppe *n.* drop

drottning *n.* queen
druid *n.* druid
drunkna *v.* drown
druva *n.* grape
dryck *n.* beverage
dryck *n.* drink
dryckesbägare *n.* chalice
dryckjom *n.* wassail
dryg *adj.* complacent
dryg *adj.* economical
drägel *n* drool
drägg *n.* scumbag
dräggla *v.* drool
dräkt *n.* apparel
dräkt *n.* attire
dränage *n.* drainage
dränera *v.* drain
dränka *v.* submerge
dränka *v.* swamp
dräpa *v.* slay
dröja *v.* linger
dröm *n.* dream
drömma *v.* dream
drömmande *adv.* dreamily
drömmande *adj.* dreamy
drömmare *n.* dreamer
drömvärld *n.* dreamworld
drönare *n.* drone
dualism *n.* duality
dubba *v.* dub
dubba *v.* knight
dubba *v.* stud
dubbel *adj.* double
dubbel *adj.* dual
dubbelform *n.* biformity
dubbelgångare *n.* double
dubbelhet *n.* duplicity
dubbelt *adv.* twice
dubbelt *adj.* twofold
dubbla *v.* double
dubbning *n.* dub
ducka *v.* duck

duell *n.* duel
duellera *v.* duel
duett *n.* duet
dugg *n.* drizzle
dugg *n.* jot
dugga *v.* drizzle
dukat *n.* ducat
duktig *adj.* apt
duktig *adj.* capable
duktig *adj.* expert
dum *adj.* boneheaded
dum *adj.* dumb
dum *adj.* inert
dum *adj.* silly
dum *adj.* stupid
dum *adj.* witless
dum diskurs *n.* onology
dumbom *n.* goof
dumbom *n.* simpleton
dumbom *n.* zany
dumdristighet *n.* temerity
dumhet *n.* blundering
dumhet *n.* idiocy
dumhet *n.* stupidity
dumhuvud *n.* bonehead
dumhuvud *n.* dunce
dumma sig *v.* blunder
dummat sig *v.* blundering
dumskalle *n.* blockhead
dundra *v.* boom
dunig *adj.* callow
dunk *n.* thump
dunka *v.* thump
dunkel *adj.* dim
dunkelhet *n.* dimness
duns *n.* thud
dunsa *v.* thud
dununge *n.* nestling
duo *n.* duo
duplicera *v.* duplicate
duplicerat *adj.* duplicate
duplikat *n.* duplicate

dusch *n.* shower
duscha *v.* shower
duschmunstycke *n.* showerhead
dussin *n.* dozen
duva *n.* dove
duva *n.* pigeon
dvärg *n.* dwarf
dvärg *n.* midget
dvärg *n.* pygmy
dvärgaktig *adj.* dwarf
dvärgväxt *n.* nanism
dygd *n.* virtue
dygdig *adj.* virtuous
dyk *n.* dive
dyka *v.* dive
dyka upp *v.* loom
dyn *n.* dune
dynamik *n.* dynamics
dynamisk *adj.* dynamic
dynamit *n.* dynamite
dynamo *n.* dynamo
dynasti *n.* dynasty
dyning *n.* swell
dyr *adj.* costly
dyrbar *adj.* expensive
dyrka *v.* worship
dyrkan *n.* worship
dyrkare *n.* worshipper
dysenteri *n.* dysentery
dyster *adj.* cheerless
dyster *adj.* sombre
dystopi *n.* dystopia
dyvelsträck *n.* asafoetida
då *adv.* then
då *conj.* when
dålig *adj.* bad
dålig passform *n.* misfit
dåligt *adv.* badly
dåligt *adv.* ill
dåligt uppförande av en knäkt *n.* knavery
dån *n.* rumble

dåna *int.* boom
dånande *adj.* thunderous
dåraktig *adj.* foolish
dårhus *n.* madhouse
dårhus *n.* nuthouse
dårskap *n.* follies
dårskap *n.* folly
dåvarande *adj.* then
däck *n.* deck
däck *n.* tire
däck *n.* tyre
däcka *v.* deck
däggdjur *n.* mammal
dämpa *v.* dampen
dämpa *v.* dull
dämpa *v.* muffle
dämpa *v.* subdue
dämpa *v.* suppress
dänga *v.* wallop
där *adv.* there
där *adv.* where
där borta *adv.* yonder
där borta *n.* yonder
därefter *adv.* thence
därefter *adv.* thereafter
däremot *adv.* however
därför *adv.* hence
därför *conj.* so
därför *adv.* therefore
därigenom *adv.* thereby
därjämte *adv.* withal
däromkring *adv.* thereabouts
död *adj.* dead
död *n.* dead
död *n.* death
döda *v.* kill
dödande *n.* kill
döddansare *n.* deadbeat
dödlig *adj.* deadly
dödlig *adj.* fatal
dödlig *adj.* mortal
dödlighet *n.* mortality

dödlighet *n.* mortality
dödligt *adj.* deathly
dödligt *adj.* lethal
dödläge *n.* impasse
dödläge *n.* stalemate
döds- *adj.* capital
dödsbädd *n.* deathbed
dödsfall *n.* decease
dödsolycka *n.* fatality
dödsruna *adj.* obituary
dödsruna *n.* orbituary
dödstrött *adj.* deadbeat
dölja *v.* occult
dölja i handen *v.* palm
döma *v.* adjudge
döma *v.* condemn
döma *v.* convict
döma *v.* doom
döma *v.* fate
döma *v.* judge
döma *v.* ordain
döma *v.* sentence
döma *v.t.*, umpire
dömd *adj.* doomed
döpa +*v.t.* baptize
dörr *n.* door
dörrhandtag *n.* doorknob
dörrklocka *n.* doorbell
dörrmatta *n.* doormat
döv *adj.* deaf

E

e-bok *n.* e-book
e-handel *n.* e-commerce
e-post *n* email
ebb *n.* ebb
ebenholts *n.* ebony
ectasy *n.* ectasy
ed *n.* oath
edlig *adj.* bespoken

edsbrytare *n.* oathbreaker
edsförsäkring *n.* affidavit
efemerid *adj.* ephemeric
effektiv *adj.* efficient
effektivitet *n.* efficiency
effektivt *adj.* effective
efter *adv.* after
efter *adj.* behind
efter *prep.* after
efter döden *adj.* post-mortem
efter varandra *adv.* consecutively
efter- *adj.* after
efter- *adv.* post
efterdatera *v.* post-date
efterdyning *n.* wake
efterföljande *adj.* consecutive
efterföljare *n.* follower
eftergift *n.* remission
eftergivenhet *n.* acquiescence
eftergivenhet *n.* indulgence
efterkommande *n.* posterity
efterlikna *v.* emulate
efterliknande *n.* emulation
eftermiddag *n.* aft
eftermiddag *n.* afternoon
eftermiddag *n.* evening
efternamn *n.* surname
efterskrift *n.* postscript
efterskörd *n.* aftergrowth
eftersläntrare *n.* laggard
eftersläntrare *n.* straggler
eftersom *conj.* since
eftertanke *n.* afterthought
eftertanke *n.* premeditation
eftertryck *n.* emphasis
efterträdare *n.* successor
efteråt *adv.* afterwards
egen *adj.* own
egendomsförvärv *n.* acquest
egenhet *n.* peculiarity
egensinnig *adj.* wayward
egenskap *n.* property

egenskap *n.* trait
egenskapen att vara rundstrålande *n.* omnidirectionality
egentlig *adj.* intrinsic
ego *n.* ego
egocentrisk *adj.* egocentric
egoism *n.* egotism
ej godkänd *adj.* unapproved
ejakulation *n.* ejaculation
ejakulera *v.* ejaculate
ejakulera *n.* ejaculate
ejderduntäcke *n.* duvet
ek *n.* oak
eka *v.* echo
eker *n.* spoke
eklampsi *n.* eclampsia
eklektiker *n.* eclectic
eklektisk *adj.* eclectic
eko *n.* echo
ekollon *n.* acorn
ekolog *n.* ecologist
ekologi *n.* ecology
ekologiskt *adj.* ecological
ekonomi *n.* economics
ekonomi *n.* economy
ekonomisk *adj.* economic
ekonomisk *adj.* frugal
ekorre *n.* squirrel
ekorrehjul *n.* treadwheel
ekosystem *n.* ecosystem
ekoterrorism *n.* ecoterrorism
eksem *n.* eczema
ektoplasma *n.* ectoplasm
ekträ *n.* oaktree
ekumenisk *adj.* ecumenic
ekumenisk *adj.* ecumenical
ekvation *n.* equation
ekvator *n.* equator
elak *adj.* naughty
elakartad *adj.* virulent
elakhet *n.* malignity
elasticitet *n.* elasticity

elastisk *adj.* elastic
elavrättning *n.* electrocution
eld *n.* fire
elda *v.* fire
eldare *n.* stoker
eldgrop *n.* firepit
eldklot *n.* fireball
eldstad *n.* grate
elefant *n.* elephant
elefantförare *n.* mahout
elegans *n.* elegance
elegant *adj.* elegant
elegant *adj.* sleek
elegi *n.* elegy
elektricitet *n.* electricity
elektrisera *v.* electrify
elektrisk *adj.* electric
elektrolyt *n.* electrolyte
elektron *n.* electron
elektronisk *adj.* electronic
element *n.* element
elementär *adj.* elemental
elev *n.* probationer
elev *n.* pupil
elfenben *n.* ivory
elimination *n.* elimination
eliminator *n.* eliminator
eliminera *v.* eliminate
eliminera lukt *adj.* deodorant
eliminerande *adj.* eliminatory
elision *n.* elision
elit *n.* elite
elit- *adj.* elite
elitist *n.* elitist
elixir *n.* elixir
ellips *n.* ellipse
ellips *v.* ellipse
elliptisk *adj.* elliptic
eloge *n.* panegyric
eltism *n.* elitism
elva *n.* eleven
eländig *adj.* lamentable

eländig *adj.* seamy
emalj *n.* enamel
emancipera *v.* emancipate
emblem *n.* emblem
embryo *n.* embryo
embryo- *adj.* embryonic
emellan *prep.* betwixt
emellanåt *adv.* sometimes
emigration *n.* emigration
emigrera *v.* emigrate
eminent *adj.* eminent
emoji *n.* emoji
emot *adj.* against
emotikon *n.* emoticon
empati *n.* empath
empati *n.* empathy
empatisk *adj.* empathic
empiriker *n.* empiricist
empirisk *adj.* empirical
empirism *n.* empiricism
emulgera *v.* emulsify
emulgeringsmedel *n.* emulsifier
en *art.* a
en *art.* an
en andra amputation *n.* reamputation
en annan *adj.* another
en chock *n.* dreadful
en droppe *n.* drib
en gång *adv.* once
en gång varannan månad *adj.* bimonthly
en icke-specifik sjukdom *n.* nadger
en inflytelserik person *n.* affluential
en linje med fällor *n.* trapline
en motbjudande- *adj.* snub
en mängd genetiska sekvensdata *n.* terabase
en person med en åsikt *n.* opinator
en person som fixar *n.* fixer-upper
en person som kan tala alla språk *n.* omnilingual
en person som manipulerar *n.* tamper
en pinsam person *n.* flabbergast
en planet som är långt ifrån civilisation *n.* outworld
en sjukdoms förhistoria *n.* anamnesis
en som dometicerar *n.* domesticator
en som dödar genom att strypa *n.* garrotter
en som går med i grupper *n.* joiner
en som går till stranden *n.* beachergoer
en som gör tält *n.* tentmaker
en som har lunginflammation *n.* pneumoniac
en som hoppar på trapets *n.* trapezist
en som inte röstar i UK *adj.* crossbench
en som jobbar med lockbete *n.* decoyman
en som lär ut *adj.* docent
en som piskar *n.* tawer
en som räknar poäng *n.* scorekeeper
en som seglar segelbåten *n.* sailboater
en som smeker *n.* fondler
en som spelar ukulele *n.* ukeleleist
en som tar beslag på fartyg olagligt *n.* seajacker
en som transkriberar *n.* transcriber
en som är närvarande *n.* ubiquity

en styrka *n.* forte
en teambuilding aktivitet *n.* teambuilder
en trohet *n.* dedicatory
ena *pron.* one
enastående *adj.* exquisite
enastående *adj.* extraordinary
enastående *adj.* nonpareil
enastående *adj.* outstanding
enastående *adj.* peerless
enastående *adj.* singular
encyklopedi *n.* encyclopaedia
enda *adj.* only
enda *adj.* single
endemi *n.* endemic
endemisk *adj.* endemic
endoskopi *n.* endoscopy
endoskopisk *adj.* endoscopic
endossent *n.* endorser
energi *n.* energy
energisk *adj.* energetic
engagemang *n.* commitment
engagemang *n.* engagement
engagera *v.* engage
engelsk mil *n.* mile
Engelska *n.* English
engelska sjukan *n.* rickets
enhet *n.* entity
enhet *n.* oneness
enhet *n.* unit
enhet *n.* unity
enhällig *adj.* unanimous
enhällighet *n.* unanimity
enkel *adj.* base
enkel *adj.* basic
enkel *adj.* menial
enkel *adj.* simple
enkel *n.* single
enkel *adj.* straightforward
enkelhet *n.* simplicity
enkelt *adv.* basically
enorm *adj.* huge

enorm *adj.* monstrous
enorm *adj.* tremendous
enormt *adj.* enormous
ensam *adj.* alone
ensam *adj.* desolate
ensam *adj.* lone
ensam *adj.* lonely
ensam *adj.* lonesome
ensam *conj.* only
ensam *adj.* sole
ensamgång *n.* bywalk
ensamhet *n.* loneliness
ensamhet *n.* solitude
ensamstående *adj.* single
ensidig *adj.* ex-parte
ensidigt *adv.* ex-parte
enslig *adj.* solitary
enstaka *adj.* single
enstavig *adj.* monosyllabic
enstavigt ord *n.* monosyllable
entlediga *v.* discharge
entomologi *n.* entomology
entreprenör *n.* contractor
entresolvåning *n.* mezzanine
entropi *n.* entropy
entropisk *adj.* entropic
enträgen bön *n.* entreaty
entusiasm *n.* enthusiasm
entusiasm för modern teknologi *n.* technomania
entusiast *n.* devotee
entusiastisk *adj.* enthusiastic
entusiastisk *adj.* keen
envis *adj.* headstrong
envis *adj.* insistent
envis *adj.* mulish
envis *v.* opinionate
envis *adj.* persistent
envis *adj.* stubborn
envis *adj.* tenacious
envisa *n.* persist
envishet *n.* persistence

envishet *n.* tenacity	erkännande *n.* recognition
enzym *n.* enzyme	erkänt *adv.* admittedly
enzymisk *adj.* enzymic	erodera *v.* ablate
eolisk *adj.* aeolic	erodera *v.* erode
eon *n.* eon	eroderad *adj.* erosive
epicenter *adj.* epicentre	erotik *n.* erotica
epicentrum *n.* epicentre	erotik *n.* eroticism
epidemi *n.* epidemic	erotisera *v.* eroticize
epidural *n.* epidural	erotisk *adj.* erotic
epigram *n.* epigram	ersätta *v.* reimburse
epikure *n.* epicurean	ersätta *v.* remunerate
epikureisk *adj.* epicurean	ersätta *v.* replace
epilepsi *n.* epilepsy	ersätta *v.* supersede
epileptiker *n.* epileptic	ersätte hydroxi med väte *adj.*
epileptisk *adj.* epileptic	deoxy
epilog *n.* epilogue	ersättning *n.* reimbursement
episk *adj.* epical	ersättning *n.* remuneration
episod *n.* episode	ersättning *n.* replacement
epitafium *n.* epitaph	eruption *n.* eruption
epok *n.* epoch	erövra *v.* conquer
epos *n.* epic	erövrare *n.* conquerer
era *n.* era	erövring *n.* conquest
erbarmlig *adj.* pitiable	eskader *n.* armada
erbjuda *n.* offering	eskapism *n.* escapism
erbjuda *v.* volunteer	eskapist *n.* escapist
erbjuda *v.* offer	eskort *n.* escort
erbjudande *n.* offer	eskortera *v.* convoy
erektion *n.* erection	eskortera *v.* escort
eremit *n.* hermit	esofagus *adj.* esophageal
eremit *n.* recluse	esoteriker *adj.* esoteric
eremitboning *n.* hermitage	esoterism *n.* esoterism
erfaren *adj.* veteran	ess *n.* ace
erfarenhet *n.* sageness	essäist *n.* essayist
erforderlig *adj.* requisite	estetik *n.pl.* aesthetics
erkänna *v.* admit	estetisk *adj.* aesthetic
erkänna *v.* confess	etablera *v.* establish
erkänna *v.* recognize	etapp *n.* lap
erkänna *v.* acknowledge	etcetera *adv.* etcetera
erkännande *n.* acclaim	eter *n.* ether
erkännande *n.* acknowledgement	etik *n.* ethics
erkännande *n.* admittance	etikett *n.* etiquette
erkännande *n.* confession	etikett *n.* label

etikett *n.* tag
etikettera *v.* label
etisk *adj.* ethical
etnicitet *n.* ethnicity
etnisk *adj.* ethnic
etsa *v.* etch
etsa *adj.* etching
etsat *adj.* etched
ett försök *n.* put
ett litet flöde av vätska *n.* trickle
ett monoskikt av kiselatomer *n.* silicene
ett nonsensord *adj.* runcible
Ett olagligt beslag på ett fartyg *n.* seajack
ett skämt *n.* funny
ett tag *adv.* awhile
ett vattenfall *n.* falls
ettårsväxt *adj.* ephemeral
etymologi *n.* etymology
eucalyptus *n.* eucalypt
eufemistisk *adj.* euphemistic
euforia *n.* euphoria
eunuck *n.* eunuch
eureka *int.* eureka
evakuation *n.* evacuation
evakuera *v.* evacuate
evangelisk *adj.* evangelic
evangelium *n.* evangel
evasiv *adj.* evasive
evenemang *n.* event
eventuellt *adv.* eventually
evig *adj.* eternal
evig *adv.* eternally
evig *adj.* perennial
evighet *n.* eternity
evinnerlig *adj.* everlasting
evisceration *n.* evisceration
evolutionär *adv.* evolutionary
ex-stundentska *n.* alumna
exakt *adj.* exact
exakt *n.* precise

examinand *n.* examinee
examination *n.* examination
examinationsvakt *n.* invigilation
examinator *n.* examiner
excellens *n.* excellency
excellent *adj.* excellent
excellera *v.* excel
exceptionell *adj.* exceptional
exempel *n.* example
exempel *n.* practice
exil *n.* exile
existens *n.* existence
existensialism *n.* existentialism
existensiell *adj.* existential
existera *v.* exist
existera *v.* subsist
existerar eller sker samtidigt *adj.* cotemporal
exkludera *v.* exclude
exklusiv *adj.* exclusive
exkursion *n.* excursion
expedition *n.* expedition
experiment *n.* experiment
expert *n.* connaisseur
expert *n.* expert
explodera *v.* crump
explodera *v.* explode
explosion *n.* blowout
explosion *n.* burst
explosion *n.* explosion
explosiv *adj.* explosive
exponent *n.* exponent
export *n.* export
exportera *v.* export
express *n.* express
extatisk *adj.* ecstatic
exteriör *n.* outside
extern *adj.* external
extra *adv.* extra
extra inom domstol *adj.* extrajuducial
extra- *adj.* spare

extrahera v. extract
extrakt n. extract
extrapolation n. extrapolation
extrapolera v. extrapolate
extraskatt n. surtax
extraspeciell adj. extraspecial
extrastor adj. outsize
extravagans n. extravagance
extravagant adj. extravagant
extrem adj. extreme
extremist n. extremist
extremitet n. extremity
extremkonservativ n. ultraconservative
extremt flyktig adj. ultracasual
extremt kompakt adj. ultracompact
extremt konservativ adj. ultraconservative
extremt säker adj. ultrasecure

F

fabel n. apologue
fabel n. fable
fabrik n. factory
fack n. compartment
fackföreningsmedlem n. unionist
fackla n. torch
faddhet n. insipidity
faderlig adj. paternal
fadermördare n. parricide
fadermördare n. patricide
fakta n. fact
faktisk adj. actual
faktiskt adv. actually
faktor n. factor
faktor n. foreman
faktura n. bill
fakturera v. bill

fakturerat för adj. billable
fakultet n. faculty
falang n. phalange
falang n. phalanx
falk n. falcon
falk n. hawk
fall n. case
fall n. fall
fall n. tumble
falla v. fall
fallen adj. fallen
fallisk adj. phallic
fallos n. phallus
fallskärm n. parachute
fallskärmshoppare n. parachutist
fallucka n. trapdoor
falsett n. falsetto
falsifiera v. falsify
falsk adj. bogus
falsk adj. fake
falsk adj. insincere
falsk adj. mock
falsk adj. sham
falskspelare n. rook
falskspelare n. sharper
falskt adj. false
familj n. family
familjär adj. familiar
famla v. fumble
famn n. fathom
fan int. damn
fan n. fan
fanatiker n. bigot
fanatiker n. fanatic
fanatiker n. zealot
fanatisk adj. fanatic
fanatism n. bigotry
fantasi n. fantasy
fantasi n. imagination
fantasifoster n. figment
fantasifull adj. imaginative

fantastisk *adj.* awesome
fantastisk *adj.* fanciful
fantastisk *adj.* fancy
fantastisk *adj.* fantastic
fantastisk *adj.* glorious
fantastisk *adj.* marvellous
fantastisk *adj.* terrific
fantisera *v.* envision
fantisera *v.* maunder
fantom *n.* phantom
far *n.* father
fara *n.* danger
fara *n.* emergency
fara *n.* hazard
farbar *adj.* navigable
farbror *n.* uncle
farhåga *n.* misgiving
farlig *adj.* perilous
farligt *adj.* dangerous
farligt *adv.* dreadfully
farmaceut *n.* pharmaceutist
farmaceutik *adj.* pharmaceutic
farmaceutisk *adj.* pharmaceutical
farmaceutisk produkt *n.* pharmaceutical
fars *n.* burlesque
fars *n.* farce
farsartad *adj.* burlesque
farsarv *n.* patrimony
fart *n.* pace
fart *n.* speed
fart *n.* verve
fartyg *n.* ship
fartyg *n.* vessel
fartygsburen *adj.* shipborne
farvatten *n.* offing
farväl *n.* adieu
farväl *n.* farewell
fas *n.* phase
fasa *n.* abhorrence
fasad *n.* facade
fasad *n.* front

fasansfull *adj.* ghastly
fascination *n.* fascination
fascinera *v.* fascinate
fast *adj.* fast
fast *adj.* inflexible
fast *adj.* solid
fast *adv.* though
fast egendom *n.* realty
fast kropp *n.* solid
fasta *n.* fast
fasta *v.* fast
faster/moster *n.* aunt
fastfrusen *adj.* iced
fastgöra *adj.* firm
fasthet *n.* firmness
fastighetsmäklare *n.* realtor
fastkila *v.* gib
fastsittande *adj.* fast
fastställa *v.* assess
fastställande *adj.* affirmative
fastställande *n.* determination
fastställande *n.* stipulation
fat *n.* basin
fat *n.* dish
fat *n.* plate
fatalism *n.* fatalism
fatisk *adj.* phagic
fatta *v.* conceive
fatta *v.* fathom
fatta *v.* perceive
fattig *adj.* paltry
fattig *adj.* poor
fattigdom *n.* poverty
fattningsförmåga *n.* cognizance
fauna *n.* fauna
favorisera *v.* favour
favorit *n.* favourite
favorit *n.* minion
favorit- *adj.* favourite
fax *n.* fac-simile
fax *n.* fax
faxa *v.* fax

fe *n.* fairy
feber *n.* fever
febrig *adj.* feverish
febril *adj.* febrile
Februari *n.* February
federal *adj.* federal
federation *n.* federation
feg *adj.* chicken
feg *adj.* yellow
feghet *n.* cowardice
fegis *n.* coward
fekal *adj.* fecal
fel *n.* lapse
fel *adj.* wrong
fel *adv.* wrong
felaktig *adj.* erroneous
felaktig *adj.* faulty
felaktig *adj.* imperfect
felaktig *adj.* improper
felaktig *adj.* inaccurate
felaktig *adj.* incorrect
felbedömning *n.* error
felbehandling *n.* malpractice
felberäkna *v.* miscalculate
felberäkning *n.* miscalculation
felbeteckning *n.* misnomer
felplacera *v.* misplace
felslut *n.* fallacy
fem *n.* five
feminim *adj.* feminine
feminist *adj.* feminist
feminist *n.* feminist
femtio *n.* fifty
femton *n.* fifteen
fena *n.* fin
fena *n.* master
fenomen *n.* phenomenon
fenomenal *adj.* phenomenal
feodal *adj.* feudal
feodalism *n.* feudalism
fermentera *v.* ferment
fermentering *n.* fermentation

fertil *adj.* fertile
fertilisera *v.* fertilize
fertilitet *n.* fertility
fest *n.* feast
fest *n.* revel
festa *v.* banquet
festande *n.* revelry
festande *n.* spree
festival *n.* festival
festlig *adj.* convivial
festlig *adj.* festive
festlighet *n.* festivity
festlighet *n.* falmboyance
festligt *adj* gala
festong *n.* festoon
fet *adj.* fat
fetisch *n.* fetish
fetischism *n.* fetishism
fetma *n.* adiposity
fetma *n.* obesity
fett *n.* fat
fett *n.* grease
fett *adj.* greasy
fett *adj.* gross
fiasko *n.* fiasco
fiber *n.* fibre
fiberglas *n.* fiberglass
fibrom *adj.* fibroid
fibros *n.* fibrosis
fibrosit *n.* fibrosity
fibrös *adj.* fibrous
ficka *n.* pocket
fiende *n.* enemy
fiende *n.* foe
fiendskap *n.* enmity
fientlig *adj.* hostile
fientlighet *n.* hostility
fiffla *v.* juggle
figur *n.* figure
figurativ *adj.* figurative
fikon *n.* fig
fiktion *n.* fiction

fil *n.* file
fila *v.* file
filantrop *adj.* humanitarian
filantropi *n.* philanthropy
filatelist *n.* philalethist
film *n.* film
filma *v.* film
filma *v.* shoot
filmer *n.* movies
filmproducent *n.* filmmaker
filolog *n.* philologist
filologi *n.* philology
filologisk *adj.* philological
filosoferare *n.* philosopher
filosofi *n.* philosophy
filosofisk *adj.* philosophical
filt *n.* blanket
filter *n.* filter
filtrera *v.* filter
filtrera *v.* leach
fin *adj.* pretty
finans *n.* finance
finansiell *adj.* financial
finansiera *v.* finance
finansman *n.* financier
finger *n.* finger
fingerborg *n.* thimble
fingermåla *n.* fingerpaint
fingernagel *n.* fingernail
fingertuta *n.* cot
fingra *v.* finger
finhet *n.* delicacy
finkänslig *adj.* tactful
finkänslighet *n.* tact
finna *v.* perceive
finne *n.* pimple
finsmakare *n.* epicure
fint *adv.* nicely
fint hår *n.* lanugo
fiol *n.* fiddle
fiol *n.* violin
fira *v.* celebrate

fira *v.* commemorate
fira *v.* douse
firande *n.* commemoration
firma *n.* firm
firmament *n.* firmament
fisk *n.* fish
fiska *v.* fish
fiskal *adj.* fiscal
fiskare *n.* fisherman
fiskmås *n.* seagull
fissur *n.* fissure
fistel *n.* fistula
fixa *v.* fix
fjorton *n.* fourteen
fjorton dagar *n.* fort-night
fjun *n.* fuzz
fjäder *n.* feather
fjäder *n.* spring
fjäderboll *n.* shuttlecock
fjädra *v.* spring
fjäll *n.* scale
fjärdedel *n.* quarter
fjäril *n.* butterfly
fjärma *v.* estrange
fjärran *adv.* afar
fjärran *prep.* afore
fjärran *adv.* far
fjärran *adj.* remote
fjärrstyrd *n.* teleguide
fjäska *v.* cower
fjättra *v.* fetter
fjättra *v.* shackle
flacka *v.* rove
fladdermus *n.* bat
fladdra *v.* flare
fladdra *v.* flicker
fladdrande *n.* flapping
fladdrande *n.* flicker
fladdrande *n.* flutter
fladdrig *adj.* flapping
flagga *n.* banner
flagga *n.* flag

flambera v. flambé
flamberad adj. flambé
flamberad mat n. flambé
flamboyant n. falmboyant
flamma n. flame
flamma upp v. flame
flammande adj. falmboyant
flanell n. flannel
flanera v. saunter
flanerare n. saunterer
flank n. flank
flankera adj. flank
flankera v. flank
flanta v. fool
flaska n. bottle
flaska n. flask
flaxa v. flap
flaxa v. flapping
fleece n. fleece
fler adj. more
flera adj. several
flerformig n. multiform
flerkärnigt adj. polynucleate
flerspråkig adj. bilingual
flerspråkig adj. polyglot
flesta adv. most
flexibel adj. flexible
flick- adj. maiden
flicka n. girl
flicka n. lass
flickig adj. girlish
flingor n. cereal
flirta n. philandry
flirta v. womanise
flisa v. flake
flisa n. splinter
flitig adj. diligent
flitig adj. studious
flock n. flock
flock n. herd
flod n. river
flodmynning n. estuary

flora n. flora
florist n. florist
flotta n. navy
flotte n. fleet
fluga n. fly
flugsmälla n. flapper
flummig adj. dopey
fly v. flee
flyg n. flight
flyga v. fly
flyga v. pilot
flyga in v. airlift
flygare n. aviator
flygbuss n. airbus
flygfält n. aerodrome
flygning n. aviation
flygplan n. aerocraft
flygplan n. aeroplane
flygplan n. plane
flygplansbesättning n. aircrew
flykt n. escape
flyktig adj. fugitive
flykting n. escapee
flykting n. fugitive
flykting n. refugee
flyta v. float
flytande adj. fluent
flytande adj. natant
flytt n. budge
flytta v. budge
flytta v. move
flytta v. shift
flytta v. shunt
flytta ihop v. shack
flyttare n. mover
flyttförmåga n. buoyancy
flå v. skin
flås n. pant
flåsa v. pant
fläcfri adj. spotless
fläck n. blemish
fläck n. blot

fläck *n.* daub
fläck *n.* patch
fläck *n.* smear
fläck *n.* spot
fläck *n.* stain
fläck formad som ett öga *n.* eyespot
fläcka *v.* blemish
fläcka *v.* blot
fläcka *v.* spot
fläcka *v.* taint
fläcka *v.* tarnish
fläckfeber *n.* typhus
fläckfri *adj.* stainless
fläkt *n.* fan
fläkt *n.* ventilator
fläkt *n.* waft
flämta *v.* gasp
flämtning *n.* gasp
fläsk *n.* pork
fläta *n.* braid
fläta *v.* braid
flätverk *n.* wicker
flöda *v.* flow
flöda *v.* ooze
flödande *adj.* opulent
flödande *adj.* superabundant
flöde *n.* flow
flöde *n.* ooze
flöjt *n.* flute
flörta *v.* flirt
flörta *v.* philander
flöte *n.* cork
fnissa *v.* giggle
fnittra *v.* cackle
fnysa *v.* snort
fnysning *n.* snort
foder *n.* fodder
foder *n.* lining
fodra *v.* line
fog *n.* joint
foglig *adj.* meek

foglig *adj.* saggy
fokal *adj.* focal
fokalisera *v.* focalize
fokalisering *n.* focalization
fokus *n.* focus
fokusera *v.* focus
fokusera på läraren *adj.* teachercentric
fokuserad *adj.* focused
fokuserar *adj.* focusing
fol- *adj.* folic
folie *v.* foil
folk *n.* people
folk *n.* folk
folk- *adj.* folk
folklig *adj.* vernacular
folkloristik *n.* folklore
folkloristisk *adj.* folkloric
folkmassa *n.* mob
folkmord *n.* genocide
folkomröstning *n.* plebiscite
folkomröstning *n.* referendum
folkräkning *n.* census
fond *n.* fund
fondant *n.* fondant
fonetik *n.* phonetics
fonetisk *adj.* phonetic
fontän *n.* fountain
foragering *n.* foraging
fordom *n.* old
fordon *n.* vehicle
fordons- *adj.* vehicular
fordringsägare *n.* claimant
fordringsägare *n.* creditor
form *n.* form
form *n.* shape
forma *v.* hew
forma *v.* shape
forma en medicin till tablett *v.* tablet
format *n.* format
formation *n.* formation

formbar *adj.* malleable
formbarhet *n.* practicability
formell *adj.* ceremonious
formell *adj.* formal
formula *n.* formula
formulera *v.* draft
formulera *v.* formulate
fornforskare *n.* antiquarian
fors *n.* cataract
forska *v.* research
forskare *n.* scholar
forskare *n.* scientist
forskning *n.* research
fort *n.* fort
fortfarande *adj.* still
fortplantning *n.* reproduction
fortsätta *v.* continue
fortsätta *v.* persist
fortsätta *v.* proceed
fortsättning *n.* persist
fortsättning *n.* sequel
forum *n.* forum
fosfat *n.* phosphate
fosfor *n.* phosphorus
fossil *n.* fossil
foster- *adj.* fetal
fosterställning *n.* lightening
fot *n.* foot
fotboll *n.* football
fotfäste *n.* foothold
fotgängare *n.* footman
fotgängare *n.* pedestrian
foto *n.* photo
fotogen *n.* kerosene
fotograf *n.* photographer
fotografera *v.* photograph
fotografera *v.* shoot
fotografi *n.* photography
fotografi *n.* picture
fotografi *n.* photograph
fotografisk *adj.* photographic
fotokopia *n.* xerox

fotsår *adj.* footsore
fotvårdsspecialist *n.* podiatrist
fragment *n.* fragment
frakt *n.* carriage
frakt *n.* freight
frakt *n.* shipping
fraktion *n.* faction
fraktion *n.* fraction
fraktur *n.* fracture
fram *adv.* along
fram *prep.* up
framben *n.* foreleg
frambära *v.* tender
framfart *n.* rampage
framför *prep.* before
framförallt *adv.* especially
framgång *n.* prosperity
framgång *n.* success
framgångsrik *adj.* prosperous
framgångsrik *a* successful
framhärda *v.* persevere
framkalla *v.* draw
framkallande *n.* induction
framkomlig *adj.* practicable
framlägga *v.* table
frammana *v.* evocate
frammaning *n.* evocation
framstående *adj.* pre-eminent
framstödd *adj.* ejaculatory
framtid *n.* future
framtida *adj.* forward
framtida *adj.* future
framtida *adj.* prospective
framtidsforskning *n.* futurology
framträda *n.* showup
framträdande *adj.* conspicuous
framträdande *n.* proceeds
framträdande *adj.* prominent
framträdande *adj.* salient
framtvinga *v.* necessitate
framåt *adv.* ahead
framåt *adv.* forward

framåt *adj.* onward
framåt *adv.* onwards
framöver *adv.* forth
franchise *n.* frachise
Frankrike *n.* French
frans *n.* fringe
fransa *v.* fringe
Fransk *adj.* French
fransyska *n.* loin
fras *n.* phrase
fraseologi *n.* phraseology
fred *n.* peace
Fredag *n.* Friday
fredlig *adj.* peaceable
fredlig *adj.* peaceful
frekvens *n.* frequency
frekvent *n.* frequent
fresta *v.* tempt
frestare *n.* tempter
frestelse *n.* temptation
fri *adj.* free
fri *adj.* independent
fri lejd *n.* safe-conduct
fria *v.* acquit
fria *v.* clear
friare *n.* suitor
fribytare *n.* rover
frige *v.* enfranchise
frige *v.* manumit
frige villkorligt *v.* parole
frigid *adj.* frigid
frigivande *n.* manumission
frigivning *n.* release
frigörelse *n.* emancipation
frihet *n.* freedom
frihet *n.* liberty
friktion *n.* friction
frikänna *v.* absolve
frikännande *n.* acquittal
frilutftsmänniska *n.* sportsman
frisk *adj.* hale
frispråkig *adj.* outspoken

fristad *n.* asylum
fristad *n.* sanctuary
frisyr *n.* coif
frita *v.* exempt
frivillig *adj.* optional
frivillig *adj.* voluntary
frivilligt *adv.* voluntarily
frodas *v.* thrive
frodig *adj.* luxuriant
from *adj.* pious
fromhet *n.* piety
frossa *n.* ague
frossa *v.* revel
frossare *n.* glutton
frosseri *n.* gluttony
frost *n.* frost
fru *n.*.. missis, missus
frukost *n.* breakfast
frukt *n.* fruit
frukta *v.* dread
fruktansvärd *adj.* dread
fruktansvärd *adj.* dreadful
fruktansvärd *adj.* terrible
fruktbar *adj.* fecund
fruktlös *adj.* futile
fruktsam *adj.* fruitful
fruntimmersaktig *n.* womanish
frusen *adj.* chilly
frustration *n.* frustration
frustrera *v.* frustrate
frysa *v.* freeze
frysa till *v.* congeal
fråga *v.* ask
fråga *n.* issue
fråga *n.* query
fråga *n.* question
fråga *v.* question
frågeformulär *n.* questionnaire
frågeord *n.* interrogative
frågesport *n.* quiz
från *prep.* from
från *prep.* of

från en annan värld *n.* otherworld
från feber *adj.* tertian
frånskild *adj.* estranged
frånstötande *adj.* repellent
fråntagen *adj.* bereaved
frånvarande *adj.* absent
frånvaro *n.* absence
fräck *adj.* lewd
fräck *adj.* insolent
fräckhet *n.* audacity
fräckhet *n.* cheek
fräckhet *n.* insolence
frälsning *n.* salvation
främja *v.* foster
främja *v.* further
främling *n.* stranger
främmande *adj.* outlandish
främsta *adj.* foremost
fräs *n.* fizz
fräsa *v.* fizz
fräsa *v.* hiss
fräsande *adj.* fizzy
fräsande *n.* hiss
fräsande *n.* sizzle
fräscht *adj.* fresh
frätande *adj.* corrosive
frö *n.* seed
fröjda sig *v.* exult
fröken *n.* miss
fukt *n.* dank
fukt *n.* damp
fukt *n.* moisture
fukta *v.* damp
fukta *v.* moisten
fuktig *adj.* damp
fuktig *adj.* dank
fuktig *v.* dank
fuktig *adj.* humid
fuktig *adj.* moist
fuktighet *n.* humidity
ful *adj.* ugly

fulhet *n.* ugliness
full *adj.* drunk
full av *adj.* fraught
fullborda *v.* fulfil
fullbordad *adj.* accomplished
fullbordande *n.* fulfilment
fullkomlig *adj.* utter
fullmakt *n.* commission
fullmakt *n.* crevet
fullmakt *n.* warrant
fullsatt *adj.* crowded
fullständig *adv.* absolutely
fullständig *adj.* complete
fullständigande *n.* completion
fullständighet *n.* fullness
fullständigt *adv.* stark
fullt *adv.* full
fumla *v.* bungle
fundamental *adj.* basal
fundamental *adj.* fundamental
fundera *v.* deliberate
fundera *v.* muse
fundera *v.* ponder
fundersam *adj.* pensive
funktion *n.* function
funktionera *v.* function
funktionerande *n.* functionary
funktionsduglig *adj.* serviceable
funktionär *n.* official
furagera *v.* forage
furie *n.* fury
furlong *n.* furlong
furstlig *adj.* princely
fusion *n.* fusion
fuska *v.* cheat
fuskare *n.* cheater
fuskare *n.* tinker
fuskverk *v.* botch
futuristisk *adj.* futuristic
fy *interj* fie
fylke *n.* shire
fylla *v.* fill

fylla *v.* infuse
fylla *v.* jam
fylla *v.* prime
fylla *v.* stock
fylla på *v.* replenish
fylld *adj.* replete
fyllnadsval *n.* by-election
fyllo *n.* drunkard
fyr *n.* beacon
fyra *n.* four
fyra på *v.* stoke
fyrdimensionell kub *n.* tesseract
fyrdubbel *adj.* quadruple
fyrdubbla *v.* quadruple
fyrfotad *n.* quadruped
fyrhörning *n.* quadrangle
fyrkant *n.* square
fyrkantig *adj.* quadrangular
fyrkantig *adj.* square
fyrsidig *adj.* quadrilateral
fyrsidig med två parallella sidor *n.* trapezoid
fyrsiding *n.* quadrilateral
fyrtio *n.* forty
fyrverkerier *n.* fireworks
fysik *n.* physic
fysik *n.* physics
fysik *n.* physique
fysiker *n.* physicist
fysionomi *n.* physiognomy
fysisk *adj.* physical
få *adj.* few
få *v.* get
få farhågor *v.* misgive
få fast tjänst *v.* tenure
få liv i *v.* energize
få missfall *v.* miscarry
få panik *v.* panic
få punktering på *v.* puncture
få tiden att passera *v.* while
få tänder *v.* teethe
fåfäng *adj.* idle
fåfäng *adj.* vain
fåfänga *n.* conceit
fåfänga *n.* vanity
fågel *n.* bird
fågelbur *n.* birdcage
fågelhus *n.* aviary
fågeljägare *n.* fowler
fågellim *n.* birdlime
fågelskådare *n.* ornithologist
fågelskådning *n.* ornithology
fågelskådning *n.* ornithoscopy
fånga *v.* bag
fånga *v.* entrap
fånga *v.* trap
fånga i nät *v.* mesh
fånga upp *v.* intercept
fångad *v.* captivate
fångad *v.* capture
fångad *v.* catch
fånge *n.* captive
fånge *n.* prisoner
fången *adj.* captive
fångenskap *n.* captivity
fångenskap *n.* confinement
fångst *n.* draught
fångvaktare *n.* jailer
fångvaktare *n.* warder
får *n.* sheep
fåra *n.* furrow
fåraherde *n.* shepherd
fåraktig *adj.* sheepish
fårkött *n.* mutton
fäkta *v.* fetch
fäktare *n.* fencer
fälg *n.* rim
fäll *v.* fell
fäll *n.* hide
fälla *v.* bag
fälla *n.* trap
fällande dom *n.* conviction
fängelse *n.* jail
fängelse *n.* pen

fängelse *n.* prison
fängelsehåla *n.* dungeon
fängsla *v.* enthral
fängsla *v.* imprison
färg *n.* colour
färg *n.* paint
färg *n.* tincture
färg *n.* dye
färga *v.* colour
färga *v.* dye
färga *v.* stain
färga *v.* tinge
färgblind *adj.* colour-blind
färgglad *adj.* colourful
färglös *adj.* achromatic
färglös *adj.* coclourless
färgton *n.* tint
färja *n.* ferry
färja *n.* ferryboat
fäst till karbin *v.* carabine
fästa *v.* affix
fästa *v.* append
fästa *v.* attach
fästa *v.* fasten
fästa *v.* peg
fäste *n.* stronghold
fästing *n.* tick
fästman *n.* fiancé
fästning *n.* fortress
fästningsvall *n.* rampart
föda *v.* beget
född *v.* born
född *adj.* borne
född rik *adj.* born rich
födelse- *adj.* natal
födelsedatum *n.* birthdate
födelsemärke *n.* birthmark
födelsemärke *n.* mole
födsel *n.* birth
föl *n.* foal
föla *v.* foal
följa *v.* comply

följa *v.* ensue
följa *v.* follow
följd *n.* succession
följdriktighet *n.* consistence
följe *n.* procession
följe *n.* retinue
följeslagare *n.* acolyte
fönster *n.* window
fönsterglugg *n.* loop-hole
fönsterport *n.* mullion
fönstertittare *n.* voyeur
för *prep.* before
för ... sedan *adv.* ago
för alltid *adv.* forever
för att *conj.* because
för att inte *conj.* lest
för det tredje *adv.* thirdly
för högt *adv.* sharp
för mindre *n.* less
för övrigt *adv.* besides
föra in *v.* usher
förakt *n.* contempt
förakt *n.* disdain
förakt *n.* scorn
förakta *v.* despise
förakta *v.* disdain
förakta *v.* scorn
förakta *v.* spurn
föraktfull *adj.* contemptuous
föraktlig *adj.* abject
föraktlig *adj.* despicable
föraning *n.* premonition
förare *n.* driver
förarga *v.* vex
förargelse *n.* vexation
föras *v.* waft
förband *n.* cast
förbanna *v.* curse
förbanna *v.* damn
förbannelse *n.* curse
förbannelse *n.* damn
förbannelse *n.* malediction

förbenas *v.* ossify
förbereda *v.* gird
förbereda *v.* prepare
förberedande *adj.* preparatory
förberedelse *n.* preparation
förbinda *v.* plaster
förbinda *v.* pledge
förbindellse *n.* junction
förbistring *n.* babel
förbittra *v.* embitter
förbittring *n.* animosity
förbittring *n.* resentment
förbjuda *v.* ban
förbjuda *v.* banish
förbjuda *v.* forbid
förbjuda *v.* prohibit
förbjudet *adj.* forbidden
förbli *v.* remain
förblindat *adv.* dazzlingly
förbluffa *v.* astound
förbluffa *v.* flabbergast
förbluffa *v.* stupefy
förbluffad *adj.* flabbergasted
förbluffande *adj.* stupendous
förbrylla *v.* puzzle
förbrylla *v.* stump
förbränd *adj.* torrid
förbränning *n.* combustion
förbränningskammare *n.* combustor
förbud *n.* ban
förbud *n.* banishment
förbud *n.* forbode
förbud *n.* inhibition
förbud *n.* prohibition
förbunden *adj.* conjunct
förbundsark *n.* ark
förbättra *v.* ameliorate
förbättra *v.* better
förbättra *v.* emend
förbättra *v.* improve
förbättra *v.* meliorate

förbättring *n.* amelioration
förbättring *n.* betterment
förbättring *n.* improvement
fördel *n.* advantage
fördel *n.* behalf
fördel *n.* benefit
fördela *v.* allocate
fördela *v.* apportion
fördela *v.* distribute
fördelaktigt *adj.* advantageous
fördjupa *v.* deepen
fördjupa *v.* immerse
fördjupning *n.* recess
fördjupning *n.* sag
fördrag *n.* treaty
fördriva *v.* eject
fördröjning *n.* delayment
fördröjning *n.* retardation
fördubbla *v.* redouble
fördunkla *v.* blear
fördunkla *v.* dim
fördunkla *v.* jaundice
fördämning *n.* barrage
fördämning *n.* embankment
fördämning *n.* weir
fördärva *v.* debauch
fördärva *v.* deprave
fördärva *v.* mar
fördärvad *adj.* depraved
fördärvelse *n.* depravation
fördömande *n.* condemnation
fördömd *adj.* accursed
fördömd *adj.* damned
fördömelse *n.* damnation
före giftermål *adj.* antenuptial
förebrå *v.* chide
förebrå *v.* reproach
förebrå *v.* upbraid
förebråelse *n.* reproach
förebråelse *n.* reproof
förebyggande *adj.* preemptive
förebyggande *n.* prevention

förebyggande *adj.* preventive	**företrädare** *n.* predecessor
förebåda *v.* bespeak	**företräde** *n.* preference
förebåda *v.* portend	**företrädesrätt** *n.* precedence
föredetta *pron* former	**föreviga** *v.* eternalize
föredra *v.* prefer	**förfader** *n.* forefather
föregripa *n.* antedate	**förfalla** *adj.* delipidate
föregående *adj.* antecedent	**förfallen** *adj.* overdue
föregående *adj.* previous	**förfalska** *v.* adulterate
föregångare *n.* forerunner	**förfalska** *v.* doctor
föregångare *n.* precursor	**förfalska** *v.* forge
förekomma *v.* forestall	**förfalskade** *adj.* doctored
förekomma *v.* occur	**förfalskare** *n.* counterfeiter
föreläsa *v.* lecture	**förfalskning** *n.* adulteration
föreläsare *n.* lecturer	**förfalskning** *adj.* counterfeit
föreläsning *n.* lecture	**förfalskning** *n.* falsification
förelöpare *n.* antecedent	**förfalskning** *n.* forgery
föremål *n.* exhibit	**författa** *v.* compose
förena *v.* ally	**författare** *n.* author
förena *v.* amalgamate	**författer** *n.* writer
förena *v.* reconcile	**författning** *n.* constitution
förena *v.* unite	**förfina** *v.* refine
förenad *adj.* associate	**förfining** *n.* refinement
förenade *adj.* annectent	**förfluten** *adj.* past
förening *n.* guild	**förflyta** *v.* elapse
förening *n.* unification	**förfula** *v.* uglify
förenkla *v.* simplify	**förfuska** *v.* queer
förenkling *n.* simplification	**förföljelse** *n.* persecution
föreskrift *n.* injunction	**förföra** *v.* seduce
föreskrift *n.* prescription	**förföra** *v.* mack
föreskriva *v.* stipulate	**förförelse** *n.* seduction
föreslå *v.* propose	**förförisk** *adj.* seductive
föreslå *v.* propound	**förgasa** *v.* gasify
föreslå *v.* suggest	**förgasad** *adj.* gasified
förespå *v.* foretell	**förgasning** *n.* gasification
förestående *adj.* imminent	**förgifta** *v.* bane
förestående *prep.* pending	**förgifta** *v.* poison
föreställa *v.* picture	**förgiftning** *n.* intoxication
föreställa sig *v.* imagine	**förgudning** *n.* apotheosis
föreställning *n.* fancy	**förgylld** *adj.* gilt
företag *n.* company	**förgänglig** *adj.* perishable
företag *n.* venture	**förgäves** *adv.* vainly
företal *n.* preamble	**förhalning** *n.* procrastination

förhand *adv.* beforehand
förhandla *v.* bargain
förhandla *v.* negotiate
förhandlare *n.* negotiator
förhandling *n.* nagotiation
förhandlingsbar *adj.* negotiable
förhandsvetande *n.* foreknowledge
förhastad *adj.* premature
förhastad *adj.* snap
förhindra *v.* avert
förhindra *v.* hinder
förhindra *v.* obstruct
förhindra *v.* preclude
förhindra *v.* prevent
förhindrande *n.* hindrance
förhistorisk *adj.* prehistoric
förhållande *n.* ratio
förhärda *v.* harden
förhärdad *adj.* obdurate
förhärliga *v.* exalt
förhärligande *n.* apotheosis
förhärligande *n.* celebration
förhärligande *n.* glorification
förhör *n.* interrogation
förhöra *v.* interrogate
förhöra *v.* quiz
förinta *v.* erase
förintelse *n.* obliteration
Förintelsen *n.* holocaust
förkasta *v.* abject
förkasta *v.* disapprove
förkasta *v.* repudiate
förkastande *n.* repudiation
förklara *v.* explain
förklara *v.* proclaim
förklara *v.* profess
förklara någonting ogiltigt *v.* void
förklaring *n.* commentary
förklaring *n.* explanation
förklaring *n.* proclamation

förklä *v.* disguise
förkläda *n.* disguise
förkläde *n.* apron
förkolna *v.* carbonize
förkolning *n.* carbonization
förkorta *v.* abbreviate
förkorta *v.* abridge
förkorta *v.* curtail
förkorta *v.* shorten
förkortad *adj.* abridged
förkortning *n.* abbreviation
förkortning *n.* abridgement
förkortning *n.* shortening
förkovra *v.* perfect
förkroppsligande *n.* embodiment
förkrympt *v.* depauperate
förkrympt *adj.* scrub
förkylning *n.* cold
förlama *v.* lame
förlamning *n.* palsy
förlora *v.* lose
förlust *n.* bereavement
förlust *n.* defeat
förlust *n.* forfeiture
förlust *n.* loss
förlåta *v.* forgive
förlåta *v.* remit
förlåtelse *n.* condonation
förlåtlig *adj.* pardonable
förlåtlig *adj.* venial
förlägenhet *n.* embarrassment
förlägga *v.* garisson
förläggare *n.* publisher
förläna *v.* endow
förlänga *v.* lengthen
förlänga *v.* prolong
förlöjliga *v.* ridicule
förman *n.* overseer
förmana *v.* admonish
förmaning *n.* admonition
förmatch *n.* preliminary
förmedla *v.* mediate

förmedling *n.* mediation
förmiddag *n.* forenoon
förmildrande *n.* mitigation
förmoda *v.* surmise
förmodan *n.* surmise
förmyndarskap *n.* custody
förmå *v.* induce
förmå *v.* prompt
förmåga *n.* ability
förmåga *n.* capability
förmån *n.* boon
förmånlig *adj.* beneficial
förmånsrätt *n.* prerogative
förmörka *v.* benight
förmörka *v.* darken
förmörka *v.* eclipse
förmörkelse *n.* eclipse
förnedra *v.* abase
förnedring *n.* abasement
förneka *v.* abjure
förneka *v.* brazen
förneka *v.* deny
förneka *v.* gainsay
förneka *v.* negate
förnekare *n.* abjurer
förnuft *n.* sanity
förnuftig *adj.* sane
förnuftig *adj.* sensible
förnuftigt *adv.* sanely
förnumstighet *n.* sapience
förnya *v.* renew
förnyelse *n.* renewal
förnäm *adj.* genteel
förnämhet *n.* gentility
förnödenheter *n.* requisite
förolämpa *v.* affront
förolämpa *v.* insult
förolämpning *n.* affront
förolämpning *n.* insult
förolämpning *n.* snub
förord *n.* foreword
förord *n.* preface

förordna *v.* decree
förordnad *adj.* ordained
förordning *n.* bylaw, bye-law
förordning *n.* ordinance
förorena *v.* pollute
förorening *n.* pollution
förort *n.* suburb
förortsbo *adj.* suburban
förpost *n.* outpost
förpricka *v.* tick
förringa *v.* belittle
förruttna *v.* decay
förruttnelse *n.* decay
förrädare *n.* traitor
förräderi *n.* treachery
förräderi *n.* treason
förrädisk *adj.* treacherous
förrätt *n.* appetizer
församlas *v.* assemble
församling *n.* benefice
församling *n.* parish
förse *v.* accessorise
förse *v.* provide
förse *v.* supply
förse *v.* vest
försedd med sladd *adj.* corded
förseelse *n.* delinquency
förseelse *n.* misdemeanour
förseglingsbarhet *n.* sealability
förseglingsbart *n.* sealab
försena *v.* delay
försenad *adj.* belated
försening *n.* delay
försiktig *adj.* canny
försiktig *adj.* careful
försiktig *adj.* cautious
försiktig *adj.* circumspect
försiktig *n.* tentative
försiktig *adj.* wary
försiktighet *n.* caution
försiktighet *n.* foresight
försiktighet *n.* prudence

försiktighet *n.* tentativeness
försiktighets- *adj.* precautionary
försiktighetsåtgärd *n.* precaution
försilvra *v.* silver
försjunken *adj.* rapt
försjunkenhet *n.* immersion
förskansning *n.* entrenchment
förskingra *v.* misappropriate
förskingring *n.* misappropriation
förskoning *n.* forbearance
förskräckelse *n.* dismay
förskräckt *adj.* aghast
försköna *v.* beautify
förslag *n.* proposal
förslag *n.* suggestion
förslagen *adj.* crafty
förslappa *v.* enervate
förslappad *adj.* enervated
förslava *v.* beslaver
förslava *v.* enslave
försona *v.* pacify
försonande *adj.* pacific
försonande *adj.* placatory
försoning *n.* reconciliation
försonlig *adj.* placable
förspel *n.* prelude
först *adj.* chief
först *adj.* first
först *adv.* first
första *adj.* front
första *adj.* premier
förstklassig *adj.* sterling
förstockelse *n.* obduracy
förstoppning *n.* constipation
förstora *v.* magnify
förstumma *v.* dumbfound
förstummad *adj.* dumbfounded
förstå *v.* comprehend
förstå *v.* understand
förståelse *n.* comprehension
förstående *adj.* apprehensive

förstående *adj.* comprehensive
förstående *adj.* perceptive
förstånd *n.* acumen
förstärka *v.* enforce
förstärka *v.* enhance
förstärka *v.* reinforce
förstärka *v.* amplify
förstärkare *n.* amplifier
förstärkning *n.* amplification
förstärkning *n.* enhancement
förstärkning *n.* reinforcement
förstöra *v.* annihilate
förstöra *v.* destroy
förstöra *v.* ruin
förstöra *v.* spoil
förstöra *v.* wreck
förstörare *n.* destroyer
förstörare *n.* wrecker
förstöras *v.* perish
förstörelse *n.* destruction
förstörelse *n.* havoc
försumlighet *n.* negligence
försummelse *n.* omission
försvaga *v.* dilute
försvaga *v.* emaculate
försvaga *v.* fatigue
försvaga *v.t. & i* weaken
försvaga *adj.* debilitating
försvagande av agent *n.* debilitant
försvagning *n.* emaculation
försvar *n.* advocacy
försvar *v.* advocate
försvar *n.* defence
försvara *v.* defend
försvara *v.* vindicate
försvarare *n.* advocate
försvarare *n.* defendant
försvarslös *adj.* defenceless
försvinna *v.* disappear
försvinna *v.* evaporate
försvinna *v.* vanish

försvinnande *n.* disappearance
försvåra *v.* aggravate
försvårande *n.* aggravation
försyn *n.* providence
försäkra *v.* assure
försäkra *v.* insure
försäkra *v.* reassure
försäkring *n.* assurance
försäkring *n.* insurance
försäkringsgivare som förlorat ett skett *n.* anbandonee
försäljare *n.* salesman
försäljning *n.* sale
försök *n.* attempt
försök *n.* try
försöka *v.* attempt
försöka *v.* essay
försöka *v.* try
förtal *n.* calumny
förtal *n.* defamation
förtal *n.* slander
förtal *n.* talebearer
förtala *v.* slander
förtala *v.* vilify
förtalare *n.* detractor
förtegen *adj.* reticent
förtegenhet *n.* reticence
förtenna *v.* tin
förtjusande *adj.* dainty
förtjusande *adj.* lovable
förtjusning *n.* elation
förtjäna *v.* deserve
förtjänstfull *adj.* meritorious
förtroende *n.* trust
förtroendefull *adj.* trustful
förtrolla *v.* infatuate
förtrolla *v.* bewitch
förtrollad *adj.* bewitched
förtrollelse *adj.* bewitching
förtrollning *n.* bewitching
förtrollning *n.* spell
förtrycka *v.* grind

förtryckare *n.* oppressor
förtränga *v.* repress
förträngning *n.* stricture
förtunna *v.* rarefy
förtunna *v.* thin
förtunnig *n.* arefaction
förtvina *v.* atrophy
förtvivlan *n.* despair
förtänksamhet *n.* forethought
förtära *v.* partake
förtörna *v.* incense
förundran *n.* wonder
förundras *v.* marvel
förunna *v.* vouchsafe
förutbestämma *v.* predetermine
förutnämnd *adj.* aforementioned
förutom *prep.* besides
förutse *v.* forecast
förutse *v.* foresee
förutseende *n.* prescience
förutseende *adj.* provident
förutspå *v.* predict
förutsäga *v.* auspicate
förutsäga *v.* prophesy
förutsägbar *n.* sanability
förutsägelse *n.* forecast
förutsättning *n.* condition
förutsättning *n.* presupposition
förutvarande *adv.* formerly
förvaltare *n.* bailiff
förvaltare *n.* steward
förvaltare *n.* trustee
förvandla *v.* commute
förvandla *v.* transfigure
förvandla till luft *v.* aerify
förvandling *n.* conversion
förvandling *n.* transfiguration
förvanska *v.* misrepresent
förvanska *v.* vitiate
förvanskad *adj.* corrupt
förvaring *n.* storage
förvaringsplats *n.* repository

förvarna v. forewarn
förvirra adj. addle
förvirra v. bemuse
förvirra v. bewilder
förvirra v. confuse
förvirra v. daze
förvirra v. unsettle
förvirrad adj. dazed
förvirrande adj. baffling
förvirring n. bewilderment
förvirring n. confusion
förvirring n. daze
förvirring n. perplexity
förvittring n. decomposition
förvränga v. pervert
förvränga v. scramble
förvrängd adj. scrambled
förvrängning n. perversion
förvåna v. astonish
förvåning n. amazement
förvåning n. astonishment
förvänta v. expect
förväntan n. expectation
förväntning n. anticipation
förvärra v. worsen
förvärvad adj. adscititious
föryngra v. rejuvenate
föryngring n. rejuvenation
föråldrad adj. obsolete
föråldrad adj. outdated
föråldrad adj. outmoded
föränga v. vaporize
förädla v. ennoble
föräktenskaplig adj. premarital
förälder n. parent
föräldralöst barn n. orphan
föräldraskap n. parentage
förälska v. enamour
förälskad adj. amatory
förälskad adj. enamoured
förälskelse n. enamourment
förändra- adj. parental

förändring n. change
förödelse n. blight
förödelse n. shambles
förödmjuka v. humiliate
förödmjukad adv. abase
förödmjukelse n. humiliation
föstertittning n. voyeurism
fötrycka v. oppress

G

gagna v. profit
gala n. gala
galaktisk adj. galactic
galax n. galaxy
galeas n. carrack
galen adv. amiss
galen adj. crazy
galen adj. insane
galenskap n. lunacy
galler n. lattice
galleri n. gallery
gallon n. gallon
gallopp n. gallop
galning n. maniac
galopp n. canter
galopp v. gallop
galoppera n. . gallows
galvanisera v. galvanize
galvanometer n. galvanometer
galvanoskop n. galvanoscope
gam n. vulture
gamma n. gamma
gammal adj. musty
gammal adj. old
gammal käring n. crone
gammaldags adj. antique
gammaldags adj. archaic
gammalt vinfat n. tertian
gangster n. gangster
gangster n. thug

ganska *adv.* fairly
ganska *adv.* quite
ganska kort *adj.* shortish
gapa *v.* gape
gapande *adv.*, agape
garage *n.* garage
garantera *v.* ensure
garantera *v.* guarantee
garantera *v.* vouch
garanti *n.* guarantee
garanti *n.* warranty
gardera *v.* hedge
garderob *n.* closet
garderob *n.* wardrobe
gardin *n.* curtain
garn *n.* yarn
garnera *v.* face
garnera *v.* garnish
garnering *n.* garnishment
garnison *n.* garisson
garnityr *n.* garnish
garrottera *v.* garrotte
garrottering *n.* garrotte
garva *v.* bark
garva *v.* tan
garvare *n.* tanner
garveri *n.* tannery
gas *n.* gas
gasell *n.* gazelle
gasform *adj.* gasesous
gasformig *adj.* aeriform
gasfylld *adj.* gassy
gasmask *n.* gasmask
gastronomi *n.* gastronomy
gata *n.* avenue
gata *n.* street
gatukorsning *n.* crossing
gatukök *adj.* takeaway
gatunge *n.* urchin
ge *v.* deliver
ge *v.* gift
ge *v.* give

ge *v.* pass
ge *v.* confer
ge efter *v.* ayield
ge efter *v.* succumb
ge ett handtag *v.* handle
ge fristad *v.* harbour
ge fördel till *v.* advantage
ge i uppgift *v.* task
ge komplimang *v.* compliment
ge lugnande medel *v.* sedate
ge proportion till *v.* proportion
ge sig ut för *v.* purport
ge smeknamn *v.* nickname
ge smisk med björkris *v.* birch
geisha *n.* geisha
gejser *n.* geyser
gel *n.* gel
gelatin *n.* gelatin
gelatinartad *adj.* gelatinous
gelatinera *v.* gelatinize
gelé *n.* jelly
gem *n.* clip
gemensam *adj.* collective
gemensam *adj.* communal
gemensam *adj.* joint
gemensam *adj.* mutual
gemensamt *adv.* jointly
geminal *adj.* geminal
geminera *v.* geminate
geminerad *adj.* geminate
gemål *n.* consort
gen *n.* gene
genast *adv.* instantly
genast *adv.* straightway
genealogisk *adj.* genealogical
genera *n.* abashing
generad *adj.* abashed
generation *n.* generation
generator *n.* generator
generellt *adv.* generally
generera *v.* generate
genererbart *adj.* generable

generositet *n.* benevolence
generositet *n.* generosity
generös *adj.* charitable
generös *adj.* generous
generös *adj.* munificent
genetiker *n.* geneticist
genetisk *adj.* genetic
geni *n.* genius
genial *adj.* genial
genialitet *n.* geniality
genital *adj.* genital
genitalier *n.* genitalia
genljuda *v.* resound
genmäla *v.* rejoin
genom *n.* genome
genom *prep.* through
genomborra *adj.* piercing
genomborra *v.* spear
genomborra *n.* stab
genomdränka *v.* drench
genomfart *n.* thoroughfare
genomföra *v.* implement
genomföra *v.* transact
genomförbar *adj.* doable
genomförbar *adj.* operable
genomförbar *adj.* viable
genomförbar *adj.* workable
genomgå *v.* undergo
genomgående *adj.* through
genomse *v.* revise
genomslagspapper *adj.* flimsy
genomsnitt *n.* mean
genomsnittlig *adj.* average
genomsnittlig *adj.* mean
genre *n.* genre
gentleman *n.* gentleman
genuin *adj.* genuine
geograf *n.* geographer
geografi *n.* geography
geografisk *adj.* geographical
geologi *n.* geology
geologisk *adj.* geological

geologist *n.* geologist
geometri *n.* geometry
geometrisk *adj.* geometrical
geopolitisk *adj.* geopolitical
gerundium *n.* gerund
gest *n.* gesture
gestalt *n.* guise
gestalt *n.* likeness
get *n.* goat
geting *n.* wasp
getinglik *adj.* waspish
gevär *n.* rifle
ghetto *n.* ghetto
ghostwriter *n.* ghostwriter
ghul *n.* ghoul
gibbon *n.* gibbon
gick till *adv.* due
gift *n.* bane
gift *n.* poison
gift *n.* toxin
gift *n.* venom
gifta *v.* marry
giftasvuxen *adj.* marriageable
giftasvuxen *adj.* nubile
giftermål *n.* match
giftermål *n.* matrimony
giftig *adj.* poisonous
giftig *adj.* toxic
giftig *adj.* venomous
giftighet *n.* toxicity
gigabit *n.* gigabit
gigabyte *n.* gigabyte
gigantisk *adj.* gigantic
gikt *n.* gout
gilla *v.* approbate
gille *v.* gild
giltig *adj.* valid
giltighet *n.* validity
gin *n.* gin
giraff *n.* giraffe
girigbuk *n.* scrooge
girighet *n.* avarice

girlang *n.* garland	**glida** *v.* slip
gissa *v.* conjecture	**glidare** *n.* glider
gissa *v.* figure	**glidmedel** *n.* lubricant
gissa *v.* guess	**glidning** *n.* slip
gissel *n.* scourge	**glimmer** *n.* mica
gissla *v.* scourge	**glimt** *n.* glimpse
gisslan *n.* hostage	**gliring** *n.* gibe
gissning *n.* conjecture	**glitter** *n.* glitter
gissning *n.* guess	**glitter** *n.* tinsel
gitarr *n.* guitar	**glittra** *v.* glitter
gjugjärn *adj.* cast-iron	**glob** *n.* globe
gjuteri *n.* foundry	**global** *adj.* global
gjutning *n.* casting	**glorifiera** *v.* glorify
glaciär *n.* glacier	**glukos** *n.* glucose
glad *adj.* cheerful	**glupsk** *adj.* greedy
glad *adj.* glad	**glupsk** *adj.* lascivious
glad *adj.* happy	**glupsk** *adj.* voracious
gladeligen *adv.* gladly	**glycerin** *n.* glycerine
gladiator *n.* gladiator	**glåmig** *adj.* wan
gladiator- *adj.* gladiatorial	**glädja** *v.* gladden
gladlynt *adj.* jovial	**glädja sig** *v.* delight
glamorisera *adj.* glam	**glädjande** *n.* joyful
glamour *n.* glam	**glädjas** *v.* rejoice
glamour *n.* glamour	**glädje** *n.* delight
glans *n.* dazzle	**glädje** *n.* gaiety
glans *n.* glaze	**glädje** *n.* happiness
glans *n.* lustre	**glädje** *n.* joy
glans *n.* polish	**glädje** *n.* joyous
glans *n.* shine	**glädje** *n.* merriment
glanstid *n.* heyday	**glädje** *n.* mirth
glas *n.* glass	**gläfsa** *v.* yap
glas *n.* glasses	**glänsa** *v.* shine
glashus *n.* glasshouse	**glänsande** *adj.* lustrous
glasmästare *n.* glazier	**glänsande** *adj.* refulgent
glastillverkare *n.* glassmaker	**glänsande** *adj.* resplendent
glasögonprydd *adj.* bespectacled	**glänta** *n.* glade
glatta *v.* glaze	**glöda** *v.* flush
glee *n.* glee	**glöda** *v.* smoulder
gles *adj.* sparse	**glödande** *adv.* aglow
glid *n.* glide	**glödga** *v.* mull
glida *v.* glide	**glödje** *n.* good
glida *v.* slide	**glödlampa** *n.* bulb

glömma v. forget	**golv** n. floor
glömsk adj. forgetful	**gom** n. palate
glömska n. oblivion	**gonad** n. gonads
gnagare n. rodent	**gondol** n. gondola
gnata v. nag	**gonggong** n. gong
gnatig adj. nagging	**goodkännande** n. approbation
gnisa n. spark	**goodwill** n. goodwill
gnissla v. squeak	**googla** v. google
gnisslande n. creak	**gorilla** n. gorilla
gnistande n. sparkle	**gosig** adj. cozy
gnistra v. scintillate	**gospel** n. gospel
gnistra v. spark	**gotisk** n. gothic
gnistrande n. scintillation	**gotisk-** adj. gothic
gnom n. gnome	**gott** n. good
gnugga v. rub	**gottfinnande** n. discretion
gnuggning n. rubbing	**gottgöra** v. atone
gnutta n. mite	**gottgörelse** n. atonement
gnägg n. neigh	**gottgörelse** n. redress
gnägga v. neigh	**gouda** n. gouda
gnäll n. whine	**governör** n. governor
gnälla v. creak	**graciös** adj. gracious
gnälla v. whimper	**grad** n. degree
gnälla v. whine	**grad** n. grade
gobble n. gobble	**grad** n. pitch
gobeläng n. tapestry	**gradation** n. gradation
god adj. fair	**gradvis** adj. gradual
god adj. nice	**graf** n. graph
godhet n. goodness	**grafisk** adj. graphic
godis n. candy	**gram** n. gramme
godkänna v. approve	**grammatik** n. grammar
godkännande n. approval	**grammatiker** n. grammarian
godkännande n. pass	**gramofon** n. gramophone
godmanskap n. wardship	**granat** n. grenade
gods n. cargo	**grand** n. mote
gods n. ware	**granne** n. neighbour
godsak n. sweetmeat	**grannskap** n. neighbourhood
godtrogen adj. credulous	**grannskap** n. proximity
godtrogenhet n. credulity	**granska** v. audit
godtycklig adj. arbitrary	**granska** v. peruse
godtycklig adj. indiscriminate	**granska** v. review
goja n. parrot	**granskning** n. scrutiny
golf n. golf	**grasserande** adj. rampant

gratulation *n.* congratulation
gratulera *v.* congratulate
grav *n.* grave
grav *n.* sepulchre
grav *n.* tomb
gravansdrake *n.* sawbill
gravera *v.* engrave
gravid *adj.* pregnant
graviditet *n.* pregnancy
gravitation *n.* gravitation
gravitera *v.* gravitate
grejer *n.* stuff
grekisk *adj.* Greek
grekiska *n.* Greek
gren *n.* branch
gren *n.* crotch
grena *v.* bifurcate
grepp *n.* clutch
grepp *n.* grip
grepp *n.* hold
grepp *n.* grasp
greppa *v.* grab
greppa *v.* grasp
greppa *v.* grip
grevinna *n.* countess
greyhound *n.* greyhound
grind *n.* gate
grind *n.* wicket
grindstolpe *n.* gatepost
grindstuga *n.* gatehouse
grindvaktare *n.* gatekeeper
grinig *adj.* petulant
grinighet *n.* petulance
gripa *v.* clutch
gripa *v.* detain
gripa *v.* grapple
gripa *v.* nab
griptång *n.* forceps
gris *n.* pig
gro *v.* sprout
groda *n.* frog
grodd *n.* sprout

groddning *n.* germination
grosshandel *n.* wholesale
grossist *n.* wholesaler
grossist- *adj.* wholesale
grotesk *adj.* grotesque
grotta *n.* cave
grotta *n.* cavern
grov *adj.* abusive
grov *adj.* brutish
grov *adj.* coarse
grov *adj.* rough
grovfoder *n.* forage
grovhet *n.* salebrosity
grubbel *n.* rumination
grubbla *v.* brood
grund *n.* basis
grund *n.* cause
grund *n.* foundation
grunda *v.* base
grunda *v.* found
grunda *v.* ground
grundare *n.* founder
grundlig *adv.* downright
grundlig *adj.* outright
grundläggande *adj.* elementary
grundläggande *adj.* primary
grundlös *adj.* baseless
grundregel *n.* principle
grundsats *n.* tenent
grundval *n.* keystone
grunna *v.* brood
grupp *n.* bracket
grupp *n.* cluster
grupp *n.* group
grupp *n.* party
grupp av proteiner *n.* germin
gruppera *v.* group
gruppering *n.* aggroupment
grus *n.* pebble
gruva *n.* mine
gruvarbetare *n.* miner
gruvarbetare *n.* pitman

gruvvagn *n.* tram
gryende *adj.* adnascent
gryende *adj.* nascent
grym *adj.* cruel
grymhet *n.* atrocity
grymhet *n.* barbarity
grymhet *n.* cruelty
grymta *v.* grunt
grymtning *n.* grunt
grymtoxe *n.* yak
gryningsljus *n.* dawnlight
gryta *n.* casserole
gryta *n.* cauldron
gryta *n.* stew
grå *adj.* grey
grå-rosa färg *adj.* damask
gråta *v.* weep
gråtande *adj.* lachrymose
grädde *n.* cream
gräl *n.* altercation
gräl *n.* quarrel
gräla *v.* brangle
gräla *v.* quarrel
gräla *v.* row
gränd *n.* alley
gräns *n.* boundary
gräns *n.* frontier
gräns *n.* limit
gränsa *v.* border
gränsa till *v.* abut
gränsa till *v.* adjoin
gränsdragning *n.* demarcation
gränslös *adj.* limitless
gränsöverskridande *n.* transboarder
gränsöverskridning *n.* transboundery
gräs *n.* grass
gräshoppa *n.* locust
gräsmatta *n.* lawn
grästorv *n.* sod
gräva *v.* spade

gräva en tunnel *v.* tunnel
gräva ett dike *v.* trench
gräva upp *v.* unearth
grävling *n.* badger
grön *n.* green
gröngul *adj.* citrine
grönsak *n.* vegetable
grönska *n.* greenery
grönskande *adj.* verdant
grönt *adj.* green
gröt *n.* porridge
gröta *v.* mess
guava *n.* guava
gud *n.* god
gudagåva *n.* godsend
gudfruktig *adj.* godly
gudinna *n.* goddess
gudom *n.* deity
gudom *n.* godhead
gudomlig *adj.* divine
gudomlig *adj.* providential
gudsförnekelse *n.* antitheism
guerilla *n.* guerilla
guida *v.* guide
guide *n.* guide
gul *adj.* yellow
gulaktig *adj.* yellowish
guld *n.* gold
guldgruva *n.* treasury
guldig *adj.* golden
guldsmed *n.* goldsmith
gulf *n.* gulf
gulfärga *v.* yellow
gulsot *n.* jaundice
gult *n.* yellow
gummi *n.* eraser
gummi *n.* rubber
gummianka *n.* rubber duck
gummikula *n.* rubber bullet
gummirep *n.* bungee
gummiträd *n.* rubber tree
gunga *v.* swing

gunga n. swing
gungande adj. rocking
gungstol n. rocker
guppa v. bob
gurgla v. gargle
gurka n. cucumber
gurkmeja n. turmeric
guttural adj. guttural
guvernant n. governess
gymnasium n. gymnasium
gymnast n. gymnast
gymnastik n. gymnastics
gymnastisk adj. gymnastic
gynna v. patronize
gynnsam adj. auspicious
gynnsam adj. favourable
gyttja n. goo
gyttja n. slough
gå v. step
gå v. walk
gå före v. antecede
gå i sicksack adv. zigzag
gå i sicksack v. zigzag
gå i spetsen v. spearhead
gå ner på knä v. kneel
gå rakt upp v. sky
gå runt v. capsize
gå tillbaka v. recede
gå upp v. surface
gå ut v. exit
gå vilse v. stray
gång n. duct
gång n. lane
gång n. time
gångbar adj. marketable
gård n. yard
gårdagen adv. yesterday
gårdsplan n. courtyard
gås n. goose
gåskarl n. gander
gåta n. conundrum
gåta n. riddle

gåtfull adj. enigmatic
gåva n. gift
gåva n. present
gäckande adj. elusive
gäldenär n. debtor
gäll adj. shrill
gälla v. pertain
gällande fibrös och muskulär vävnad adj. fibromuscular
gäng n. gang
gärdsmyg n. wren
gäsp n. yawn
gäspa v. yawn
gäst n. guest
gästfrihet n. hospitality
gästvänlig adj. hospitable
gödningsmedel n. fertilizer
gödsel n. dung
gödsel n. manure
gödsel n. muck
gödsla v. manure
gök n. cuckoo
gömma v. hide
göra v. do
göra v. make
göra v. render
göra bedrövad v. deject
göra bedrövad v. dishearten
göra besviken v. disappoint
göra brandsäker v. fireproof
göra en dummy v. dummy
göra en fotokopia v. xerox
göra en knut v. knot
göra en mall v. template
göra en poddsändning v. podcast
göra en scen v. scene
göra en skarp sväng v. zig
göra en öppning v. gap
göra ett ansiktslyft v. facelift
göra ett högt ljud v. tang
göra ett kejsarsnitt adj. cesarean
göra fel v. err

göra föråldrad *adj.* antiquated
göra gammal *v.* stale
göra generad *v.* abash
göra hål *v.* hole
göra krispigt *v.* crispen
göra missnöjd *v.* dissatisfy
göra misstag *v.* mistake
göra mål *v.* score
göra någon översinnlig *v.* transcendentalize
göra omtyckt *v.* endear
göra oregelbundna rörelser *v.* fibrillate
göra orätt *v.* wrong
göra ostmassa *v.* curd
göra rastafrisyr *v.* dreadlock
göra reklam för *v.* publicize
göra rotlös *v.* uproot
göra räder mot *v.* raid
göra röd *v.* rubify
göra segare *v.* toughen
göra sitt yttersta *n.* utmost
göra skärvor *v.* shard
göra tecken *v.* beckon
göra till offer *v.* victimize
göra tre kopior *v.* triplicate
göra trick *v.* gimmick
göra tryckfel *v.* misprint
göra uppmärksam *v.* advert
göra uppror *v.* mutiny
göra uppror *v.* rebel
göra utfall *v.* sally
göra utmattad *v.* weary

H

ha en bismak *adj.* tanged
ha en poäng *adj.* pointful
ha låg koncentration *adj.* dilute
ha råd *v.* afford
ha skrupler *v.* scruple
ha två antenner *adj.* biantennary
ha två vinklar *adj.* biangular
habeas corpus *n.* habeas corpus
habitat *n.* habitat
habitation *n.* habitation
hacka *v.* hack
hacka *v.* mince
hacka *v.* peck
hackare *n.* hacker
hagel *n.* hail
hagelgevär *n.* shotgun
hagelgevär *n.* shottie
hagla *v.* hail
hagtorn *n.* hawthorn
hagtorn *v.* may
haj *n.* shark
hakkil *n.* gib
haklapp *n.* bibber
hal *adj.* slippery
hall *n.* hall
hallon *n.* raspberry
halmtak *n.* thatch
hals *n.* tack
halsband *n.* collar
halsband *n.* necklace
halsband *n.* necklet
halsbrytande *n.* breakneck
halsduk *n.* kerchief
halsduk *n.* scarf
halsfluss *n.* angina
halshugga *v.* behead
halsmandel *n.* tonsil
halt *adj.* lame
halta *v.* gimp
halv *adj.* half
halva *n.* half
halvautomatisk *adj.* semiautomatic
halvcirkel *n.* demicircle
halvcirkel *n.* semicircle
halvera *v.* halve
halvledare *n.* semiconductor

halvnot *n.* minim
hammare *n.* hammer
hammare *n.* maul
hamn *n.* harbour
hamn *n.* haven
hamn *n.* port
hamnansvarig *n.* dockmaster
hamnarbetare *n.* dockworker
hamnavgift *n.* wharfage
hamnplats *n.* dock
hampa *n.* hemp
hamra *v.* forge
hamra *v.* hammer
han *pron.* he
hand *n.* hand
handarbete *n.* handiwork
handboja *n.* handcuff
handbok *n.* handbook
handduk *n.* towel
handduk *n.* trowel
handel *n.* commerce
handel *n.* dealership
handel *n.* trade
handelsman *n.* tradesman
handelsvara *n.* merchandise
handflata *n.* palm
handfull *n.* handful
handgemäng *n.* scuffle
handgriplig *adj.* emphatic
handikapp *n.* disability
handikapp *n.* handicap
handikappad *adj.* disabled
handikappad *v.* handicap
handla *v.* act
handla *v.* deal
handla *v.* trade
handlag *n.* touch
handlare *n.* dealer
handled *n.* wrist
handledar- *adj.* tutorial
handledare *n.* tutor
handledning *n.* tuition

handledning *n.* tutorial
handling *n.* act
handlingsmänniska *n.* doer
handske *n.* glove
handtag *n.* handle
handväska *n.* purse
hankatt *n.* tomcat
hanrej *n.* cuckold
hans *pron.* his
hantlangare *n.* helpmate
hantverk *n.* craft
hantverk *n.* handicraft
hantverkare *n.* artisan
hantverkare *n.* craftsman
hare *n.* hare
harmas över *v.* resent
harmoni *n.* chime
harmoni *n.* harmony
harmonisk *adj.* harmonious
harmonium *n.* harmonium
harpa *n.* harp
hasande *n.* shuffle
hastig *adj.* brief
hastig *adj.* hasty
hastighet *n.* celerity
hastighet *n.* rate
hastighet *n.* velocity
hat *n.* hate
hat *n.* odium
hata *v.* hate
hatisk *adj.* despiteful
hatt *n.* hat
hattmakare *n.* millinery
haussa *v.* boost
hav *n.* ocean
hav *n.* sea
havre *n.* oat
havregröt *n.* oatmeal
havsbas *n.* seabase
havsbotten *n.* seafloor
havsbåt *n.* seaboat
havskatt *n.* catfish

havsklippa *n.* seacliff
havsskum *n.* seafoam
havsstrand *n.* seabeach
havsstrand *n.* seashore
havstulpan *n.* barnacle
havsutsikt *n.* oceanfront
havsutsikt *adj.* oceanfront
havsvik *adj.* armlet
hedendom *n.* paganism
hederlig *adj.* creditable
hederlig *adj.* honourable
hedning *n.* pagan
hednisk *adj.* pagan
hednisk *adj.* paganistic
hedra *v.* dignify
hejda *v.* accost
hejdå *interj.* bye-bye
hejdå *interj.* good-bye
hel *adj.* entire
hel *adj.* full
hela *adj.* whole
helg *n.* holiday
helga *v.* anoint
helga *v.* consecrate
helga *v.* sanctify
helgedom *n.* shrine
helgedom *n.* temple
helgelse *n.* sanctification
helgerån *n.* sacrilege
helgon *v.* hallow
helgon *n.* saint
helhet *n.* totality
helhet *n.* whole
helhjärtad *adj.* whole-hearted
helig *n.* agnus
helig *adj.* holy
helig *adj.* sacred
helig *adj.* sacrosanct
helig *adj.* saintly
helighet *n.* sanctity
heliocentrisk *adj.* hallocentric
heller *adv.* either
heller *conj.* nor
helnykterist *adj.* teetotal
helt *adv.* all
helt *adv.* fully
helt *adv.* pretty
helt *adv.* wholly
helvete *adj.* hell
helvetisk *adj.* beastly
hem *n.* home
hemgift *n.* dowery
hemisfär *n.* hemisphere
hemlig *adj.* clandestine
hemlig *adj.* secret
hemlighet *n.* secret
hemlighetsfull *adj.* secretive
hemlös *adj.* outcast
hemsk *adj.* awful
hemsk *adj.* horrible
hemvist *n.* abode
hemvist *n.* domicile
hemvärn *n.* militia
henne *adj.* her
herde *n.* herdsman
heroin *n.* heroine
heroisk *adj.* heroic
heroism *n.* heroism
herr *n.* sir
herrarna *n.* Messrs
herravälde *n.* lordship
herre *n.* sahib
herrelös *adj.* stray
herrgård *n.* manor
herrgård *n.* mansion
herrgårdsliknande *adj.* manorial
hertig *n.* duke
hertiginna *n.* duchess
hes *adj.* hoarse
heterosexuell man som visar förtroende för andra *n.* ubersexual
heterosexuell man som visar förtroende för andra *adj.* ubersexual

hets n. haste
hetsa v. excite
hetsa v. hasten
hicka n. hiccup
hierarki n. hierarchy
himlastormande adj. fervent
himmel n. heaven
himmel n. sky
himmelsblå adj. azzure
himmelsk adj. celestial
hind n. doe
hinder n. impediment
hinder n. obstacle
hindra v. encumber
hindra v. impede
hindra v. inhibit
hindra v. interfere
hindrande n. interception
hindrande n. interference
hindrande adj. obstructive
hingst n. stallion
hingst n. stud
hink n. bucket
hink n. pail
hirs n. millet
hiss n. elevator
historia n. history
historiker n. historian
historisk a . historic
historisk adj. historical
hit n. hit
hit adv. hither
hitta v. find
hitta personal till v. staff
hittills adv. hitherto
hjort n. deer
hjorthane n. stag
hjorthorn n. antler
hjortskinn n. doeskin
hjul n. wheel
hjälm n. helmet
hjälp n. aid

hjälp n. help
hjälp- adj. adjuvant
hjälp- adj. auxiliary
hjälpa v. aid
hjälpa v. befriend
hjälpa v. help
hjälpa v. minister
hjälplös adj. helpless
hjälpsam adj. helpful
hjälte n. hero
hjärna n. brain
hjärnhinneinflammation n. meningitis
hjärnlös adj. brainless
hjärta n. heart
hjärtformig adj. cordate
hjärtklappning n. palpitation
hjärtlig adj. cordial
hjärtmussla v. cockle
hjärtstimulerande adj. cardiac
hjärtstock n. rudderpost
hobby n. hobby
hockey n. hockey
homeopat n. homeopath
homeopati n. homeopathy
homosexuell n. gay
hon pron. her
hon pron. she
honnör n. salute
honom pron. him
honung n. honey
honungskaka n. honeycomb
hopfällbar adj. folding
hopp n. faith
hopp n. hop
hopp n. hope
hopp n. jump
hopp n. skip
hoppa v. buck
hoppa v. hop
hoppa v. jump
hoppa v. plunge

hoppa v. skip
hoppa omkring v. cavort
hoppa på trapets v. trapeze
hoppa över v. hurdle
hoppande n. cavorting
hoppas v. hope
hoppfull adj. hopeful
hopplös adj. hopeless
hopvikt adj. foldup
hora n. whore
hord n. horde
horisont n. horizon
horn n. horn
hornhinna n. cornea
hortikultur n. horticulture
hos prep. by
hosta n. cough
hosta v. cough
hot n. menace
hot n. threat
hota v. menace
hota v. threaten
hotad adj. endangered
hotell n. hotel
hov n. hoof
hovman n. courtier
hud n. cutis
hud n. skin
hugga v. chop
hugga av v. lop
hugga ned v. sabre
hugga ut v. carve
huggorm n. adder
huka sig v. crouch
huka sig med v. squat
huligan n. hooligan
huller om buller adv. pell-mell
hulling n. barb
hullingförsedd adj. barbed
humanisera v. humanize
humma v. hum
hummer n. lobster

humor n. humour
humorist n. humorist
humör n. mood
humör n. temper
hund n. dog
hunddjur adj. canine
hundfångare n. dogcatcher
hundkoja n. doghouse
hundmästare n. huntsman
hundra n. hundred
hundrafaldiga n. & adj. centuple
hundraårig n. centennial
hundraåring n. centenarian
hundraårsdag n. centenary
hundvalp n. puppy
hunger n. hunger
hungrig adj. hungry
hunsa v. henpeck
hur adv. how
hur som helst adv. anyhow
hur som helst adv. anyway
hur som helst conj. however
hur undvikligt någonting är n. escapability
hurra n. cheer
hurra interj. hurrah
hurra för v. cheer
huruvida conj. whether
hus n. house
husa v. house
husdjur n. pet
husera v. lodge
husmor n. matron
husrannsakningsorder n. search warrant
hustru n. wife
huva n. bonnet
huva n. coif
huva n. hood
huvud n. head
huvudformat adj. cephaloid
huvudledning n. main

huvudlös *adj.* acephalous
huvudperson *n.* protagonist
huvudsaklig *adj.* main
huvudsaklig *adj.* staple
huvudsakligen *adv.* mainly
huvudsakligen *adv.* primarily
huvudstad *n.* capital
huvudsvål *n.* scalp
huvudsysselsättning *n.* preoccupation
huvudvärk *n.* headache
hybrid *adj.* hybrid
hyckla *v.* sham
hycklande *adj.* hypocritical
hycklare *n.* hypocrite
hyckleri *n.* hypocrisy
hyckleri *n.* insincerity
hyckleri *n.* sham
hydda *n.* cabana
hydda *n.* hut
hydda *n.* shack
hyena *n.* hyaena, hyena
hygien *n.* hygiene
hygienisk *adj.* hygienic
hylla *v.* acclaim
hylla *n.* shelf
hyllning *n.* homage
hyllning *n.* tribute
hymn *n.* hymn
hypnotisera *v.* hypnotize
hypnotisera *v.* mesmerize
hypnotism *n.* hypnotism
hypotes *n.* hypothesis
hypotetisk *adj.* hypothetical
hyra *n.* hire
hyra *v.* hire
hyra *v.* lease
hyra *n.* rent
hyra ut *v.* rent
hyra ut *v.* sublet
hyresgäst *n.* lessee
hyresgäst *n.* tenant

hysa *v.* foster
hysa *v.* nourish
hysteri *n.* hysteria
hysteri *n.* mania
hysterisk *adj.* hysterical
hytt *n.* berth
hyvelspån *n.* shavings
hågkomst *n.* recollection
hål *n.* hole
hål *n.* pit
hål *n.* tear
håla *v.* pierce
hålighet *n.* cavity
hålighet *n.* hollow
hålighet *n.* vault
hålla *v.* bear
hålla *v.* bore
hålla *v.* hold
hålla *v.* keep
hålla fast *v.* adhere
hålla inne *v.* withhold
hålla sig borta *v.* absent
hålla straffpredikan *v.* sermonize
hålla tillbaka *v.* restrain
hållbar *adj.* tenable
hållning *n.* poise
håltagning *n.* piercing
hån *n.* scoff
hån *adj.* taunting
hån *n.* taunt
håna *v.* sneer
håna *v.* taunt
hånfull *adj.* sardonic
hånleende *n.* sneer
hår *n.* hair
hår- *adj.* capillary
hårborttagningsmedel *adj.* depilatory
hård *adj.* acrid
hård *adj.* hard
hård *adj.* harsh

hård sten *n.* adamant	**hänföra** *v.* enchant
hårkärl *n.* capillary	**hänga** *v.* hang
hårlock *n.* ringlet	**hängande** *adj.* droopy
hårt *adv.* hard	**hängivenhet** *n.* attachment
häck *n.* hedge	**hänrycka** *v.* enrapture
häck *n.* hurdle	**hänryckning** *n.* rapture
häcklande *v.* castigate	**hänskjuta** *v.* commit
hädanefter *adv.* henceforth	**hänsyn** *n.* consideration
hädanefter *adv.* henceforward	**hänsyn** *n.* deference
hädanefter *adv.* hereafter	**hänsynslös** *adj.* inconsiderate
häfta ihop *v.* staple	**hänsynslös** *adj.* reckless
häftig *adj.* acute	**hänsynslös** *adj.* ruthless
häftig *adj.* vehement	**hänsynslös** *adj.* temeritous
häftighet *n.* impetuosity	**hänsynslös** *adj.* wanton
häftighet *n.* vehemence	**hänvda** *v.* contend
häftklammer *n.* staple	**hänvisa** *v.* refer
hägring *n.* mirage	**här** *adv.* here
häkte *n.* custody	**härbärge** *n.* hostel
häl *n.* heel	**härja** *v.* ravage
hälla *v.* pour	**härjning** *n.* ravage
hällregn *n.* downpour	**härkomst** *n.* ancestry
hälsa *v.* greet	**härkomst** *n.* pedigree
hälsa *n.* health	**härlig** *adj.* delightful
hälsa *v.* salute	**härlig** *adj.* splendid
hälsning *n.* obeisance	**härma** *v.* ape
hälsning *n.* salutation	**härma** *v.* impersonate
hälsosam *adj.* healthy	**härmande** *adj.* mimic
hälsosam *adj.* wholesome	**härmning** *n.* mimesis
hämma *v.* retard	**häromkring** *adv.* hereabouts
hämma *v.* stunt	**härsken** *adj.* rancid
hämnas *v.* retaliate	**härskna** *v.* rancidify
hämnas *v.* revenge	**härskri** *adj.* outcry
hämnd *v.* avenge	**härstamma** *v.* derive
hämnd *n.* retaliation	**härstamning** *n.* descent
hämnd *n.* revenge	**härstamning** *n.* lineage
hämnd *n.* vengeance	**härva** *n.* skein
hämndlysten *adj.* revengeful	**härva** *n.* tangle
hämta *v.* retrieve	**häst** *n.* horse
hämtmat *n.* takeaway	**hästdraget fordon i strid** *n.* limber
hända *v.* befall	**hästhandlare** *n.* coper
hända *v.* happen	**hävda** *v.* allege
händelse *n.* happening	

hävda v. claim
hävstångskraft n. leverage
häxa n. hag
häxa n. witch
häxeri n. witchery
häxsabbat n. coven
hö n. hay
höft n. hip
höfthållare n. girdle
höftvapen n. sidearm
hög n. heap
hög adj. high
hög adj. loud
hög n. pile
hög ranking adj. uber
högar n. piles
högdragenhet n. stateliness
höger adj. right
höger n. right
högfärd n. vainglory
högfärdig adj. vainglorious
höghet n. Highness
höghet n. sublimity
högljudd adj. boisterous
högljudd adj. noisy
högmodig adj. magisterial
högst adj. maximum
högt adv. highly
högt ljud n. bam
högt upp adv. aloft
högtidlig adj. solemn
högtidlighet n. solemnity
högtidlighålla v. solemnize
högtidligt löfte n. vow
högtidstal n. oration
högvördig adj. reverend
höja v. heighten
höja v. raise
höjd n. elevation
höjd n. height
höjd n. altitude
höjdmätare n. altimeter

höjdpunkt n. apex
höjdpunkt n. pinnacle
höjning n. boost
hölja v. clothe
hölje n. sheath
hölje n. shroud
höna n. hen
höns n. bantam
höns n. fowl
hönshus n. roost
hönskött n. poultry
höra v. hear
höra hemma prep. belong
hörbar adj. audible
hörn n. corner
hörselgång n. alveary
höst n. autumn

I

i prep. at
i prep. in
i prep. on
i alla fall adv. nonetheless
i bredd adv. abreast
i dag adv. today
i den utsträckning något kan användas n. operability
i en hög adv. aheap
i enlighet med adv. accordingly
i flytande form adj. fluid
i god tid adj. timely
i grund och botten n. essence
i går n. yesterday
i kväll adv. tonight
i land adv. ashore
i lågor adv. ablaze
i lågor adv. ablaze
i mindre utsträckning adv. less
i morgon adv. tomorrow
i natt n. tonight

i parti *adv.* wholesale
i rad *adv.* tandem
i rörelse *adv.* astir
i sakta mak *adv.* leisurely
i sista hand *adv.* ultimately
i smyg *adv.* stealthily
i sängen *adv.* abed
i tandem *adj.* tandem
i vätskeform *adj.* liquid
i överensstämmelse med *adj.* agreeable
iakttagande *n.* observance
ibland *prep.* amongst
ibland *adv.* sometime
icke desto mindre *conj.* nevertheless
idé *n.* idea
ideal *n.* ideal
idealisera *v.* deify
idealisk *adj.* ideal
idealism *n.* idealism
idealist *n.* idealist
idealistisk *adj.* idealistic
identifiera *v.* identify
identifikation *n.* indentification
identisk *adj.* identical
identitet *n.* identity
idiom *n.* idiom
idiom *n.* locution
idiomatisk *adj.* idiomatic
idiot *n.* dumbell
idiot *n.* idiot
idiot *n.* jerk
idiot *n.* moron
idiot *n.* thick
idiotisk *adj.* idiotic
idissla *v.* ruminate
idisslande *adj.* ruminant
idisslare *n.* ruminant
idol *n.* idol
idrott *n.* athletics
ifrågasätta *v.* impeach

ifrågasätta *v.* query
ifrån *adv.* apart
ifrån *adv.* away
igen *adv.* again
igenom *adv.* through
iglo *n.* igloo
ignorans *n.* ignorance
ignorant *adj.* ignorant
ignorera *v.* ignore
ignorerande *n.* disregard
iguana *n.* goanna
ikon *n.* icon
ikonisk *adj.* iconic
illa *adv.* badly
illa till mods *adj.* uneasy
illamående *n.* nausea
illavarslande *adj.* ominous
iller *n.* ferret
iller *n.* polecat
illojal *adj.* disloyal
illussion *n.* illusion
illustration *n.* illustration
illustrera *v.* illustrate
illustrerad *adj.* pictorial
illvillig *adj.* malign
ilska *n.* anger
ilska *n.* ire
ilska bakom ratten *n.* road rage
imitation *n.* imitation
imitation *n.* impersonation
imitator *n.* imitator
imitatör *n.* mimic
imitera *v.* imitate
imitera *v.* mimic
immig *adj.* misty
immigration *n.* immigration
immigrera *v.* immigrate
immun *adj.* immune
immunisera *v.* immunize
immunitet *n.* immunity
imperialism *n.* imperialism
implicit *adj.* implicit

imponera *v.* overawe
imponerande *adj.* impressive
import *n.* import
importera *v.* import
impotens *n.* impotence
impotent *adj.* impotent
impregnera *adj.* ingrained
impregnera *v.* waterproof
improvisera *v.* gag
improviserad *adj.* scratch
impuls *n.* impulse
impulsiv *adj.* impulsive
in *prep.* inside
in i *prep.* into
inaktiv *adj.* inactive
inandas *v.* inhale
inandning av komprimerad luft *n.* pneumotherapy
inbillning *n.* delusion
inbilsk *adj.* delusional
inbjudan *n.* invitation
inbromsning *n.* deceleration
inbrott *n.* burglary
inbrottstjuv *n.* burglar
inbrytning *n.* irruption
inburad *adj.* caged
incitament *n.* incentive
index *n.* index
Indian *adj.* Indian
indianhydda *n.* wigwam
indigo *n.* indigo
indikation *n.* indication
indikativ *adj.* indicative
indikator *n.* indicator
indikera *v.* indicate
indirekt *adj.* indirect
indirekt *adj.* oblique
individualism *n.* individualism
individualitet *n.* individuality
individuell *adj.* individual
indraga *v.* rubricate
induktion *n.* induction

industri *n.* industry
industriell *adj.* industrial
ineffektiv *adj.* ineffective
inexakt *adj.* inexact
infall *n.* caprice
infall *n.* whim
infanteri *n.* infantry
infatta med stenar *v.* jewel
infektera *v.* infect
infektion *n.* infection
inflammation *n.* inflammation
inflation *n.* inflation
influensa *n.* influenza
inflytande *n.* influence
inflytande *n.* sway
inflytelserik *adj.* affluential
inflytelserik *adj.* influential
information *n.* information
informativ *adj.* informative
informell *adj.* informal
informera *v.* inform
infångande *n.* entrapment
infödd *adj.* native
inför *conj.* before
införa *v.* insert
införande *n.* imposition
införliva *v.* incorporate
införlivad *adj.* incorporate
införlivande *n.* incorporation
inge *v.* instil
ingefära *n.* ginger
ingen *adj.* no
ingen *pron.* nobody
ingen *pron.* none
ingenjör *n.* engineer
ingenjöraktig *adj.* enginious
ingenjörskonst *n.* engineering
ingenstans *adv.* nowhere
ingenting *n.* nil
ingenting *n.* nothing
inget *adv.* none
inget *adv.* nothing

ingrediens *n.* ingredient
ingripa *v.* intervene
ingripande *n.* intervention
ingång *n.* entrance
inhemsk *adj.* domestical
inhemsk *adj.* indigenous
inhägna *v.* fence
inhägnad *n.* bawn
inhägnad *n.* enclosure
inhämtning *n.* acquirement
initial *n.* initial
initiativ *n.* initiative
injecera *v.* inject
injektion *n.* injection
injektionsflaska *n.* vial
inkarnation *n.* incarnation
inkarnera *v.* incarnate
inkludera *v.* include
inklusive *adj.* inclusive
inkompetent *adj.* incompetent
inkomplett *a* . incomplete
inkomst *n.* income
inkomst *n.* revenue
inkräkta *v.* encroach
inkräkta *v.* entrench
inkräkta *v.* intrude
inkräkta *v.* trespass
inkvartering *n.* cantonment
inkvisition *n.* inquisition
inkörsport *n.* gateway
inlaga *n.* petition
inlaga *n.* plea
inland *n.* midland
inlands- *adj.* inland
inleda *v.* preface
inleda *v.* prelude
inledande *adj.* initial
inledande *adj.* preliminary
inledning *n.* commencement
inlednings- *adj.* introductory
inlindning *n.* envelopment
inlägga veto mot *v.* veto

inläggning *n.* pickle
inlärning *n.* learning
inlösen *n.* redemption
innan *adv.* before
innanför *n.* within
inne *adj.* cool
inne *adv.* inside
inneboende *adj.* inborn
inneboende *adj.* innate
innebära *v.* imply
innebörd *n.* implication
innebörd *n.* purport
innefatta *v.* implicate
inneha *v.* possess
innehavare *n.* incumbent
innehavare *n.* occupier
innehåll *n.* containment
innehåll *n.* content
innehålla *v.* contain
innehållande opiat *adj.* opiate
innerst *adj.* inmost
innerst *adj.* innermost
innesluta *v.* encase
innesluta *v.* envelop
inneslutning *n.* inclusion
innovation *n.* innovation
innovatör *n.* innovator
innovera *v.* innovate
inofficiell *adj.* officious
inom *prep.* within
inomhus *adv.* indoors
inomhus- *adj.* indoor
inpränta *v.* inculcate
inre *adj.* inner
inre *adj.* inside
inre *adj.* inward
inregistrera *v.* inscribe
inrikes *adj.* domestic
inrikes *adj.* interior
inriktad *adj.* intent
inrättning *n.* gadget
insats *n.* contribution

insats *n.* effort
insats *n.* stake
insatt i *adj.* conversant
inse *v.* realize
insekt *n.* bug
insekt *n.* insect
insektsmedel *n.* insecticide
insida *n.* inside
insida *n.* interior
insikt *n.* realization
insistera *v.* insist
insjukna *v.* sicken
inskeppa *v.* embark
inskription *n.* inscription
inskriva sig *v.* matriculate
inskrivning *n.* matriculation
inskränkt *adj.* insular
insläpp *n.* admission
inspektera *v.* inspect
inspektion *n.* inspection
inspektör *n.* inspector
inspektör *n.* superintendent
inspelare *n.* recorder
inspiration *n.* inspiration
inspirera *v.* inspire
instabil *adj.* astatic
installation *n.* inauguration
installation *n.* installation
installatör *n.* fitter
installera *v.* enthrone
installera *v.* install
installering *n.* instalment
instans *n.* instance
instinkt *n.* instinct
instinktivt *adj.* instinctive
institut *n.* institute
institut *n.* institution
instruera *v.* instruct
instruktion *n.* instruction
instruktör *n.* instructor
instrument *n.* instrument
instrumentalist *n.* instrumentalist
instrumentell *adj.* instrumental
inställa *v.* discontinue
inställsam *adj.* bland
instämmare *n.* seconder
insyn *n.* insight
insända *v.* file
inta *v.* occupy
inta lst *v.* lade
intag *n.* input
intagen *n.* inmate
intakt *adj.* intact
inte *adv.* not
inte lyda *v.* disobey
inte mindre än *adj.* less
inte road *adj.* unamused
integral *adj.* integral
integralfaktor *n.* aliquot
integritet *n.* integrity
integritet *n.* privacy
intellekt *n.* intellect
intellektuell *adj.* intellectual
intellektuell person *n.* intellectual
intelligens *n.* intelligence
intelligent *adj.* intelligent
intelligentia *n.* intelligentsia
intensifiera *v.* intensify
intensitet *n.* intensity
intensivt *adj.* intense
intensivt *adj.* intensive
interjektion *n.* interjection
intern *n.* intern
internationell *adj.* international
internetbrott *n.* cybercrime
internetcafé *n.* cybercafé
internetchatt *n.* cyberchat
interpretera *v.* interpret
interrogativ *adj.* interrogative
intervall *n.* interval
intervju *n.* interview
intervjua *v.* interview
intervjua *v.* poll

intetsägande *adj.* insipid
intim *adj.* intimate
intimitet *n.* intimacy
intolerans *n.* intolerance
intolerant *adj.* intolerant
intransitiv *adj. (verb)* intransitive
intressant *adj.* interesting
intresse *n.* interest
intresserad *adj.* interested
intrig *n.* machination
intrig *n.* intrigue
intrigera *v.* intrigue
introducera *v.* induct
introducera *v.* introduce
introduktion *n.* introduction
introspektion *n.* introspection
intrång *n.* intrusion
intrång *n.* trespass
intuition *n.* intuition
intuitiv *adj.* intuitive
intyg *n.* chit
inunder *adv.* underneath
inuti *adv.* within
invadera *v.* invade
invadera *v.* mob
invalid *n.* cripple
invalid *adj.* invalid
invalid *n.* invalid
invalidisera *v.* disable
invandrare *n.* immigrant
invasion *n.* invasion
invertera *v.* invert
investera *v.* invest
investering *n.* investment
investigation *n.* investigation
investigera *v.* investigate
invigningshögtidighet *adj.* inaugural
involvera *v.* involve
invånare *n.* inhabitant
invånare *n.* native
invånare *n.* occupant
invånare *n.* resident
invändig *adj.* internal
inåt *adv.* inwards
inåt land *adv.* inland
inälvor *n.* entrails
inälvs- *adj.* intestinal
irländsk *adj.* Irish
irländska *n.* Irish
ironi *n.* irony
ironisk *adj.* ironical
irrationell *adj.* irrational
irrelevant *adj.* irrelevant
irritation *n.* annoyance
irritation *n.* bile
irritation *n.* irritation
irritation *n.* irritation
irritera *v.* annoy
irritera *v.* fidget
irritera *v.* irradiate
irritera *v.* irritate
irritera *v.* madden
irritera *v.* tray
irriterande *adj.* annoying
irriterande *adj.* irksome
irriterande *adj.* irritant
is *n.* ice
isberg *n.* iceberg
isblock *n.* iceblock
isbrytare *n.* icebraker
ischias *n.* sciatica
ischias- *adj.* sciatic
isig *adj.* icy
isobar *n.* isobar
isolator *n.* insulator
isolera *v.* insulate
isolera *v.* isolate
isolera *v.* maroon
isolera *v.* seclude
isolerad *adj.* secluded
isolering *n.* insulation
isolering *n.* isolation

isolering *n.* seclusion
istapp *n.* icicle
ister *n.* lard
istäcke *n.* icecap
italienare *n.* Italian
italienska *adj.* Italian
italisk *adj.* italic
iver *n.* ardour
iver *n.* impatience
iver *n.* zeal
ivrig *adj.* agog
ivrig *adj.* athirst
iväg *adv.* out

J

ja *adv.* yes
jack *n.* gash
jacka *n.* jacket
jade *n.* jade
jag *pron.* I
jag *n.* self
jaga *v.* chase
jaga *v.* dog
jaga *v.* hunt
jaga råttor *v.* rat
jak *n.* yak
jakt *n.* chase
jakt *n.* pursuit
jakt *n.* shoot
jakt *n.* hunt
jakthorn *n.* bugle
jakthund *n.* hound
jamande *n.* mew
jambisk *adj.* iambic
januari *n.* January
jargong *n.* jargon
jargong *n.* lingo
jasmin *n.* jasmine, jessamine
jobb *n.* job
joddel *n.* yodle

joddla *v.* yodle
jogga *v.* jog
joghurt *n.* yogurt
jorbruks- *adj.* agrarian
jord *n.* soil
jord- *adj.* earthen
jordborr *n.* auger
jordbruk *n.* husbandry
jordhacka *n.* mattock
jordinvånare *n.* terrestrial
jordisk *adj.* terrestrial
jordomvandling *n.* terraforming
jordskalv *n.* earthquake
jordubbe *n.* strawberry
journal *n.* journal
journalism *n.* journalism
journalist *n.* journalist
jubel *n.* acclamation
jubel *n.* jubilation
jubileum *n.* jubilee
jublande *adj.* exultant
jublande *adj.* jubilant
judel *n.* Jew
juice *n.* juice
Jul *n.* Christmas
jul *n.* Xmas
jummen *adj.* lukewarm
jungfru *n.* maid
jungfru *n.* virgin
jungfrulig *adj.* maiden
junior *n.* junior
jupiter *n.* jupiter
juridisk *adj.* judicial
jurisdiktion *n.* judicature
jurisdiktion *n.* jurisdiction
jurist *n.* jurist
jury *n.* array
jury *n.* jury
jurymedlem *n.* juror
just *adv.* just
justera *v.* adjust
justering *n.* adjustment

jute *n.* jute
juvel *n.* jewel
juvel *n.* jewellery
juvelerare *n.* jeweller
juver *n.* udder
jägare *n.* hunter
jäkla *adj.* damnable
jämföra *v.* compare
jämföra *v.* contrast
jämförelse *n.* comparison
jämlike *n.* equal
jämmer *n.* wail
jämn *adj.* even
jämn *adj.* plane
jämna *v.* smooth
jämnt *adv.* evenly
jämra sig *v.* wail
jämväl *adv.* likewise
järn *n.* iron
järnväg *n.* rail
järnväg *n.* railway
jäst *n.* yeast
jätte *n.* giant
jätte- *adj.* mammoth
jättinna *n.* giantess
jävla *adj.* damn

K

kabel *n.* cable
kabin *n.* cabin
kabinett *n.* cabinet
kabla *v.* cable
kackerlacka *n.* cockroach
kackerlacka *n.* roach
kadaver *n.* cadaver
kadens *n.* cadence
kader *n.* cell
kadett *n.* cadet
kadmium *n.* cadmium
kaffe *n.* coffee

kafir *n.* kaffir
kaka *n.* cake
kaki *n.* kaki
kaktus *n.* cactus
kal *adj.* bleak
kal *adj.* stark
kalabalik *n.* uproar
kalasa *v.* binge
kalcium *n.* calcium
kalebass *n.* gourd
kalender *n.* calendar
kalhugga *v.* deforest
kalibrera *v.* calibrate
kalibrering *n.* calibration
kalium *n.* potassium
kalk *n.* chalice
kalk *n.* lime
kalka *v.* lime
kalkdamm *n.* chalkdust
kalkfärg *n.* whitewash
kalkon *n.* turkey
kalkspat *n.* calcite
kalkugn *n.* kiln
kalkulera *v.* calculate
kalla på *v.* page
kallbrand *n.* gangrene
kallelse *n.* calling
kallelse *n.* summons
kalligrafi *n.* calligraphy
kallsinne *n.* indifference
kallt *adj.* cold
kalori *n.* calorie
kalv *n.* calf
kam *n.* crest
kam *n.* comb
kamé *n.* cameo
kamel *n.* camel
kamera *n.* camera
kamfer *n.* camphor
kamgarn *n.* worsted
kamikaze *n.* kamikaze
kamlott *n.* camlet

kamma *v.* comb
kammare *n.* chamber
kammarherre *n.* chamberlain
kamouflera *v.* camouflage
kamouflerad *adj.* camouflaged
kamouflering *n.* camouflage
kamp *n.* fray
kamp *n.* struggle
kampanj *n.* campaign
kampanj *n.* promotion
kampanja *v.* campaign
kamrat *n.* comrade
kamrat *n.* peer
kamratskap *n.* comeradery
kan *v.* can
kanal *n.* canal
kanal *n.* channel
kanariefågel *n.* canary
kandidat *n.* bachelor
kandidat *n.* candidate
kandidatexamen *n.* baccalaureate
kandidatur *n.* candidacy
kanel *n.* cinnamon
kanik *n.* canon
kanin *n.* rabbit
kaningård *n.* warren
kanjon *n.* canyon
kanna *n.* jug
kanna *n.* pitcher
kannibal *n.* cannibal
kannibalisera *v.* cannibalise
kannibalism *n.* cannibalism
kanon *n.* cannon
kanonad *v.* cannonade
kanonisera *v.* canonize
kanske *adv.* perhaps
kansler *n.* chancellor
kant *n.* brim
kant *n.* crust
kant *n.* curb
kant *n.* edge
kant *n.* fringe

kant *n.* verge
kantin *n.* canteen
kanton *n.* canton
kanvas *n.* canvas
kaos *n.* chaos
kaos *n.* turmoil
kaos *n.* welter
kaotisk *adj.* shambolic
kaotiskt *adv.* chaotic
kap *n.* bargain
kap *n.* capture
kap *n.* catch
kap *n.* match
kapa *v.* log
kapa *v.* sever
kapabel *adj.* able
kapacitet *n.* capacity
kapell *n.* chapel
kapital *n.* capital
kapitalist *n.* capitalist
kapitel *n.* chapter
kapitulera *v.* capitulate
kappa *n.* cape
kappa *n.* coat
kapsel *n.* case
kapsel *n.* pod
kapselartad *adj.* capsular
kapsla in *v.* pod
kapsyl *n.* capsule
kapten *n.* captain
karamell *n.* sweet
karat *n.* carat
karat *n.* karat
karavan *n.* caravan
karbid *n.* carbide
karbunkel *n.* cabuncle
kardemumma *n.* cardamom
kardinal *n.* cardinal
kardio *n.* cardio
kardiologi *n.* cardiology
kardiovaskulär *adj.* cardio
kardus *n.* canister

karisma *n.* charisma
karismatisk *adj.* charismatic
karmosin *n.* crimson
karmosinröd *n.* crimson
karneval *n.* carnival
karp *n.* carp
karpal *adj.* carpal
karriär *n.* career
karta *n.* map
kartera *v.* map
kartograf *n.* cartographer
kartong *n.* cardboard
kartonnera *v.* board
kas *n.* shy
kasern *n.* casern
kashmir *n.* cashmere
kasino *n.* casino
kaskad *n.* cascade
kassa *n.* till
kassaskåp *n.* safebox
kassaskåpssprängare *n.* safebraker
kassaskåpstjuv *n.* safecracker
kassavalv *n.* safe-deposit
kassera in *v.* cash
kassett *n.* cartridge
kassett *n.* cassette
kassör *n.* cashier
kast *n.* throw
kast *n.* toss
kasta *v.* cast
kasta *v.* fling
kasta *v.* heave
kasta *v.* hurl
kasta *v.* pounce
kasta *v.* throw
kasta *v.* toss
kasta boll med armen parallellt med marken *v.* sidearm
kasta ur sig *v.* blurt
kastanj *n.* chestnut
kastanjebrun *adj.* auburn

kastare *n.* pitcher
kastning *n.* cast
kastrera *adj.* neuter
kastrerat djur *n.* gelding
kastrerat djur *n.* neuter
kastrull *n.* pot
katakomb *n.* catacomb
katalog *n.* catalogue
katalogisera *v.* catalogue
katalysator *n.* catalyst
katalysator *n.* catalyzer
katapult *n.* catapult
katapultera *v.* catapult
katastrof *n.* calamity
katastrof *n.* cataclysm
katastrof *n.* catastrophe
katastrof *n.* disaster
katastrofal *adj.* disastrous
katastrofiskt *adj.* catastrophic
katedral *n.* cathedral
katedral *n.* minster
kategori *n.* category
kategori- *adj.* categorical
katolik *adj.* catholic
katolism *n.* catholicism
katt *n.* cat
kattdjur *adj.* feline
kattslagsmål *n.* catfight
kattunge *n.* kitten
kausativ *adj.* causative
kausualitet *n.* causality
kavaljer *n.* chevalier
kavaljer *n.* gallant
kavalleri *n.* cavalry
kavallerist *n.* trooper
kaviar *n.* caviar
kedja *n.* chain
kedja *v.* chain
kejsare *n.* emperor
kejsarinna *n.* empress
kejsarsnitt *n* cesarean
kejserlig *adj.* imperial

kemi *n.* chemistry	**klaffbro** *n.* drawbridge
kemikalie *n.* chemical	**klaga** *v.* complain
kemikalisk *adj.* chemical	**klagande** *n.* lamentation
kemist *n.* chemist	**klagomål** *n.* complaint
kennel *n.* kennel	**klagosång** *v.* lament
kentaur *n.* sagittary	**klagosång** *n.* lament
keps *n.* cap	**klammer** *n.* crotchet
keramik *n.* ceramics	**klammer** *n.* staple
keramiklera *n.* argil	**klamra sig fast** *v.* cling
kerub *n.* cherub	**klander** *n.* censure
ketchup *n.* ketchup	**klang** *n.* sonority
kex *n.* cracker	**klanta till** *v.* goof
kidnappa *v.* kidnap	**klapp** *n.* pat
kika *v.* peep	**klappa** *v.* clap
kikare *n.* binoculars	**klappa** *v.t.* pat
kil *n.* gore	**klappa** *v.* pet
kil *n.* wedge	**klara** *v.* clear
kila *v.* wedge	**klara** *v.* extricate
kilande *n.* scuttle	**klara av** *v.* cope
kille *n.* lad	**klara av** *v.* manage
kilo *n.* kilo	**klargöra** *v.* elucidate
kilogram *n.* kilogram	**klargörande** *n.* clarification
kilt *n.* kilt	**klarhet** *n.* clarity
Kina *n.* China	**klarhet** *n.* lucidity
kind *n.* cheek	**klarinett** *n.* clarinet
kind *n.* chin	**klass** *n.* class
kind- *adj.* molar	**klass** *n.* grade
kindtand *n.* molar	**klassifiera** *v.* classify
kinetisk *adj.* kinetic	**klassifikation** *n.* classification
kinin *n.* quinine	**klassiker** *n.* classic
kiromant *n.* palmist	**klassisk** *adj.* classic
kiromanti *n.* palmistry	**klassisk** *adj.* classical
kirurg *n.* surgeon	**klausul** *n.* clause
kiseldioxid *n.* silica	**klave** *n.* clave
kista *n.* bier	**klema** *v.* pamper
kista *n.* cist	**klen** *adj.* infirm
kista *n.* coffer	**klia** *v.* itch
kista *n.* coffin	**klibbig** *n.* sticky
kittla *v.* tickle	**kliché** *n.* cliché
kittlig *adj.* ticklish	**klichera** *v.* stereotype
kjol *n.* skirt	**klick** *n.* click
klack *n.* claque	**klicka** *v.* click

klient *n.* client
klimakterium *n.* menopause
klimat *n.* climate
klimax *n.* climax
klimp *n.* nugget
klinga *v.* jingle
klingande *n.* jingle
klinik *n.* clinic
klinisk *adj.* clinical
klippa *n.* cliff
klippa *v.* clip
klippa *v.* fleece
klippa *v.* shear
klippbildning *n.* orogen
klippbok *n.* scrapbook
klister *n.* gum
klistra *v.* paste
kliv *n.* stride
kliva *v.* stride
klo *n.* claw
klo *n.* talon
kloak *n.* cloak
kloak *n.* sewer
kloakbrunn *n.* cesspool
klocka *n.* bell
klocka *n.* clock
klocka *n.* watch
klockslag *n.* stroke
kloförsedd *adj.* taloned
klok *adj.* prudent
klok *adj.* prudential
klok *adj.* sagacious
klokhet *n.* sagacity
klorin *n.* chlorine
kloroform *n.* chloroform
kloster *n.* abbey
kloster *n.* convent
kloster *n.* monastery
klosterliv *n.* cloister
klosterliv *n.* monasticism
klotter *n.* scrawl
klotter *n.* scribble

klottra *v.* scrawl
klottra *v.* scribble
klubb *n.* club
klubba *n.* lollipop
klump *n.* clod
klumpig *adj.* clumsy
klumpig *adj.* elephantine
klumpig *adj.* gawky
klumpig *adj.* scapeless
klumpighet *n.* bungle
klunk *n.* gulp
klunk *v.* sup
klyfta *n.* cleft
klyfta *n.* gorge
klyvning *n.* split
klå upp *v.* lambaste
klåda *n.* itch
klä på sig *v.* dress
klä sig *v.* garb
kläda *v.* apparel
kläda *v.* attire
kläda *v.* robe
kläder *n.* clothes
klädsel *n.* clothing
klämma *n.* clamp
klämma *v.* nonplus
klämma *v.* pinch
klämma fast *v.* pin
klänge *n.* tendril
klängig *adj.* clingy
klänning *n.* dress
klänning *n.* frock
klänning *n.* gown
klätterväxt *n.* creeper
klättra *v.* clamber
klättra *v.* climb
klättrare *n.* climber
klättring *n.* mount
klättring *n.* scrumble
klösa *v.* claw
klöver *n.* clove
knacka *v.* knock

knacka v. tap
knaka v. groan
knakning n. groan
knapp adj. meagre
knapp adj. near
knapp adj. scarce
knapp n. button
knappast adv. barely
knappast adv. hardly
knapphet n. brevity
knapphet n. paucity
knapphändig adj. scanty
knappt adv. scarcely
knapra v. crunch
knaprig adj. crisp
knark n. dope
knarka v. dope
knarka v. freak
knarkande adj. dope
knarrande n. crunch
knasig adj. scatty
knaster adj. scratchy
knastra v. brustle
knastra v. crepitate
knastra v. decrepitate
knastrande n. crepitation
knekt n. knave
knep n. artifice
knep n. ruse
knep n. stratagem
knep n. trick
knepig adj. freak
knepig adj. tricky
kniv n. colter
kniv n. knife
knivhugg v. stab
knoge n. knuckle
knopp n. bud
knorra v. gnarl
knubbig adj. chubby
knuff n. jostle
knuff n. shove

knuffa v. jostle
knuffa v. nudge
knuffa v. shoulder
knuffa v. shove
knuffas v. scuffle
knut n. knot
knyta v. attach
knyta v. tie
knytnäve n. fist
knä n. knee
knäpp n. flip
knäpp n. snap
knäppa v. button
knäppa v. snap
knäppskalle adj. wack
knäppskalle adj. wacko
knöl n. cad
knöl n. gnarl
knöl n. lump
knöla v. lump
knölpåk n. cudgel
ko n. cow
koagulera v. clot
koala n. koala
koalition n. coalition
kobolt n. cobalt
kobra n. cobra
kock n. chef
kock n. cook
kod n. code
koda v. code
kodning n. coding
koefficient n. coefficient
koexistens n. coexistence
koexistera v. coexist
kofot n. crowbar
kofångare n. bumper
kogg n. cog
kognitiv adj. cognitive
kohesions- adj. cohesive
kohort n. cohort
koifisk n. koi

koka *v.* seethe
koka *v.* boil
koka ihop *v.* brew
kokain *n.* cocaine
kokare *n.* boiler
kokas *n.* boil
kokning *n.* ebullience
kokosnöt *n.* coconut
koks *v.* coke
kol *n.* carbon
kol *n.* coal
kola *n.* toffee
kolera *n.* cholera
kollapsa *v.* collapse
kollega *n.* colleague
kollektion *n.* collection
kollektivt jordbruk *n.* sharecrop
kollidera *v.* collide
kollidera vinkelrätt *v.* T-bone
kollision *n.* clash
kollission *n.* collision
koloni *n.* plantation
koloni *n.* colony
kolonial *adj.* colonial
kolonn *n.* pillar
kolumn *n.* column
kolumnist *n.* columnist
kolv *n.* piston
kom ihåg *v.* remember
koma *n.* coma
komatös *adj.* comatose
kombination *n.* combination
kombination *n.* permutation
kombination av hydraulik och pneumatik *n.* pneudraulics
kombinera *v.* combine
komedi *n.* comedy
komet *n.* comet
komfort *n.* comfort
komglomerat *n.* congolmerate
komiker *n.* comedian
komisk *adj.* comic

komisk *adj.* zany
komma *v.* come
komma *n.* comma
komma *v.* issue
komma att surna *v.* sour
komma efter *v.* lag
komma emellan stridsflygplan *v.* dogfight
komma före *v.* precede
komma i konflikt *v.* clash
komma med *v.* join
kommandant *n.* commandant
kommande *adj.* forthcoming
kommendering *n.* draft
kommentar *n.* comment
kommentator *n.* commentator
kommentera *v.* annotate
kommentera *v.* comment
kommissionär *n.* commissioner
kommitté *n.* commission
kommitté *n.* committee
kommun *n.* commune
kommun *adj.* township
kommun *n.* municipality
kommunal *adj.* municipal
kommunicera *v.* communicate
kommunikation *n.* communication
kommuniké *n.* communiqué
kommunism *n.* communism
kommunist *n.* communist
kompakt *adj.* compact
kompanjon *n.* companion
kompanjon *n.* copartner
komparativ *adj.* comparative
kompass *n.* compass
kompensation *n.* compensation
kompensation *n.* recompense
kompensera *v.* compensate
kompensera *v.* offset
kompetent *adj.* competent

kompetent i varje område *adj.* omnicompetent
kompilering *n.* compilation
kompis *n.* buddy
kompis *n.* chum
kompis *n.* fellow
kompis *n.* mate
komplement *n.* complement
komplementera *adj.* complementary
kompletterande *adj.* supplementary
komplex *adj.* complex
komplicera *v.* complicate
komplicerad *adj.* intricate
komplikation *n.* complication
komplimang *n.* compliment
komposition *n.* composition
kompositör *n.* compositor
kompost *n.* compost
komprimera *v.* compress
kompromisera *v.* compromise
kompromiss *n.* compromise
kon *n.* cone
koncentration *n.* concentration
koncentrera sig *v.* concentrate
koncept *n.* concept
koncis *adj.* concise
koncis *adj.* terse
kondensation *n.* condensate
kondensera *v.* condense
kondensera *v.* liquefy
kondensera *v.* recondense
kondensering *n.* recondensation
konditionalis *adj.* conditional
kondolera *v.* condole
kondor *n.* condor
konfektbit *n.* comfit
konfektion *n.* confectionery
konfektionist *n.* confectioner
konferans *n.* conference
konferens *n.* compact

konfidentiell *adj.* confidential
konfiguration *n.* config
konfiguration *n.* configuration
konfigurera *v.* configure
konfiskation *n.* confiscation
konfiskera *v.* confiscate
konflikt *n.* conflict
konformitet *n.* conformity
konfrontation *n.* confrontation
konglomerera *adj.* congolmerate
kongregation *n.* congregation
kongress *n.* congress
kongruens *n.* congruency
kongruent *adj.* congruent
konisk *adj.* conical
konjak *n.* brandy
konjugera *v.* conjugate
konjunktiva *n.* conjunctiva
konjunktur *n.* conjuncture
konkav *adj.* concave
konkret *adj.* concrete
konkubin *n.* concubine
konkubinat *n.* concubinage
konkurs *n.* bankruptcy
konkursmässig *adj.* insolvent
konsekvens *n.* consequence
konsekvens *n.* consistency
konsekvent *adj.* coherent
konsekvent *adj.* consequent
konsekvent *adj.* consistent
konsert *n.* concert
konservation *n.* conservation
konservativ *adj.* conservative
konservativ *n.* conservative
konservator- *adj.* taxidermic
konservera *v.* can
konservera *v.* conserve
konserverande *adj.* preservative
konservering *n.* taxidermy
konserveringsmedel *n.* preservative
konsistens *n.* consistency

konsol *n.* ancon
konsol *v.* console
konsolidering *n.* consolidation
konsonans *n.* consonance
konsonant *n.* consonant
konspiration *n.* conspiracy
konspirator *n.* conspirator
konspirera *v.* conspire
konspirera *v.* plot
konst *n.* art
konstant *adj.* constant
konstapel *n.* constable
konstatera *v.* ascertain
konstbevattning *n.* irrigation
konstellation *n.* constellation
konstgjord *adj.* artificial
konstig *adj.* odd
konstig *adj.* strange
konstig *adj.* weird
konstituerande *adj.* component
konstituerande *adj.* constituent
konstnär *n.* artist
konstnärlig *adj.* artistic
konstruera *v.* draw
konsultation *n.* consultation
konsultera *v.* consult
konsumera *v.* consume
konsumption *n.* consumption
kontakt *n.* contact
kontakta *v.* contact
kontanter *n.* cash
kontext *n.* context
kontinent *n.* continent
kontinental *adj.* continental
kontinuitet *n.* continuity
kontinuum *n.* continuum
kontor *n.* office
kontra *pref.* contra
kontrakt *n.* contract
kontrakt *n.* covenant
kontrakt *n.* lease
kontraktera *v.* contract

kontramandering *v.* countermand
kontrasignera *v.* countersign
kontrast *n.* contrast
kontroll *n.* checkpoint
kontroll *n.* control
kontroll *n.* check
kontrollera *v.* check
kontrollera *v.* control
kontrollupphävning *v.* decontrol
kontrovers *n.* controversy
kontur *n.* contour
kontusion *n.* contusion
konvalescent *adj.* convalescent
konventionell *adj.* conventional
konvergens *n.* convergence
konvergent *adj.* convergent
konversation *n.* conversation
konvertibel *adj.* convertible
konvertit *n.* convert
konvoj *n.* convoy
kooperativ *adj.* cooperative
koordinat *adj.* coordinate
koordination *n.* coordination
kopia *n.* copy
kopia *n.* double
kopia *adj.* manifold
kopia *n.* replica
kopiera *v.* copy
kopiering *n.* reproduction
kopieringsmaskin *n.* copier
kopp *n.* cup
koppar *n.* copper
kopparaktig *adj.* coppery
koppla *v.* connect
koppla *v.* couple
koppla av *v.* relax
kopplerska *n.* bawd
koppling *n.* connection
koprologi *n.* coprology
kopulera *v.* copulate
korall *n.* coral

kordong *n.* cordon
korg *n.* basket
koriander *n.* coriander
kork *n.* cork
korn *n.* barley
korn *n.* grain
kornett *n.* cornet
korp *n.* raven
korpral *adj.* corporal
korrelation *n.* correlation
korrelera *v.* correlate
korrespondens *n.* correspondence
korrespondent *n.* correspondent
korridor *n.* corridor
korrigera *v.* right
korrumperad *adj.* venal
korrupt *adv.* abusively
korrupt *v.* corrupt
korruption *n.* corruption
korruption *n.* venality
kors *n.* cross
korsa *v.* intersect
korsa *v.* traverse
korseld *n.* crossfire
korsfäst *adj.* crucified
korsfästa *v.* crucify
korsning *n.* hybrid
korsning *n.* intersection
korståg *n.* crusade
korstågsfarare *n.* crusader
kort *n.* card
kort *adj.* podgy
kort *adv.* shortly
kort *adv.* tersely
kort *adj.* short
kort vokal *n.* short
kortfattad *adj.* summary
kortroman *n.* novelette
kortsynt *adj.* myopic
kortvarig *v.* cameo
korv *n.* sausage

kosmetik *n.* cosmetic
kosmetisk *adj.* cosmetic
kosmisk *adj.* cosmic
kosmopolitisk *adj.* cosmopolitan
kosmos *n.* cosmos
kosta *v.* cost
kostnad *n.* cost
kostnad *n.* expense
kostnadsfri *adv.* gratis
kostym *n.* costume
kostym *n.* suit
kota *n.* boglet
krabba *n.* crab
kraft *n.* force
kraft *n.* might
kraftfull *adj.* forceful
kraftfull *adj.* vigorous
kraftig *adj.* cogent
kraftig *adj.* hefty
kraftig *adj.* stout
kraftig *adj.* sturdy
kraftlös *adj.* nerveless
kram *n.* cuddle
kram *n.* embrace
krama *v.* clasp
krama *v.* embrace
kramas *v.* cuddle
krampaktig *adj.* spasmodic
krampanfall *n.* convulsion
kran *n.* crane
kran *n.* tap
krans *n.* wreath
krasch *n.* smash
krasch *n.* crash
krascha *v.* crash
krass *adj.* crass
krater *n.* crater
krav *n.* claim
krav *n.* clamour
krav *n.* demand
krav *n.* insistence
krav *n.* requirement

kravla *v.* crawl
kraxa *v.* caw
kraxande *n.* caw
kreativ *adj.* creative
kreatur *n.* creature
kredit *n.* credit
kremation *n.* cremation
krematorium *n.* crematorium
kremera *v.* cremate
kreol *n.* creole
kretin *n.* cretin
kretsa *v.* cycle
kricket *n.* cricket
krig *n.* war
kriga *v.* war
krigare *n.* warrior
krigförande *adj.* belligerent
krigförande makt *n.* belligerent
krigföring *n.* warfare
krigisk *adj.* bellicose
krigisk *adj.* warlike
krigsmaterial *n.* munitions
krigstillstånd *n.* belligerency
krill *n.* krill
kriminalisera *v.* outlaw
kriminell *adj.* criminal
kriminell *adj.* penal
kringflackande *adj.* vagabond
kringgå *v.* circumvent
kringgå *v.* skirt
kringgående *n.* circumvention
kringströvande djur *n.* stray
kris *n.* crasis
kris *n.* crisis
kristall *n.* crystal
kristallisera *v.* candy
kristallisera *v.* crystalize
Kristen *n.* Christian
Kristen *adj.* Christian
Kristendom *n.* Christendom
Kristendom *n.* Christianity
Kristus *n.* Christ

krita *n.* chalk
krita *v.* chalk
kritik *n.* criticism
kritiker *n.* critic
kritisera *v.* censure
kritisera *v.* criticize
kritisera *v.* maul
kritisk *adj.* censorious
kritisk *adj.* critical
krock *n.* foul
krog *n.* tavern
krogvärd *n.* taverner
krok *n.* hook
krokodil *n.* crocodile
krom *n.* chrome
kromosom *n.* chromosome
krona *n.* crown
kronblad *n.* petal
kronograf *n.* chronograph
kronologi *n.* chronology
kronologisk *n.* chronological
kronärtskocka *n.* artichoke
kropp *n.* body
kroppsarbetare *n.* workman
kroppslig *adj.* physical
kroppsligen *adv.* bodily
krossa *v.* break
krossa *v.* pulp
krossa *v.* smash
krubba *n.* cradle
krubba *n.* manger
krucifix *n.* rood
krukmakare *n.* potter
krukmakeri *n.* pottery
krullig *adj.* fuzzy
krumelur *n.* oddity
krusbär *n.* gooseberry
krusning *n.* ripple
krycka *n.* crutch
krydda *v.* season
krydda *n.* spice
krydda *v.* spice

krydda *n.* zest
krydda *v.* zest
kryddad *adj.* spicy
krympning *n.* shrinkage
kryoteknik *n.* cryogenics
krypa hop *v.* nestle
krypande *v.* creep
kryperi *n.* adulation
kryperi *v.* cringe
kryptera *v.* cipher
kryptera *v.* encrypt
krypterad *adj.* encrypted
kryptering *n.* encryption
krypteringskod *n.* scambling
kryptografi *n.* cryptography
kryssa *v.* tack
kryssare *n.* cruiser
kryssning *v.* cruise
kråka *n.* crow
krångla *v.* misfire
krångla till *v.* perplex
krås *n.* frill
krås *n.* ruffle
kräfta *n.* crayfish
krämpa *n.* ailment
kränga *v.* bank
kränga *v.* lurch
krängning *n.* lurch
kränka *v.* aggrieve
kränka *v.t.* libel
kränka *v.* mortify
kränka *v.* violate
kränkande *adj.* slanderous
kränkning *n.* violation
kräpp *n.* crepe
kräva *v.* clamour
kräva *n.* craw
kräva *v.* demand
krögare *n.* tavernkeeper
krök *n.* twist
kröka *v.* arch
kröka *v.* curve

kröna *v.* crown
krönika *n.* chronicle
krönikör *n.* annalist
kröning *n.* coronation
krösus *n.* croesus
kub *n.* cube
kubformad *adj.* cubiform
kubisk *adj.* cubical
kudde *n.* cushion
kudde *n.* pillow
kugghjul *n.* gearwheel
kul *n.* fun
kula *n.* bullet
kula *n.* marble
kula *n* taw
kuling *n.* gale
kull *n.* brood
kulle *n.* hillock
kullerbytta *n.* somersault
kullersten *n.* cobble
kullersten *n.* cobblestone
kullerstenssättare *n.* cobbler
kullkasta *v.* evert
kullkasta *v.* prostrate
kulminera *v.* culminate
kulspetspenna *n.* ballpoint
kultivation *n.* cultivation
kultivera *v.* cultivate
kultur *n.* culture
kulturell *adj.* cultural
kulvert *n.* culvert
kumpan *n.* accomplice
kumpan *n.* henchman
kund *n.* customer
kunde *v.* could
kung *n.* king
kungamördare *n.* regicide
kungarike *n.* kingdom
kunglig *adj.* regal
kunglig *adj.* royal
kunglighet *n.* royalty
kunnig *adj.* versed

kunskap *n.* knowledge	**kvant** *n.* quantum
kunskap *n.* lore	**kvantitativ** *adj.* quantitative
kupa *n.* hive	**kvantitet** *n.* quantity
kuplett *n.* couplet	**kvar** *adj.* left
kupol *n.* dome	**kvarhållande** *adj.* retentive
kupong *n.* coupon	**kvarn** *n.* grinder
kupong *n.* cupon	**kvarn** *n.* mill
kupong *n.* voucher	**kvartalsvis** *adj.* quarterly
kurfurstendöme *n.* electorate	**kvast** *n.* broom
kurkumin *n.* curcumin	**kvav** *adj.* muggy
kurra *v.* coo	**kvav** *adj.* sultry
kurs *n.* class	**kvick** *adj.* nimble
kursivstil *n.* italics	**kvick** *adj.* witty
kursplan *n.* syllabus	**kvick replik** *n.* repartee
kurtis *n.* courtship	**kvickhet** *n.* agility
kurtisan *n.* courtesan	**kvickhet** *n.* wit
kurtisör *n.* philander	**kvickhet** *n.* witticism
kurtisör *n.* philanderer	**kvicksand** *n.* quicksand
kurva *n.* bend	**kvicksilver** *n.* mercury
kurva *n.* curve	**kvicksilver** *n.* quicksilver
kusin *n.* cousin	**kvicksilverlik** *adj.* mercurial
kusk *n.* coachman	**kvinna** *n.* female
kuslig *adj.* creepy	**kvinna** *n.* woman
kuslig *adj.* eerie	**kvinnlig** *adj.* female
kuslig *adj.* uncanny	**kvinnlighet** *n.* womanhood
kust *n.* bay	**kvinnojägare** *n.* womaniser
kust *n.* coast	**kvist** *n.* sprig
kust *n.* shore	**kvist** *n.* twig
kustlig *adj.* coastal	**kvitter** *n.* chirp
kustlinje *n.* shoreline	**kvitter** *n.* twitter
kustrelaterat *adj.* littoral	**kvitter** *n.* warble
kutter *n.* coo	**kvitto** *n.* receipt
kuvert *n.* envelope	**kvittra** *v.* chirp
kvacka *v.* quack	**kvittra** *v.* twitter
kvacksalvare *n.* quack	**kvot** *n.* quota
kvacksalveri *n.* quackery	**kvot** *n.* quotient
kvadrera *v.* square	**kväkande** *n.* croak
kval *n.* anguish	**kvällsmat** *n.* supper
kvalificera *v.* qualify	**kväsa** *v.* quell
kvalifikation *n.* qualification	**kväva** *v.* asphyxiate
kvalitativ *adj.* qualitative	**kväva** *v.* choke
kvalitet *n.* quality	**kväva** *v.* smother

kväva v. stifle	känd adj. famous
kväva v. suffocate	kändis n. celebrity
kväve n. azote	känguru n. kangaroo
kvävning n. suffocation	känna v. feel
kyckling n. chick	kännande adj. sentient
kyckling n. chicken	kännetecken n. cachet
kyla n. chill	kännetecken n. hallmark
kyla n. cold	känsla n. emotion
kyla n. cooler	känsla n. feeling
kyla v. ice	känsla n. sense
kyla v. refrigerate	känsla n. sentiment
kylning n. refrigeration	känslig adj. sensitive
kylskåp n. fridge	känslig adj. touchy
kylskåp n. refrigerator	känslig adj. vulnerable
kyrka n. church	känslighet n. sensibility
kyrklig adj. ecclesiastical	känslighet n. sensitivity
kyrkogård n. cemetery	känslomässig adj. emotive
kyrkogård n. churchyard	känslosam adj. emotional
kyrkoherde n. vicar	känslosam adj. sentimental
kysk adj. chaste	käpp n. cane
kyskhet n. chastity	käpphäst n. hobbyhorse
kyss n. kiss	kärande n. petitioner
kyssa v. kiss	kärl n. crockery
kyvett n. cuvette	kärlek n. love
kåk n. clink	kärlek n. amour
kål n. cabbage	kärleksfull adj. amorous
käbbel n. wrangle	kärleksfull v. doating
käbbla v. quibble	kärleksfull adj. loving
käbbla v. wrangle	kärna v. churn
käft n. yap	kärna n. gist
käfta emot v. sauce	kärna n. kernel
käke n. jaw	kärna n. nucleus
källa n. source	kärna ur v. pit
källare n. basement	kärnan n. quintessence
källare n. cellar	kärnmjölk n. buttermilk
kämpa v. champion	kärnpunkt n. core
kämpa v. contest	kärr n. bog
kämpa v. militate	kärr n. marsh
kämpa v. struggle	kärrsnäppa n. oxbird
kämpa med v. battle	kärv adj. moody
kämpe n. combatant	kärve n. sheaf
kämpe n. plantain	kö n. queue

köa v. queue
kök n. kitchen
kökstrappa n. backstairs
kölvatten n. wake
kön n. gender
köp n. bough
köp n. purchase
köp n. buy
köpa v. buy
köpa v. purchase
köpare n. buyer
kör n. choir
kör n. chorus
kör n. coir
köra v. drive
köra fast v. bog
körning n. drive
körning n. runs
körsbär n. cherry
körsbärsfärgad adj. cherry
körtel n. gland
kött n. flesh
kött n. meat
köttätare n. carnivore

L

labial adj. labial
laboratorium n. laboratory
labyrint n. labyrinth
labyrint n. maze
lack n. lac, lakh
lack n. varnish
lackera v. varnish
ladda v. charge
ladda ner illegalt v. pirate
laddare n. charger
laddning n. charge
ladgård n. barn
ladugård n. byre
lag n. law

lag n. team
laga v. cook
laga v. mend
laga v. piece
lagarbete n. teamwork
lagbrytare n. outlaw
lager n. coating
lager n. laurel
lager n. layer
lager n. stock
lager n. tier
lager v. warehouse
lager- adj. stock
lagkamrat n. teammate
laglig adj. lawful
laglighet n. legality
lagligt adj. legal
laglös adj. lawless
lagra v. store
lagrelaterat adj. teamed
lagstadgad adj. statutory
lagstadgad adj. vested
lagstifta v. legislate
lagstiftande adj. legislative
lagstiftare n. legislator
lagstiftning n. legislation
lagun n. lagoon
lagvis adv. teamwise
lagöverträdare n. offender
lakej n. lackey
lakonisk adj. laconic
laktera v. lactate
laktometer n. lactometer
laktos n. lactose
lama n. lama
laminera v. laminate
lamm n. lamb
lampa n. lamp
land n. country
land n. land
landa v. land
landning n. landing

landområde *n.* tract
landsförvisa *v.* exile
landskap *n.* landscape
landskap *n.* scenery
landskap av sand *n.* sandscape
landskaps- *adj.* provincial
landsvägslopp *n.* road race
lansett *adj.* lancet
lansiär *n.* lancer
lantbo *n.* rustic
lantlig *adj.* rural
lantlighet *n.* rusticity
lappa ihop *v.* cobble
lappa ihop *v.* patch
larm *n.* alarm
last *n.* load
last *n.* vice
lasta *v.* load
lastbar *adj.* profligate
lastbil *n.* lorry
lastbil *n.* truck
lat *n.* lazy
latent *adj.* latent
lathet *n.* laziness
latitud *n.* latitude
latrin *n.* latrine
lava *n.* lava
lavendel *n.* lavender
laxativ *adj.* cathartical
laxerande *adj.* laxative
laxerande *adj.* purgative
laxering *n.* catharsis
laxering *n.* purgation
laxeringsmedel *n.* laxative
laxermedel *n.* purgative
le *v.* smile
leda *v.* lead
leda *v.* preside
leda någonting genom ett rör *v.* duct
ledare *n.* chieftain
ledare *n.* editorial

ledare *n.* leader
ledarskap *n.* guidance
ledarskap *n.* leadership
ledig *adj.* vacant
ledighet *n.* leisure
ledning *n.* captaincy
ledning *n.* conduct
ledning *n.* lead
ledning *n.* management
ledning *n.* pipe
ledningar *n.* wiring
ledsaga *v.* accompany
ledsen *adj.* sad
ledsen *adj.* sorry
ledstjärna *n.* loadstar
ledtråd *n.* clue
leende *n.* smile
legalisera *v.* legalize
legat *n.* legacy
legend *n.* legend
legendarisk *adj.* legendary
legering *n.* alloy
leghorn *n.* leghorn
legion *n.* legion
legionär *n.* legionary
legislatur *n.* legislature
legitim *adj.* legitimate
legitimitet *n.* legitimacy
legosoldat *adj.* mercenary
lejon *n.* Leo
lejon *n.* lion
lejoninna *n.* lioness
lejonliknande *adj.* leonine
lek *n.* frolic
leka *v.* fiddle
leka *v.* frolic
leka *v.* sport
leka *v.* toy
leka med *v.* trifle
lekfull *adj.* playful
lekfull *adj.* sportive
lekkamrat *n.* playdate

lekman *n.* layman
lekmanna- *adj.* lay
lekplats *n.* playground
leksak *n.* toy
leksaksaffär *n.* toystore
leksaksförsälare *n.* toyseller
leksakstillverkare *n.* toymaker
lekstuga *n.* playhouse
lekstuga *n.* toyhouse
lektion *n.* lesson
lem *n.* limb
lemonad *n.* lemonade
leopard *n.* leopard
lepra *n.* leprosy
lera *n.* clay
lera *n.* mud
leta *v.* rummage
letande *n.* rummage
letande *n.* searching
letargi *n.* lethargy
letargisk *adj.* lethargic
levande *adj.* alive
levande *adj.* living
levande *adj.* vivid
lever *n.* liver
leverans *n.* delivery
leverans av militärresurser *n.* dropzone
leveranskontroll *n.* checkout
leverantör *n.* supplier
lexikografi *n.* lexicography
lexikon *n.* lexicon
liberal *adj.* liberal
liberalism *n.* liberalism
liberalitet *n.* liberality
libertin *n.* libertine
licens *n.* licence
licensiera *v.* license
licensinnehavare *n.* licensee
lida *v.* suffer
lida skeppsbrott *v.* shipwreck
lidande *adj.* afflictive

lidande *n.* misery
lie *n.* scythe
liga *n.* league
ligga *v.* lie
ligga i bakhåll *v.* ambuscade
liggande *adj.* incumbent
liggare *n.* ledger
liggsår *n.* bedsore
lik *n.* corpse
lika *adj.* equal
lika *adj.* same
likadan *adj.* alike
likadant *adv.* alike
likartad *adj.* homogeneous
likbesiktning *n.* inquest
likblek *adj.* cadaverous
likgiltig *adj.* indifferent
likhet *n.* equality
likhet *n.* resemblance
likhet *n.* similarity
likhet *n.* similitude
likna *v.* liken
likna *v.* resemble
liknande *adj.* like
liknande *adj.* similar
liknande kol *adj.* coky
liknelse *n.* parable
liknelse *n.* simile
liksidig *adj.* equilateral
likställa *v.* equate
liktydig *adj.* synonymous
liktydig *adj.* tantamount
likvidera *v.* liquidate
likvidering *n.* liquidation
lila *adj./n.* purple
lilja *n.* lily
lim *n.* glue
lime *n.* lime
limma *v.* glue
limma ihop *v.* conglutinate
limpa *n.* loaf
linda *v.* wind

lindra v. physic
lindra v. relieve
lindrande adj. balmlike
lindring n. balm
linfrö n. linseed
lingvist n. linguist
lingvistik n. linguistics
lingvistisk adj. linguistic
linjal n. ruler
linje n. curriculum
linje n. line
linjering n. alignment
linne n. chemise
linne n. linen
lins n. lens
linser n. lentil
lisa v. comfort
lismande adj. oleaginous
list n. wile
list n. cunning
lista n. list
lista med förslag n. opinionnaire
lista upp v. list
listig adj. cunning
lita v. rely
lita på v. trust
lite n. little
lite adv. little
liten adj. diminutive
liten adj. little
liten adj. petty
liten adj. small
liten dal n. dale
liten häst n. pony
liten klunk n. zip
liten krona n. coronet
liten å n. rivulet
litenhet adv. smallness
liter n. litre
litet rum n. cubby
litet sovrum n. bedrobe
litteratur n. literature

litteratur n. litterateur
litterär adj. literary
liturgisk adj. liturgical
liv n. life
liv n. living
livegen adj. adscript
livegen n. serf
livet efter detta n. hereafter
livlig adj. dashing
livlig adj. gay
livlig adj. lively
livlig adj. mettlesome
livlig adj. vivacious
livlighet n. vivacity
livlös adj. lifeless
livmoder n. uterus
livmoder n. womb
livré n. livery
livränta n. annuity
livräntetagare n. annuitant
livsfarlig adj. mortal
livslång adj. lifelong
livslängd n. longevity
livsstil n. lifestyle
livstycke n. bodice
livsuppfattning n. ethos
livvakt n. bodyguard
ljud n. noise
ljud n. sound
ljuda v. blast
ljuddämpare n. muffler
ljuddämpare n. silencer
ljudhärmning n. onomatopoeia
ljuga v. lie
ljumhet n. tepidity
ljummen adj. tepid
ljummet adv. tepidly
ljus adj. bright
ljus n. light
ljus v. pale
ljusa upp v. brighten
ljusbrun adj. oatmeal

ljusfläck *n.* blip
ljusgul *adj.* canary
ljuskälla *n.* luminary
ljuvlighet *n.* delectability
lob *n.* lobe
lobby *n.* lobby
lock *n.* curl
lock *n.* flap
lock *n.* lid
locka *v.* allure
locka *v.* coax
locka *v.* decoy
locka *v.* entice
locka *v.* lure
locka *v.* wheedle
lockande *adj.* enticing
lockare *n.* enticer
lockbete *n.* decoy
lockelse *n.* enticement
lockigt *adj.* curly
lod *n.* solder
loft *n.* loft
logaritm *n.* logarithim
logi *n.* lodging
logik *n.* logic
logiker *n.* logician
logisk grund *n.* rationale
logiskt *adj.* logical
lojal *adj.* loyal
lojalist *n.* loyalist
lojalitet *n.* allegiance
lojalitet *n.* loyalty
lokal *adj.* local
lokal dialekt *n.* vernacular
lokalisera *v.* localize
lokomotiv *n.* locomotive
longitud *n.* longitude
looping *n.* loop
lopp *n.* race
loppa *n.* flea
lord *n.* lord
lossa *v.* discharge

lossa *v.* undo
lossna *v.* loosen
lossning *n.* discharge
lotion *n.* lotion
lotteri *n.* lottery
lotus *n.* lotus
lounge *n.* lounge
lov *n.* leave
lova *v.* permit
lova *v.* promise
lovande *adj.* promising
lovprisning *n.* laud
lucka *n.* blank
lucka *n.* gap
luddigt *adj.* sketchy
luffare *n.* vagabond
lufsa *v.* shamble
luft *n.* air
luft- och matsmältning *adj.* aerodigestive
luftbro *n.* airlift
luftburen *n.* airborne
luftburen *adj.* airborne
luftduell *n.* dogfight
luftfartyg *n.* aircraft
luftig *adj.* airy
luftstrupe *n.* trachea
luftvärns- *adj.* anti-aircraft
luggsliten *adj.* threadbare
lugn *n.* calm
lugn *n.* composure
lugn *n.* ease
lugn *adj.* leisurely
lugn *v.t.* quiet
lugn *adj.* serene
lugn *n.* serenity
lugn *adj.* tranquil
lugna *v.* calm
lugna *v.* hush
lugna *v.* placate
lugna *v.* soothe
lugna *v.* tranquillize

lugnande *adj.* lenient
lugnande *adj.* placative
lugnande *adj.* sedative
lugnande medel *adj.* calmative
lugnande medel *n.* sedative
lugnande medel *n.* tranquillizer
lukt *n.* smell
lukt- *adj.* olfactic
lukt- *adj.* olfaltive
lukt- *adj.* olfactory
lukta *v.* smell
lummig *adj.* leafy
lunch *n.* lunch
lunga *n.* lung
lunginflammation *n.* pneumonia
lunginflammations- *adj.* pneumonic
lungor och mage *adj.* pneumogastric
lunta *n.* tome
lur *n.* doze
lur *n.* nap
lura *v.* beguile
lura *v.* delude
lura *v.* dupe
lura *v.* fool
lura *v.* gull
lura *v.* hoodwink
lura *v.* swindle
lura *v.* trick
lurad *adj.* deluded
lus *n.* louse
lust *n.* lust
lustig *adj.* jocular
lustighet *n.* jollity
lustjakt *n.* yacht
luta *n.* lute
luta *v.* slant
luta *v.* tilt
luta sig *v.* lean
lutning *n.* lean
lutning *n.* stoop

lutning *n.* tilt
lya *n.* crib
lya *n.* lair
lyckas *v.* succeed
lycklig *adj.* fortunate
lycko- *adj.* lucky
lyckoönskningar *int.* felicitations
lycksalighet *n.* felicity
lyckönska *v.* felicitate
lyda *v.* obey
lydig *adj.* docile
lydig *adj.* obedient
lydnad *n.* obedience
lyft *v.* hoist
lyfta *v.* draw
lyfta *v.* elevate
lyfta *v.* lift
lyfta *v.* uplift
lyfta med domkraft *v.* jack
lyftande *n.* uplift
lyftanordning *n.* teagle
lyftkran *n.* crane
lykta *n.* lantern
lyncha *v.* lynch
lyra *n.* lyre
lyriker *n.* lyricist
lyrisk *adj.* lyric
lyrisk *adj.* lyrical
lysa *v.* gleam
lysa upp *v.* alight
lysande *adj.* gleaming
lysande *adj.* lucent
lysande *adj.* luminous
lysraket *n.* flare
lyssna *v.* listen
lyssnare *n.* listener
lysten *adj.* appetent
lyx *n.* luxury
lyxig *adj.* luxurious
lyydnadsbrott *n.* insubordination
låda *n.* boist
låda *n.* box

låda *n.* case	lägenhet *n.* apartment
låg *adj.* low	lägenhet *n.* flat
lågadel *n.* gentry	läger *n.* camp
lågkonjunktur *n.* depression	lägereld *n.* campfire
lågkonjunktur *n.* recession	lägga *v.* bed
lågt *adv.* low	lägga *v.* lay
lågtryck *n.* low	lägga beslag på *v.* monopolize
lån *n.* loan	lägga golv *v.* floor
låna *v.* borrow	lägga i träda *v.* fallow
låna *v.* loan	lägga ihop *v.* total
låna ut *v.* lend	lägga in *v.* case
lång *adj.* tall	lägga in *v.* pickle
Långben *adj.* goofy	lägga mindre vikt på *v.* destress
långsam *adj.* slow	lägga på hyllan *v.* shelve
långsam *adj.* tardy	lägga på hög *v.* amass
långsamt *adv.* slowly	lägga på hög *v.* pile
långt bort *adj.* far	lägga rom *v.* spawn
långt borta *adv.* afield	lägga sig i bakhåll *v.* embush
lår *n.* thigh	lägga tak på *v.* roof
lårben *n.* femur	läggdags *n.* bed-time
lås *n.* clasp	läggning *n.* bent
lås *n.* lock	läglig *adj.* opportune
låsa *v.* bolt	läglig *adj.* seasonable
låsa *v.* lock	läglig *adj.* well-timed
låsa *v.* peg	lägre *adv.* beneath
låta *v.* let	lägre *adj.* under
låta *v.* sound	lägsta punkt *n.* nadir
låtlista *n.* setlist	läka *v.* heal
låtsas *v.* fake	läkare *n.* medic
låtsas *v.* pretend	läkare *n.* physician
läcka *v.* seep	läkarmottagning *n.* sickbay
läcka *v.* leak	läkemedel *n.* medicament
läckage *n.* breakage	lämna *v.* leave
läckage *n.* leak	lämna *v.* submit
läckage *n.* leakage	lämplig *adj.* apposite
läcker *adj.* delicious	lämplig *adj.* appropriate
läcker *adj.* gorgeous	lämplig *adj.* becoming
läcker *adj.* scrumptious	lämplig *adj.* congenial
läcker *adj* zesty	lämplig *adj.* decent
läckerhet *n.* dainty	lämplig *adj.* expedient
läder *n.* leather	lämplig *adj.* proper
läge *n.* aspect	lämplig *adj.* eligible

lämplig *adj.* suitable
lämplighet *n.* adequacy
lämplighet *n.* eligibility
lämplighet *n.* suitability
länga *n.* row
längd *n.* length
länge *adj.* long
länge *adv* long
längre *adv.* further
längs kusten *adj.* bayside
längta *v.* hanker
längta *v.* long
längta *v.* yearn
längta intensivt *v.* yen
längtan *n.* longing
längtan *n.* yearning
längtan *n.* yen
längtansfull *adj.* wishful
länk *n.* link
länka *v.* link
läpp *n.* lip
lära *n.* creed
lära *v.* learn
lära ut *v.* teach
läraktig *adj.* apt
läraktig *adj.* teacheable
lärare *n.* learner
lärare *n.* master
lärare *n.* preceptor
lärare *n.* schoolteacher
lärare *n.* teacher
lärarinna *n.* mistress
lärd *n.* savant
lärdom *n.* scholarship
lärjunge *n.* disciple
lärka *n.* lark
lärling *n.* apprentice
lärobok *n.* textbook
läror *n.* teachings
lärt *adj.* learned
läs- och skrivkunnighet *n.*
  literacy

läsa *v.t.* read
läsa *n.* study
läsare *n.* reader
läsida *n.* lee
läsligt *adv.* legibly
läspa *v.* lisp
läspning *n.* lisp
lätt *adj.* effortless
lätt *adj.* light
lätt *adv.* lightly
lätt *adv.* readily
lätt *adj.* slight
lätt *adj.* easy
lätta *v.* alleviate
lätta *v.* ease
lätta *v.* lighten
lättantändlig *adj.* combustile
lätthet *n.* facility
lätthet *n.* levity
lättja *n.* idleness
lättjefull *n.* slothful
lättlurad *n.* gull
lättlurad person *n.* dupe
lättläst *adj.* legible
lättnad *n.* alleviation
lättnad *n.* relief
lättretlig *adj.* irritable
lättsinnig *adj.* frivolous
lättsinnig *adj.* giddy
lättskött *adj.* manageable
löda *v.* solder
lödder *n.* lather
löddrig *adj.* foamy
löfte *n.* pledge
löfte *n.* promise
löftesvis *adj.* promissory
lögn *n.* falsehood
lögn *n.* lie
lögnaktig *adj.* deceitful
lögnare *n.* liar
löja *n.* bleak
löjlig *adj.* hilarious

löjlig *adj.* ridiculous
löjtnant *n.* lieutenant
lök *n.* onion
lömsk *adj.* shifty
lön *n.* pay
lön *n.* salary
lön *n.* wage
löna *v.* requite
lönande *adj* gainful
lönande *adj.* remunerative
lönsam *adj.* lucrative
lönsam *adj.* profitable
löpa *v.* run
löpa amok *adv.* amuck
löpare *n.* runner
löpband *n.* treadmill
löpning *n.* run
Lördag *n.* Saturday
lös *adj.* lax
lös *adj.* loose
lös *adj.* pulpy
lösa *v.* dissolve
lösa *v.* resolve
lösa *v.* settle
lösa *v.* solve
lösa in *v.* redeem
lösen *n.* watchword
lösesumma *n.* ransom
lösgöra *v.* disembody
löslig *adj.* soluble
löslighet *n.* solubility
lösning *n.* settlement
lösning *n.* solution
lösningsmedel *n.* solvent
lösöre *n.* movables
löv *n.* foliage
löv *n.* leaf

M

macadamia *n.* macadamia

madam *n.* madam
madrass *n.* mattress
maffia *n.* mafia
mag- *adj.* gastric
magasin *n.* godown
magasin *n.* magazine
magasin *n.* shorefront
magbesvär *n.* indigestion
mage *n.* belly
mage *n.* belly
mage *n.* stomach
mager *adj.* gaunt
mager *adj.* scraggy
mager *adj.* thin
magi *n.* magic
magiker *n.* mage
magiker *n.* magician
magisk *adj.* enigmatical
magisk *adj.* magical
magiskt *adv.* enigmatically
magma *n.* magma
magnat *n.* magnate
magnet *n.* loadstone
magnet *n.* magnet
magnetisk *adj.* magnetic
magnetism *n.* magnetism
magnitud *n.* magnitude
magra *v.* slim
mahogny *n.* mahogany
Maj *n.* May
majestät *n.* majesty
majestätisk *adj.* majestic
major *n.* major
majoritet *n.* bulk
majoritet *n.* majority
majs *n.* corn
makalös *adj.* incomparable
makalös *adj.* matchless
makar *n.* spousal
make *n.* husband
make *n.* like
make *n.* spouse

makro *n.* macro
makro- *adj.* macro
makrobiotisk *adj.* macrobiotic
makrocefali *n.* macrocephaly
makrofiber *n.* macrofibre
makrosfär *n.* macrosphere
makt *n.* ascendancy
makt *n.* potency
makt *n.* power
mal *n.* sheat
mala *v.* mill
malaria *n.* malaria
mall *n.* template
malm *n.* ore
malt *n.* malt
malört *n.* wormwood
mamma *n.* mum
mamma *n.* mummy
mammon *n.* mammon
mammon *n.* pelf
mammut *n.* mammoth
man *n.* man
man *n.* mane
man *n.* male
manager *n.* manager
manchesterbyxor *n.* corduroy
mandat *n.* mandate
mandel *n.* almond
mandelkrokant *adj.* brittle
maner *n.* mannerism
mangan *n.* manganese
mangel *v.* mangle
mango *n.* mango
manhål *n.* manhole
manick *n.* gizmo
manifest *adj.* manifest
manifestation *n.* manifestation
manifestera *v.* manifest
manikyr *n.* manicure
manipulation *n.* manipulation
manipulera *v.* manipulate
manipulera *v.* tamper

manipuleringssäker *adj.* tamperproof
manlig *adj.* male
manlig *v.* man
manlig *adj.* manful
manlig *adj.* manlike
manlig *adj.* manly
manlig *adj.* virile
manlighet *n.* manhood
manlighet *n.* manliness
manlighet *n.* virility
manna *n.* manna
manschett *n.* cuff
mantel *n.* mantle
manual *n.* manual
manuell *adj.* manual
manus *n.* script
manuskript *n.* manuscript
manöver *n.* manoeuvre
manövrera *v.* manoeuvre
manövrera *v.* operate
mapp *n.* file
maraton *n.* marathon
mardröm *n.* nightmare
margarin *n.* margarine
marginal *n.* margin
marginell *adj.* marginal
marin *adj.* marine
marionett *n.* marionette
marionett *n.* puppet
mark *n.* earth
markatta *n.* minx
markera *v.* emphasize
markera *v.* mark
marknad *n.* market
marknad *v.* market
marknad *n.* mart
marknadsföring *n.* promotion
markör *n.* marker
marmelad *n.* marmalade
marmorering *n.* mottle
Mars *n.* Mars

Mars *n.* March
marsch *n.* march
marschera *v.* march
marskalk *n.* marshal
martyrium *n.* martyrdom
mask *n.* maggot
mask *n.* mask
mask *n.* worm
maska *n.* mesh
maskera *v.* bemask
maskera *v.* mask
maskerad *n.* masquerade
maskin *n.* machine
maskineri *n.* machinery
maskinist *n.* machinist
maskinskriverska *n.* typist
maskot *n.* mascot
maskros *n.* dandelion
maskulin *adj.* masculine
maskäten *adj.* carious
massa *n.* mass
massa *n.* peck
massa *n.* populace
massa *n.* shoal
massage *n.* massage
massaker *n.* massacre
massakrera *v.* massacre
massera *v.* massage
massiv *adj.* massive
massiv *adj.* massy
massor *n.* plenty
massör *n.* masseur
mast *n.* mast
mat *n.* food
mata *v.* feed
matador *n.* matador
match *n.* game
match *n.* match
maté *n.* mate
matematik *n.* mathematics
matematiker *n.* mathematician
matematisk *adj.* mathematical

material *n.* material
materialisera *v.* materialize
materialism *n.* materialism
materiell *adj.* material
matinéföreställning *n.* matinee
matlagning *n.* cuisine
matleverantör *n.* caterer
matriark *n.* matriarch
matris *n.* matrix
matris *n.* mould
matris *n.* paddy
matsmältning *n.* digestion
matt *adj.* lacklustre
matta *n.* carpet
matta *n.* mat
matta *n.* rug
mausoleum *n.* mausoleum
maxim *n.* maxim
maximal *n.* maximum
maximera *v.* maximize
meander *v.* meander
med *adv.* about
med *prep.* by
med *prep.* with
med bekräftelse *adv.* affirmatively
med en eskort *adj.* escorted
med flit *adv.* purposely
med hundöron *adj.* dogeared
med hänsyn till *prep.* considering
med hög röst *adv.* aloud
medalj *n.* medal
medaljong *n.* locket
medaljör *n.* medallist
medan *conj.* whereas
medan *n.* while
medborgare *n.* citizen
medborgarskap *n.* citizenship
medborgerlig *adj.* civic
meddela *v.* announce
meddela *v.* impart
meddelande *n.* announcement

meddelande *n.* message
meddelare *n.* messenger
medel *n.* average
medel *n.* capital
medel *n.* means
medelmåtta *n.* nonentity
medelmåtta *n.* nought
medelmåttig *adj.* middling
medelmåttighet *n.* mediocrity
medeltida *adj.* medieval
medföra *v.* convey
medgivande *n.* concession
medgörlig *adj.* amenable
medgörlig *adj.* compliant
medhjälp *n.* abetment
medhjälpare *n.* accessory
medhjälpare *n.* auxiliary
media *n.* press
medicin *n.* medicine
medicinsk *adj.* medical
medicinsk *adj.* medicinal
medicinskt *adj.* farmaceutical
medioker *adj.* mediocre
meditation *n.* meditation
meditativ *adj.* meditative
meditera *v.* meditate
medkänsla *n.* pathos
medla *v.* arbitrate
medlare *n.* arbitrator
medlare *n.* mediator
medlem *n.* member
medlemskap *n.* membership
medling *n.* arbitration
medlöpare *n.* ambidexter
medverka till *v.* abet
medverkande *adj.* ministrant
medveten *adj.* aware
medveten *adj.* conscious
medvetenhet *n.* awareness
medvetenhet *n.* sentience
megafon *n.* megaphone
megalit *n.* megalith

megalitisk *adj.* megalithic
meja *v.* mow
mejl *n.* mail
mejla *v.* mail
mejsel *n.* chisel
mekanik *n.* mechanic
mekanik *n.* mechanics
mekanisk *adj.* mechanic
mekanism *adj.* mechanical
mekanism *n.* mechanism
melankoli *n.* melancholia
melankolisk *adj.* melancholic
melass *n.* molasses
mellan *prep.* between
mellan *adj.* intermediate
mellan *adj.* medium
mellan- *adj.* mid
mellanhand *n.* middleman
mellanhavande *n.* dealings
mellanmål *n.* snack
mellantid *n.* interim
mellersta *adj.* middle
melodi *n.* melody
melodi *n.* tune
melodisk *adj.* melodious
melodrama *n.* melodrama
melodramatisk *adj.* melodramatic
melon *n.* melon
membran *n.* membrane
men *prep.* but
mened *n.* perjury
mening *n.* sentence
meningsfull *adj.* meaningful
meningslös *adj.* meaningless
meningslös *adj.* nonsensical
meningslös *adj.* pointless
meningslös *adj.* senseless
meningslöshet *n.* futility
meningslöst *adj.* gibberish
meningsmotståndare *n.* antagonist

menstruation *n.* menses
menstruation *n.* menstruation
menstruell *adj.* menstrual
mentalitet *n.* mentality
meny *n.* menu
mer *adj.* extra
mer *adv.* more
mer än *conj.* but
mercerisera *v.* mercerise
meridian *n.* meridian
merit *n.* merit
meritera *v.* merit
merkantil *adj.* mercantile
mesallians *n.* misalliance
mesallians *v.* mismatch
mesmerism *n.* mesmerism
messias *n.* messiah
mest *adj.* most
metabolism *n.* metabolism
metafor *n.* metaphor
metafysik *n.* metaphysics
metafysisk *adj.* metaphysical
metalisk *adj.* metallic
metall *n.* metal
metallgolv *n.* treadplate
metallurgi *n.* metallurgy
metamorfis *n.* metamorphosis
meteor *n.* meteor
meteorisk *adj.* meteoric
meteorolog *n.* meteorologist
meteorologi *n.* meteorology
meter *n.* meter
meter *n.* metre
metod *n.* method
metodisk *adj.* methodical
metrisk *adj.* metric
metrisk *adj.* metrical
metropolis *n.* metropolis
mexikansk salvia *n.* chia
mid-off *n.* mid-off
mid-on *n.* mid-on
middag *n.* dinner

middag *n.* noon
middagstid *n.* midday
midja *n.* waist
midjeband *n.* waistband
midnatt *n.* midnight
midsommar *n.* midsummer
mig *pron.* me
mig *pron.* myself
migrant *n.* migrant
migration *n.* migration
migrera *v.* migrate
migrän *n.* migraine
mikrofilm *n.* microfilm
mikrofon *n.* microphone
mikrologi *n.* micrology
mikrometer *n.* micrometer
mikroskop *n.* microscope
mikroskopisk *adj.* microscopic
mikrovågsugn *n.* microwave
mildhet *n.* leniency
mildra *v.* temper
militant *adj.* militant
militant *n.* militant
militär *n.* military
militär- *adj.* martial
militärisk *adj.* military
miljard *n.* billion
miljardär *n.* billionaire
miljon *n.* million
miljonär *n.* millionaire
miljö *n.* milieu
miljöaktivist *n.* environmentalist
miljömässig *adj.* environmental
miljövård *n.* environmentalism
millennium *n.* millennium
milstolpe *n.* milestone
mima *v.* mime
mimare *n.* mime
min *pron.* mine
min *adj.* my
minaret *n.* minaret
mindre *adj.* lesser

mindre *adj.* minor
mineral *n.* mineral
minerala- *adj.* mineral
mineralog *n.* mineralogist
mineralogi *n.* mineralogy
mingla *v.* mingle
mini *adj.* miniature
miniatyr *n.* miniature
minimal *adj.* minimal
minimal *adj.* minimum
minimera *v.* minimize
minimum *n.* minimum
miniräknare *n.* calculator
minister *n.* envoy
mink *n.* mink
minnas *v.* recollect
minne *n.* memento
minne *n.* memory
minne *n.* remembrance
minne *n.* reminiscence
minnes- *adj.* memorial
minnesförlust *n.* amnesia
minnesstund *n.* memorial
minnesvärd *adj.* memorable
minoritet *n.* minority
minska *v.* abate
minska *v.* bait
minska *v.* decimate
minska *v.* diminish
minska *v.* dwindle
minska *v.* lessen
minska *v.* shrink
minskning *n.* abatement
minskning *n.* decrement
minskning *n.* wastage
minst *adj.* least
minsta *adv.* least
minus *prep.* less
minus *adj.* minus
minus *n.* minus
minuskel *adj.* minuscule
minut *n.* minute

mirakel *n.* miracle
mirakulös *adj.* miraculous
misantrop *n.* misanthrope
miserabel *adj.* miserable
miss *n.* miss
missaktning *n.* disrespect
missanpassning *n.* mal adjustment
missbedöma *v.* misjudge
missbildning *n.* deformity
missbruk *n.* addiction
missbruk *n.* misapplication
missbruk *n.* misuse
missbruka *v.* abuse
missbruka *v.* misuse
missbrukare *n.* abuser
missdådare *n.* miscreant
missfall *n.* miscarriage
missfoster *n.* freak
missförstå *v.* misapprehend
missförstå *v.* misconstrue
missförstå *v.* misunderstand
missförståelse *n.* misapprehension
missförståelse *n.* misunderstanding
missgärning *n.* misdeed
misshandel *n.* mal-treatment
misshandla *v.* manhandle
misshällighet *n.* discord
missil *n.* missile
missionär *n.* missionary
missleda *v.* mislead
missljudande *adj.* absonant
misslyckad *adv.* abortive
misslyckande *n.* fail
misslyckas *v.* fail
missnöjd *adj.* factious
missnöjd *adj.* malcontent
missnöjd person *n.* malcontent
missnöje *n.* discontent
missnöje *n.* displeasure

missnöje *n.* dissatisfaction
misspryda *v.* disfigure
misstag *n.* mistake
misstanke *n.* suspicion
misstro *n.* disbelief
misstro *v.* disbelieve
misstro *v.* distrust
misstro *n.* misbelief
misstro *n.* mistrust
misstro *v.* mistrust
misströsta *v.* despair
misstänka *v.* suspect
misstänksam *adj.* suspect
misstänksam *adj.* suspicious
misstänksamhet *n.* suspect
missunna *v.* begrudge
missunna *v.* grudge
missuppfatta *v.* misconceive
missuppfattning *n.* misconception
mistel *n.* mistletoe
mister *n.* mister
misär *n.* privation
mitra *n.* mitre
mitt *n.* midst
mitt *n.* centre
mitt *n.* middle
mitt i *prep.* amid
mitt- *adj.* median
mitten *n.* center
mjuk *n.* soft
mjuk *adj.* limber
mjuka upp *v.* limber
mjukna *v.* relent
mjukna *v.* soften
mjäll *n.* dandruff
mjältbrand *n.* anthrax
mjälte *n.* spleen
mjöd *n.* mead
mjöl *n.* flour
mjöldagg *n.* mildew
mjölig *adj.* mealy

mjölk *n.* milk
mjölka *adj.* milch
mjölka *v.* milk
mjölkig *adj.* milky
mjölnare *n.* miller
mnemoteknik *n.* mnemonic
mnemoteknisk *adj.* mnemonic
mobba *v.* bully
mobbare *n.* bully
mobil *adj.* mobile
mobil- *adj.* cellular
mobilisera *v.* mobilize
mobilitet *n.* mobility
mobiltelefon *n.* cell
mod *n.* courage
mod *n.* dare
mod *n.* mettle
mod *n.* nerve
mod *n.* pluck
mod *n.* prowess
mod *n.* vogue
modalitet *n.* modality
mode *n.* fashion
modefluga *n.* craze
modejournal *adj.* glossy
modell *n.* model
moderera *v.* moderate
moderfår *n.* ewe
moderlig *adj.* maternal
moderlig *adj.* motherly
modermord *n.* matricide
modern *adj.* fashionable
modern *adj.* modern
modernisera *v.* modernize
modernisering *n.* modernization
modernitet *n.* modernity
moderskap *n.* maternity
moderskap *n.* motherhood
modersmord *adj.* matricidal
modifiera *v.* modify
modifikation *n.* modification
modig *adj.* bold

modig *adj.* brave
modig *adj.* courageous
modighet *n.* boldness
modigt *adv.* boldly
modist *n.* milliner
modul *n.* module
modulera *v.* modulate
mogen *n.* adult
mogen *adj.* mature
mogen *adj.* mellow
mogen *adj.* ripe
mogna *v.* mature
mogna *v.* ripen
mognad *n.* maturity
molekyl *n.* molecule
molekylär *adj.* molecular
Molluscous *adj.* molluscous
moln *n.* cloud
molnigt *adj.* cloudy
moment *n.* moment
momentum *n.* momentum
momentär *adj.* momentary
monark *n.* monarch
monarki *n.* monarchy
monetär *adj.* monetary
monodi *n.* monody
monogam *adj.* monogynous
monogami *n.* monogamy
monograf *n.* monograph
monogram *n.* monogram
monokel *n.* monocle
monokromatisk *adj.* monochromatic
monokular *adj.* monocular
monolatrism *n.* monolatry
monolit *n.* monolith
monolog *n.* monologue
monolog *n.* soliloquy
monopol *n.* monopoly
monopolist *n.* monopolist
monoteism *n.* monotheism
monoteist *n.* monotheist

monoton *adj.* monotonous
monotoni *n.* monotony
monster *n.* monster
monsun *n.* monsoon
monument *n.* monument
monumental *adj.* monumental
mopp *n.* mop
moppa *v.* mop
mor *n.* moor
mor *n.* mother
moral *n.* morale
moral *n.* moral
moralisera *v.* moralize
moralisk *adj.* moral
moralist *n.* moralist
moralitet *n.* morality
morbid *adj.* morbid
morbiditet *n.* morbidity
mord *n.* homicide
mord *n.* murder
mordbrand *n.* arson
mordisk *adj.* murderous
morf *n.* morph
morfa *v.* morph
morfin *n.* morphia
morfin *n.* morphine
morfologi *n.* morphology
morganatisk *adj.* morganatic
morgon *n.* morning
morgondag *n.* tomorrow
morgonrock *n.* robe
morgonrodnad *n.* aurora
morot *n.* carrot
morra *v.* growl
morra *v.* snarl
morrande *n.* growl
morrande *n.* snarl
morrhår *n.* whisker
mos *n.* mash
mos *n.* pulp
mosa *v.* mash
mosa *v.* squash

mosaik *n.* mosaic
moské *n.* mosque
mossa *n.* moss
mosse *n.* bog
mossig *adj.* mouldy
mossmark *n.* bogland
mot *prep.* against
mot *prep.* towards
mot *prep.* versus
mot land *adj.* shoreward
mot land *adv.* shoreward
mot väster *adv.* westerly
motanklaga *v.* recriminate
motanklagelse *n.* countercharge
motanklagelse *n.* recrimination
motarbeta *v.* counter
motarbeta *v.* oppose
motbevisa *v.* disprove
motbjudande *adj.* disgusting
motbjudande *adj.* mawkish
motbjudande *adj.* objectionable
motbjudande *adj.* obnoxious
motbjudande *adj.* repugnant
motbjudande *adj.* repulsive
motell *n.* motel
motfyllning *n.* berm
motgift *n.* antidote
motgift *n.* mithridate
motgång *n.* adversity
motgång *n.* setback
motig *adj.* untoward
motion *n.* exercise
motion *n.* motion
motionera *v.* exercise
motionera *v.* motion
motiv *n.* motif
motiv *n.* motive
motivation *n.* inducement
motivation *n.* motivation
motivera *v.* motivate
motor *n.* engine
motor *n.* motor

motorist *n.* motorist
motorväg *n.* highway
motreagera *v.* backlash
motsats *adj.* contrary
motsats *adj.* opposite
motsats *n.* reverse
motsatsord *n.* antonym
motsatt *adv.* appositely
motsatt *adj.* reverse
motstå *v.* withstand
motstå *v.* resist
motstånd *n.* antagonism
motstånd *n.* resistance
motståndare *n.* adversary
motståndare *n.* opponent
motsvarande *adj.* equivalent
motsvarighet *n.* counterpart
motsvarighet *n.* parallelism
motsäga *v.* contradict
motsägelse *n.* antinomy
motsägelse *n.* contradiction
motsägelselust *n.* perversity
motsätta sig regering *adj.* insurgent
motsättning *n.* variance
motta *v.* receive
mottagare *n.* addressee
mottagare *n.* receiver
mottagare *n.* recipient
mottaglighet *n.* accessibility
motto *n.* motto
motverka *v.* antagonize
motverka *v.* counteract
motvilja *n.* aversion
motvilja *n.* repulsion
motvillig *adj.* reluctant
motvillighet *n.* reluctance
mucilago *n.* mucilage
mugg *n.* beaker
mugg *n.* mug
mula *n.* mule
mulatt *n.* mulatto

mulen *adj.* overcast
mullah *n.* mullah
mullbär *n.* mulberry
mullra *v.* grumble
mullra *v.* rumble
multilateral *adj.* multilateral
multipel *adj.* multiple
multiplicera *v.* multiply
multiplicitet *n.* multiplicity
multiplikand *n.* multiplicand
multiplikation *n.* multiplication
mumie *n.* mummy
mumla *v.* mutter
mummla *v.* mumble
mumsa *v.* munch
mun *n.* mouth
munfull *n.* mouthful
mungo *n.* mongoose
munk *n.* doughnut
munk *n.* monk
munkavel *n.* gag
munkavle *n.* muzzle
munstycke *n.* nozzle
munter *adj.* fictitious
munter *adj.* gleeful
munter *a* merry
munter *adj.* mirthful
munterhet *n.* hilarity
muntert *adv.* gleefully
muntlig *adj.* oral
muntlig *adj.* verbal
muntlig *adj.* vocal
muntlig tentamen *n.* viva voce
muntligt *adv.* orally
munväder *n.* blether
mura *v.* mortar
mura igen *v.* wall
murare *n.* mason
muraryrke *n.* masonry
murgröna *n.* ivy
murverk *n.* rubblework
mus *n.* mouse

musa *n.* muse
museum *n.* museum
musik *n.* music
musikalisk *adj.* musical
musiker *n.* musician
muskel *n.* muscle
muskelspasmer *n.* wrick
musketör *n.* musketeer
muskot *n.* nutmeg
muskovit *n.* muscovite
muskulär *adj.* muscular
musköt *n.* musket
muslim *adj.* muslim
muslin *n.* muslin
muslintyg *n.* mull
mussla *n.* clam
mustang *n.* mustang
mustasch *n.* moustache
mustasch *n.* mustache
muta *n.* bribe
muta *v.* bribe
mutation *n.* mutation
mutativ *adj.* mutative
mutkolv *n.* hireling
myalgi *n.* myalgia
mycket *a* much
mycket *adv.* much
mycket liten *adj.* tiny
mygga *n.* mosquito
myndig *n.* major
mynnings- *adj.* orificial
mynt *n.* coin
mynta *n.* mint
myopi *n.* myopia
myositsjukdom *n.* myosis
myra *n.* ant
myriad *n.* myriad
myrra *n.* myrrh
myrten *n.* myrtle
mysigt *adj.* cosy
mysk *n.* musk
mysteri *n.* mystery

mysterium *n.* enigma
mystifiera *v.* mystify
mystik *n.* mysticism
mystiker *n.* mystic
mystisk *adj.* mysterious
mystisk *adj.* mystic
myt *n.* myth
mytisk *adj.* mythical
mytologi *n.* mythology
mytologisk *adj.* mythological
mål *n.* goal
mål *n.* objective
mål *n.* target
måla *v.* blazon
måla *v.* paint
målad *adj.* blazoned
målare *n.* painter
målarkäpp *n.* maulstick
måleriarbete *n.* pointwork
målning *n.* painting
målstolpe *n.* goalpost
målsägande *n.* plaintiff
måltid *n.* meal
målvakt *n.* goalkeeper
mån- *adj.* lunar
månad *n.* month
månadstidning *n.* monthly
månatlig *adj.* monthly
månatligen *adv.* monthly
Måndag *n.* Monday
måne *n.* moon
många *adj.* many
mångfald *n.* multiple
mångfaldig *adj.* multiplex
mångfödare *adj.* multiparous
mångordig *adj.* verbose
mångsidig *adj.* versatile
mångsidighet *n.* versatility
mångtydig *adj.* ambiguous
mård *n.* marten
måste *n.* must
mått *n.* gauge

mått *n.* measurement
måtta *n.* temperance
måttlig *adj.* moderate
måttlig *adj.* modest
måttlig *adj.* temperate
måttlighet *n.* moderation
måttstock *n.* criterion
mäklare *n.* broker
mäklare *n.* dealmaker
mäktig *adj.* mighty
mäktig *adj.* powerful
mängd *n.* multitude
mängd *n.* plurality
mängd *n.* variety
människa *adj.* human
mänsklig *adj.* humane
mänsklighet *n.* humanity
mänskligheten *n.* mankind
märgel *n.* marl
märka *v.* tag
märkbar *adj.* appreciable
märkbar *adj.* perceptible
märke *n.* brand
märke *n.* make
märke *n.* mark
märkesprofilering *n.* branding
märklig *adj.* noteworthy
märklig *adj.* signal
märr *n.* mare
mässing *n.* brass
mässling *n.* measles
mässling *n.* rubeola
mästare *n.* adept
mästare *n.* champion
mästare *n.* master
mästerligt *adj.* masterly
mästerskap *n.* mastery
mästerverk *n.* masterpiece
mäta *v.* measure
mäta celsius *adj.* centigrade
mätbar *adj.* measurable
mätning *n.* measure

mätta v. glut
mätta v. satiate
mätta v. saturate
mättbar adj. satiable
mättnad n. satiety
mättnad n. saturation
mö n. maiden
möbel med central sektion n.
　breakfront
möbler n. furniture
möblera v. furnish
mödor n. pl. toils
mögel n. mould
möjlig adj. feasible
möjliggöra v. enable
möjlighet n. possibility
möjlighet n. potential
möjlighet n. probability
möjlighet n. prospect
möjligheten att kunna resa adj.
　traversable
möjligheten att radera adj.
　deletable
möjligt adj. possible
möjligt frige mot borgen adj.
　bailable
mönster n. fret
mönster v. fret
mönster n. paragon
mönster n. pattern
mönsterexempel n. showpiece
mör adj. crisp
möra v. tenderize
mörbakelse n. shortbread
mörda v. murder
mördare n. murderer
mördegskaka n. shortcake
mörk adj. some
mörk adj. tenebrose
mörk adj. gloomy
mörker n. dark
mörker n. darkness
mörker n. gloom
mörkt adv. darkly
mörkt n. tenebrosity
mörkt adj. tenebrous
mörningsmedel n. tenderizer
möta v. encounter
möta v. meet
möte n. appointment
möte n. date
möte n. encounter
möte n. meet
möte n. meeting
möte på tu man hand n. tete-a-
　tete
mötesplats n. rendezvous
mötesplats n. venue

N

nabob n. nabob
nacka v. scragg
nackad adj. scragged
nackdel n. disadvantage
nackdel n. drawback
nacke n. nape
nacke n. neck
nacke n. scragg
nackskinn n. scruff
nadir n. nadir
nafsa v. nibble
nafsande n. nibble
nagel n. nail
naiv adj. naive
naiv adj. puerile
naivitet n. naivete
naken adj. naked
naken adj. nude
naken person n. nude
nakenhet n. nudity
namn n. name
namne n. namesake

namnge *v.* name
namnupprop *n.* roll-call
nano *n.* nano
nanobiologi *n.* nanobiology
nanochip *n.* nanochip
nanodator *n.* nanocomputer
nanohertz *n.* nanohertz
nanoingenjör *n.* nanoengineer
nanokomponent *n.* nanocomponent
nanokrets *n.* nanocircuitry
nanomekanik *n.* nanomechanics
nanopartikel *n.* nanoparticle
nanoplasma *n.* nanoplasma
nanorobot *n.* nanite
nanorobot *n.* nanobot
nanotransistor *n.* nanotransistor
napp *n.* pacifier
narciss *n.* narcissus
narcissism *n.* narcissism
narkos *n.* narcosis
narkotikum *n.* narcotic
narra *v.* hoax
nasal *adj.* nasal
nasal *n.* nasal
nasalering *n.* eclipsis
nasare *n.* hawker
nation *n.* nation
nationalisera *v.* nationalize
nationalisering *n.* nationalization
nationalism *n.* nationalism
nationalist *n.* nationalist
nationalitet *n.* nationality
nationalsång *n.* anthem
nationell *adj.* national
nativitet *n.* nativity
natt *n.* night
nattfjäril *n.* moth
nattlig *adv.* nightly
nattlig *adj.* nocturnal
nattlinne *n.* nightie

natur *n.* nature
naturalisera *v.* naturalize
naturalist *n.* naturalist
naturlig *adj.* inherent
naturlig *adj.* natural
naturligt *adv.* naturally
naturskön *adj.* scenic
naturtrogenhet *n.* fidelity
nautisk *adj.* nautic(al)
nav *n.* nave
navigation *n.* navigation
navigator *n.* navigator
navigera *v.* navigate
nebulosa *n.* nebula
nedan *prep.* beneath
nedanför *prep.* below
nedanför *prep.* below
nedanför *prep.* beneath
nedbrutenhet *n.* prostration
nedbryta *v.* decompose
nedbrytning av delar *n.* deconstruction
nedbrytning av delar *adv.* deconstructively
nederända *n.* bottom
nedfall *n.* fallout
nedgång *n.* decline
nedgång *n.* decrease
nedlåta sig att *v.* deign
nedlåtande *dj.* condescending
nedre *adj.* nether
nedrusta *v.* disarm
nedrustning *n.* disarmament
nedräkning *n.* countdown
nedskriva *v.* commit
nedskärning *n.* retrenchment
nedskärning *n.* rundown
nedslag *n.* swoop
nedstiga *v.* avale
nedsättande *adj.* defamatory
nedsättande *adj.* depreciatory
nedsättande *adj.* derogatory

nedsättande *n.* dogbreath
nedtill *prep.* below
nedtryckning *n.* depression
nedåt *adv.* down
nedåtgående *adv.* downwards
nedåtsluttande *adj.* declinous
nedärvd *adj.* ancestral
negation *n.* negation
negativ *adj.* adverse
negativ *n.* negative
negativt *adj.* negative
neger *n.* negro
negligerbar *adj.* negligible
negress *n.* negress
nej *adv.* no
nej *n.* no
nektar *n.* nectar
nemesis *n.* nemesis
neolitisk *adj.* neolithic
neon *n.* neon
nepotism *n.* nepotism
Neptun *n.* Neptune
nere *adv.* below
nere *adv.* under
nerfläckat *adj.* blotted
nerför trappan *adj.* downstairs
nersmält glas *n.* cullet
nerv *n.* nerve
nervositet *n.* fidget
nervös *adj.* nervous
neråt *adv.* downward
netto *n.* net
netto *adj.* net
neurolog *n.* neurologist
neurologi *n.* neurology
neuros *n.* neurosis
neutral *adj.* neutral
neutralisera *v.* neutralize
neutron *n.* neutron
nick *n.* beck
nick *n.* nod
nicka *v.* head

nicka *v.* nod
nickel *n.* nickel
nidskrift *n.* lampoon
nigger *n.* nigger
nigning *n.* bob
nihilism *n.* nihilism
nikotin *n.* nicotine
nimbus *n.* nimbus
nio *n.* nine
nionde *adj.* ninth
nipflod *adj.* neap
nisch *n.* ambry
nisch *n.* niche
nit *n.* rivet
nita *v.* rivet
nitisk *adj.* zealous
nitrogen *n.* nitrogen
nittio *adj.* ninetieth
nittio *n.* ninety
nitton *n.* nineteen
nittonde *adj.* nineteenth
nivå *n.* level
nivå *n.* pitch
njure *n.* kidney
njuta *v.* enjoy
njuta *v.* feast
njuta av *v.* relish
njuta av *v.* savour
njutning *n.* treat
nobel *adj.* noble
nod *n.* node
nog *adj.* enough
noga *adj.* scrupulous
noggrann *adj.* accurate
noggrann *adj.* painstaking
noggrann *adj.* thorough
noggrannhet *n.* nicety
noggrant *adv.* minutely
noggrant *adv.* scrupulously
noll *n.* zero
nomad *n.* nomad
nomad- *adj.* nomadic

nomenklatur *n.* nomenclature	**nukleär** *adj.* nuclear
nominal *adj.* nominal	**numera** *adv.* adays
nomination *n.* nomination	**numera** *conj.* now
nominera *v.* nominate	**numerisk** *adj.* numerical
nominera *v.* shortlist	**nummer** *n.* number
nominerad *adj.* shortlisted	**nummer ett** *n.* first
nominerad kandidat *n.* nominee	**nummerlös** *adj.* numberless
nonchalans *n.* flippancy	**numrera** *v.* number
nonchalans *n.* nonchalance	**nunna** *n.* nun
nonchalant *adj.* negligent	**nunnekloster** *n.* nunnery
nonchalant *adj.* nonchalant	**nuvarande** *adj.* current
nonchalant *adj.* shanty	**ny** *adj.* new
nonchalera *v.* snub	**ny** *adj.* novel
nonpareil *n.* nonpareil	**nyans** *n.* nuance
nonsens *int.* bollocks	**nybyggare** *n.* settler
nonsens *n.* nonsense	**nybörjare** *n.* beginner
nord *n.* north	**nybörjare** *n.* novice
nordlig *adj.* northerly	**nyck** *n.* vagary
nordligt *adv.* northerly	**nyckel** *n.* key
norm *n.* norm	**nyckel-** *adj.* key
normal *adj.* normal	**nyckelhål** *n.* keyhole
normal *adj.* standard	**nyckelord** *n.* keyword
normalisera *v.* normalize	**nyckelsmed** *n.* keysmith
normalisering *n.* normalization	**nyckfull** *adj.* fickle
normalitet *n.* normalcy	**nyckfull** *adj.* fictional
norra *adj.* north	**nyckfull** *adj.* whimsical
norra *adj.* northern	**nyfiken** *adj.* exquisitive
norrut *adv.* north	**nyfiken** *adj.* inquisitive
nosa *v.* nose	**nyfiken** *adj.* nosey
noshörning *n.* rhinoceros	**nyfiken** *adj.* curious
nostalgi *n.* nostalgia	**nyfiken person** *n.* rubberneck
not *n.* gloss	**nyfikenhet** *n.* curiosity
notabel *adj.* notable	**nyhet** *n. pl.* tidings
notarie *n.* notary	**nyheter** *n.* news
notera *v.* notice	**nykomling** *n.* tendefoot
notering *n.* notation	**nykter** *adj.* prosaic
notifiera *v.* notify	**nykter** *adj.* sober
notifikation *n.* notification	**nykterhet** *n.* sobriety
November *n.* November	**nykterist** *n.* teetotaller
nu *adv.* now	**nyligen** *adj.* recent
nu för tiden *n.* today	**nyligen** *adv.* recently
nudda med tårna *v.* toe	**nylon** *n.* nylon

nymf *n.* nymph
nymfett *n.* nymphet
nymfoman *n.* nymphomaniac
nymfomanisk *adj.* nymphomaniac
nymodighet *n.* novelty
nypa *v.* pinch
nysa *v.* sneeze
nyskapande *adj.* seminal
nysning *n.* sneeze
nytta *v.* avail
nyttig *adj.* benefic
nå *v.* attain
nå *v.* reach
nå absoluta botten *v.* rock-bottom
nå toppen av *v.* top
nåd *n.* favour
nåd *n.* mercy
nådaskott *n.* deathblow
nådig *adj.* bountiful
nådig *adj.* merciful
någon *adj.* any
någon *pron* anyone
någon *pron.* somebody
någon *pron.* someone
någon som säljer ostron *n.* oysterman
någondera *pron.* either
någonstans *adv.* somewhere
någonting *pron.* something
något *adv.* any
något *n.* somebody
något *adv.* somewhat
något *adv.* something
något alls *n.* aught
något format som en åttahörning *adj.* octangular
något lika med åtta *n.* octuplicate
något som skriar *n.* oinker
några *pron.* some

nål *n.* needle
näbb *n.* beak
näbbmus *n.* shrew
näktergal *n.* nightingale
nämligen *adv.* namely
nämna *v.* mention
nämnd *n.* board
nämndeman *n.* juryman
när *pron.* as
när *adv.* when
när det nu var som *adv.* whenever
när som helst *adv.* anytime
när som helst *adv.* anywhen
nära *prep.* near
nära *adv.* near
nära *adv.* nigh
nära *prep.* nigh
nära *v.* nurture
närhelst *conj.* whenever
närhet *n.* vicinity
näring *n.* aliment
näring *n.* livelihood
näring *n.* nourishment
näring *n.* nurture
näring *n.* nutrition
näringsidkare *n.* trader
näringsrik *adj.* nutritious
näringsrik *adj.* nutritive
näringsämne *n.* nutrient
närliggande *adj.* adjacent
närma *v.* approach
närma sig *v.* near
närma sig igen *v.* reapproach
närmande *n.* advance
närmast *adj.* proximate
närvarande *adj.* present
närvaro *n.* attendance
närvaro *n.* presence
näsa *n.* nose
näsborre *n.* nostril
näsduk *n.* handkerchief

nässla *n.* nettle
näst *adv.* next
nästa *adj.* next
nästan *adv.* almost
nästan *adv.* nearly
näste *n.* nest
näsvis *adj.* nosy
nät *n.* net
nät *n.* web
näthinna *n.* retina
nätt *adj.* dapper
nätverk *n.* network
nöd *n.* distress
nödraket *n.* maroon
nödvändig *adj.* prerequisite
nödvändig *adj.* necessary
nödvändig förutsättning *n.* prerequisite
nödvändighet *adj.* imperative
nödvändighet *n.* necessary
nödvändighet *n.* necessity
nöja *v.* content
nöjd *adj.* content
nöje *n.* amusement
nöje *n.* enjoyment
nöje *n.* pleasure
nörd *n.* geek
nörda *v.* geek
nördig *adj.* geeky
nördig klädsel *n.* geekwear
nördigt område *n.* geeksville
nöt *n.* nut
nöt- *adj.* nutty
nöta *v.* gnaw
nötkreatur *n.* cattle
nötskrika *n.* jay

O

oacceptabel *adj.* inadmissible
oacceptabel *adj.* unacceptable
oambivalent *n.* unambivalence
oanmäld *adj.* unannounced
oanpassad *adj.* unadapted
oanständig *adj.* immodest
oanständig *adj.* indecent
oanständighet *n.* indecency
oansvarig *adj.* irresponsible
oanvändbar *adj.* impracticable
oanvändbar *adj.* inapplicable
oart *n.* misbehaviour
oartig *adj.* inattentive
oas *n.* oasis
oattraktiv *adj.* unappealing
oavkortad *adj.* unabridged
oavlåtlig *adj.* ceaseless
oavsiktligt *adv.* unwittingly
obarmhärtig *adj.* pitiless
obducera *v.* obduct
obduktion *n.* obduction
obduktion *n.* post-mortem
obegränsad kraft *n.* omnipotence
obehag *n.* malaise
obehaglig *adj.* disagreeable
obehaglig *adj.* nasty
obekant *adj.* unacquainted
obekvämlighet *n.* discomfort
obemannad *adj.* unmanned
obenägen *adj.* loath
oberoende *n.* independence
oberäknelig *adj.* incalculable
oberörd *adj.* unaffectionate
obeskrivlig *adj.* indescribable
obeslutsamhet *n.* indecision
obestridlig *adj.* irrefutable
obestånd *n.* insolvency
obestämd *adj.* indefinite
obetydlig *adj.* lowly
obetydlig *adj.* trivial
obetydlig *adj.* insignificant
obetydlighet *n.* insignificance
obetänksam *adj.* indiscreet

obetänksamhet *n.* indiscretion
obeveklig *adj.* relentless
obildad *adj.* uncouth
objekt *n.* object
objektiv *adj.* objective
objektivitet *n.* detachment
obligation *n.* obligation
obligatorisk *adj.* compulsory
obligatorisk *adj.* mandatory
obligatorisk *adj.* obligatory
oblyg *adj.* unabashed
oblygt *adv.* unabashedly
obotlig *adj.* chronic
obotlig *adj.* incurable
obscen *adj.* obscene
obscenitet *n.* obscenity
observant *adj.* observant
observation *n.* observation
observatorium *n.* observatory
observera *v.* observe
obstetriker *n.* obstetrician
obstetrisk *adj.* obstetric
obstinat *adj.* obstinate
obönhörlig *adj.* inexorable
ocean- *adj.* oceanic
oceanograf *n* oceanographer
oceanografisk *adj.* oceanographic
oceanologi *n.* oceanology
oceanologist *n.* oceanologist
och *conj.* and
ocker *n.* usury
ockra *v.* profiteer
ockrare *n.* usurer
också *adv.* also
också *adv.* too
ockult *adj.* occult
ockupation *n.* occupation
odds *n.* odds
ode *n.* ode
odelbar *adj.* indivisible
odelbar *adj.* inseparable
odiskutabel *adj.* indisputable

odjur *n.* beast
odjur *n.* brute
odla upp *v.* till
odlare *n.* grower
odontolog *n.* odontologist
odontologi *n.* odontology
odödlig *adj.* immortal
odödliggöra *v.* immortalize
odödlighet *n.* immortality
odör *n.* odour
oefterhärmlig *adj.* inimitable
oenighet *n.* disagreement
oerfarenhet *n.* inexperience
oersättlig *adj.* irrecoverable
ofantlighet *n.* immensity
ofenssiv *n.* offensive
offentliggöra *v.* post
offer *n.* oblation
offer *n.* sacrifice
offer *n.* victim
offer- *adj.* sacrificial
offert *n.* tender
officiell *adj.* official
officiellt *adv.* officially
officiera *v.* officiate
offra *v.* sacrifice
ofrakomlig *adj.* impassable
oframkomlig *adj.* impenetrable
ofta *adv.* oft
oftalmolog *n.* ophtalmologist
oftalmologi *n.* ophtalmology
oftalmologisk *adj.* ophtalmologic
oftalmoskop *n.* ophtalmoscope
ofärskämdhet *n.* imprudence
oförbätterlig *adj.* incorrigible
oförenlig *adj.* incoherent
oförfärad *adj.* dauntless
oförgänglig *adj.* imperishable
oförklarlig *adj.* inexplicable
oförmåga *n.* inability
oförmåga *n.* incapacity
oförmögen *adj.* unable

oförnöjsamhet v. envy
oförsiktig adj. injudicious
oförskämd adj. impertinent
oförskämd adj. imprudent
oförskämd adj. rude
oförskämd man n. carl
oförskämdhet n. impertinence
oförsvarbar adj. indefensible
ogenomförbarhet n. impracticability
ogift n. celibacy
ogift n. single
ogift kvinna n. spinster
ogilla v. dislike
ogillande n. disapproval
ogillande n. dislike
ogillande n. dismissal
ogillande n. reapproval
ogiltig adj. void
ogripbar adj. intangible
ogräs n. weed
ogärningsman n. malefactor
ogästvänlig adj. inhospitable
ohoj interj. ahoy
ohyfsad adj. unmannerly
ohövlig adj. discourteous
ohövlig adj. impolite
ointressant adj. dull
oj int. ouch
ojusterad adj. unajusted
ojämförlig adj. one
ojämn adj. bumpy
ojämn adj. fitful
ojämn adj. jerky
ojämnhet n. irregularity
ok adv. okay
okapabel adj. incapable
okay int. okay
okej n. okay
oklar adj. diffuse
oklar adj. opaque
oklarhet n. ambiguity

oklarhet n. obscurity
oklarhet n. opacity
okra n. okra
okränkbar adj. inviolable
oktav n. octave
Oktober n. October
oktyn n. octyne
okular adj. oscular
okulär adj. ocular
okunnighet n. illiteracy
okunnighet n. nescience
okuvlig adj. indomitable
okynnig adj. mischievous
okänslig adj. blunt
okänslig adj. callous
okänslig adj. insensible
okänslighet n. insensibility
olagligt adj. illegal
olagligt fartygsbeslag n. sealjacking
oldingsbar adj. arable
oligark n. oligarch
oligarki n. oligarchy
oligarkisk adj. oligarchal
olik adj. different
olik adj. dissimilar
olik adj. unlike
olika adj. diverse
olika adj. various
oliv n. olive
olja n. oil
olja v. oil
olja n. petroleum
oljefärg n. oil
oljerigg n. oilrig
oljig adj. oily
oljud n. din
ologisk adj. illogical
olovlig adj. illicit
olycka n. accident
olycka n. casualty
olycka n. incident

olycka *n.* misfortune
olycklig *adj.* unfortunate
olycklig *adj.* unhappy
olyckligt tillfälle *n.* mischance
olycksbringande *adj.* malignant
olycksbådande *adj.* inauspicious
olycksbådande *adj.* sinister
olyckshändelse *n.* misadventure
olympiad *n.* olympiad
oläglig *adj.* inopportune
olämplig *adj.* inconvenient
olämplighet *n.* impropriety
oländig *adj.* rugged
oläslig *adj.* illegible
oläslig skrift *n.* illegibility
olöslig *n.* insoluble
om *prep.* about
om *prep.* around
om *conj.* if
om inte *conj.* unless
om olivsläktet *adj.* oleaceous
omanlig *adj.* effeminate
ombildning *n.* shuffle
ombord *adv.* aboard
ombord *n.* shipboard
ombord *adj.* shipboard
ombud *n.* attorney
ombud *n.* proxy
ombytlig *adj.* capricious
omdirigera *v.* divert
omdömesgill *adj.* judicious
omedelbar *a* immediate
omedelbar *adj.* instant
omedelbar *adj.* prompt
omedelbart *adv.* forthwith
omedgörlig *adj.* unaccommodating
omedveten *adj.* oblivious
omedveten *adj.* unaware
omedvetet *adv.* unawares
omega *n.* omega
omelett *n.* omelette

omen *n.* omen
omfamna *v.* encircle
omfartsled *n.* bypass
omfartsväg *n.* byway
omfatta *v.* comprise
omfatta *v.* embody
omfatta *v.* enclose
omfattande *adj.* numerous
omfattande *adj.* vast
omfattande *adj.* voluminous
omfattning *n.* scope
omformulera sig *v.* rearticulate
omfång *n.* amplitude
omfördela *v.* reallocate
omfördelning *n.* reallocation
omge *v.* begird
omge *v.* girdle
omge *v.* surround
omgivande *adj.* ambient
omgivning *n.* environment
omgivning *n.* medium
omgivning *n.* surroundings
omgringa ett område med en vallgrav *v.* moat
omgående *adj.* instantaneous
omgång *n.* batch
omgång *n.* bout
omgång *n.* innings
omintetgöra *v.* thwart
omkastning *n.* reversal
omkonfigurera *v.* reconfigurate
omkonfigurering *n.* reconfiguration
omkrets *n.* circumference
omlopps- *adj.* orbital
ommöblering *n.* shapeup
omnämnande *n.* mention
omogen *adj.* immature
omognad *n.* immaturity
omoral *n.* immorality
omoralisk *adj.* immoral
ompröva *v.* reconsider

område *n.* area
område *n.* extent
område *n.* lot
område *n.* region
omskriva *v.* paraphrase
omslag *n.* casing
omslag *n.* wrapper
omsorg *n.* care
omständighet *n.* circumstance
omstörta *v.* subvert
omstörtande *adj.* subversive
omstörtning *n.* subversion
omsättning *n.* prolongation
omtanke *n.* solicitude
omtryck *n.* reprint
omtåligt *adj.* fragile
omtänksam *adj.* considerate
omtänksam *adj.* thoughtful
omutlig *adj.* incorruptible
omvandla *v.* transform
omvandling *n.* transformation
omvälvning *n.* upheaval
omvärdera *v.* reappraise
omvärdering *n.* reappraisal
omväxlande *adj.* alternate
omyndig *n.* minor
omänsklig *adj.* inhuman
omätbar *adj.* measureless
omätlig *adj.* immeasurable
omättlig *adj.* insatiable
omöjlighet *n.* impossibility
omöjligt *adj.* impossible
onanera *v.* masturbate
ond *adj.* baleful
ond *adj.* maleficent
ond *adj.* vicious
ond *adj.* wicked
ond *adj.* evil
ondska *n.* evil
ondska *n.* ill
ondska *n.* malice
ondska *n.* malignancy

ondskefull *adj.* malicious
onkogen *n* oncogene
onkogen *adj.* oncogenic
onkolog *n* oncologist
onkologi *n.* oncology
onomastik *n* onomast
onomastisk *adj.* onomastic
onomatolog *n.* onomatolgist
onomatologi *n.* onomatology
onormal *adj.* abnormal
onormal *adj.* anomalous
Onsdag *n.* Wednesday
ontogeni *n* ontogeny
ontogenisk *adj.* ontogenic
ontologi *n.* ontology
ontologisk *adj.* ontologic
ontologisk *adj.* ontological
ontologism *n.* ontologism
onåbar *adj.* unachievable
onödig *adj.* needless
oordning *n.* disorder
opal *n.* opal
opartisk *adj.* impartial
opartiskhet *n.* impartiality
opasslig *adj.* indisposed
opera *n.* opera
operation *n.* operation
operation *n.* surgery
operativ *adj.* operative
operatör *n.* operator
operett *n.* operetta
opersonlig *adj.* impersonal
opiat *n.* opiate
opium *n.* opium
opportunism *n.* opportunism
opposition *n.* opposition
optera *v.* opt
optiker *n.* optician
optimal *adj.* optimum
optimism *n.* optimism
optimist *n.* optimist
optimistisk *adj.* optimistic

optimum *n.* optimum
optisk *adj.* optic
opålitlig *adj.* unreliable
opåverkad *adj.* unaffected
orakel *n.* oracle
orakel- *adj.* oracular
oral *adj.* oral
oralsex *n.* fellatio
oralt hellre än skrift *adv.* viva voce
oralt hellre än skrift *adj.* viva voce
orange *n.* orange
orange *adj.* orange
oratorisk *adj.* oratorical
orbital *n.* orbital
ord *n.* word
ord *n.* say
ord format av härmning *n.* onomatope
ord för ord *adv.* verbatim
orda *v.* word
ordagrann *adj.* verbatim
ordbok *n.* dictionary
ordentlig *adj.* orderly
order *n.* command
ordet *adv.* say
ordförande *n.* chairman
ordförråd *n.* vocabulary
ordlek *n.* quibble
ordlista *n.* glossary
ordna *v.* assort
ordna *v.* grade
ordna efter storlek *v.* size
ordna om *v.* rearrange
ordonnans *n.* orderly
ordrik *adj.* wordy
ordrikedom *n.* verbosity
ordspråk *n.* adage
ordspråk *n.* proverb
ordspråksmässig *adj.* proverbial
ordstäv *n.* byword
ordstäv *n.* saw
oreda *n.* muddle
oreda *n.* ruckus
oregelbunden *adj.* irregular
oren *adj.* impure
orenhet *n.* impurity
oresonliga *adj.* irreconcilable
organ *n.* organ
organisation *n.* organization
organisera *v.* organize
organisera efter funktion och geografi *n.* departmentalization
organisk *adj.* organic
organisk förening *n.* oleochemical
organism *n.* organism
organism med många fötter *n.* multiped
organograf *n.* organograph
organzatyg *n.* organza
orgasm *n.* orgasm
orgasmisk *adj.* orgasmic
orgie *n.* orgy
orhörbar *adj.* inaudible
orient *n.* orient
oriental *n.* oriental
orientera *v.* orientate
orientera *adj.* oriented
orienterings- *adj.* orientational
origami *n.* origami
original *n.* wack
original *n.* wacko
originalitet *n.* originality
originell *adj.* eccentric
originell *adj.* original
orignial *n.* original
oriktig *adj.* unaccurate
orimlighet *n.* absurdity
orkan *n.* hurricane
orkester *n.* orchestra
orkester- *adj.* orchestral
orm *n.* serpent

orm *n.* snake
ormbunke *n.* fern
ornament *n.* ornament
ornamental *adj.* ornamental
oro *n.* apprehension
oro *n.* disquiet
oro *n.* unrest
oro *n.* worry
oro *n.* concern
oro *n.* ferment
oroa *v.* disturb
oroa *v.* harass
oroa *v.* obsess
oroa sig *v.* concern
oroa sig *v.* worry
oroande *adj.* alarming
orogenisk *adj.* orogenic
orolig *adj.* apprehensive
orolig *adj.* fearful
orsak *n.* cause
orsaka *v.* occasion
orsaka stopp *v.* deadlock
orsakat av inflammation *adj.* inflammatory
ort *n.* locus
ortodox *adj.* orthodox
ortodoxi *n.* orthodoxy
ortograf *n.* orthographer
ortografi *n.* orthograph
ortografisk *adj.* orthographic
ortopedi *n.* orthopaedics
ortopedisk *n.* orthopaedia
ortopedisk *adj.* orthopaedical
oräknelig *adj.* myriad
orättfärdig *adj.* wrongful
orättmätig *adj.* illegitimate
orättvis *adj.* unfair
orättvis *adj.* unjust
orättvisa *n.* injustice
orörlig *adj.* immovable
orörlig *adj.* motionless
osannolik *adj.* unlikely

oscillograf *n.* oscillograph
oscillometrisk *adj.* oscillometric
oscilloskop *n.* oscilloscope
osjälvisk *adj.* selfless
oskulant *adj.* osculant
oskuld *adj.* virgin
oskuld *n.* virginity
oskuldsfullhet *n.* innocence
oskulera *v.* osculate
oskyldig *adj.* innocent
osmobiosis *n.* osmobiosis
osmobiotisk *adj.* osmobiotic
osmos *n.* osmosis
ospecifierat stort nummer *n.* gazillion
ost *n.* cheese
ostabilitet *n.* instability
ostension *n.* ostension
ostentativ *adj.* ostentatious
ostig *adj.* cheesy
ostmassa *n.* curd
ostraffad *adj.* scot-free
ostron *n.* oyster
ostron- *adj.* oyster
ostört bås *n.* snug
osynlig *adj.* invisible
osäker *adj.* hazy
osäker *adj.* insecure
osäker *adj.* uncertain
osäkerhet *n.* contingency
osäkerhet *n.* insecurity
otacksam *adj.* thankless
otacksamhet *n.* ingratitude
otalig *adj.* countless
otalig *adj.* innumerable
otidsenlighet *n.* anachronism
otillbörlig *adj.* undue
otillräcklig *adj.* insufficient
otoskop *n.* otoscope
otoskopi *n.* otoscopy
otoskopisk *adj.* otoscopis
otrolig *adj.* incredible

ottoman *n.* ottoman
otursam *adj.* luckless
otvetydig *adj.* unambiguous
otydlig *adj.* indistinct
otydlig *adj.* obscure
otymplig *adj.* ungainly
otålighet *adj.* impatient
otäck *adj.* foul
otäck *adj.* hideous
oumbärlig *adj.* indispensable
oundviklig *adj.* unavoidable
oundvikligt *adj.* inevitable
outhärdlig *adj.* insupportable
outhärdlig *adj.* intolerable
outnyttjad *adj.* waste
ouzo *n.* ouzo
oval *adj.* oval
oval *n.* oval
ovandel på bänk *n.* benchtop
ovanligt *adv.* singularly
ovannämnd *adj.* aforesaid
ovation *n.* ovation
overall *n.* overall
overklig *adj.* phantasmal
overksamhet *n.* inaction
oviktig *adj.* immaterial
ovillig *adj.* averse
ovälkommen gäst *n.* crasher
ovärderlig *adj.* invaluable
ovärdighet *n.* abjection
oväsen *n.* racket
oxe *n.* bullock
oxe *n.* ox
oxid *n.* oxide
oxidation *n.* oxidation
oxidationsmedel *n.* oxidant
oxidera *v.* oxidate
oxidering *n.* oxidate
oxidering *n.* odidization
oxisyra *n.* oxyacid
oxkärra *n.* oxcart
oxspann *n.* yoke

ozone *n.* ozonation
ozone *n.* ozone
ozonera *v.* ozonate
ozonering *n.* ozonate
ozonlager *n.* ozone layer
oåtkomlig *adj.* unaccessible
oäkta *adj.* bastard
oäkta *adj.* spurious
oäkta karettsköldpadda *n.* loggerhead
oäkting *n.* bastard
oändlig *adj.* interminable
oändlig godhet *n.* omnibenevolence
oändlighet *adj.* immense
oändlighet *adj.* infinite
oändlighet *n.* infinity
oändligt god *adj.* omnibenevolent
oärlig *adj.* dishonest
oärlighet *n.* dishonesty
oöverkomlig *adj.* insurmountable
oövervinnelig *adj.* invincible

P

pacemaker *n.* pacemaker
pacifism *n.* pacifism
pacifist *n.* pacifist
packa *v.* cram
packa *v.* pack
packe *n.* bale
packning *n.* packing
padda *n.* toad
paddel *n.* paddle
paddla *v.* paddle
paginera *v.* page
pagod *n.* pagoda
pajas *n.* buffoon
paket *n.* carton
paket *n.* pack
paket *n.* packet

paketering *n.* package
pakt *n.* compact
pakt *n.* pact
palatal *adj.* palatal
palatalklick *n.* tchick
palats *n.* palace
palats *adj.* palatial
paleobiologi *n.* paleobiology
paleobiologisk *adj.* paleobiological
paleobiologist *n.* paleobiolist
paleoekologi *n.* paleoecology
paleoekologist *n.* paleoecologist
paleolitik *n.* paleolithic
paleolitisk *adj.* paleolithic
paleontologi *n.* paleontology
palett *n.* palette
palm *n.* palm
pamflettist *n.* pamphleteer
pampflett *n.* pamphlet
pandemonium *n.* pandemonium
panel *n.* panel
panik *n.* stampede
panik *n.* panic
pank *adj.* beamless
panna *n.* forehead
pannlugg *n.* forelock
panorama *n.* panorama
pansar *n.* armature
pansar *n.* armour
pantbrevsinnehavare *n.* mortgagee
pantbrevsinnehavare *n.* mortgagor
panteism *n.* pantheism
panteist *n.* pantheist
panter *n.* panther
pantomim *n.* mummer
pantomim *n.* pantomime
panträtt *n.* lien
pappa *n.* dad
pappa *n.* daddy

papper *n.* paper
pappershandlare *n.* stationer
par *n.* couple
par *n.* pair
para *v.* pair
para sig *v.* mate
parad *n.* pageant
parad *n.* parade
parad *n.* parry
paradera *v.* parade
paradis *n.* paradise
paradox *n.* paradox
paradoxal *adj.* paradoxical
parafera *v.* initial
paraffin *n.* paraffin
parafras *n.* paraphrase
paragraf *n.* paragraph
parallell *adj.* parallel
parallelogram *n.* parallelogram
paralys *n.* paralysis
paralysera *v.* paralyse
paralytiker *adj.* paralytic
paraply *n.* umbrella
parasit *n.* parasite
parentes *n.* parenthesis
parera *v.* parry
parfumera *v.* scent
parfym *n.* perfume
parfymera *v.* perfume
parfymflaska *n.* phial
pari *n.* par
paritet *n.* parity
park *n.* park
parkera *v.* park
parket *n.* parcel
parkettgolv *n.* floor
parlament *n.* parliament
parlamentariker *n.* parliamentarian
parlamentarisk *adj.* parliamentary
parlamentering *n.* parley

parodera v. parody
parodi v. burlesque
parodi n. caricature
parodi n. mimicry
parodi n. parody
partiell adj. partial
partikel adj. particle
partisan n. partisan
partisan adj. partisan
partisk adj. biased
partiskhet n. bias
partner n. partner
partnerskap n. partnership
pass n. passport
passa v. fit
passa n. fit
passa v.t. mind
passa v. suit
passage n. defile
passage n. passage
passagerare n. passenger
passande adj. applicable
passande adj. due
passande adj. fit
passande adj. seemly
passion n. infatuation
passion n. passion
passionerat adj. passionate
passiv adj. passive
pastell adj. pastel
pastell n. pastel
pastill n. mint
pastoral adj. pastoral
patent n. patent
patentera v. patent
patentmedicin n. nostrum
patetisk adj. pathetic
patient n. patient
patolog n. paedologist
patologi n. paedology
patriot n. patriot
patriotisk adj. patriotic

patriotism n. partiotism
patron n. patron
patrull n. patrol
patrullera v. patrol
paus n. halt
paus n. pause
pausa v. pause
paviljong n. pavilion
pedagog n. pedagogue
pedagogik n. pedagogy
pedal n. pedal
pedant n. pedant
pedant n. stickler
pedantisk n. bookish
pedantisk n. pedantic
pedantri n. pedantry
pedell n. beadle
pediatrisk adj. podiatric
pedofiler n. paedophiles
pedofili n. paedophilia
pedofili adj. paedophiliac
pedofilism n. paedophiliac
peka v.t. point
pekfinger n. forefinger
pekuniär adj. pecuniary
pelargon n. geranium
pendel n. pendulum
pendelbuss n. shuttle
penetration n. penetration
penetrera v. penetrate
pengar n. money
penis n. penis
penna n. pen
pennvässare n. sharpener
pension n. pension
pensionera v. pension
pensionering n. retirement
pensionär n. pensioner
pentagon n. pentagon
peon n. peon
peppar n. pepper
peppra v. pepper

per *prep.* per
per vecka *adv.* weekly
percellera *v.* parcel
perception *n.* perception
perenn växt *n.* perennial
perfekt *adj.* perfect
perfektion *n.* perfection
perforera *v.* perforate
periferi *n.* periphery
period *n.* espace
period *n.* period
period *n.* term
periodisk *adj.* periodical
permanent *adj.* permanent
perpendikel *n.* perpendicular
persika *n.* peach
persilja *n.* parsley
person *n.* character
person *n.* person
person som uttrycker en motsägelsefull synvinkel *n.* contrarian
personal *n.* personnel
personal *n.* staff
personifiera *v.* personify
personifierad *adj.* incarnate
personifikation *n.* personification
personlig *adj.* personal
personlighet *n.* personality
perspektiv *n.* perspective
perspektiv *n.* vista
peruk *n.* wig
pervers *adj.* perverse
pessimism *n.* pessimism
pessimist *n.* pessimist
pessimistisk *adj.* pessimistic
pest *n.* pest
pest *n.* pestilence
pianist *n.* pianist
piano *n.* piano
picknick *n.* picnic

pickolo *n.* bellboy
pickolo *n.* bellhop
piedestal *n.* pedestal
piga *n.* wench
pigg *n.* spike
pigg *adj.* spirited
pigg *adj.* sprightly
pigga upp *v.* enliven
pikant *adj.* piquant
pil *n.* arrow
pil *n.* dart
pilbåge *n.* bow
pilgrim *n.* pilgrim
pilgrimsfärd *n.* pilgrimage
piller *n.* pill
pilot *n.* pilot
pina *v.* bedevil
pinaler *n. pl* paraphernalia
pinne *n.* stick
pinsam *adj.* awkward
pionjär *n.* pioneer
pip *n.* squeak
pipa *v.* cheep
pipa *n.* pipe
pirat *n.* pirate
piska *v.* flog
piska *n.* scourge
piska *v.* scourge
piska *v.* whip
piska *n.* whip
pisksnärt *n.* whipcord
pissmyra *n.* emmet
pistol *n.* gun
pistol *n.* pistol
pistol *n.* scattergun
pittoresk *adj.* picturesque
pittoresk *adj.* quaint
pixel *n.* pixel
pixla *v.* pixelate
pizza *n.* pizza
pizzeria *n.* pizzeria
placebo *n.* placebo

placebo- *adj.* placebic
placenta *n.* placenta
placera *v.* place
placera *v.* position
placera *v.* seat
placera med avstånd emellan *v.* space
placering *n.* allocation
placering *n.* placement
pladder *n.* clatter
pladder *n.* gibber
pladder *n.* prattle
pladdra *v.* blether
pladdra *v.* clatter
pladdra *v.* gibber
pladdra *v.* jabber
pladdra *v.* prattle
plagg *n.* garment
plan *adj.* even
plan *n.* plan
plana ut *v.* level
planera *v.* plan
planera *v.* premeditate
planera *v.* project
planera *v.* scheme
planerare *n.* schemer
planet *n.* planet
planet- *adj.* planetary
plank *n.* plank
planka *n.* shide
planta *n.* plant
plantera *v.* plant
plantera *v.* pot
plantera skog *v.* afforest
planteringspinne *n.* dib
plast *n.* plastic
plastig *adj.* plastic
platan *n.* sycamore
platina *n.* platinum
platinafärgad *adj.* platinum
platonisk *adj.* platonic
plats *n.* accommodation
plats *n.* field
plats *n.* locale
plats *n.* locality
plats *n.* lot
plats *n.* place
plats *n.* post
plats *n.* ubicity
plats *n.* whereabout
platt *adj.* flat
plattform *n.* dais
plattform *n.* platform
plattfot *n.* flatfoot
plattityd *adj.* commonplace
platå *n.* plateau
plikt *n.* duty
plikttrogen *adj.* dutiful
plissera *v.* kilt
plocka *v.* pluck
plocka nötter *v.* nut
plocka ostron *v.* oyster
plog *n.* plough
plommon *n.* plum
plump *n.* blur
plundra *v.* depredate
plundra *v.* devastate
plundra *v.* foray
plundra *v.* maraud
plundra *v.* plunder
plundra *v.* prey
plundra *v.* ransack
plundrare *n.* marauder
plundring *n.* plunder
plural *adj.* plural
plus *adj.* plus
plutokrat *adj.* plutocrat
pluton *n.* platoon
plutonisk *adj.* plutonic
plutonium *n.* plutonium
plysch *n.* plush
plyschartad *adj.* plush
plywood *n.* plywood
plåga *v.* afflict

plåga v. agonize
plåga v. persecute
plåga v. plague
plåga v. rack
plåga n. torment
plåga v. torment
plågande adj. plague
plånbok n. wallet
plåster n. adhesive
plåt n. sheet
plätera v. plate
plöja v. plough
plöjare n. ploughman
plötslig n. sudden
plötsligt adv. headlong
plötsligt adv. short
plötsligt adv. suddenly
pneumatik n. pneumatic
pneumatisk adj. pneumatic
pneumatologi n. pneumatology
pneumatologisk adj. pneumatological
pneumologi n. pneumology
poddsändare n. podcaster
poddsändning n. podcast
podium n. podium
poesi n. poesy
poet n. poet
poetisk adj. poetic
pointillism n. pointillism
pointillist n. pointillist
pojkaktig adj. boyish
pojke n. boy
pojkflicka n. tomboy
poker n. poker
polarisera v. polarize
polarisering adj. polarazing
polaritet n. polarity
polaroidkamera n. polaroid
polemik n. polemic
polemisk adj. polemic
polenta n. polenta

polera v. polish
polis n. police
polisbåt n. police beat
polisbåt n. policeboat
polisman n. policeman
polisong n. sideburn
polisonger n. sideburns
politik n. politics
politiker n. politician
politisk adj. politic
politisk adj. political
pollen n. pollen
polo n. polo
polyacene n. acene
polyacetylen n. polyacetylene
polyander n. polyander
polyandri n. polyandry
polyandrianism n. polyandrianism
polyarki n. polycracy
polybuten n. polybutene
polybuten n. polybutylene
polycentrisk adj. polycentric
polycentrism n. polycentrism
polyen n. polyene
polyfarmaci adj. polypharmacal
polyform n. polyform
polygami n. polygamy
polygamisk adj. polygamous
polyglott n. polyglot
polyhistor n. polymath
polykarbonat n. polycarbonate
polykrom adj. polychrome
polymer n. polymer
polymerisera v. polymerize
polymetallisk adj. polymetallic
polymetin n. polymethine
polymetylen n. polymethylene
polymikrobiella adj. polymicrobial
polymiotisk adj. polymiotic
polymolekylära adj. polymo-

lecular
polymorf *n.* polymorph
polymorf *adj.* polymorphic
polymorfi *n.* polymorphism
polymorfosera *n.* polymorphosis
polypropen *n.* polypropylene
polyprotein *n.* polyprotein
polysemi *n.* polysemia
polyteism *n.* polytheism
polyteist *n.* polytheist
polyteistisk *adj.* polytheistic
polyteknisk *adj.* polytechnic
polär *adj.* polar
pompa *n.* pageantry
ponnyhäst *n.* pony
pop *n.* pop
poplin *n.* poplin
poppel *n.* poplar
popularisera *v.* popularize
popularitet *n.* popularity
population *n.* population
populär *adj.* popular
por *n.* pore
porslin *n.* china
porslin *n.* porcelain
portabel *adj.* portable
portal *n.* portal
porter *n.* porter
portfolio *n.* portfolio
portik *n.* portico
porto *n.* postage
porträtt *n.* portrait
porträttering *n.* portrayal
porträttkonst *n.* portraiture
posera *v.* pose
position *n.* position
position *n.* prominence
positionering *n.* location
positiv *adj.* positive
post- *adj.* postal
postkontor *n.* post-office
postmästare *n.* postmaster

postpaket *n.* package
postum *adj.* posthumous
potatis *n.* potato
potent *adj.* potent
potentialitet *n.* potentiality
potentiell *adj.* potential
pottaska *n.* potash
poäng *n.* point
poäng *n.* score
poängblock *n.* scorepad
poänggörare *n.* scorer
poänglåda *n.* scorebox
poängskylt *n.* flashcard
pragmatisk *adj.* pragmatic
pragmatism *n.* pragmatism
prakt *n.* pomp
prakt *n.* splendour
praktikant *n.* trainee
praktisk *adj.* handy
praktisk *adj.* practical
praktiskt *adv.* practically
prat *n.* talk
prata *v.* chatter
prata *v.* talk
prata snabbt *n.* talkfast
prata tillbaka *n.* talkback
pratsam *adj.* talkative
pratsamhet *n.* talkativeness
pratsamt *adv.* talkavively
precis *adv.* exactly
precision *n.* accuracy
precision *n.* precision
predestination *n.* predestination
predika *v.* preach
predikan *n.* sermon
predikant *n.* preacher
predikat *n.* predicate
predikstol *adj.* pulpit
preexistens *n.* preexistence
prefekt *n.* prefect
prefigera *v.* prefix
prefix *n.* prefix

prejudikat *n.* precedent
prejudikat *n.* prejudice
prelat *n.* prelate
premie *n.* premium
premiär *n.* premiere
premiärminister *n.* premier
prenatal *adj.* antenatal
prenumeration *n.* subscription
prenumerera *v.* subscribe
preposition *n.* preposition
present *n.* largesse
present *n.* present
presentation *n.* presentation
presentera *v.* feature
presentera *v.* present
presentpapper *v.* gift-wrap
president *n.* president
president- *adj.* presidential
press *n.* pressure
pressa *v.* constrict
pressa *v.* mould
pressa *v.* squeeze
prestation *n.* achievement
prestation *n.* exploit
prestige *n.* prestige
prestigefylld *adj.* prestigious
pretentiös *adj.* pretentious
preventivmedel *adj.* contraceptive
preventivmetoder *n.* contraception
prick *n.* buoy
prick *n.* dot
prick *adv.* sharp
prick *n.* speck
prick *n.* tick
pricka *v.* dot
prickskytt *n.* marksman
primer *n.* primer
primitiv *adj.* primitive
princip *n.* policy
principlös *adj.* unprincipled

prins *n.* prince
prinsessa *n.* princess
prior *n.* prior
priorinna *n.* prioress
prioritet *n.* priority
pris *n.* price
pris *n.* prize
prisa *v.* extol
prisa *v.* laud
prisa *v.* praise
prissätta *v.* price
pristagare *adj.* laureate
pristagare *n.* laureate
prisvärd *adj.* laudable
prisvärd *adj.* praiseworthy
privat *adj.* private
privat datanätverk *n.* extranet
privilegierad *adj.* preferential
privilegium *n.* privilege
problem *n.* hitch
problem *n.* problem
problem *n.* trouble
problematisk *adj.* problematic
procedur *n.* procedure
procent *adv.* per cent
procent *n.* percentage
process *n.* process
process *n.* litigation
processa *v.* litigate
producera *v.* produce
producera eller bära ägg *adj.* oviferous
produkt *n.* product
produktion *n.* output
produktion *n.* produce
produktion *n.* production
produktiv *adj.* productive
produktivitet *n.* productivity
profan *adj.* profane
professionell *adj.* professional
professor *n.* professor
profet *n.* prophet

profetia *n.* prediction
profetia *n.* prophecy
profetisk *adj.* prophetic
profil *n.* profile
profilera *v.* profile
profit *n.* lucre
profitera *v.* net
profitör *n.* profiteer
program *n.* programme
program *n.* scorecard
programmera *v.* programme
progressiv *adj.* progressive
prohibitiv *adj.* prohibitory
projekt *n.* project
projektering *n.* projection
projektil *n.* projectile
projektil- *adj.* projectile
projektor *n.* projector
proklamera *v.* herald
prokrastinera *v.* procrastinate
prolog *n.* prologue
promenad *n.* saunter
promenad *n.* stroll
promenad *n.* walk
promenera *v.* stroll
prominent person *n.* personage
pronomen *n.* pronoun
propaganda *n.* propaganda
propagandist *n.* propagandist
propagera *v.* agitate
propagera *v.* propagate
proportion *n.* proportion
proportionell *adj.* proportional
proportionell *adj.* proportionate
proposition *n.* proposition
propp *n.* clot
propp *n.* plug
prosa *n.* prose
prosodi *n.* prosody
prostituera *v.* prostitute
prostituerad *n.* prostitute
prostituerad *n.* strumpet

prostitution *n.* prostitution
protein *n.* protein
protest *n.* demur
protest *n.* protest
protest *n.* objection
protest *n.* protestation
protestera *v.* demur
protestera *v.* object
protestera *v.* protest
prototyp *n.* prototype
prov *n.* sample
prov *n.* specimen
proviant *n. pl* victuals
provins *n.* province
provinsialism *n.* provincialism
provision *n.* provision
provision *n.* proviso
provisorisk *adj.* provisional
provocera *v.* elicitate
provocera *v.* provoke
provokation *n.* provocation
provokativ *adj.* provocative
provtagare *n.* sampler
provtagning *n.* sampling
pruta *v.* haggle
pryd person *n.* prude
pryda *v.* adorn
pryda *v.* bedight
pryda *v.* foliate
pryda *v.* garland
pryda *v.* orn
pråm *n.* barge
prägel *n.* impression
prägla *v.* impress
prägla *v.t.* mint
prägla *v.* pervade
prägling *n.* coinage
präst *n.* ecclesiast
präst *n.* minister
präst *n.* parson
präst *n.* priest
prästerlig *adj.* clerical

prästerskap *n.* clergy
prästerskap *n.* priesthood
prästinna *n.* priestess
prövning *n.* ordeal
psalm *n.* carol
psalm *n.* psalm
pseudonym *n.* pseudonym
psykiater *n.* psychiatrist
psykiatri *n.* psychiatry
psykisk *adj.* mental
psykolog *n.* psychologist
psykologi *n.* psychology
psykologisk *adj.* psychological
psykopat *n.* psychopath
psykos *n.* psychosis
psykoterapi *n.* psychotherapy
pubertet *n.* puberty
publicera *v.* publish
publik *n.* audience
publik *n.* crowd
publik *adj.* public
pudding *n.* pudding
pudra *v.* powder
pullover *n.* pullover
puls *n.* pulse
pulsera *v.* pulsate
pulsera *v.* pulse
pulsering *n.* pulsation
pulver *n.* powder
pump *n.* pump
pumpa *v.* pump
pumpa *n.* pumpkin
pund *n.* pound
pungdjur *n.* marsupial
punkt utan återvända *n.* rubicon
punktera *v.* punctuate
punktering *n.* puncture
punktlig *adj.* punctual
punktlighet *n.* punctuality
punsch *n.* punch
puppa *n.* chrysalis
purist *n.* purist

puritan *n.* puritan
puritan *n.* puritan
puritansk *adj.* puritanical
purjolök *n.* leek
pussel *n.* puzzle
pust *n.* puff
pusta *v.* puff
puts *n.* tidiness
putsa sig *v.* prune
pygmé *n.* pigmy
pyorre *n.* pyorrhoea
pyramid *n.* maize
pyramid *n.* pyramid
pyromant *n.* pyromantic
pyromantisk *adj* pyromantic
pytonorm *n.* python
på *adj* on
på *prep.* upon
på annat sätt *conj.* otherwise
på ett utplåningsbart sätt *adv.* effably
på ett ytligt sätt *adv.* extrinsically
på glänt *adv.* ajar
på nytt *adv.* afresh
på något sätt *adv.* somehow
på nära håll *adv.* pointblank
på varandra följande *adj.* successive
på återseende *interj.* farewell
påbud *n.* edict
påbörjande *n.* inception
påfrestande *adj.* trying
påfund *n.* fad
påfågel *n.* peacock
påfågelhona *n.* peahen
påföljande dag *n.* morrow
pågående *adj.* pending
påhitt *n.* concoction
påhitt *n.* fake
påhitt *n.* gimmickry
påhittad *adj.* imaginary
påle *n.* pale

pålitlig *adj.* infallible
pålitlig *adj.* reliable
pålitlig *adj.* staunch
pålitlig *adj.* trustworthy
pålitlig *adj.* liable
pålitlighet *n.* liability
pålägga *v.* levy
påminna *v.* remind
påminnande om *adj.* reminiscent
påminnelse *n.* reminder
påse *n.* pouch
påsk *n.* easter
påssjuka *n.* mumps
påstridig *adj.* opinionated
påstryka *v.* apply
påstådd *adj.* alleged
påstående *n.* statement
påtaglig *adj.* tangible
påve *n.* pope
påvedöme *n.* papacy
påverka *v.* affect
påverka *v.* bias
påverka *v.* effect
påverkan *n.* effect
påverkan *n.* impact
påvlig *adj.* papal
päls *n.* fur
pärla *n.* bead
pärla *n.* pearl
pärlbroderi *n.* beadwork
pärlemor *n.* nacre
pärlformig *adj.* beady
päron *n.* pear
pöl *n.* puddle
pösmunk *n.* bighead

R

rabatt *n.* discount
rabatt *n.* rebate
rabbin *n.* rabbi
rabies *n.* rabies
racket *n.* racket
rad *n.* row
radband *n.* rosary
radera *v.* blip
radera *v.* delete
radera *v.* eradicate
radering *n.* eradication
radering *n.* rasure
radie *n.* radius
radikal *adj.* radical
radio *n.* radio
radio *n.* wireless
radioaktivt kvicksilver *n.* radiomercury
radioanläggning *n.* transceiver
radiografera *v.* radio
radiografi *n.* radiography
radiogram *n.* radiogram
radioimmunologiska *n.* radiommunology
radiologi *n.* radiology
radiolokalisering *n.* radiolocation
radion *n.* radion
radiotelefon *n.* radiophone
radiotelegrafi *n.* radiotelegraphy
radium *n.* radium
raffinaderi *n.* refinery
ragata *n.* vixen
ragg *n.* flirt
rak *adj.* erect
rak *adj.* straight
raka sig *v.* shave
rakapparat *n.* razor
raket *n.* rocket
raketforskare *n.* rocketeer
raketforskare *n.* rocket scientist
raketgevär *n.* bazooka
raketman *n.* rocketman
rakning *n.* shave
rakning *n.* shavling

rakt *adv.* straight	**rasp** *n.* rasp
raljeri *n.* raillery	**raspa** *v.* rasp
ram *n.* frame	**rassla** *v.* clack
rama in *v.* frame	**rast** *n.* breaktime
ramma *v.* ram	**rasta** *n.* rasta
rampljus *n.* limelight	**rastafrisyr** *n.* dreadlock
ranch *n.* ranch	**ratificera** *v.* ratify
rand *n.* brink	**rationalisera** *v.* rationalize
rand *n.* stripe	**rationalitet** *n.* rationality
randa *v.* stripe	**rationell** *adj.* rational
randomisera *v.* randomise	**rav** *n.* amberite
rang *n.* rank	**ravin** *n.* ravine
ranka *v.* rank	**reagera** *v.* react
rankig *adj.* rickety	**reaktion** *n.* reaction
ranson *n.* ration	**reaktionär** *adj.* reactionary
rap *n.* brup	**reaktiv** *adj.* reactive
rapa *v.* belch	**reaktor** *n.* reactor
rapa *v.* burp	**realism** *n.* realism
rapning *n.* belch	**realist** *n.* realist
rappakalja *n.* gibberish	**realistisk** *adj.* realistic
rapport *n.* account	**rebell** *n.* rebel
rapport *n.* bulletin	**recension** *n.* review
rapport *n.* memorandum	**recept** *n.* recipe
rapport *n.* rapport	**reception** *n.* reception
rapport *n.* report	**receptiv** *adj.* receptive
rapportera *v.* report	**recitera** *v.* recite
rar *adj.* dear	**redaktionell** *adj.* editorial
ras *n.* breed	**redan** *adv.* already
ras *n.* hubbub	**redig** *adj.* clear
ras- *adj.* racial	**redigera** *v.* edit
rasa *v.* rage	**redigerare** *n.* editor
rasa mot *v.* rail	**redo** *adj.* ready
rasande *adj.* furious	**redskap** *n.* utensil
rasande *adj.* irate	**reducera** *v.* deplete
rasera *v.* raze	**reducera** *v.* reduce
raseri *n.* frenzy	**reducering** *n.* reduction
raseri *n.* rage	**redundans** *n.* redundance
rasism *n.* racialism	**referens** *n.* reference
rasism *n.* racism	**referera** *v.* encapsulate
rasist *adj.* racist	**reflektera** *v.* reflect
rask *adj.* brisk	**reflektera över någons tankar** *v.* introspect
rask *adj.* quick	

reflektion *n.* reflection
reflektiv *adj.* reflective
reflektor *n.* reflector
reflex *n.* reflex
reflex- *adj.* reflex
reflexiv *adj.* reflexive
reform *n.* reform
reformation *n.* reformation
reformator *n.* reformer
reformera *v.* reform
refräng *n.* refrain
regel *n.* bolt
regel *n.* latch
regel *n.* precept
regel *n.* rule
regelbok *n.* rulebook
regelbrytare *n.* rulebraker
regelbrytning *n.* rulebreaking
regelbunden *adj.* regular
regelbunden *adj.* rulebound
regelbundenhet *n.* regularity
regemente *n.* regiment
regeneration *n.* regeneration
regenerera *v.* regenerate
regenerering *n.* reclamation
regera *v.* reign
regering *n.* cabinet
regering *n.* government
regering *n.* ministry
regering *n.* reign
regim *n.* regime
regional *adj.* regional
register *n.* directory
register *n.* register
register *n.* registry
registration *n.* registration
registrator *n.* registrar
registrera *v.* register
reglage *n.* lever
reglementera *v.* regiment
reglera *v.* regulate
reglering *n.* regulation

regn *n.* rain
regn- *adj.* pluvial
regna *v.* rain
regnig *adj.* rainy
regnig *adj.* showery
regnjacka *n.* waterproof
regnmätare *n.* pluviometer
regnperiod *n.* pluvial
regnrock *n.* mack
regulator *n.* regulator
regummera *v.* retread
regummerat däck *n.* retread
rehabilitera *v.* rehabilitate
rehabilitering *n.* rehabilitation
reklam *adj.* commercial
reklam *n.* publicity
reklamblad *n.* handbill
reko *adj.* okay
rekommendation *n.* recommendation
rekommendation *n.* testimonial
rekommendera *v.* recommend
rekonduktör *n.* reconductor
rekonsolidera *v.* reconsolidate
rekord *n.* record
rekreation *n.* recreation
rekreations- *adj.* recreational
rekreativ *adj.* recreative
rekryt *n.* recruit
rekrytera *v.* recruit
rektangel *n.* oblong
rektangel *n.* rectangle
rektangulär *adj.* oblong
rektangulär *adj.* rectangular
rektor *n.* principal
rektum *n.* rectum
rekventera *v.* resort
rekvirera *v.* requisition
rekvisition *n.* requisition
relatera *v.* relate
relaterad *adj.* akin

relaterat till bakhuvudet *adj.*
   occipital
relation *n.* relation
relativ *adj.* relative
relevans *n.* relevance
relevant *adj.* pertinent
relevant *adj.* relevant
religion *n.* religion
religionskunskap *n.* divinity
religiös *adj.* religious
relik *n.* relic
relä *n.* relay
rem *n.* strap
remittera *v.* remit
remittering *n.* remittance
remsa *n.* shred
remsa *n.* strip
ren *adj.* blank
ren *adv.* clean
ren *a* pure
ren *adj.* sheer
rena *v.* purge
rena *v.* purify
rengöra *adj.* clean
rengöra *v.* clean
renhet *n.* cleanliness
renhet *n.* purity
rening *n.* purification
renovera *v.* recondition
renovera *v.* renovate
renovering *n.* renovation
renovering *n.* repair
renrakad *adj.* shaven
rensa *v.* cleanse
rensa *v.* declutter
rensa *v.* weed
rentvå *v.* whitewash
renässans *n.* renaissance
rep *n.* rope
repa *n.* scratch
repa *v.* scratch
reparera *v.* repair

reparerbar *adj.* repairable
repatriera *v.* repatriate
repatrierad person *n.* repatriate
repatriering *n.* repatriation
repetera *v.* rehearse
repetition *n.* repetition
repig *adj.* scratched
repition *n.* rehearsal
replik *n.* cue
replik *n.* rejoinder
replik *n.* retort
replikera *v.* retort
repoborste *n.* scratchbush
reporter *n.* reporter
representant *n.* intermediary
representant *n.* representative
representation *n.* representation
representativ *adj.* representative
representera *v.* represent
reproducera *v.* reproduce
reproduktiv *adj.* reproductive
reptil *n.* reptile
republik *n.* republic
republikan *n.* republican
republikansk *adj.* republican
resa *n.* journey
resa *v.* journey
resa *n.* travel
resa *n.* trip
resa *n.* voyage
resa *v.* voyage
resa *v.* travel
resa sig *v.* tower
resande *n.* voyager
resande person ansluten till internet *n.* technomad
reseberättelse *n.* travelogue
reseersättning *n.* mileage
resenär *n.* traveller
reservat *n.* preserve
reservdel *n.* spare
reserverad *adv.* aloof

reserverad *adj.* distant	**retsamt** *adv.* tauntingly
reservoar *n.* reservoir	**retsamt** *adv.* teasingly
resistent *adj.* resistant	**retsticka** *n.* tease
resning *n.* stature	**retur** *n.* deposit
resonans *n.* resonance	**retuschera** *v.* retouch
resonant *adj.* resonant	**reumatisk** *adj.* rheumatic
resonera *v.* reason	**reumatism** *n.* rheumatism
respekt *n.* respect	**reva** *v.* rip
respektera *v.* repute	**reva** *n.* tear
respektera *v.* respect	**revben** *n.* rib
respektfull *adj.* respectful	**revbens-** *adj.* costal
respektive *adj.* respective	**revidera** *v.* revise
rest *n.pl.* arrears	**revision** *n.* audit
restaurang *n.* cabaret	**revision** *n.* revision
restaurang *n.* diner	**revisor** *n.* accountant
restaurang *n.* restaurant	**revisor** *n.* auditor
restaurera *v.* restore	**revolt** *n.* revolt
resten *n.* rest	**revoltera** *v.* revolt
resterande *adj.* residual	**revolution** *n.* revolution
resterna *n.* remains	**revolutionerande** *adj.* revolutionary
restid *n.* travetime	
restitution *n.* restoration	**revolutionär** *n.* revolutionary
restriktiv *adj.* restrictive	**revolver** *n.* revolver
resultat *n.* result	**revorm** *n.* ringworm
resultatbok *n.* scorebook	**ribba** *n.* lath
resultattavla *n.* scoreboard	**richshaw** *n.* rickshaw
resultera *v.* result	**ricinolja** *n.* castor oil
resumé *n.* precis	**rida** *v.* ride
resurs *n.* resource	**rida damsadel** *adv.* sidesaddle
reta *v.* displease	**rida ut** *v.* weather
reta *v.* infuriate	**riddare** *n.* knight
reta *v.* rag	**ridderlig** *adj.* chivalrous
reta *v.* tantalize	**ridderlighet** *n.* chivalry
reta *v.* tease	**ridhäst** *n.* mount
reta upp *v.* enrage	**rigorös** *adj.* rigorous
retirera *v.* retreat	**rik** *adj.* rich
retmedel *n.* irritant	**rik** *adj.* wealthy
retorik *n.* oratory	**rik** *adj.* affluent
retorik *n.* rhetoric	**rike** *n.* empire
retorisk *adj.* rhetorical	**rike** *adj.* realm
retrospektiv *adj.* retrospective	**rikedom** *n.* affluence
retsam *n.* teasing	**rikedom** *n.* opulence

rikedom *n.* profusion
rikedom *n.* riches
rikedom *adj.* richness
rikedom *n.* wealth
riklig *adj.* profuse
rikta in *v.* align
riktning *n.* direction
rim *n.* rhyme
rimlek *n.* crambo
rimlig *adj.* equitable
rimlig *adj.* reasonable
rimligt *adv.* justly
rimma *v.* rhyme
rimsmed *n.* rhymester
ring *n.* ring
ringa *v.* call
ringa *v.* chime
ringa *v.* ring
ringa *adj.* scant
ringa *v.* toll
ringakta *v.* slight
ringaktning *n.* slight
ringblomma *n.* marigold
ris *n.* rice
risig *adj.* lash
risig *adj.* scrubby
risk *n.* jeopardy
risk *n.* peril
risk *n.* risk
riskabel *adj.* risky
riskera *v.* risk
rispapper *n.* ream
rit *n.* rite
rita i skala *v.* scale
ritt *n.* ride
ritual *n.* ritual
rituell *adj.* ritual
riva *v.* grate
riva *v.* tear
rival *n.* rival
rivalisera *v.* rival
rivalitet *n.* rivalry
rivande *adj.* raspy
rivjärn *n.* grater
rktig *adj.* real
ro *v.* row
roa *v.* amuse
robot *n.* robot
robust *adj.* robust
roddare *n.* oarsman
roder *n.* helm
roder *n.* rudder
rodna *n.* blushing
rodna *v.* redden
rodna *v.* blush
rodnad *adv.* ablush
rodnad *n.* blush
rodnande *adj.* blushing
roffa *v.* loot
rojalist *n.* royalist
rojalist *n.* royalist
rolig *adj.* comical
roll *n.* role
rom *n.* roe
rom *n.* rum
rom *n.* spawn
roman *n.* novel
romanförfattare *n.* novelist
romans *n.* romance
romantisk *adj.* romantic
rop *n.* shout
rop *n.* call
rop *n.* yell
ropa *v.* call
ropa *v.* cry
ropa *v.* shout
ropa *v.* yell
ros *n.* rose
rosa *n.* pink
rosa *adj.* pink
rosaaktig *adj.* pinkish
rosenröd *adj.* roseate
rosett *n.* ribbon
rosig *adj.* rosy

rost *n.* rust
rosta *v.* rust
rosta *v.* toast
rostig *adj.* rusty
rot *n.* root
rota *v.* rifle
rota *v.* root
rotation *n.* rotation
rotera *v.* revolve
rotera *v.* rotate
roterande *adj.* rotary
rova *n.* turnip
rubba *v.* upset
rubel *n.* rouble
rubican *adj.* rubican
rubin *n.* rubian
rubin *n.* ruby
rubrik *n.* title
rudiment *n.* rudiment
rudimentär *adj.* rudimentary
ruffa *v.* foul
rufsa till *v.* ruffle
rugga *v.* moult
ruin *n.* ruin
rulla *v.* furl
rulla *v.* reel
rulla *v.* roll
rulla *v.* wheel
rulle *n.* reel
rulle *n.* roll
rullmaskin *n.* winder
rulltrappa *n.* escalator
rum *n.* room
rumlare *n.* reveller
rummy *n.* rummy
rumpa *n.* booty
rumslig *adj.* spatial
runa *n.* rune
runback *n.* runback
rund *adj.* round
runda *n.* round
runda *v.* round

rundstrålande *adj.* omnidirectional
runt *adv.* around
runt *adv.* round
rupee *n.* rupee
rusa *v.* dart
rusa *v.* rush
rusa *v.* scamper
rusa *v.* scuttle
rusa *v.* speed
rusa *v.* stampede
rusa fram *v.* rampage
rusande *n* darting
rusning *n.* rush
rusning *n.* scramble
russin *n.* raisin
rusta *v.* equip
rustik *adj.* rustic
rustning *n.* armament
ruta *n.* pane
rutin *n.* routine
rutinmässig *n.* rote
rutinmässig *adj.* routine
rutschkana *n.* slide
rutt *n.* route
ruttna *v.* rot
ruv- *adj.* brood
ruva *v.* incubate
ryck *n.* draft
ryck *n.* snatch
rycka *v.* tug
rycka *v.* wrench
rycka *v.* wrest
rycka på axlarna *v.* shrug
rycka till sig *v.* snatch
rygg *n.* back
rygga tillbaka *v.* recoil
rygga tillbaka *v.* wince
ryggrad *n.* backbone
ryggrad *n.* spine
ryggrads- *adj.* spinal
ryggsäck *n.* backpack

ryggsäck *n.* rucksack
rykta *v.* groom
ryktas *v.* rumour
ryktbar *adj.* renowned
ryktbarhet *n.* renown
rykte *n.* bruit
rykte *n.* buzz
rykte *n.* hearsay
rykte *n.* reputation
rykte *n.* rumour
rymden *n.* space
rymlig *adj.* roomy
rymlig *adj.* spacious
rymma *v.* escape
rymma *v.* scape
rymma hemifrån *v.* elope
rymmare *n.* runaway
rymning *n.* abscondence
rynka *n.* wrinkle
rynka pannan *v.* frown
rysa *v.* shudder
rysa *v.* thrill
rysning *n.* shudder
ryt *n.* reak
ryt *n.* roar
ryta *v.* bawl
ryta *v.* roar
ryta *n.* square
rytande *n.* bellows
rytande *n.* bellowing
rytm *b.* rhythm
rytmisk *adj.* rhythmic
ryttare *n.* rider
rå *adj.* raw
råd *n.* advice
råd *n.* board
råd *n.* council
råda *v.* counsel
råda *v.* prevail
rådgivare *n.* confidant
rådgivare *n.* counsellor
rådgivare *n.* mentor

rådig *adj.* resourceful
rådslut *n.* counsel
rådsmedlem *n.* councillor
råg *n.* rye
råga *v.* heap
råk *n.* rift
råka *n.* rook
råma *v.* low
råma *v.* moo
rån *n.* robbery
råna *v.* rob
rånare *n.* robber
råolja *adj.* crude
råtta *n.* rat
räcka *v.* suffice
räcke *n.* bannister
räcke *n.* bar
räcke *n.* railing
räckvidd *n.* range
räckvidd *n.* reach
räd *n.* foray
räd *n.* raid
rädd *adj.* afraid
rädda *v.* rescue
rädda *v.* salvage
rädda *v.* save
räddare *n.* saviour
räddas *adj.* savable
räddning *n.* rescue
räddning *n.* salvage
rädisa *n.* radish
rädsla *n.* dread
rädsla *n.* fear
räkna *v.* reckon
räkna med *v.* count
räkna med *v.* presuppose
räkna om *v.* recount
räknande *adj.* tally
räknebar *adj.* countable
räkning *n.* count
räkning *n.* invoice
räkning *n.* tally

rännsten *n.* gutter
räta *v.* straighten
rätt *adv.* aright
rätt *adj.* correct
rätt *adv* right
rätt så okej *adj.* okayish
rätta *v.* emendate
rätta *v.* rectify
rättegång *n.* trial
rättelse *n.* correction
rättelse *n.* rectification
rättfärdig *adj.* righteous
rättfärdigande *n.* vindication
rättmätig *adj.* just
rättsvetenskap *n.* jurisprudence
rättvis *adj.* condign
rättvisa *n.* justice
räv *n.* fox
röd *adj.* red
röd *n.* red
rödaktig *adj.* reddish
rödbeta *n.* beet
rödbeta *n.* beetroot
rödbrun *adj.* maroon
rödhårig *adj.* ginger
röja *v.* expose
rök *n.* smoke
röka *v.* smoke
rökblandad dimma *n.* smog
rökelse *n.* incense
rökelsekar *n.* censer
rökig *adj.* smoky
röntga *v.* x-ray
röntgen *n.* x-ray
röntgen för blodkärl *n.* angiogram
rör *n.* pipe
röra *v.* clutter
röra *n.* hotchpotch
röra *n.* jumble
röra *n.* mess
röra *v.* muddle

röra *n.* mush
röra *v.* stir
röra *v.* touch
rörelse *n.* enterprise
rörelse *n.* motion
rörelse *n.* movement
rörformig *adj.* tubular
rörig *adj.* topsy turvy
rörlig *adj.* movable
rörmokare *n.* plumber
röst *n.* voice
röst *n.* vote
rösta *v.* ballot
rösta *v.* vote
röstare *n.* voter
rösträtt *n.* suffrage
röta *n.* decay
röta *n.* rot
rövare *n.* dacoit
rövslicka *v.* adulate
rövslickare *n* brownnoser
röödblommig *adj.* ruddy

S

sabbat *n.* sabbath
sabbats- *adj.* sabbatical
sabbatsår *n.* sabbatical
sabel *n.* sabre
sabla ner *v.* slash
sabotage *n.* sabotage
sabotera *v.* sabotage
sacka efter *v.* straggle
sackarin *n.* saccharin
sadel *n.* saddle
sadism *n.* sadism
sadist *n.* sadist
sadla *v.* saddle
saffran *n.* saffron
saffransgult *adj.* saffron
safir *n.* sapphire

saft *n.* sap
saftig *adj.* juicy
saftig *adj.* luscious
saga *n.* saga
sagobok *n.* talebook
sagolik *adj.* fabulous
sak *n.* thing
sakna *v.* lack
sakna *v.* miss
sakrament *n.* sacrament
sakta *v.* slow
salamander *n.* salamander
salighet *n.* bliss
saliv *n.* saliva
sallad *n.* salad
salong *n.* auditorium
salong *n.* drawing-room
salong *n.* parlour
salong *n.* saloon
salt *n.* salt
salt *adj.* salty
salta *v.* salt
salthalt *n.* salinity
salthaltig *adj.* aliferous
salthaltig *adj.* saline
saltvatten *n.* brine
salva *n.* ointment
salvia *n.* sage
salviabuske *n.* sagebush
salviagrön *n.* sage-green
samarit *n.* samaritan
samba *n.* samba
samband *n.* liaison
sambo *v.* cohabit
sambuca *n.* sambuca
samförstånd *n.* amity
samförstånd *n.* collusion
samhälle *n.* community
samhälle *n.* society
samhällskunskap *n.* civics
samhörighet *n.* belonging
samitum *n.* samite

samla *v.* congregate
samla *v.* gather
samla *v.* muster
samla *v.* pocket
samla *v.* rally
samla ihop *v.* collect
samla musslor *v.* clam
samlag *n.* intercourse
samlare *n.* collector
samlas *v.* cluster
samlas *v.* convene
samlas *v.* flock
samlas *v.* mass
samling *n.* meet
samling *n.* muster
samling *n.* rally
samlingsband *n.* miscellany
samlingsskrift *n.* omnibus
samma *adv.* samely
sammanblanda *v.* confuse
sammandrabba *v.* conflict
sammandrag *n.* digest
sammandragning *n.* contraction
sammandragning *n.* convocation
sammanfatta *v.* distil
sammanfatta *v.* summarize
sammanfattning *n.* abstract
sammanfattning *n.* resume
sammanfattning *n.* summary
sammanflöde *n.* confluence
sammanfoga *v.* merge
sammanhållen *adj.* coherent
sammanhängande *adj.* cohesive
sammankalla *v.* summon
sammankalla *v.* convoke
sammankallande *n.* convener
sammanläggning *n.* amalgamation
sammanlöpande *adj.* confluent
sammanrulla *v.* convolve
sammansatt *adj.* compound
sammanslagning *n.* merger

sammansmälta v. fuse
sammanställa v. juxtapose
sammanställda adj. juxtaposed
sammanställning n. juxtaposition
sammansättning n. complex
sammansättning n. compound
sammanträffa v. coincide
sammanträffande n. convenience
sammanväxning n. concrescence
sammarbeta v. collaborate
sammarbeta v. cooperate
sammarbete n. collaboration
sammarbete n. cooperation
sammet n. velvet
sammetslen adj. velvety
samordna v. coordinate
samovar n. samovar
samsonite n. samsonite
samtal n. call
samtala v. converse
samtida adj. contemporary
samtidig adj. simultaneous
samtidigt som conj. while
samtycka v. acquiesce
samtycka v. assent
samtycka v. consent
samtycke n. assent
samundervisning n. coeducation
samuraj n. samurai
samverkan n. interplay
samvete n. compunction
samvete n. conscience
samvälde n. commonwealth
sanatorium n. sanatorium
sand n. sand
sanda v. sand
sandal n. sandal
sandbank n. sandbank
sandbell n. sandbell
sandboard n. sandboard
sandelträ n. sandalwood
sandfisk n. sandfish

sandig adj. sand
sandig adj. sandy
sandkulle n. sandhill
sandlåda n. sandbox
sandpapper n. sandpaper
sandpappra v. sandpaper
sandslott n. sandcastle
sandstorm n. sandstorm
sanera v. deflate
sangvinisk adj. sanguine
sanitär adj. sanitary
sank adj. marshy
sanktion v. okay
sanktion n. sanction
sanktionera v. sanction
sann adj. true
sanning n. truth
sanningsenlig adj. truthful
sanningshalt n. veracity
sannolikhet n. likelihood
sannolikhet n. verisimilitude
sapiens n. sapiens
sarg n. border
sarkasm n. sarcasm
sarkastisk adj. sarcastic
sarstyg n. serge
satan n. satan
satanisk adj. satanic
sataniskt adv. satanically
satellit n. satellite
satin n. satin
satinliknande adj. satin
satir n. satire
satiriker n. satirist
satirisera v. satirize
satirisk adj. satirical
satkärring n. bitch
sats n. theorem
satslära n. syntax
sautera v. saute
sav n. sap
sax n. scissors

sax *n. pl.* shears
saxofon *n.* saxophone
saxofonist *n.* saxophonist
scen *n.* scene
scenario *n.* scenario
scenarioförfattare *n.* scenarist
schack *n.* checkers
schack *n.* chess
schackel *n.* shackle
schackmatt *n.* checkmate
schakal *n.* jackal
schaman *n.* shaman
schampo *n.* shampoo
schamponera *v.* shampoo
schavott *n.* scaffold
schema *n.* schedule
schema *n.* scheme
schemalägga *v.* schedule
schematisk *n.* schematic
schematisk *adj.* schematic
schematiskt *adv.* schematically
schematist *n.* schematist
schifferskrift *n.* cipher
schimpans *n.* chimpanzee
schism *n.* schism
schizofren *adj.* schyzophreniac
schizofreni *n.* schyzophrenia
schizofreni *n.* schyzophreniac
schweizare *n.* Swiss
schweizisk *adj.* Swiss
schyst *adj.* good
schäs *n.* chaise
scout *n.* scout
scraperboard *n.* scratchboard
screencast *n.* screencast
scrotum *n.* scrotum
se *v.* look
se *v.* see
se *v.* view
se bister ut *v.* scowl
se ner på *v.* overlook
se upp *v.* beware

sedan *prep.* after
sedan *adv.* ago
sedan *n.* sedan
sedan *prep.* since
sedan *adj.* sincere
sedan *adv.* then
sedel *n.* banknote
sediment *n.* sediment
sedvanlig *adj.* customary
sedvänja *n.* custom
sefyr *n.* zephyr
segel *n.* sail
segel- *adj.* sailing
segelbåt *n.* sailboat
segelbåts *n.* sailcraft
seger *n.* victory
segla *v.* sail
segla *v.* yacht
segling *n.* sailboating
segling *n.* sailing
segment *n.* segment
segmentera *v.* segment
segra *v.* triumph
segrande *adj.* victorious
segrare *n.* victor
segregation *n.* segregation
segregera *v.* segregate
seismicitet *n.* seimicity
seismisk *adj.* seismic
seismograf *n.* seismograph
seismografi *n.* seismography
seismogram *n.* seismogram
seismologi *n.* seismology
seismologist *n.* seismologist
seismoskop *n.* seismoscope
sejdel *n.* tankard
sekel *n.* century
sekretariat *n.* secretariat (e)
sekreterare *n.* secretary
sekretess *n.* secrecy
sekt *n.* cult
sekt *n.* sect

sekteristisk *adj.* sectarian
sektion *n.* section
sektor *n.* sector
sekund *n.* second
sekundär *adj.* secondary
sekvens *n.* sequence
sela *v.* harness
seldon *n.* harness
selektiv *adj.* selective
selfie *n.* selfie
selleri *n.* celery
semester *n.* vacation
semi-finalist *n.* semi-finalist
semi-formell *adj.* semi-formal
seminarium *n.* seminar
semtimental *adj.* sentimental
sen *adv.* since
sen *adj.* late
senap *n.* mustard
senare *adj.* after
senare *adj.* latter
senare *adj.* subsequent
senast *adv.* last
senat *n.* senate
senator *n.* senator
senats- *adj.* senatorial
senfärdighet *n.* tardiness
sengångare *n.* sloth
senil *v.* dement
senil *adj.* senile
senilitet *n.* senility
senior *n.* senior
sensation *n.* sensation
sensationell *adj.* sensational
sensualist *n.* sensualist
sensualitet *n.* sensuality
sensuell *adj.* sensual
sent *adv.* late
sentimental *adj.* maudlin
separat *adj.* separate
separation *n.* separation
separera *v.* part

September *n.* September
septisk *adj.* septic
sergeant *n.* sergeant
serialisera *v.t* marshal
serie *n.* serial
serie- *adj.* serial
serier *n.* series
serietecknare *n.* cartoonist
serietidning *n.* comic
seriös *adj.* serious
serpentin *n.* serpentine
serva *v.* service
serve *n.* serve
servett *n.* napkin
service *n.* service
servil *adj.* servile
servitris *n.* waitress
servitör *n.* waiter
sesam *n.* sesame
sesamin *n.* sesamin
session *n.* session
sessionerna *n.* sessional
sessions- *adj.* sessional
sessionslös *adj.* sessionless
sex *n.* sex
sex *n., a* six
sexig *adj.* sexy
sexigt *adv.* sexily
sextio *n., adj.* sixty
sextionde *adj.* sixtieth
sexton *n., adj.* sixteen
sextonde *adj.* sixteenth
sexualitet *n.* sexuality
sexuell *adj.* sexual
sfär *n.* orb
sfär *n.* purview
sfär *n.* sphere
sfärisk *adj.* spherical
shapeshift *v.* shapeshift
shapeshifter *n.* shapeshifter
shawarma *n.* shawarma
shilling *n.* shilling

shopaholic *n.* shopaholic	**sikta** *v.* sight
shopaholism *n.* shpaholism	**silhuett** *n.* silhouette
shopbook *n.* shopbook	**silikon** *n.* silicon
shoppa *v.* shop	**silke** *n.* silk
shorts *n. pl.* shorts	**silkig** *adj.* silky
show *n.* show	**sill** *n.* herring
showstopper *n.* showstopper	**silver** *n.* silver
siames *adj.* siamese	**silver-** *adj.* silver
siare *n.* seer	**simma** *v.* swim
sich *n.* sich	**simmare** *n.* swimmer
sicksack *n.* zigzag	**simning** *n.* swim
sicksack- *adj.* zigzag	**sin** *pron.* theirs
sida *n.* page	**singelmatch** *n.* single
sida *n.* side	**sinne** *n.* animus
sidenlen *adj.* silken	**sinnesförvirring** *n.* aberration
siderisk *adj.* sidereal	**sinnlig** *adj.* sensuous
sido- *adj.* sideway	**sippra** *v.* trickle
sidoband *n.* sideband	**sirap** *n.* syrup
sidofält *n.* sidebar	**sirapssöt** *adj.* saccharine
sidolinje *n.* sideline	**siren** *n.* siren
sidologe *n.* sidebox	**sista** *adj.* final
sidoreplik *n.* aside	**sista** *adj.* last
sidosprång *n.* dodge	**sista** *n.* last
sidospår *n.* sidetrack	**sistone** *adv.* lately
sidovagn *n.* sidecar	**sitta** *n.* fit
sidovind *n.* sidewind	**sitta** *v.* sit
sidovägg *n.* sidewall	**sitta barnvakt** *v.* babysit
siesta *n.* siesta	**sittplats** *n.* seat
siffer- *adj.* numeral	**situation** *n.* situation
siffra *n.* digit	**sjal** *n.* shawl
sigill *n.* seal	**sjal** *n.* wrap
signal *n.* hoot	**sjaskig** *adj.* shabby
signal *n.* signal	**sjaskighet** *n.* scruffiness
signalera *v.* signal	**sju** *n.* seven
signatur *n.* signature	**sju** *adj.* seven
signifikans *n.* significance	**sjuda** *v.* simmer
signifikant *adj.* significant	**sjuda** *v.* stew
signifikation *n.* signification	**sjuk** *adj.* ill
sikt *n.* run	**sjuk** *adj.* sick
sikt *n.* sieve	**sjuk** *adj.* unwell
sikt *n.* sight	**sjukbädd** *n.* sickbed
sikta *v.* sieve	**sjukdom** *n.* disease

sjukdom *n.* illness
sjukdom *n.* malady
sjukdom *n.* sickness
sjukhus *n.* hospital
sjuklig *adj.* sickly
sjuksköterska *n.* nurse
sjunde *adj.* seventh
sjunga *v.* chant
sjunga *v.* sing
sjunka *v.* descend
sjunka *v.* sink
sjuttio *n., a* seventy
sjuttionde *adj.* seventieth
sjutton *n., a* seventeen
sjuttonde *adj.* seventeenth
själ *n.* pneuma
själ *n.* psyche
själ *n.* soul
själamässa *n.* requiem
själar från döda främlingar *n.* manes
själlös *adj.* mindless
självbefläckelse *n.* self-abuse
självbelåten *adj.* smug
självbelåtet *adv.* gloatingly
självförstörelse *v.* self-destruct
självförtroende *n.* confidence
självhäftande *adj.* adhesive
självisk *adj.* selfish
självklart *adv.* obviousçy
självkontroll *n.* self-control
självmedveten *adj.* self-conscious
självmord *n.* suicide
självmordsbenägen *adj.* suicidal
självsäker *adj.* confident
självsäker *adj.* self-confident
självtvivel *n.* self-doubt
självupptagen *adj.* self-centered
självutnämnd *adj.* self-appointed
sjätte *adj.* sixth
sjö *n.* lake
sjö- *adj.* maritime

sjö- *adj.* naval
sjöbjörn *n.* seadog
sjöborre *adj.* echinid
sjöborre *n.* urchin
sjöburen *adj.* seaborn
sjöegenskaper *n.* seakeeping
sjöfarare *n.* seafarer
sjöfågel *n.* seabird
sjöjungfru *n.* mermaid
sjökapten *n.* shipmaster
sjölejon *n.* sealion
sjöman *n.* mariner
sjöman *n.* merman
sjöman *n.* sailor
sjöröveri *n.* piracy
skabb *n.* scabies
skada *v.* batter
skada *v.* contuse
skada *n.* damage
skada *v.* damage
skada *n.* harm
skada *v.* harm
skada *n.* hurt
skada *v.* injure
skada *n.* injury
skada *n.* mischief
skada *n.* pity
skadeglädje *n.* gloat
skadestånd *n.* indemnity
skadlig *adj.* inimical
skadlig *adj.* injurious
skadlig *adj.* noxious
skadlig *adj.* pernicious
skaffa *v.* obtain
skaffa *v.* procure
skafferi *n.* pantry
skaft *n.* shaft
skaka *v.* convulse
skaka *v.* shake
skakig *adj.* shaky
skakning *n.* shake
skal *n.* husk

skal *n.* shell	skarpögd *adj.* accipitral
skal *n.* peel	skarv *n.* cormorant
skala *v.* peel	skata *n.* magpie
skala *n.* scale	skatt *n.* tax
skalbagge *n.* beetle	skatt *n.* treasure
skaldinna *n.* poetess	skatta *v.* treasure
skaldjur *n.* seafood	skattmästare *n.* treasurer
skalle *n.* skull	sked *n.* spoon
skallig *adj.* bald	sked *n.* spoonful
skallra *v.* rattle	skede *n.* stage
skallra *n.* rattle	skela *v.* squint
skalv *n.* quake	skelett *n.* skeleton
skam *n.* infamy	sken *n.* blaze
skam *n.* shame	sken *n.* glare
skamlig *adj.* nefarious	sken *n.* glimmer
skamlig *adj.* shameful	sken *n.* glow
skamlös *adj.* brazen	sken *n.* pretence
skamlös *adj.* shameless	sken *n.* refulgence
skamsen *adj.* ashamed	sken *n.* semblance
skandal *n.* outrage	skena *n.* scamper
skandal *n.* scandal	skenbar *adj.* ostensible
skandalisera *v.* scandalize	skenben *n.* shin
skandalös *adj.* scandalous	skepnad *n.* form
skandalöst *adv.* scandalously	skepp *n.* aisle
skanna *v.* scan	skeppa *v.* ship
skanning för radioaktivt material *n.* radioscan	skeppare *n.* skipper
	skeppsbyggare *n.* shipbuilder
skapa *v.* create	skeppskamrat *n.* shipmate
skapa *v.* elaborate	skeppsredare *n.* shipowner
skapa *v.* form	skeppsvarv *n.* dockyard
skapa *v.* originate	skeppsvarv *n.* shipyard
skapande *adj.* prolific	skeppsvrak *n.* shipwreck
skapare *n.* creator	skepticism *n.* scepticism
skapare *n.* originator	skeptiker *n.* sceptic
skapelse *n.* creation	skeptisk *adj.* sceptical
skarabe *n.* scarab	sketch *n.* skit
skarp *adj.* argute	skicka *v.* send
skarp *adj.* pungent	skickad *adj.* shipped
skarp *adj.* sharp	skicklig *adj.* adept
skarp *adj.* smart	skicklig *adj.* artful
skarp sväng *n.* zig	skicklig *adj.* deft
skarphet *n.* keenness	skicklig *adj.* gimp

skicklig *adj.* neat
skicklig *adj.* skilful
skicklighet *n.* competence
skicklighet *n.* proficiency
skicklighet *n.* skill
skida *n.* scabbard
skiffer *n.* slate
skift *n.* shift
skiftning *n.* tinge
skiftnyckel *n.* wrench
skikt *n.* ply
skikt *n.* stratum
skildra *v.* depict
skilja *v.* detach
skilja *v.* escribe
skilja sig *v.* divorce
skiljbar *adj.* separable
skiljelinje *n.* commissure
skiljetecken *n.* colon
skiljetecken *n.* punctuation
skilling *n.* penny
skillnad *n.* difference
skillnad *n.* disparity
skilsmässa *n.* divorce
skimra *v.* glimmer
skina *v.* glow
skinande *adj.* shiny
skippa *v.* skip
skiss *n.* sketch
skissa *v.* jot
skissera *v.* draft
skissera *v.* outline
skissera *v.* sketch
skita *v.* defecate
skiva *n.* disc
skiva *n.* slab
skiva *n.* slice
skiva *v.* slice
skjorta *n.* shirt
skjul *n.* booth
skjul *n.* cote
skjul *n.* shed

skjuta *v.* shoot
skjuta igen med regel *v.* deadbolt
skjuta på *v.* push
skjuta upp *v.* adjourn
skjuta upp *v.* defer
skjuta upp *v.* postpone
skjuta upp *v.* prorogue
skjutregel *n.* deadbolt
skjuts *n.* lift
Skjuvvägg *n.* shearwall
sko *n.* shoe
sko *v.* shoe
skog *n.* forest
skog *n.* woodland
skogsbruk *n.* forestry
skogsvaktare *n.* forester
skogsvårds *n.* sylviculturist
skogvaktare *n.* ranger
skojare *n.* juggler
skojare *n.* rascal
skojare *n.* trickster
skola *n.* school
skola *v.* school
skolbyggnad *n.* schoolhouse
skolgård *n.* schollyard
skolkamrat *n.* schoolfekkow
skolkamrat *n.* schoolmate
skolkare *n.* absentee
skollärare *n.* schoolmaster
skolväska *n.* satchel
skona *v.* spare
skonare *n.* schooner
skoningslös *adj.* merciless
skopa *n.* ladle
skorpa *n.* biscuit
skorpion *n.* scorpion
skorsten *n.* chimney
skoter *n.* scooter
skotsk *adj.* scotch
skotsk whisky *n.* scotch
skott *n.* shoot
skott *n.* shot

skotte *n.* Scot
skottkärra *n.* cart
skottsäker *adj.* shotproof
skrapa *v.* graze
skrapa *n.* scrape
skrapa *v.* scrape
skrapa *n.* scraper
skratt *n.* laugh
skratt *n.* laughter
skratta *v.* laugh
skrattretande *adj.* laughable
skri *n.* bray
skri *v.* oink
skria *v.* mew
skria *n.* oink
skridsko *n.* skate
skriften *n.* scripture
skriftrulle *n.* scroll
skrik *n.* cry
skrik *n.* shriek
skrik *n.* scream
skrika *v.* cry
skrika *v.* exclaim
skrika *v.* scream
skrika *v.* shriek
skrikig *adj.* gaudy
skrin *n.* casket
skriva *v.* compose
skriva *v.* pen
skriva *v.* type
skriva *v.* write
skriva med blyertspenna *v.* pencil
skriva nidskrift *v.* lampoon
skrivare *n.* printer
skrivbord *n.* desk
skrivbordsyta *n.* desktop
skrivelse *n.* missive
skrivpapper *n.* foolscap
skrivvakt *n.* invigilator
skrivvakt *n.* proctor
skrockande *v.* chuckle
skrot *n.* scrap
skrota *v.* scrap
skrotad *adj.* trashed
skrubba *v.* graze
skrubba *v.* scrub
skrubbsår *n.* abrasion
skrubbsår *n.* graze
skrud *n.* vestment
skrupel *n.* scruple
skruv *n.* screw
skruva *v.* screw
skruvnyckel *n.* spanner
skruvskott *n.* dunk
skruvstäd *n.* vice
skrymmande *adj.* bulky
skrynkla *v.* wrinkle
skryt *n.* boast
skryt *n.* brag
skryt *n.* preen
skryt *n.* swagger
skryta *v.* brag
skryta *v.* preen
skrytmåns *n.* showoff
skräck *n.* awe
skräck *n.* fright
skräck *n.* horror
skräck *n.* scare
skräddare *n.* tailor
skräddarsy *v.* tailor
skrälla *v.* blare
skrämma *v.* alarm
skrämma *v.* cow
skrämma *v.* daunt
skrämma *v.* frighten
skrämma *v.* horrify
skrämma *v.* intimidate
skrämma *v.* scare
skrämma *v.* startle
skrämma *v.* terrify
skrämmande *adj.* daunting
skrämsel *n.* intimidation
skräp *n.* junk

skräp n. rubbish
skräp n. trash
skräpa ner v. litter
skröplighet n. infirmity
skugga n. shade
skugga v. shade
skugga n. shadow
skugga v. shadow
skugga v. tail
skuggig adj. shadowy
skuld n. blame
skuld n. debt
skuld n. guilt
skulderblad n. scapula
skulderblads n. scapular
skulderblads- adj. scapular
skuldsedel n. chit
skull n. sake
skulle vara adj. would-be
skulptera v. sculpt
skulptur n. sculpture
skulptural adj. sculptural
skulpturist n. sculpturist
skulptör n. sculptor
skum n. foam
skumma v. foam
skumma v. scum
skumögd n. purblind
skurk n. rogue
skurk n. scoundrel
skurk n. villain
skurkaktighet n. roguery
skutt n. skip
skvadron n. squadron
skvaller n. blab
skvaller n. gossip
skvaller n. scutllebutt
skvaller n. talebearing
skvallra v. blab
skvallra v. gossip
skvallrande n. telltale
skvalpa v. ripple

sky v. shun
skydd n. armature
skydd n. pad
skydd n. protection
skydd n. safeguard
skydd n. shelter
skydda v. pad
skydda v. safeguard
skydda v. shelter
skydda v. shield
skydda v. ward
skydda v. protect
skyddad adj. proprietary
skyddsrock n. smock
skyfall n. downfall
skyffel n. shovel
skyffla v. shovel
skyffla v. shuffle
skygg adj. timid
skygga v. shy
skygghet n. timidity
skyla v. sheathe
skyldig adj. culpable
skyldig adj. guilty
skylla v. blame
skyltdocka n. mannequin
skyltfönster n. shopfront
skymfa v. outrage
skymflig adj. degrading
skymma v. darkle
skymning n. dusk
skymning n. twilight
skynda v. hurry
skynda sig v. bustle
skyttla v. shuttle
skåda v. behold
skåda v. gaze
skådespelare n. actor
skådespeleri n. acting
skådespelerska n. actress
skål n. bowl
skåp n. cupboard

skåp *n.* locker	skärare *n.* cutter
skåpbil *n.* van	skärm *n.* cover
skåra *n.* groove	skärm *n.* screen
skåra *n.* nick	skärmarbete *n.* screenwork
skåra *n.* notch	skärmbild *n.* screenshot
skägg *n.* beard	skärmdump *n.* screenprint
skägga *v.* deflesh	skärmdörr *n.* screendoor
skäggig *adj.* bearded	skärmnamn *n.* screen name
skägglös *adj.* beardless	skärmsläckare *n.* screensaver
skäggsimpa *n.* pddge	skärmytsling *n.* skirmish
skäggtorsk *n.* bib	skärpa *n.* pungency
skäl *n.* ground	skärpa *v.* sharpen
skäl *n.* recital	skärpt *adj.* sharp
skälla *v.* bark	skärseld *n.* purgatory
skälla *v.* scold	skärva *n.* mite
skällsord *n.* invective	skärva *n* shard
skälmsk *adj.* roguish	sköld *n.* blazon
skälva *v.* quake	sköld *n.* shield
skämma bort *v.* indulge	sköldpadda *n.* tortoise
skämma bort *v.* spoil	sköldpadda *n.* turtle
skämma ut *v.* shame	skölja *v.* dunk
skämt *n.* banter	skölja *v.* rinse
skämt *n.* gag	sköljnings- *adj.* ablutionary
skämt *n.* hoax	skönhet *n.* beauty
skämt *n.* joke	skönhet *n.* belle
skämt *n.* mockery	skönhet *n.* prettiness
skämt *n.* pleasantry	skönmåla *v.* idealize
skämta *v.* banter	skörd *n.* crop
skämta *v.* goad	skörd *n.* harvest
skämta *v.* joke	skörd *n.* reap
skämtare *n.* joker	skörda *v.* harvest
skämtsam *adj.* humorous	skörda *v.* reap
skänk *n.* sideboard	skördeman *n.* reaper
skänka *v.* confer	skördemaskin *n.* harvester
skära *v.* cut	sköta *v.* administer
skära *n.* sickle	sköta *v.* nurse
skära *v.* slit	skötsel *n.* tending
skära djupt *v.* gash	skövla *v.* desolvate
skära ned *v.* retrench	sladd *n.* cord
skära skivor *v.* plane	sladd *n.* skid
skärande *adj.* gashing	sladda *v.* skid
skärande *adj.* strident	sladdlös *adj.* cordless

slag *n.* affliction
slag *n.* bash
slag *n.* battle
slag *n.* blow
slag *n.* breed
slag *n.* contest
slag *n.* slap
slagfält *n.* battlefield
slagfält *n.* battleground
slaglöda *v.* braze
slagman *n.* batsman
slagman *n.* batter
slagsmål *n.* tussle
slagträ *n.* bat
slagyta *n.* battlezone
slak *adj.* slack
slakna *v.* slacken
slakt *n.* slaughter
slakta *v.* slaughter
slakta *v.* butcher
slaktare *n.* butcher
slam *n.* silt
slamma igen *v.* silt
slampa *n.* slattern
slampa *n.* slut
slang *n.* hose
slang *n.* slang
slank *adj.* lank
slapp *adj.* flabby
slappa *v.* loll
slapphet *n.* laxity
slarvig *adj.* careless
slarvig *adj.* slatternly
slarvig *adj.* slovenly
slarviga *adj.* slipshod
slask *n.* slush
slaskig *adj.* slushy
slav *n.* abid
slav *n.* addict
slav *n.* slave
slava *v.* slave
slaveri *n.* bondage

slaveri *n.* slavery
slavisk *adj.* slavish
slem *n.* slime
slem *n.* mucus
slemmig *adj.* mucous
slemmig *adj.* slimy
sleva *v.* ladle
slick *n.* lick
slicka *v.* lick
slinga *n.* fold
slinga *n.* trail
slingra *v.* hedge
slingra sig *v.* dodge
slingra sig *v.* snake
slingra sig *v.* wriggle
slingrande *adj.* anfractuous
slingrande *adj.* tortuous
slips *n.* tie
slit *n.* toil
slita *v.* moil
slita *v.* toil
sliten *adj.* worn
slits *n.* slit
slogan *n.* slogan
sloka *v.* droop
slokande ställning *n.* droop
slopa *v.* discard
slott *n.* caste
slott *n.* castle
slottsvakt *n.* castellan
sludder *n.* slur
slug *adj.* shrewd
slug *adj.* sly
slug *adj.* wily
sluka *v.* devour
sluka *v.* engorge
sluka *v.* gorge
sluka *v.* scoff
slukande *adj.* gorge
slum *n.* slum
slummer *n.* slumber
slump *n.* slump

slumpa *v.* slump
slumpartat *adj.* serendipitous
slumpmässig *adj.* aleatory
slumpmässig *adj.* haphazard
slumpmässig *adj.* random
slumra *v.* slumber
slumra *v.* doze
slumrande *adj.* dormant
slunga *n.* sling
sluss *n.* sluice
slut *n.* cessation
slut *n.* close
slut *n.* end
slut på resurser *n.* debuff
slut på resurser *adj.* depleted
slut- *n.* total
sluta *v.* quit
sluta *v.* stop
slutare *n.* shutter
sluten *adj.* sealed
slutföra *v.* complete
slutligen *adv.* lastly
slutsats *n.* conclusion
slutsats *n.* inference
slutta *v.* slope
sluttning *n.* slope
slå *v.* bat
slå *v.* beat
slå *v.* bowl
slå *v.* dash
slå *v.* hit
slå *v.* jab
slå *v.* palpitate
slå *v.* paw
slå *v.* strike
slå *v.* cane
slå *v.* plug
slå en kullerbytta *v.* somersault
slå i takt *v.* cadence
slå in *v.* wrap
slå med häpnad *v.* amaze
slå med knogen *v.* knuckle
slå med lie *v.* scythe
slå med näve *v.* fist
slå ned på *v.* swoop
slå någon med en spikklubba *v.* mace
slå på flykten *v.* rout
slå sig ner för natten *v.* roost
slå till *v.* bash
slå tillbaka *v.* backfire
slå tillbaka *v.* repel
slå tillbaka *v.* repulse
slå upp *v.* pitch
slå vad *v.* bet
slå vad *v.* wager
släcka *v.* quench
släcka törst *v.* slake
släde *n.* sleight
släktforskning *n.* genealogy
släkting *n.* kin
släkting *n.* relative
släktskap *n.* kinship
slänga *v.* flip
släpa *v.* plod
släpa *v.* trail
släppa *v.* drop
släppa *v.* release
släpvagn *n.* trailer
slät *adj.* even
slät *adj.* level
slät *adj.* smooth
slätt *n.* plain
slättmark *n.* flatland
slö *adj.* indolent
slö *adj.* listless
slöa *v.* laze
slöa *v.* loaf
slöa *v.* lounge
slödder *n.* rabble
slöfock *n.* sluggard
slöhet *n.* inertia
slöja *n.* veil
slösa *v.* squander

slösa *v.* waste
slösa *v.* lavish
slösaktig *adj.* lavish
slösaktig *adj.* wasteful
slösaktighet *n.* prodigality
slösande *adj.* prodigal
slösare *n.* spendthrift
slöseri *n.* expenditure
slöseri *n.* profligacy
slöseri *n.* wastage
smacka *v.* smack
smak *n.* flavour
smak *n.* relish
smak *n.* taste
smak *n.* savour
smaka *v.* taste
smaka på *v.* savour
smakar hallon *adj.* raspberry
smakfull *adj.* tasteful
smaklighet *n.* sapidity
smaklös *adj.* abland
smaklös *adj.* abland
smal *adj.* narrow
smal *n.* slender
smal *adj.* slim
smalna *v.* narrow
smalna av *v.* taper
smaragd *n.* emerald
smart *adj.* clever
smart *adj.* slick
smart *adj.* smart
smattra *v.* blare
smattra *v.* bray
smed *n.* blacksmith
smed *n.* smith
smedja *n.* forge
smeka *v.* caress
smeka *v.* fondle
smekande *n.* fondling
smekmånad *n.* honeymoon
smeknamn *n.* nickname
smet *n.* paste

smeta *v.* daub
smeta *v.* smear
smicker *n.* flattery
smicker *n.* sycophancy
smickra *v.* flatter
smickrande *adj.* bland
smickrare *n.* sycophant
smida *v.* forge
smidig *adj* gainly
smidig *adj.* supple
smisk *n.* smack
smiska *v.* smack
smitare *n.* shirker
smitta *v.* contaminate
smittkoppor *n.* smallpox
smittsam *adj.* infectious
smittsamt *adj.* contagious
smocka till *v.* biff
smuggla *v.* smuggle
smugglare *n.* smuggler
smula *n.* crumb
smula *n.* modicum
smulpaj *v.* crimple
smuts *n.* dirt
smuts *n.* filth
smutsa *v.* soil
smutsa *v.* besmirch
smutsa ned *v.* bemire
smutsa ned *v.* mire
smutsig *adj.* dingy
smutsig *adj.* dirty
smutsig *adj.* sordid
smutsig *adj.* squalid
smutsigt *adj.* filthy
smutt *n.* zip
smutt *n.* sip
smutta *v.* sip
smutta *v.* zip
smycka *v.* grace
smycke *n.* ouch
smyg *n.* sneak
smyga *v.* sneak

smyga v. stalk	**snabb** adj. express
småborre n. clive	**snabb** adj. rapid
småby n. hamlet	**snabb** adj. swift
småkoka v. simmer	**snabb** adj. speedy
småsak n. trifle	**snabbhet** n. rapidity
smäda v. asperse	**snabbt** adv. apace
smäda v. calumniate	**snabbt** adv. fast
smäda v. gibe	**snabbt** adv. pat
smädare n. taunter	**snabbt** adv. speedily
smäll n. bang	**snacka** v. yak
smäll n. clack	**snara** n. noose
smäll n. clap	**snara** n. snare
smäll n. crack	**snarare** adv. rather
smäll n. slam	**snarka** v. snore
smälla v. pop	**snarkning** n. snore
smälla v. slam	**snarstucken** n. techy
smälla v. slap	**snart** adv. anon
smälla igen v. bang	**snart** adv. presently
smälla till v. whack	**snart** adv. soon
smällkaramell n. cracker	**snatta** v. pilfer
smält sten adj. molten	**snatta** v. shoplift
smälta v. digest	**snattare** n. shoplifter
smälta v. dissolve	**snavande** n. stumble
smälta v. melt	**sned** adj. crooked
smälta v. smelt	**sned** adv. sideway
smälta v. stomach	**sned** adj. wry
smältugn n. furnace	**snedstreck** n. slash
smärta v. distress	**snedvrida** v. distort
smärta n. pain	**snegla** v. ogle
smärta v. pain	**snickeri** n. carpentry
smärta n. pang	**snida** v. carve
smärta n. smart	**sniffa** v. sniff
smärtsam adj. dolorous	**snigel** n. escargot
smärtsam adj. painful	**snigel** n. snail
smör n. butter	**sniken** adj. avid
smöra v. butter	**snikenhet** adv. avidity
smörgås n. sandwich	**snikenhet** n. cupidity
smörja v. grease	**snitt** n. font
smörja v. lubricate	**snobb** n. flaunter
smörjning n. lubrication	**snobb** n. snob
smörkärna n. churn	**snobberi** n. snobbery
snabb adj. agile	**snobbig** v. snobbish

snodd n. gimp
snoka v. ferret
snoka v. pry
snubbla v. stumble
snubbla v. trip
snurra v. reel
snurra v. spin
snurra n. whirligig
snurrande n. spin
snus n. snuff
snusk n. squalor
snyfta v. sob
snyftning n. sob
snygg adj. fine
snylta v. cadge
snylta v. sponge
snyting n. biff
snål adj. stingy
snål adj. miserly
snål adj. niggardly
snåla på v. scant
snåljåp n. miser
snåljåp n. niggard
snår n. thicket
snäcka n. conch
snäcka n. shell
snärja v. snare
snäv adj. curt
snö n. snow
snöa v. snow
snöig adj. snowy
snöre n. lace
snörpa på v. purse
snöstorm n. blizzard
social n. social
socialism n. socialism
socialist n,a socialist
sociologi n. sociology
socker n. sugar
sockra v. sugar
sodomi n. sodomy
sodomit n. sodomite

soffa n. couch
soffa n. settee
soffa n. sofa
sofism n. sophism
sofist n. sophist
sofistik n. sophistication
sofistikera v. sophisticate
sofistikerad adj. sophisticated
sol n. sun
sol- adj. solar
sola v. sun
solbränd adj. tan
solbränna n. tan
soldat n. soldier
solidaritet n. solidarity
solig adj. sunny
solist n. soloist
solo n. solo
solo adv. solo
solo- adj. solo
soltorkat tegel n. adobe
solvens n. solvency
som conj. as
som pron. as
som prep. for
som prep. like
som adj. that
som pron. which
sommar n. summer
sommar- adj. aestival
somnambulism n. somnambulism
son n. son
sona v. assoil
sonett n. sonnet
sonisk adj. sonic
sopa v. sweep
sopcontainer n. dumpster
sopmaskin n. sweeper
sopor n. garbage
soppa n. soup
sorg n. grief

sorg *n.* sadness	specificera *v.* specify
sorg *n.* sorrow	specifik *adj.* specific
sorglig *n.* mournful	specifikation *n.* specification
sorglig *adj.* piteous	spegel *n.* mirror
sorla *v.* buzz	spegla *v.* mirror
sortera *v.* sort	spektakel *n.* spectacle
sot *n.* soot	spektakulär *adj.* spectacular
sota ned *v.* soot	spekulation *n.* jobbery
sothöna *n.* coot	spekulation *n.* speculation
souvenir *n.* keepsake	spekulera *v.* speculate
souvenir *n.* souvenir	spel *n.* gamble
sova *v.* sleep	spel *n.* game
sovande *adv.* asleep	spel *n.* play
sovrum *n.* bedroom	spela *v.* gamble
sovvagn *n.* sleeper	spela *v.* play
spade *n.* spade	spela *v.* shoot
spana *v.* scout	spela bort *v.* game
spaniel *n.* spaniel	spela en konsert *v.* gig
Spanjor *n.* Spaniard	spela flöjt *v.* flute
spann *n.* span	spela huvudrollen *v.* star
spannmålsmagasin *n.* granary	spela in *v.* record
Spansk *adj.* Spanish	spela in på video *v.* video
spansk peppar *n.* capsicum	spela in på video *v.* videotape
Spanska *n.* Spanish	spelare *n.* gambler
spara *v.* save	spelare *n.* player
spark *n.* kick	spelfält *n.* playfield
sparka *v.* kick	spelhåla *n.* gambit
sparris *n.* asparagus	spelkort *n.* playcard
sparsam *adj.* thrifty	spelledare *v.* gamemaster
sparsamhet *n.* thrift	spellista *n.* tracklist
sparv *n.* sparrow	spelplan *n.* gamepad
spasm *n.* spasm	spelrum *n.* backlash
speceriaffär *n.* grocery	spelrymd *n.* gamespace
specerihandlare *n.* grocer	spendera *v.* spend
specialisera *v.* specialize	spene *n.* mamma
specialisering *n.* specialization	spene *n.* teat
specialist *n.* specialist	sperma *n.* sperm
specialist inom paleontologi *n.* paleontologist	spets *n.* lace
	spetsa *v.t.* lace
specialitet *n.* speciality	spetsfundighet *v.* cavil
speciell *adj.* particular	spetsliknande *adj.* lacy
speciell *adj.* special	spett *n.* shive

spetta *v.* lever
spetälsk *adj.* leprous
spetälska *n.* leper
spik *n.* nail
spika *v.* nail
spika *v.* spike
spikklubba *n.* mace
spill *n.* spill
spilla *v.* spill
spilla *v.* waste
spillror *n.* debris
spillror *n.* rubble
spillror *n.* wreckage
spilta *n.* stall
spinat *n.* spinach
spindel *n.* spider
spindelnät *n.* cobweb
spinna *v.* purr
spinnande *n.* purr
spinnare *n.* spinner
spion *n.* spy
spionera *v.* spy
spira *n.* sceptre
spiral *n.* spiral
spiral- *adj.* spiral
spiritism *n.* spiritualism
spiritualist *n.* spiritualist
spis *n.* cooker
spis *n.* stove
spiselkrans *n.* mantel
spjut *n.* javelin
spjut *n.* lance
spjut *n.* spear
spjutspets *n.* spearhead
spjäll *n.* throttle
splitter *n.* shapnel
splitterskydd *n.* blindage
splittra *v.* splinter
splittras *v.* shatter
splittring *n.* breakup
spola *v.* dump
spola *v.* flush

spole *n.* bobbin
sponsor *n.* sponsor
sponsra *v.* sponsor
spontan *adj.* spontaneous
spontanitet *n.* spontaneity
sporadisk *adj.* sporadic
sporra *v.* spur
sporre *n.* spur
sport *n.* sport
sportbil *n.* roadster
spott *n.* spit
spott *n.* spittle
spotta *v.* spit
spottkopp *n.* spittoon
sprakande *v.* crackle
sprey *n.* spray
spricka *v.* chip
spricka *v.* crack
sprida *v.* disperse
sprida *v.* shed
sprida *v.* spread
sprida *v.* stagger
sprida ut *v.* scatter
spridd *adj.* scattered
spridning *n.* proliferation
spridning *n.* propagation
spridning *adj.* scattery
springa *v.* course
springa *v.* run
springa *v.* scurry
springa fortare än *v.* outrun
springare *n.* steed
sprint *n.* peg
sprinta *v.* sprint
sprit *n.* liquor
spruta *v.* spout
spruta *v.* spray
spruta *v.* spurt
spruta *n.* syringe
spruta in *v.* syringe
språk *n.* diction
språk *n.* language

språkbruk *n.* parlance
språklig *adj.* lingual
språng *n.* bound
språng *n.* leap
språng *n.* plunge
sprängämne *n.* explosive
sprätt *n.* dandy
sprätt *n.* dude
spurt *n.* sprint
Sputnik *n.* sputnik
spy *v.* vomit
spya *n.* vomit
spypåse *n.* sickbag
Spådom genom bokstäver i ett namn *n.* onomancy
spår *n.* hint
spår *n.* trace
spår *n.* track
spår *n.* trail
spår *n.* vestige
spåra *v.* retrace
spåra *v.* trace
spåra *v.* track
spåra tillbaka *n.* trackback
spåra ur *v.* derail
spårbar *adj.* traceable
spårbar *adj.* trackable
spårhund *n.* tracker
späckhuggare *n.* orca
spädbarn *n.* bantling
spädbarn *n.* infant
spänd *adj.* taut
spänd *adj.* tense
spänd *adj.* tensioned
spänn- *adj.* tensile
spänna *v.* span
spänna *v.* tense
spänna *v.* tighten
spänna *v.* yoke
spänna fast *v.* strap
spänna för *v.* yoke
spänne *n.* buckle

spänning *n.* stress
spänning *n.* tension
spänning *n.* thrill
spänning *n.* stretch
spänning *n.* suspense
spänningsökning *n.* surge
spänt *adv.* tautly
spänt *adv.* tensely
spärra *v.* cordon
spärra *v.* invalidate
spärra vägen *v.* roadblock
spöke *n.* ghost
spöke *n.* spectre
squash *n.* squash
stabil *adj.* stable
stabilisera *v.* stabilize
stabilisering *n.* stabilization
stabilitet *n.* stability
stack *n.* rick
stad *n.* city
stad *n.* town
stadga *n.* charter
stadgad *adj.* staid
stadgad *n.* statute
stadig *adj.* steady
stadighet *n.* steadiness
stadion *n.* stadium
stag *n.* strut
stagnation *n.* stagnation
stagnation *n.* stoppage
stagnera *v.* stagnate
stagnerad *adj.* moribund
stagnerande *adj.* stagnant
staka *v.* pole
stake *n.* picket
stake *n.* stake
staket *n.* fence
stall *n.* stable
stalla *v.* stable
stam *n.* stem
stam *n.* tribe
stam- *adj.* tribal

stamfader *n.* ancestor
stamfader *v.* forbear
stamma *v.* stammer
stamning *n.* stammer
standard *n.* standard
standardisera *v.* standardize
standardisering *n.* standardization
stank *n.* stench
stank *n.* stink
stanna *v.* halt
stanna *v.* stay
stansa *v.* punch
stapel *n.* bar
stark *adj.* fiery
stark *adj.* lusty
stark *adj.* poignant
stark *adj.* strong
starr *n.* glaucoma
start *n.* launch
start *n.* takeoff
start *n.* start
starta *v.* start
stat *n.* county
stat *n.* staff
stat *n.* state
statik *n.* statics
station *n.* station
stationera *v.* station
stationär *adj.* stationary
statisk *n.* static
statisk *adj.* static
statistik *n.* statistics
statistiker *n.* statistician
statistisk *adj.* statistical
stativ *n.* flake
stativ *n.* stand
statlig *adj.* royal
statskupp *n.* coup
statsman *n.* statesman
statsskick *n.* polity
status *n.* status

staty *n.* statue
stav *n.* goad
stav *n.* rod
stava *v.* spell
stavelse *n.* syllabic
stavelse *n.* syllable
stearinljus *n.* candle
steg *n.* gait
steg *n.* step
steg *n.* tread
stega upp *v.* pace
stege *n.* ladder
stek *n.* roast
steka *v.* fry
steka *v.* roast
stekt *adj.* roast
stel *adj.* rigid
stel *adj.* set
stel *n.* stiff
stelna *v.* gel
stelna *v.* stiffen
sten *n.* boulder
sten *n.* rock
sten *n.* stone
stena *v.* stone
stenbocken *n.* Capricorn
stenbrott *n.* quarry
stencil *n.* cyclostyle
stencil *n.* stencil
stencilera *v.* cyclostyle
stencilera *v.* stencil
stenfisk *n.* rockfish
stenhård *adj.* adamant
stenig *adj.* stony
stenklättrare *n.* rock climber
stenograf *n.* stenographer
stenografi *n.* shorthand
stenografi *n.* stenography
stenras *n.* rockfall
stereotyp *n.* stereotype
stereotyp *adj.* stereotyped
steril *adj.* acarpous

steril *adj.* sterile
sterilisera *v.* geld
sterilisera *v.* sterilize
steriliserad *adj.* gelded
sterilisering *n.* sterilization
sterilisering av män *n.* demasculinization
sterilitet *n.* sterility
sterlingsilver *n.* sterling
stetoskop *n.* stethoscope
stia *n.* sty
stick *n.* prick
stick i fingret *n.* fingerstick
sticka *v.* knit
sticka *v.* nip
sticka *v.* poke
sticka *v.* prick
sticka *v.* stick
sticka *v.* sting
sticka med lansett *v.* lance
stift *n.* nib
stiga *v.* ascend
stiga *v.* rise
stigbygel *n.* stirrup
stigma *n.* stigma
stigning *n.* climb
stil *n.* bling
stil *n.* style
stilig *adj.* handsome
stilla *v.* allay
stilla *v.* appease
stilla *v.* assuage
stilla *v.* becalm
stilla *v.* mitigate
stilla *adj.* pacific
stilla *v.* still
stillasittande *adj.* sedentary
stillastående *n.* standstill
stillhet *n.* still
stillhet *n.* stillness
stillhet *n.* tranquility
stillsam *adj.* sedate

stim *n.* shoal
stimulans *n.* stimulus
stimulera *v.* stimulate
stimulerande medel *n.* stimulant
sting *n.* sting
stinka *v.* stink
stipendium *n.* scholarship
stipendium *n.* stipend
stirra *v.* stare
stirrande *adv.* agaze
stirrande *n.* gaze
stirrande *n.* goggles
stirrande *adj.* haggard
stirrande blick *n.* ogle
stjäla *v.* steal
stjäla (boskap av stor skala *n.* abaction
stjäla frukt *v.* scrump
stjälk *n.* stalk
stjälpa *v.* torpedo
stjälpa av *v.* tip (off)
stjärn- *adj.* stellar
stjärna *n.* celebrity
stjärna *n.* star
stjärnlik *adj.* starry
stjärt- *adj.* caudal
stock *n.* log
stock *n.* stock
stoiker *n.* stoic
stoja *v.* romp
stol *n.* chair
stolle *n.* dumbo
stolle *n.* gawk
stolle *n.* lunatic
stolt *adj.* proud
stolthet *n.* pride
stoltsera *v.* flaunt
stoltsera *v.* swagger
stopp *n.* deadlock
stopp *n.* stop
stoppa *v.* cushion
stoppa *v.* stuff
stoppa *v.* waylay

stoppning *n.* padding
stor *adj.* ample
stor *adj.* big
stor *adj.* capacious
stor *adj.* large
stor massa av dimma *n.* fogbank
stor yta sumpmark *n.* everglade
stora björn *n.* wain
storhet *n.* grandeur
storhjärtad *adj.* bighearted
stork *n.* stork
storlek *n.* size
storm *n.* storm
storm *n.* tempest
storma *v.* storm
stormande *adj.* tumultuous
stormig *adj.* stormy
stormig *adj.* tempestuous
stormästarinna *n.* dame
storsinnad *adj.* magnanimous
storsinthet *n.* magnanimity
storslagen *adj.* magnificent
storstads- *adj.* metropolitan
storstadsinvånare *n.* metropolitan
straff *n.* penalty
straff *n.* punishment
straff- *adj.* punitive
straffa *v.* chasten
straffa *v.* penalize
straffa *v.* punish
straffrihet *n.* impunity
straffånge *n.* convict
stram *adj.* tense
stram *adj.* tight
strand *n.* beach
strand *n.* strand
stranda *v.* strand
strandkant *adj.* beachfront
strandkant *adj.* beachside
strandlilja *n.* daffodil
strandpryl *n.* shoreweed

strapats *n.* fatigue
strateg *n.* strategist
strategi *n.* strategy
strategisk *adj.* strategic
strejk *n.* strike
stress *n.* stress
stressa *v.* stress
strid *n.* combat
strid *n.* feud
strid *n.* fight
strid *n.* melee
strida *v.* feud
strida *v.* fight
strida *v.* vie
stridshandske *n.* gauntlet
stridslysten *adj.* combative
stridslysten *adj.* quarrelsome
stridsvagn *n.* chariot
stridsvapen *n.* polearm
strimla *v.* shred
strimmig *int.* shot
strippa *n.* pole dancer
strippa *v.* strip
strof *n.* stanza
struktur *n.* structure
strukturell *adj.* structural
strumpa *n.* sock
strumpbyxor *n.* stocking
strumpeband *n.* garter
struntsamma *n.* pittance
strup- *adj.* throaty
strupe *n.* throat
struplock *n.* epiglittis
struts *n.* ostrich
stryk *n.* caning
stryka *v.* iron
stryka *v.* stroke
strykning *n.* stroke
strykpojke *n.* underdog
strypa *v.* strangle
strypa *v.* throttle
strypning *n.* strangulation

stråla v. beam
strålande adj. aglare
strålande adj. lucid
strålande adj. radious
stråle n. beam
stråle n. ray
stråle n. spout
stråle n. spurt
strålning n. radiation
sträcka v. stretch
sträcka sig v. range
sträckmuskel n. tensor
sträckmuskel- adj. tensor
sträckning n. strain
strälning n. radiance
sträng adj. austere
sträng adj. dour
sträng adj. strict
sträng n. string
stränga v. string
stränghet n. rigour
stränghet n. severity
stränghet n. stringency
sträva n. brace
sträva v. strive
sträva v. endeavour
strävan n. endeavour
strö v. strew
ström n. current
ström n. flush
ström n. jet
ström n. spate
ström n. stream
ström n. torrent
strömbana n. circuit
strömbrytare n. switch
strömma v. stream
strömma in v. troop
ströva v. ramble
ströva omkring v. roam
strövtåg n. ramble
stubb n. stubble

stubbe n. stump
stuck n. plaster
student n. student
studenthem n. dormitory
studera v. study
studerandet av att rymma n. escapology
studerandet av endemi n. endemiology
studerandet av ontologi n. ontologist
studie n. study
studien av lukt n. olfactics
studio n. studio
studs n. rebound
studsa v. dap
studsa tillbaka v. rebound
stuga n. cottage
stulta v. waddle
stum individ n. mute
stumb n. stub
stunt n. stunt
stupa v. tip
stuva v. stow
stycke n. piece
styckevis adv. retail
stygn n. stitch
stylta n. stilt
stympa v. lacerate
stympa v. mutilate
stympning n. mutilation
styra v. steer
styrande n. ruling
styrelse n. board
styrelse n. governance
styrelseledamot n. bencher
styrhjul n. castor
styrka n. fortitude
styrka v. prove
styrka v. rule
styrka n. strength
styrkula n. trackball

stå v. stand	ständig adj. perpetual
stå och glo v. gawk	ständig adj. persistent
stående n. standing	stänga v. close
stål n. steel	stänga v. disconnect
stålman n. superman	stänga v. shut
ståndaktig adj. steadfast	stänga in v. closet
ståndarsträng n. filament	stängel n. scape
ståndarsträngar adj. filamented	stänk n. dash
ståndpunkt n. standpoint	stänk n. splash
stång n. pole	stänka v. splash
stånga v. gore	stäpp n. steppe
ståtlig adj. stately	stärka v. boost
ståtligt adv. nobly	stärka v. consolidate
städ n. anvil	stärka v. starch
städa v. tidy	stärka v. strengthen
städad adj. tidy	stärkande medel n. tonic
städsegrön adj. evergreen	stärkelse n. starch
städsegrön växt n. evergreen	stöd n. advocacy
ställa v. cast	stöd n. patronage
ställa v. set	stöd n. prop
ställa i skuggan v. dwarf	stöd n. support
ställa in v. tune	stödja v. back
ställe n. lieu	stödja v. endorse
ställföreträdande adj. vicarious	stödja v. prop
ställföreträdare n. deputy	stödja v. stake
ställning n. estate	stödja med konsoler v. bracket
ställning n. lay	stöld n. theft
ställning n. pose	stöldgods n. loot
ställning n. posture	stöna v. moan
ställning n. rack	stönande n. moan
stämma v. chisel	störa v. molest
stämma v. correspond	störa v. perturb
stämma v. stem	störning n. molestation
stämma v. sue	störta v. lunge
stämning n. indictment	störta v. overthrow
stämning n. tone	störta v. topple
stämning n. writ	störtande n. overthrow
stämpel n. die	stöt n. poke
stämpel n. stamp	stöt n. thrust
stämpla v. machinate	stöta v. butt
stämpla v. stamp	stöta v. dig
ständig adj. continual	stöta v. thrust

stötande *adj.* forboding	**superlativ** *n.* superlative
stötande *adj.* offensive	**supertönt** *n.* ubergeek
stötta *v.* shore	**sur** *adj.* cross
stötta *v.* strut	**sur** *adj.* morose
stötta *v.* support	**sur** *adj.* sour
stöttepelare *n.* mainstay	**sura** *v.* mope
stövel *n.* boot	**surfa** *v.* surf
stövel *n.* wellington	**surfplatta** *n.* tablet
subjektiv *adj.* subjective	**surgöra** *v.* acetify
sublim *adj.* sublime	**surhetsgrad** *n.* acidity
sublimera *v.* sublimate	**surr** *n.* whir
sublimitet *n.* sublime	**susa** *v.* whiz
substans *n.* substance	**suverän** *n.* sovereign
substantiv *n.* noun	**suverän** *adj.* sovereign
substitut *n.* substitute	**suveränitet** *n.* sovereignty
subtil *n.* subtle	**svag** *adj.* feeble
subtilitet *n.* subtlety	**svag** *adj.* frail
subtrahera *v.* subtract	**svag** *adj.* mild
subtraktion *n.* subtraction	**svag** *adj.* tenuous
subventionera *v.* subsidize	**svag** *adj.* weak
suck *n.* sigh	**svag doft** *n.* sniff
sucka *v.* sigh	**svaghet** *n.* debility
suddas ut *v.* blur	**svaghet** *n.* partiality
suddighet *n.* blur	**svaghet** *n.* weakness
sufflör *n.* prompter	**svagt** *adv.* dimly
sug *n.* suck	**svagt** *adv.* tenuously
suga *v.* suck	**svala** *n.* swallow
sugga *n.* sow	**svalg** *n.* abyss
suggestiv *adj.* suggestive	**svalla** *v.* billow
sugrör *n.* straw	**svalla** *v.* surge
sula *n.* sole	**svallvåg** *n.* surge
sula *v.* sole	**svalna** *v.* cool
summa *n.* count	**svamp** *n.* fungus
summa *n.* sum	**svamp** *n.* mushroom
summarisk *adv.* summarily	**svamp** *n.* sponge
summera *v.* sum	**svan** *n.* swan
sund *adj.* sound	**svans** *n.* tail
sund *n.* strait	**svar** *n.* answer
sup *n.* dram	**svar** *n.* reply
supera *n.* sup	**svar** *n.* response
superfin *adj.* superfine	**svara** *v.* answer
superlativ *adj.* superlative	**svara** *v.* reply

svara v. respond	**svindla** v. rook
svarande n. respondent	**svindlare** n. swindler
svart adj. black	**svinga** v. wield
svart lista n. blacklist	**svinstia** n. stye
svartfotad albatross n. gooney	**svit** n. suite
svartkonstnär n. necromancer	**svår** adj. difficult
svartlista v. blacklist	**svår** adj. hard
svartmuskig adj. swarthy	**svår** adj. severe
svarv n. lathe	**svårighet** n. difficulty
svarvare n. turner	**svårmodig** adj. melancholy
svavel n. sulphur	**svårsmält** adj. indigestible
svavel- adj. sulphuric	**svälja** v. gulp
sveda v. parch	**svälja** v. swallow
sveda v. singe	**sväljning** n. swallow
svek n. betrayal	**svälla** v. swell
svek n. debilitation	**svält** n. famine
svek n. deceit	**svält** n. starvation
svek n. guile	**svälta** v. starve
svep n. sweep	**säng** n. turn
svepa v. down	**svänga** v. curb
svepa v. shroud	**svänga** v. oscillate
svepa in v. sheet	**svänga** v. sway
svepande adj. flip	**svängning** n. oscillation
svetsa v. weld	**svängning** n. sway
svetsning n. weld	**svära** adj. cursory
svett n. perspiration	**svära** v. swear
svett n. sweat	**svära** v. vow
svettas v. exude	**svärd** n. sword
svettas v. perspire	**svärföräldrar** n. in-laws
svettas v. sweat	**svärm** n. swarm
svida v. smart	**svärma** v. swarm
svika v. baffle	**svärta** v. defame
svika v. betray	**svärta ner** v. blacken
svika v. enfeeble	**sväva** v. flutter
svikare n. abandoner	**sväva** v. soar
svikta v. sag	**Swedish words** Noun, Verb etc.
svimma v. faint	**sy** v. sew
svimma v. swoon	**sy** v. stitch
svimning adj. faint	**sy ihop** v. seam
svimning n. swoon	**sydlig** adj. south
svin n. swine	**sydlig** adj. southerly
svindel n. swindle	**sydlänsk** adj. southern

syfta v. aim	**syra** n. acid
syfta v. hint	**syrabindande** adj. antacid
syftande adj. allusive	**syre** n. oxygen
syfte n. aim	**syren** n. lilac
syfte n. intent	**syresatt** adj. oxygenated
syfte n. intention	**syresättning** n. oxygenation
syfte n. purpose	**syrlig** adj. acid
sylfid n. sylph	**syrlig** adj. acidic
sylt n. jam	**syrsa** n. cricket
symbios n. symbiosis	**syrsätta** v. oxygenate
symbiot n. symbiote	**syskonbarn** n. nephew
symbol n. symbol	**syskonbarn** n. niece
symbolisera v. symbolize	**sysselsättning** n. occupation
symbolisk adj. symbolic	**system** n. system
symbolism n. symbolism	**systematisera** v. systematize
symfoni n. symphony	**systematisk** adj. systematic
symmetri n. symmetry	**syster** n. sister
symmetrisk adj. symmetrical	**systerlig** adj. sisterly
sympati n. sympathy	**systerskap** n. sisterhood
sympatisera v. sympathize	**så** adv. as
sympatisk adj. sympathetic	**så** adv. so
symposium n. symposium	**så** pron. such
symptom n. symptom	**sådan** adj. such
symptomatisk adj. symptomatic	**såg** n. saw
syn n. vision	**såg-grop** n. sawpit
syna v. scrutinize	**såga** v. saw
synd n. blunder	**sågare** n. sawyer
synd n. sin	**sågat** n. sawn
synda v. sin	**sågbock** n. sawbuck
syndabock n. scapegoat	**sågbock** n. sawhorse
syndare n. sinner	**sågbänk** n. sawbench
syndig adj. sinful	**sågfisk** n. sawfish
synergi n. synergy	**såggräs** n. sawgrass
synlig adj. visible	**sågspån** n. sawdust
synlighet n. visibility	**sågtand** n. sawtooth
synonym n. synonym	**sågverk** n. sawmill
synopsis n. synopsis	**således** adv. thus
synpunkt n. facet	**sålla** v. riddle
syntes n. synthesis	**sålla** v. sift
syntet n. synthetic	**sålla** v. winnow
syntetisk adj. synthetic	**sållningsbar** adj. screenable
synvinkel n. angle	**sång** n. chant

sång *n.* song
sångare *n.* singer
sångare *n.* songster
sångare *n.* warbler
sångtext *n.* lyric
sår *n.* sore
sår *n.* wound
såra *v.* hurt
såra *v.* wound
sårbar *adj.* vulnerable
sårskorpa *n.* scab
sås *n.* sauce
säck *n.* sack
säckpipa *n.* bagpipe
säckpipblåsare *n.* bagpiper
sädes- *adj.* cereal
sädesvätska *n.* semen
sädning *n.* shipment
säga *v.* say
säker *adj.* assertive
säker *adj.* certain
säker *adj.* safe
säker *adj.* secure
säker *adj.* sure
säker hamn *n.* safe harbour
säkerhet *n.* certainty
säkerhet *n.* mortgage
säkerhet *n.* safe
säkerhet *n.* safety
säkerhet *n.* security
säkerhet *n.* surety
säkerhets- *adj.* backup
säkerhetskopiering *n.* backup
säkert *adv.* safely
säkert *adv.* surely
säkert förvar *n.* safekeeping
säkert hus *n.* safehouse
säkra *v.* secure
säkra med en snara *v.* noose
säkring *n.* fuse
säl *n.* seal
sälja *v.* sell

sälja i minut *v.* retail
säljare *n.* monger
säljare *n.* seller
säljare *n.* vendor
säljbar *adj.* salable
säljpersonal *v.* salesforce
sällan *adv.* rarely
sällan *adv.* seldom
sällskap *n.* assembly
sällskapa *v.* mate
sällskaplig *adj.* sociable
sällskaplighet *n.* sociability
sällsynt *adj.* rare
sällsynthet *n.* rareness
sällsynthet *n.* rarity
sälskinn *n.* sealskin
sämja *n.* concord
sämskskinn *n.* buff
sämst *n.* worst
sända *v.* broadcast
sända *v.* transmit
sända i tv *v.* telecast
sändare *n.* addresser
sändare *n.* transmitter
sändning *n.* broadcast
sändning *n.* transmission
säng *n.* bed
sänghimmel *n.* canopy
sängkläder *n.* bedding
sänglakan *n.* bedsheet
sänglampa *n.* bedlamp
sänka *v.* debase
sänka *v.* depress
sänka *v.* lower
säregenhet *n.* singularity
särskild *adj.* especial
särskilja *v.* distinguish
särskilt *adv.* particularly
säsong *n.* season
säsong- *adj.* seasonal
sätt *n.* mode
sätt *n.* way

sätta v. put
sätta dit v. frame
sätta i bur v. cage
sätta i fara v. endanger
sätta i fängelse v. jail
sätta i rörelse v. commove
sätta igång v. launch
sätta kurs v. vector
sätta lock på v. cap
sätta på handbojor v. cuff
sätta på handbojor v. handcuff
sätta på kondom v. sheath
sätta upp v. pitch
sätta upp v. stage
söder n. south
söderut adv. south
sök n. search
söka v. court
söka v.t. quest
söka v. seek
söka v. search
söka fram v. scavenge
sökande n. applicant
sökande n. quest
sökande adj. searching
sökare n. forager
sökarljus n. searchlight
sökbarhet n. searchability
sökmotor n. browser
söm n. seam
sömmerska n. dressmaker
sömn n. sleep
sömngångare n. somnambulist
sömnig adj. sleepy
sömnig n. somnolent
sömnighet n. somnolence
Söndag n. Sunday
sönder adv. asunder
sönderslitning n. dilaceration
sönderusmula v. crush
sörja v. grieve
sörja v. mourn

sörja v. sorrow
sörjande n. mourner
sörjande n. mourning
söt adj. sweet
söta v. sweeten
sötma n. sweetness
sötnos n. babe
sött Madeira vin n. malmsey
sövande ljud n. lull

T

T-ben n. T-bone
ta v. take
ta v. have
ta beslag på fartyg olagligt v. seajack
ta en tupplur v. nap
ta ett språng v. leap
ta fram v. compile
ta färjan v. ferry
ta fördel av v. benefit
ta i nackskinnet v. scruff
ta igen v. recoup
ta igen sig v. recover
ta med v. bring
ta nattvarden v. commune
ta prov av v. sample
ta på volley v. volley
ta slut v. end
ta ur bruk v. decommission
ta ur spel v. sideline
tabell n. chart
tabell n. table
tabellarisk adj. tabular
tablett n. tablet
tabu n. taboo
tabu adj. taboo
tabubelägga v. taboo
tabulator n. tabulator
tabulera v. tabulate

tabulering *n.* tabulation	**talbot** *n.* talbot
tack *adv.* please	**talesman** *n.* spokesman
tack *n.* thanks	**talg** *n.* tallow
tacka *v.* thank	**talisman** *n.* talisman
tackla *v.* tackle	**talk** *n.* talc
tackling *n.* tackle	**tall** *n.* fir
tacksam *adj.* grateful	**tall** *n.* pine
tacksam *adj.* indebted	**tallrik** *n.* plate
tacksam *adj.* thankful	**talspråkig** *adj.* colloquial
tacksamhet *n.* gratitude	**tam** *adj.* tame
tacobröd *n.* nacho	**tampas** *v.* tussle
tafatt *adj.* maladroit	**tamponera** *v.* tampon
tafatt person *n.* butterfingers	**tampong** *n.* tampon
tafsa *v.* grope	**tand** *n.* tooth
tag *n.* hold	**tandem** *n.* tandem
tag *n.* stroke	**tandläkare** *n.* dentist
tagare *n.* taker	**tandoori** *n.* tandoor
tagen *adj.* taken	**tandställning** *n.* braces
tagg *n.* thorn	**tandvärk** *n.* toothache
taggig *adj.* thorny	**tangent** *n.* tangent
tajma *v.* time	**tangentbord** *n.* keypad
tak *n.* ceiling	**tango** *n.* tango
tak *n.* roof	**tank** *n.* cistern
tak *n.* tect	**tank** *n.* tank
takdropp *n.* eavesdrop	**tanke** *n.* thought
takeout *adj.* takeout	**tanke** *n.* will
takt *n.* beat	**tankeläsare** *n.* telepathist
taktik *n.* tactics	**tankfartyg** *n.* tanker
taktiker *n.* tactician	**tantra** *n.* tantra
taktil *adj.* tactile	**tantrisk** *adj.* tantric
taktpinne *n.* wand	**tapp** *n.* pin
tal *n.* discourse	**tapp** *n.* pivot
tal *n.* speech	**tapp** *n.* tap
tala *n.* gaffe	**tapp** *n.* wisp
tala *v.* speak	**tappa** *v.* sap
tala *n.* tala	**tapper** *adj.* gallant
talan *n.* say	**tapper** *adj.* valiant
talande *adj.* telling	**tapperhet** *n.* bravery
talang *n.* aptitude	**tapperhet** *n.* gallantry
talang *n.* talent	**tapperhet** *n.* hardihood
talare *n.* speaker	**tapperhet** *n.* valour
talarstol *n.* rostrum	**taramit** *n.* taramite

taramtism *n.* tarantism
tarm *n.* bowel
tarm *n.* intestine
tarmkanalen *n.* tract
tarvlighet *n.* meanness
task *n.* bollocks
tass *n.* paw
tatuera *v.* tattoo
tatuering *n.* tattoo
tavla *n.* painting
taxa *n.* tariff
taxera *v.* rate
taxi *n.* cab
taxi *n.* taxi
taxi *n.* taxicab
taxibuss *n.* taxibus
te *n.* tea
teabagging *n.* teabagging
teak *n.* teak
teak *v.* teak
teater *n.* theatre
teatralisk *adj.* theatrical
technomusik *n.* technomusic
tecken *n.* sign
tecken *n.* token
tecknad film *n.* cartoon
tecknare *adj.* draftsman
tecknare *n.* drawer
tecknare *n.* signatory
teckning *n.* drawing
tefat *n.* saucer
tegel *n.* brick
tehus *n.* teahouse
teism *n.* theism
teist *n.* theist
tejp *n.* tape
tejpa *v.* tape
tekaka *n.* teacake
tekanna *n.* teapot
teknik *n.* technique
teknikalitet *n.* technicality
tekniker *n.* technician

teknisk *n.* technical
teknofil *n.* technophile
teknofob *n.* technophobe
teknolog *n.* technologist
teknologi *n.* technology
teknologisk *adj.* technological
tekopp *n.* teacup
tektonisk *adj.* tectonic
telefax *n.* telecopier
telefax *n.* telefax
telefon *n.* phone
telefon *n.* telephone
telefonbankärenden *n.* telebanking
telefonera *v.* telephone
telefonförsäljare *v.* telemarket
telefonförsäljning *n.* telemarketing
telegraf *n.* telegraph
telegrafera *v.* telegraph
telegrafi *n.* telegraphy
telegrafisk *adj.* telegraphic
telegrafist *n.* telegraphist
telegram *n.* telegram
telejournalism *n.* telejournalism
telekinesi *n.* telekinesis
telekinetisk *adj.* telekinetic
telekommunikation *n.* telecommunications
telekonferens *n.* teleconference
telematik *adj.* telematic
telemetri *n.* telemetry
teleologi *n.* teleology
teleologisk *adj.* teleologic
teleologist *n.* teleologist
teleoperatör *n.* teleoperator
telepati *n.* telepathy
telepatisk *adj.* telepathic
teleportera *v.* teleport
teleporterare *n.* teleport
teleportering *n.* teleportation
teleprinta *v.* teleprint

teleprinter *n.* teleprint
teleprompter *v.* teleprompt
teleskop *n.* telescope
teleskopisk *adj.* telescopic
televisera *v.* televise
television *n.* television
tellur- *adj.* tellural
tellur- *adj.* telluric
telåda *n.* teabox
tema *n.* theme
tematisk *adj.* thematic
temerament *n.* temperament
tempel *n.* temple
tempelriddare *n.* templar
temperamentsfull *adj.* temperamental
temperatur *n.* temperature
tempo *n.* pace
tempus *n.* tense
tempus *n.* tenue
tendens *n.* proclivity
tendens *n.* tendency
tendera *v.* tend
tenderar att blockera *adj.* occlusive
tenderar mot en pol *adj.* polary
tendinit *n.* tendinitis
tenn *n.* tin
tennis *n.* tennis
tenor *n.* tenor
tenor. *adj.* tenor
teokrati *n.* theocracy
teolog *n.* theologian
teologi *n.* theology
teologisk *adj.* theological
teoretisk *adj.* notional
teoretisk *adj.* theoretical
teori *n.* theory
teorisera *v.* theorize
teorist *n.* theorist
tepåse *n.* teabag
tequila *n.* tequila

terabit *n.* terabit
terabyte *n.* terabyte
terajoule *n.* terajoule
terapi *n.* therapy
term *n.* term
termin *n.* semester
terminal *n.* terminal
terminal *n.* terminus
terminologi *n.* terminology
terminologisk *adj.* terminological
termisk *adj.* thermal
termit *n.* termite
termit-dödande medel *n.* termiticide
termometer *n.* thermometer
termos *n.* thermos (flask)
terpentin *n.* turpentine
terrakotta *n.* terracotta
terrakotta- *adj.* terracotta
terrass *n.* terrace
terrassera *v.* terrace
terrier *n.* terrier
territoriell *adj.* territorial
territorium *n.* territory
terror *n.* terror
terrorisera *v.* terrorize
terrorism *n.* terrorism
terrorist *n.* terrorist
terräng *n.* terrain
tertiär *adj.* tertiary
tertiärtiden *n.* tertiary
tes *n.* thesis
test *n.* test
testa *v.* test
testamente *n.* testament
testamente *n.* will
testamentera *v.* bequeath
testikel *n.* testicle
testosteron *n.* testosterone
tetra *n.* tetra
text *n.* text

text-TV *n.* teletext
textil- *adj.* textile
textilmaterial *n.* textile
texttrogen *n.* textual
textur *n.* texture
thcick *int.* tchick
tiara *n.* tiara
tid *n.* term
tid *n.* time
tidig *adv.* early
tidigare *adj.* former
tidigare *adj.* prior
tidigt *adj.* early
tidning *n.* gazette
tidning i litet format *n.* tabloid
tidpunkt *n.* time
tidsfördriv *n.* pastime
tidsskrift *n.* periodical
tidvatten *n.* tide
tidvattens- *adj.* tidal
tidvattensvåg *n.* bore
tiger *n.* tiger
tiggare *n.* beggar
tigrinna *n.* tigress
till *conj.* until
till det yttre *adv.* outwardly
till fots *adv.* afoot
till sjöss *adv.* afloat
till skillnad från *prep.* unlike
till synes *adv.* ostensibly
tillbaka *adv.* back
tillbakablick *n.* flashback
tillbakablickande *n.* retrospection
tillbakaryggande *adv.* recoil
tillbakaspolning *v.* bewind
tillbedjan *n.* adoration
tillbehör *n.* appurtenance
tillbud *n.* mishap
tilldela *v.* award
tilldela *v.* inflict
tilldelning av en kvot *n.* weight-age
tillflykt *n.* recourse
tillflykt *n.* refuge
tillflykt *n.* resort
tillfoga *v.* suffix
tillfredsställande *n.* gratification
tillfredsställande *adj.* satisfactory
tillfredsställelse *n.* contentment
tillfredsställelse *n.* satisfaction
tillfriskna *v.* convalesce
tillfrisknande *n.* convalescence
tillfälle *n.* opportunity
tillfällig *adj.* accidental
tillfällig *adj.* incidental
tillfällig *adj.* temporary
tillfällig *adj.* circumstantial
tillfällig vaktmästare *adj.* caretaker
tillfällighets- *adj.* casual
tillfällighets- *adj.* causal
tillfälligtvis *adv.* occasionally
tillföra *v.* key
tillförsel *n.* infusion
tillförsel *n.* supply
tillgiven *adj.* affectionate
tillgjordhet *n.* affection
tillgång *n.* asset
tillgänglig *adj.* available
tillgänglig *adj.* obtainable
tillhåll *n.* haunt
tillhållarlås *n.* tumbler
tillhöra *v.* belong
tillhöra *v.* belong
tillhörigheter *n.* belongings
tillintetgörelse *n.* annihilation
tillmötesgående *adj.* complaisant
tillråda *v.* advise
tillrådlig *adj.* advisable
tillrådlighet *n.* advisability
tillräcklig *adj.* sufficient
tillräcklig mängd *n.* sufficiency

tillräckligt *adv.* enough
tillrättalägga *v.* clarify
tillrättavisa *v.* rebuke
tillrättavisa *v.* reprimand
tillrättavisande *n.* rebuke
tillrättavisning *n.* reprimand
tills *prep.* till
tills *prep.* until
tillsammans *adv.* altogether
tillsammans *adv.* together
tillskansa sig *v.* usurp
tillskott *n.* addition
tillskriva *v.* ascribe
tillskriva *v.* assign
tillskriva *v.* impute
tillstånd *n.* condition
tillstånd *n.* permit
tillstånd *n.* plight
Tillståndet att ha varje form *n.*
    moniformity
tillståndet Frank delirium *n.*
    deliriant
tillsätta en eterisk olja *v.* terp
tilltala *v.* address
tillträde *n.* admission
tillträde *n.* entry
tilltäppt *adj.* stuffy
tillverka *v.* manufacture
tillverka glas *v.* glassify
tillverkare *n.* maker
tillverkare *n.* manufacturer
tillverkning *n.* fabrication
tillverkning *n.* manufacture
tillverkning av teleskop *n.* tele-
    scopy
tillvägagångssätt *n.* proceeding
tillväxt *n.* accrementition
tillväxt *n.* increment
tillväxt av ståndarsträngar *n*
    filamentation
tillåta *v.* allow
tillåta *v.* permit

tillåtelse *n.* allowance
tillåtelse *n.* consent
tillåtelse *n.* permission
tillåtlig *adj.* admissible
tillåtlig *adj.* permissible
tillägg *n.* annexation
tillägg *n.* insertion
tillägg *n.* supplement
tillägga *v.* add
tilläggsavgift *n.* surcharge
tilläggsskatt *n.* supertax
tillägna sig *v.* acquire
tillämpning *n.* appliance
timglas *n.* sandglass
timlig *adj.* temporal
timme *n.* hour
timmer *n.* timber
timmerman *n.* carpenter
tina *v.* thaw
tindra *v.* sparkle
tindra *v.* twinkle
tindrande *n.* twinkle
tio *n.*, *a* ten
tiofaldig *adj.* tenfold
tiofaldigt *adv.* tenfold
tionde *adj.* tenth
tiondel *n.* tithe
tioårsperiod *n.* decennary
tippa *v.* tip
tips *n.* tip
tipsa *v.* tip
tirad *n.* tirade
tistel *n.* thistle
titanic *adj.* titanic
titel *n.* heading
titel *n.* title
titt *n.* peep
titta *v.* watch
tittande *adj.* look
titulera *v.* title
titulär- *adj.* titular
tivoli *n.* fair

tjafsa *v.* fuss
tjalla *v.* canary
tjat *n.* nagging
tjatpelle *n.* nag
tjock *adj.* thick
tjock *adv.* thick
tjockhudad *adj.* pachidermatous
tjockhuding *n.* pachyderm
tjockna *v.* thicken
tjockända *n.* butt
tjuder *n.* tether
tjudra *v.* tether
tjugo *adj.* twenty
tjugonde *adj.* twentieth
tjugondel *n.* twentieth
tjugotal *n.* twenty
tjur *n.* bull
tjurfäktning *n.* tauromachy
tjusa *v.* beguile
tjusig *adj.* beguiling
tjusning *n.* allurement
tjuv *n.* thief
tjuvfiska *v.* poach
tjuvfiskad *adj.* poached
tjuvfiskare *n.* poacher
tjuvlyssna *v.* eavesdrop
tjäna *v.* earn
tjäna *v.* net
tjäna *v.* serve
tjänare *n.* domestic
tjänare *n.* servant
tjänst *n.* favour
tjänst *n.* post
tjänstefel *n.* misconduct
tjänsteman *n.* clerk
tjära *n.* tar
tjärn *adj.* mere
toalett *n.* lavatory
toalett *n.* toilet
toast *n.* toast
tobak *n.* tobacco
toffel *n.* slipper
toga *n.* toga
tok *n.* fool
tok *n.* nutcase
tokig *n.* atoll
tokig *adj.* daft
tolerabel *adj.* tolerable
tolerans *n.* tolerance
tolerans *n.* toleration
tolerant *adj.* tolerant
tolerera *v.* tolerate
tolfte *adj.* twelfth
tolftedel *n.* twelfth
tolv *n.* twelve
tom *adj.* blank
tom *adj.* empty
tom *adj.* hollow
tomat *n.* tomato
tomrum *n.* blank
tomrum *n.* void
ton *n.* ton
ton *n.* tone
ton *n.* tonne
tona *v.* tincture
tona *v.* tint
tona *v.* tone
tonikum *n.* tonic
toning *v.* fade
tonisk *adj.* tonic
tonsur *n.* tonsure
tonåring *n.* teenager
tonåringar *n. pl.* teens
topas *n.* topaz
topograf *n.* topographer
topografi *n.* topography
topografisk *adj.* topographical
topp *n.* peak
topp *n.* summit
topp *n.* top
toppen *adj.* great
torka *n.* drought
torka *v.* dry
torka *v.* wipe

torka sig med en handduk v. towel
torka ut v. dehydrate
torn n. steeple
torn n. tower
tornado n. tornado
torp n. croft
torped n. torpedo
torr adj. arid
torr adj. dried
torr adj. dry
torr adj. husky
torrdis n. haze
Torsdag n. Thursday
torsk n. cod
tortera v. torture
tortyr n. torture
torva n. turf
total adj. total
totalitet n. allness
totalitär adj. totalitarian
toxemi n. toxemia
toxifiering n. toxification
toxikolog n. toxicologist
toxikologi n. toxicology
tradition n. tradition
traditionell adj. traditional
trafik n. traffic
trafikera v. traffic
tragedi n. tragedy
tragediförfattare n. tragedian
tragisk adj. tragic
trakasseri n. harassment
trakeal adj. tracheal
trakeol n. tracheole
traktor n. tractor
trampa v. pedal
trampa ner v. trample
trampa på underfoten v. conculcate
trampare n. treader
trans n. trance

transaktion n. transaction
transitiv n. transitive
transkribera v. transcribe
transkription n. transcription
transparent adj. transparent
transplantat n. transplantee
transplantation n. graft
transplantation n. transplant
transplantation n. transplantation
transplantera v. graft
transplantera v. transplant
transport n. carriage
transport n. conveyance
transport n. portage
transport n. transit
transport n. transport
transportera v. transit
transportera v. transport
transportering n. transportation
trapball n. trapball
trapets n. trapeze
trappsteg n. stair
trasa n. cloth
trasa n. duster
trasa n. rag
trasa n. tatter
trasa v. tatter
trassla in v. entangle
trassla in sig v. tangle
trassla till v. bollocks
trauma n. trauma
traumatisk adj. traumatic
traumatism n. traumatism
traumatologi n. traumatology
trav n. trot
trava v. trot
travers n. traverse
tre adj. three
tre gånger adv. thrice
tre kopior n. triplicate
trea n. three
tredelad adj. tripartite

tredje *adj.* third	**trofast** *n.* trusty
tredjedel *n.* third	**trofé** *n.* trophy
tredubbel *adj.* triple	**trogen** *adj.* faithful
tredubbling *n.* triplication	**trogen** *adj.* stalwart
treenighet *n.* trinity	**trogen anhängare** *n.* stalwart
trefot *n.* tripod	**trogen tjänare** *n.* votary
trefärgad *adj.* tricolour	**trohet** *n.* dedication
trefärgad flagga *n.* tricolour	**trohet** *n.* fealty
trehjuling *n.* tricycle	**trolig** *adj.* probable
trend *n.* trend	**troligen** *adv.* probably
trettio *adj.* thirty	**troligtvis** *adj.* likely
trettio *n.* thirty	**trolla** *v.* conjure
trettionde *adj.* thirtieth	**trolldom** *n.* sorcery
trettionde *n.* thirtieth	**trolldom** *n.* witchcraft
tretton *n.* thirteen	**trollformel** *n.* spell
tretton *adj.* thirteen	**trollkarl** *n.* sorcerer
trettondag *n.* epiphany	**trollkarl** *n.* wizard
trettonde *adj.* thirteenth	**trollslända** *n.* dragonfly
trevande *adj.* tentative	**trolova** *v.* betroth
trevlig *adj.* enjoyable	**trolovad** *adj.* betrothed
trevlig *adj.* jolly	**trolovning** *n.* betrothal
trevlig *adj.* pleasant	**trolöshet** *n.* perfidy
triangel *n.* triangle	**tron** *n.* throne
triangulär *adj.* triangular	**trona** *v.* throne
trick *n.* gimmick	**tropic** *n.* tropic
trikåer *n.* hosiery	**tropisk** *adj.* tropical
trimma *v.* trim	**troskyldig** *adj.* artless
trimning *n.* trim	**trosvittne** *n.* martyr
trio *n.* trio	**trots** *prep.* notwithstanding
triplikata *adj.* triplicate	**trots** *n.* obstinacy
trippel *v.t.,* triple	**trots** *n.* spite
trissa *n.* caster	**trots att** *conj.* albeit
tristess *n.* drab	**trots att** *conj.* although
triumf *n.* triumph	**trots att** *conj.* notwithstanding
triumf- *adj.* triumphal	**trots det** *adv.* notwithstanding
triumfera *v.* gloat	**trotsa** *v.* breast
triumferande *adj.* triumphant	**trotsig** *adj.* defiant
trivas *v.* flourish	**trottoar** *n.* sidewalk
trivas *v.* like	**trottoar** *n.* sideway
trivial *adj.* mundane	**trovärdig** *adj.* credible
tro *n.* belief	**trubbel** *n.* fix
tro *v.* believe	**trubbigt** *adv.* bluntly

trumf *n.* trump
trumfisk *n.* drumfish
trumma *n.* drum
trumma *v.* drum
trumpen *adj.* sullen
trumpet *n.* clarion
trumpet *n.* trumpet
trumpeta *v.* trumpet
trumvirvel *n.* drumbeat
trunk *n.* trunk
trupp *n.* battalion
trupp *n.* corps
trupp *n.* squad
trupp *n.* troop
trupp *n.* troupe
trut *n.* gull
tryck *n.* oppression
trycka *v.* imprint
trycka *v.* press
trycka *v.* print
trycka ned *v.* depress
trycka nosen mot *v.* nuzzle
trycka om *v.* reprint
tryckande *adj.* oppressive
tryckfel *n.* misprint
tryckluftsbroms *n.* airbrake
tryne *n.* snout
tråd *n.* clew
tråd *n.* thread
tråd *n.* wire
tråd *n.* yarn
trådlös *adj.* wireless
tråkig *adj.* drab
tråkig *adj.* humdrum
tråkig *adj.* inanimate
tråkig *adj.* tedious
tråkighet *n.* tedium
trål *n.* trawl
tråla *v.* trawl
trålbåt *n.* trawlboat
tråna efter *v.* crave
trånande *adj.* wistful

trång *adj.* crowdy
trångt boende *n.* doghole
trä *v.* thread
trä *n.* wood
trä- *adj.* wooden
träbräda som kan överlappas *n.* shiplap
träd *n.* tree
trädesåker *n.* fallow
trädgård *n.* garden
trädgård *n.* orchard
trädgårdsredskap *n.* crome
trädgårsmästare *n.* gardener
träffa *v.* meet
träffande *adj.* apt
träl *n.* thrall
träldom *n.* servitude
träldom *n.* thralldom
trän *n.* woods
träna *v.* train
träna *v.* coach
tränare *n.* coach
tränga undan *v.* displace
trängande *adj.* dire
trängas *v.* throng
trängsel *n.* throng
träning *n.* training
träningsoverall *n.* tracksuit
träsk *n.* mire
träsk *n.* swamp
träsk *n.* slough
träta *v.* bicker
trög *adj.* dense
trög *adj.* obtuse
trög *adj.* sluggish
tröghet *n.* languor
tröghet *n.* slowness
tröja *n.* jersey
tröja *n.* sweater
tröska *v.* thrash
tröska *v.* thresh
tröskel *n.* threshold

tröskverk *n.* thresher	**turbulent** *adj.* turbulent
tröst *n.* consolation	**turism** *n.* tourism
tröst *n.* solace	**turist** *n.* tourist
trösta *v.* comfort	**turné** *n.* roadshow
trösta *v.* solace	**turne** *n.* tour
tröstare *n.* comforter	**turnera** *v.* tour
trött *adj.* weary	**turnering** *n.* tournament
tröttna *v.* tire	**tusen** *n.* thousand
tröttsam *adj.* tiresome	**tusen dollar** *adj.* grand
tub *n.* tube	**tusende** *adj.* thousand
tuberkulos *n.* tuberculosis	**tusenfoting** *n.* centipede
tuff *adj.* tough	**tusenfoting** *n.* millipede
tuff kamp *n.* throe	**tusensköna** *n.* daisy
tugga *v.* chew	**tusental** *n.* chiliad
tugga *v.* masticate	**TV-shoppare** *n.* teleshopper
tum *n.* inch	**TV-shopping** *n.* teleshopping
tumla *v.* tumble	**tv-sändning** *n.* telecast
tumma *v.* thumb	**tveka** *v.* doubt
tumme *n.* thumb	**tveka** *v.* hesitate
tumult *n.* affray	**tvekan** *n.* doubt
tumult *n.* commotion	**tvekan** *v.* falter
tumult *n.* tumult	**tveksam** *adj.* doubtful
tumör *n.* tumour	**tveksam** *adj.* dubious
tung *adj.* leaden	**tveksam** *adj.* hesitant
tung *adj.* weighty	**tvetydig** *adj.* equivocal
tunga *n.* sole	**tvilling** *n.* twin
tunga *n.* tongue	**tvilling-** *adj.* twin
tunn *adj.* thin	**Tvillingarna** *n.* Gemini
tunna *n.* barrel	**tvina** *v.* languish
tunna *n.* cask	**tvinga** *v.* coerce
tunnel *n.* tunnel	**tvinga** *v.* compel
tunnland *n.* acre	**tvinga** *v.* force
tupp *n.* cock	**tvinga** *v.* oblige
tuppgök *n.* roadrunner	**tvist** *n.* strife
tupplur *n.* nap	**tvistepart** *n.* litigant
tur *n.* fortune	**tvivel** *n.* distrust
tur *n.* luck	**tvivelaktig** *adj.* questionable
tur *n.* turn	**tvungen** *adj.* laboured
tur nog *adv.* luckily	**två** *adj.* two
turban *n.* turban	**två gånger i månaden** *adj.* bimonthly
turbin *n.* turbine	
turbulens *n.* turbulence	**två raser** *adj.* biracial

tvåa *n.* two
tvådimensionell *adj.* bidimensional
tvåfotadjur *n.* biped
tvåhundraårsdag *adj.* bicentenary
tvål *n.* soap
tvål för fräsduk *n.* seak
tvåla in *v.* soap
tvålig *adj.* soapy
tvång *n.* compulsion
tvångs *adj.* forcible
tvåsidig *adj.* bifacial
tvåvåningslägenhet *n.* duplex
tvåårig *adj.* biannual
tvära *v.* cross
tvärbjälke *n.* crossbeam
tvärs över *prep.* athwart
tvärslå *n.* rung
tvärsnitt *v.* crosscut
tvärsöver *adv.* across
tvätt *n.* laundry
tvätt *n.* wash
tvätta *v.* launder
tvätta *v.* wash
tvättbar *adj.* washable
tvätterska *n.* laundress
tvättmaskin *n.* washer
tvättning *n.* ablution
ty *conj.* for
tycka *v.* opine
tycka om *v.* fancy
tycke *n.* liking
tydlig *adj.* apparent
tydlig *adj.* blazing
tydlig *adj.* evident
tydlig *adj.* explicit
tydlig *adj.* obvious
tydlig *adj.* palpable
tydligen *adv.* clearly
tyfon *n.* typhoon
tyfus *n.* typhoid

tyg *adj.* drapery
tyg *n.* fabric
tygel *n.* rein
tygellös *adj.* licentious
tyghandlare *n.* draper
tygla *v.* rein
tyna bort *v.* pine
typ *n.* figure
typ *n.* kind
typ *n.* sort
typ *n.* type
typisk *adj.* textbook
typisk *adj.* textbookish
typisk *adj.* typical
tyrann *n.* martinet
tyrann *n.* tyrant
tyranni *n.* tyranny
tyst *adj.* mum
tyst *adj.* mute
tyst *adj.* quiet
tyst *adj.* silent
tyst *adj.* tacit
tyst medgivande *n.* connivance
tysta *v.* gag
tysta *v.* silence
tysta ner *v.* muzzle
tystlåten *adj.* taciturn
tystnad *n.* hush
tystnad *n.* quiet
tystnad *n.* silence
tyvärr *interj.* alas
tå *n.* toe
tåg *n.* train
tåla *v.* abide
tålamod *n.* endurance
tålamod *n.* patience
tålmodig *adj.* patient
tång *n. pl.* tongs
tång *n.* wrack
tårfylld *adj.* tearful
täcka *v.* conceal
täcka *v.* embank

täcka v. encompass
täcka v. encrust
täcka v. mantle
täcka med halm v. thatch
täcka med kakel v. tile
täcke n. quilt
täcknamn n. alias
täckt adj. encrusted
täckt adj. tect
täckt med vax adj. cerated
täckt sked med perforering n. teamaker
tälja v. whittle
täljare n. numerator
tält n. tent
tältstång n. tentpole
tämja v. domesticate
tämja v. tame
tända v. light
tändare n. lighter
tändning n. burn
tändning n. ignition
tänjbar adj. tensible
tänka v. think
tänkare n. thinker
tänkbar adj. earthly
tärna v. dice
tärning n. dice
tärning n. die
tät adj. close
täta v. seal
täthet n. density
tätningsmedel n. sealant
tävla v. compete
tävla med v. race
tävling n. competition
tävlingsinriktad adj. competitive
tö n. thaw
töja v. bend
tölp n. boor
tölp n. oaf
tölpaktig adj. oafish

tömma v. empty
tömning n. depletion
töntig adj. dorky
törst n. thirst
törsta v. thirst
törstig adj. thirsty
törstig adj. thirsty

U

u-båt n. submarine
udda adj. odd
udde n. cape
uddighet n pointedness
ufo n. ufo
ufolog n. ufologist
ufologi n. ufology
uggla n. owl
uggle- adj. owly
uggleri n. owlery
ugn n. oven
ukulele n. ukelele
ull n. wool
ull- adj. woollen
ultimat adj. ultimate
ultimatum n. ultimatum
ultraljud n. ultrasonics
ultraljuds- adj. ultrasonic
ultraljudskardiogram n. echocardiogram
ultraviolett adj. ultraviolet
ultraviolett ljus n. ultraviolet
umgås v. intermingle
umgås förtroligt v. commune
umgås med prostituerade v. drab
undandra v. deprive
undandra sig v. shirk
undangående n. elusion
undanskymma v. obscure
undantag n. exception
undantagen adj. exempt

under *v.* bellow
under *adv.* below
under *adv.* below
under *adv.* beneath
under *prep.* down
under *prep.* during
under *n.* marvel
under *prep.* underneath
under *prep.* under
under tiden *adv.* meanwhile
under- *adj.* underneath
underarm *n.* forearm
underbar *adj.* heavenly
underbar *adj.* lovely
underbar *adj.* wonderful
underbar *adj.* wondrous
underbart *adv.* delightedly
underdånig *adj.* subservient
underdånighet *n.* servility
undergiven *adj.* submissive
underhåll *n.* alimony
underhåll *n.* maintenance
underhåll *n.* upkeep
underhålla *v.* entertain
underhållning *n.* entertainment
underjorden *n.* underworld
underjordisk *adj.* infernal
underjordisk *adj.* subterranean
underkastelse *n.* subjection
underkastelse *n.* submission
underkastelse *n.* subservience
underkjol *n.* petticoat
underkläder *n.* underwear
underkuva *v.* subjugate
underkuvande *n.* subjugation
underlig *adj.* rum
underliggande *adj.* ulterior
underlydande *n.* dependant
underlydande *n.* subordinate
underlåta *v.* omit
underlåtenhet *n.* default
underlåtenhet *n.* omission

underlägsenhet *n.* inferiority
underlätta *v.* facilitate
underminera *v.* sap
underminera *v.* undermine
undermålig *adj.* deficient
undernäring *n.* malnutrition
underordna *v.* subordinate
underordnad *adj.* dependent
underordnad *adj.* inferior
underordnad *adj.* subordinate
underordning *n.* subordination
underrätta *v.* apprise
undersida av tak *n.* eave
underskott *n.* deficit
underskott *n.* shortfall
understryka *v.* underline
underström *n.* undercurrent
understödja *v.* second
understödstagare *n.* pauper
undersöka *v.* candle
undersöka *v.* examine
undersöka *v.* inquire
undersöka *v.* overhaul
undersöka *v.* probe
undersöka *v.* screen
undersökning *n.* chekup
undersökning *n.* inquiry
undersökning *n.* perusal
undersökning *n.* probe
undersökning *n.* scan
undersökning *n.* survey
undersökning av luftröret med laryngoskop *n.* tracheoscopy
underteckna *v.* sign
underton *n.* undertone
undertryckande *n.* repression
undertryckande *n.* suppression
undervattens- *adj.* submarine
undervisning *n.* tuition
undervisnings- *adj.* scholastic
undgå *v.* elude
undgå *v.* evade

undra *v.* wonder
undsätta *v.* succour
undsättning *n.* relief
undsättning *n.* succour
undulera *v.* undulate
undvika *v.* avoid
undvika *v.* burke
undvikande *n.* avoidance
undvikande *n.* evasion
undviklig *adj.* escapable
ung *n.* bantling
ung *adj.* young
ungdom *n.* adolescence
ungdom *adj.* juvenile
ungdom *n.* youngster
ungdom *n.* youth
ungdomlig *adj.* youthful
ungdoms- *adj.* adolescent
unge *n.* cub
unge *n.* young
ungefär *adj.* approximate
ungmö *n.* bachelorette
ungmö *n.* damsel
ungt lamm *n.* lambkin
ungt ostron *n.* oysterling
ungt träd *n.* sapling
unik *adj.* unique
union *n.* union
unison *n.* unison
universal *adj.* universal
universalitet *n.* universality
universalmedel *n.* panacea
universitet *n.* university
universitetsstuderande *n.* undergraduate
universum *n.* universe
unken *adj.* stale
uns *n.* ounce
upp *adv.* up
upp och ner *adv.* topsy turvy
uppblåst *adj.* pompous
uppblåsthet *n.* pomposity

uppbrytning av uppvärmda kristaller *n.* decrepitation
uppbygga *v.* edify
uppbyggelse *n.* edification
uppdela *v.* sunder
uppdelning *n.* breakdown
uppdiktad *adj.* mendacious
uppdrag *n.* mission
uppdragsinnehavare *n.* assignee
uppe *adv.* above
uppe till behandling i rätten *adj.* subjudice
uppehålla *v.* stall
uppehälle *n.* subsistence
uppehälle *n.* sustenance
uppenbar *adj.* blatant
uppenbar *adj.* flagrant
uppenbar *adj.* plain
uppenbara *v.* appear
uppenbara *v.* materialize
uppenbarelse *n.* revelation
uppfatta *v.* dawn
uppfatta *v.* sense
uppfattning *n.* mind
uppfinna *v.* invent
uppfinnare *n.* inventor
uppfinning *v.* devise
uppfinning *n.* invention
uppfinningsrik *adj.* inventive
uppfostra *v.* rear
uppfostrings- *adj.* reformatory
uppfostringsanstalt *n.* reformatory
uppfrisha *v.* refresh
uppfriskning *n.* refreshment
uppfylla *v.* satisfy
uppföda *v.* breed
uppföljare *n.* continuation
uppför *adv.* upwards
uppföra *v.* enact
uppföra sig *v.* behave
uppföra sig illa *v.* misbehave

uppförande *n.* manner
uppgift *n.* task
uppgivenhet *n.* dejection
uppgå till *v.* amount
uppgång *n.* boom
upphetsa *v.* nettle
upphetsad *adv.* damn
upphostning *n.* sputum
upphäva *v.* abolish
upphäva *v.* repeal
upphävande *n.* cancellation
upphävande *n.* repeal
upphöja *v.* promote
upphöjd *adj.* aerial
upphöjd *adj.* august
upphöjd *adj.* lofty
upphöra *v.* cease
upphöra *v.* lapse
uppklarande *n.* clearance
uppkomling *n.* upstart
uppkäftig *adj.* saucy
uppleva *v.* experience
upplevelse *n.* experience
upplopp *n.* riot
upplysa *v.* enlighten
upplyst *adj.* knowledgeable
uppläsning *n.* elocution
upplösa *v.* disband
upplösning *n.* resolution
upplösning *n.* solution
uppmuntra *v.* embolden
uppmuntra *v.* encourage
uppmuntra *v.* foment
uppmärksam *adj.* mindful
uppmärksam *adj.* attentive
uppmärksamhet *n.* attention
uppmärksamhet *n.* heed
uppnå *v.* accomplish
uppnå *v.* achieve
uppnående *n.* attainment
uppodling *n.* reclamation
uppprepning *n.* recurrence

uppprymd *adj.* elated
upppstoppare *n.* taxidermist
upprepa *v.* reiterate
upprepa *v.* repeat
upprepas *v.* recur
upprepning *n.* reiteration
upprest *adj.* erectile
uppriktig *adj.* candid
uppriktig *adj.* downright
uppriktighet *n.* sincerity
uppriktigt *adv.* heartily
upprop *n.* manifesto
uppror *n.* insurrection
uppror *n.* mutiny
uppror *n.* outbreak
uppror *n.* rebellion
uppror *n.* uprising
upprorisk *adj.* insubordinate
upprorisk *adj.* mutinous
upprorisk *adj.* rebellious
upproriskhet *n.* sedition
upprorsman *n.* insurgent
upprätt *adj.* upright
upprättande *n.* establishment
upprättelse *n.pl.* amends
upprätthålla *v.* sustain
uppröra *v.* upset
upprörd *adj.* indignant
upprördhet *n.* indignation
uppsats *n.* essay
uppsikt *n.* superintendence
uppskatta *v.* appreciate
uppskatta *v.* estimate
uppskatta *v.* prize
uppskattning *n.* appreciation
uppskattning *n.* estimate
uppskattning *n.* estimation
uppskattning *n.* praise
uppskjuta *v.* suspend
uppskjutande *n.* postponement
uppskjutning *n.* blastoff
uppskov *n.* suspension

uppslag *n.* folio
uppsluka *v.* abstract
uppsluka *v.* engulf
uppsluppenhet *n.* joviality
uppslutning *n.* influx
uppspelning *n.* playback
uppstoppning *adj.* taxidermal
uppstå *v.* arise
uppstå *v.* emerge
uppställa *v.* array
uppsugningsförmåga *n.* absorption
uppsving *n.* resurgence
uppsägbar *adj.* terminable
uppsägning *n.* termination
uppsättning *n.* set
uppta *v.* engross
upptagen *adj.* busy
uppträda *v.* perform
uppträda som buktalare *v.* ventriloquize
uppträdande *n.* performance
uppträdare *n.* performer
upptåg *n.* antic
upptäcka *v.* discover
upptäckt *n.* discovery
uppvaknande *n.* awakening
uppvakta *v.* woo
uppviglande *adj.* seditious
uppvisa *v.* boast
uppvisning *n.* display
uppväga *v.* out-balance
uppåt *adj.* upward
urban *adj.* urban
urholka *v.* excavate
urholka *v.* groove
urholka *v.* hollow
urin *n.* urine
urin- *adj.* urinary
urinblåsa *n.* bladder
urinera *v.* urinate
urinering *n.* urination

urinoar *n.* urinal
urinvånare *adj.* aboriginal
urmakare *n.* orologist
urminnes *adj.* immemorial
urna *n.* urn
urskuldande *n.* justification
ursprung *n.* origin
ursprunglig *adj.* primeval
urspårning *n.* derailment
ursäkt *n.* apology
ursäkt *n.* pretext
ursäkt *n.* excuse
ursäkta *v.* excuse
urtavla *n.* dial
urval *n.* selection
uråldrig *adj.* ancient
usel *adj.* ignoble
usel *adj.* wretched
usling *n.* wretch
usurpation *n.* usurpation
ut *prep.* out
utan *prep.* minus
utan *prep.* without
utan cell *adj.* acellular
utan dusch *adj.* showerless
utan hänsyn *adj.* irrespective
utan pekare *adj.* pointerless
utan polis *adj.* policeless
utan replik *adj.* cueless
utan sidor *adj.* flatbed
utan skrupler *adj.* scrupleless
utan slut *adj.* endless
utan tvivel *adj.* doubtless
utan åsikt *adj.* opinioless
utan ägare *adj.* abeyant
utanför *prep.* beyond
utanför *adv.* outside
utanpå *prep.* outside
utarma *v.* impoverish
utbilda *v.* educate
utbildning *n.* education
utblottad *adj.* destitute

utbredd *adj.* prevalent
utbredd *adj.* widespread
utbredning *n.* expansion
utbredning *n.* prevalence
utbredning *n.* spread
utbrott *n.* flush
utbrott *n.* outburst
utbryta *v.* erupt
utbrytare *n.* secessionist
utbrytning *n.* breakout
utbyta *v.* interchange
utbyte *n.* interchange
utbyte *n.* substitution
utdela *v.* dole
utdrag *n.* excerpt
utdragen *adj.* lengthy
utdöd *adj.* extinct
ute *adv.* without
utegångsförbud *n.* curfew
utelämnande *n.* omittance
utelämnare *n.* omitter
utesluta *v.* except
utesluta *v.* expel
utesluta *v.* ostracize
uteslutning *n.* expulsion
utexaminera *v.* graduate
utfall *n.* outcome
utfall *n.* sally
utfattig *adj.* penniless
utflykt *n.* outing
utflöde *n.* emanation
utfodring *n.* feed
utforma *v.* model
utforska *v.* explore
utforskning *n.* exploration
utför *adj.* downward
utföra en duett *v.* duet
utförande *n.* accomplishment
utförandet av mnemoteknik *n.* mnemonization
utgivning *n.* publication
utgrävning *n.* dig

utgrävning *n.* excavation
utgå *v.* emanate
utgån *v.* expire
utgång *n.* exit
utgång *n.* expiry
utgång *n.* upshot
utgåva *n.* edition
utgöra *v.* constitute
utgöra *v.* pose
uthus *n.* outhouse
uthållighet *n.* perseverance
uthållighet *n.* stamina
utilitarist *adj.* utilitarian
utjämna *v.* equalize
utjämna *v.* even
utkant *n.* extreme
utkanter *n.pl.* outskirts
utkastare *n.* bouncer
utkämpa *v.* wage
utlevnad *n.* debauchery
utlopp *n.* vent
utlova *v.* elate
utlovande *adj.* elate
utländsk *adj.* foreign
utlänning *n.* foreigner
utläsa *v.* deduce
utlöpare *n.* offshoot
utlösa *v.* ransom
utlösa *v.* trigger
utmana *v.* challenge
utmaning *n.* challenge
utmaning *n.* defiance
utmattad *adj.* alamort
utmattad *adj.* prostrate
utmed *prep.* along
utmärgla *v.* emaciate
utmärglad *adj.* emaciated
utmärkelse *n.* award
utmärkt *adj.* capital
utmärkt *adj.* superb
utnyttja *v.* exploit
utnyttja *v.* utilize

utnyttjande *n.* utilization
utom *prep.* except
utom *prep.* save
utomhus *adj.* outdoor
utomhus *n.* without
utomjording *n.* extraterrestrial
utomjordisk *adj.* alien
utomjordisk *adj.* extraterrestrial
utomlands *adv.* abroad
utomäktenskaplig *adj.* extra-marital
utopi *n.* utopia
utopia *n.* eutopia
utopisk *adj.* utopian
utplåna *v.* efface
utplåna *v.* obliterate
utplåningsbar *adj.* effable
utpressa *v.* blackmail
utpressare *n.* blackmailer
utpressning *n.* blackmail
utpsritt *adv.* scatteringly
utreda *adj.* detective
utrop *n.* exclamation
utrota *v.* extinguish
utrotare *n.* eradicator
utrusta *v.* outfit
utrustad *adj.* endowed
utrustning *n.* device
utrustning *n.* equipment
utrustning *n.* gear
utrustning *n.* kit
utrustning *n.* outfit
utrymma *v.* vacate
uträkning *n.* calculation
utsaga *n.* dictum
utse *v.* depute
utsedd *adj.* designated
utseende *n.* appearance
utsikt *n.* belvedere
utsikt *n.* outlook
utsikt *n.* view
utskjutning *adj.* imposing

utskott *n.* deputation
utskrivning *n.* levy
utskällning *n.* telling-off
utslag *n.* rash
utslagen *n.* outcast
utsmyckare *n.* adorner
utsmyckning *n.* ornamentation
utspärra *v.* debar
utstråla *v.* radiate
utstrålning *n.* emission
utsträckning *n.* spread
utstrålande *adj.* radiant
utstyrsel *n.* garb
utställning *n.* exhibition
utsvävning *n.* debauch
utsända *v.* expedite
utsändning *n.* emittance
utsätta *v.* subject
utsöndra *v.* secrete
utsöndring *n.* secretion
uttag *n.* socket
uttag *n.* withdrawal
uttal *n.* enunciation
uttal *n.* pronunciation
uttala *v.* articulate
uttala *v.* enunciate
uttala *v.* pronounce
uttala *v.* utter
uttala thcick *v.* tchick
utter *n.* otter
uttolkare *n.* interpreter
uttorkning *n.* dehydration
uttryck *n.* expression
uttrycka *v.* express
uttrycka *v.* phrase
uttrycka *v.* term
uttrycka *v.* voice
uttrycksfull *adj.* expressive
utträda *v.* secede
utträde *n.* secession
utvald *adj.* select
utvandring *n.* transmigration

utveckla v. deploy
utveckla v. develop
utveckla v. evolve
utvecklas v. progress
utveckling n. development
utveckling n. evolution
utveckling n. progress
utvidga v. extend
utvidgas v. breaden
utvidgning n. growth
utvikning n. digression
utvisa v. deport
utväg n. recourse
utvändig adj. outside
utvärtes adv. outwards
utväxt n. wen
utåt adv. outward
utåtriktad person n. extrovert
utöva påtryckningar v. pressurize
utövande n. pursuance
uvertyr n. overture

V

vaccin n. vaccine
vaccination n. vaccination
vaccinatör n. vaccinator
vaccinera v. inoculate
vaccinera v. vaccinate
vacker adj. beautiful
vacker adj. comely
vacker adj. sightly
vackla v. vacillate
vackla v. wabble
vackla v. waver
vacklande n. stagger
vacklande adj. wabbly
vad n. bet
vad n. wager
vad adj. what

vad som helst pron anything
vad som helst pron. whatever
vad som tillkommer n. due
vad än pron whichever
vada v. wade
vag adj. vague
vagabond n. runabout
vagel n. sty
vagga v. rock
vaggvisa n. lullaby
vaghet n. vagueness
vagina n. vagina
vagn n. cart
vagn n. wagon
vagntransport n. cartage
vaka n. vigil
vakans n. vacancy
vaken adj. awake
vaken adj. wakeful
vakenhet n. alertness
vakna v. awake
vakna v. wake
vaksam adj. watchful
vaksam adj. vigilant
vaksamhet n. vigilance
vakt n. sentinel
vakt n. sentry
vakt n. warden
vakt n. guard
vakta v. guard
vakta v. invigilate
vakta v. picket
vakta v. proctor
vaktare n. keeper
vaktel n. quail
vaktmästare n. caretaker
vaktmästare n. janitor
vaktmästare n. usher
val n. choice
val n. election
val n. pick
val n. poll

val *n.* whale	vansinnig *adj.* lunatic
val *n.* ballot	vansinnig *adj.* maddening
valfiskben *n.* baleen	vanstyre *n.* mal administration
valk *n.* weal	vanstyre *n.* mismanagement
valkrets *n.* constituency	vanstyre *n.* misrule
vall *n.* mound	vante *n.* mitten
valla boskap *v.* agist	vanvård *n.* neglect
vallgrav *n.* moat	vanvårda *v.* neglect
valnöt *n.* walnut	vanära *v.* attaint
valp *n.* whelp	vanära *v.* discredit
valross *n.* morse	vanära *n.* dishonour
valross *n.* walrus	vapen *n.* weapon
valuta *n.* currency	vapenförråd *n.* armoury
valv *n.* arch	vapentillstånd *n.* ceasefire
valv *n.* valve	vapenvila *n.* armistice
valv *n.* vault	vapenvila *n.* truce
valör *n.* denomination	var *n.* pus
van *adj.* accustomed	var *conj.* where
van *adj.* wont	var *adj.* every
van *adj.* wonted	var då *conj.* whereat
vana *n.* habit	var någonstans *adv.* whereabout
vana *n.* wont	var och en *adv.* each
vandra *v.* backpack	var sin *pron.* each
vandra *v.* trek	var som helst *pron* anyplace
vandra *v.* wander	var som helst *adv.* anywhere
vandrande *adj.* ambulant	vara *pref.* be
vandrare *n.* rover	vara *n.* commodity
vandring *n.* trek	vara begiven *v.* addict
vanhedra *v.* dishonour	vara bestämd *n.* decidedness
vanhelga *v.* profane	vara dold *v.* lurk
vanhelgande *adj.* sacrilegious	vara ersättare *v.* substitute
vaniljkräm *n.* custard	vara ett mönster *v.* typify
vanka *v.* pace	vara förhärskande *v.* preponderate
vanlig *adj.* common	
vanlig *adj.* ordinary	vara föräldralös *v.* orphan
vanlig *adj.* usual	vara identisk *v.* parallel
vanligen *adv.* ordinarily	vara intim *v.* intimate
vanligtvis *adv.* often	vara jämlik *v.* equal
vanligtvis *adv.* usually	vara kokhet *v.* sizzle
vanrykte *n.* disrepute	vara konkret *v.* concrete
vansinne *n.* insanity	vara känslosam *v.* emote
vansinne *n.* madness	vara liktydig *v.* tantamount

vara negativ *v.* negative
vara nykter *v.* temperate
vara oense *v.* disagree
vara orolig *v.* fear
vara singel *v.* single
vara sjuk *v.* ail
vara skyldig *v.t* owe
vara soldat *v.* soldier
vara stolt *v.* pride
vara syndabock *v.* scapegoat
vara turist *v.* rubberneck
vara tvungen att *v.* must
vara upptagen *v.* preoccupy
vara överlägsen i antal *v.* outnumber
varaktig *adj.* durable
varaktighet *n.* duration
varaktighet *n.* tenure
varannan vecka *adj.* bi-weekly
varav *adv.* whence
varböld *v.* fester
vardagsuttryck *n.* colloquialism
vardera *adj.* eager
varelse *n.* being
varelse *n.* mortal
varför *adv.* why
varg *n.* wolf
varhelst *adv.* wherever
vari *adv.* wherein
variabel *adj.* variable
variation *n.* variation
variera *v.* vary
varierande *adj.* varied
varig *adj.* ulcerous
varigt sår *n.* ulcer
varje *adj.* each
varje dag *adj.* everyday
varje vecka *adj.* weekly
varken *conj.* neither
varm *adj.* fond
varm *adj.* hot
varm *adj.* warm

varna *v.* caution
varna *v.* warn
varnare *n.* admonisher
varning *n.* caution
varning *n.* warning
varnings- *adj.* telltale
varpå *conj.* whereupon
vars *pron.* whose
varsamt *adj.* gentle
vartannat år *adv.* biannually
varumärke *n.* brand
varv *n.* row
varva *v.* sandwich
vas *n.* vase
vasektomi *n.* vasectomy
vaselin *n.* vaseline
vass *adj.* caustic
vass *adj.* pointed
vass *adj.* sharp
vasst *adv.* pointedly
vatten *n.* water
vattendrag *n.* bayou
vattenfall *n.* waterfall
vattenkokare *n.* kettle
vattenlevande *adj.* acuatic
vattenmelon *n.* water-melon
vattentålig *adj.* showerproof
vattentät *adj.* waterproof
vattentät *adj.* watertight
vattna *v.* water
vattnig *adj.* watery
vattrad *adj.* shot
vattuman *n.* aquarius
vax *n.* wax
vaxa *v.* wax
ve *n.* woe
veck *n.* crease
veck *n.* ruck
vecka *v.* ruck
vecka *n.* week
veckla ut *v.* unfold
veckotidning *n.* weekly

vederbörligen *adv.* duly
vedergälla *v.* recompense
vederhäftig *adj.* solvent
vederlag *n.* abutment
vederlag *n.* emolument
vederlägga *v.* confute
vederlägga *v.* refute
vederläggning *n.* refutation
vedermöda *n.* hardship
vedermöda *n.* tribulation
vedträ *n.* log
vegan *n.* vegan
vegansk *adj.* vegan
vegetabilisk *adj.* vegetable
vegetarian *n.* vegetarian
vegetarisk *adj.* vegetarian
vegetation *n.* vegetation
veke *n.* wick
vekling *n.* weakling
vektor *n.* vector
vektoriell *adj.* vectorial
vela *v.* shilly-shally
velande *n.* shilly-shally
vem *pron.* who
vem *pron.* whom
vem som helst *adv.* anywho
vem som än *pron.* whoever
vemod *n.* melancholy
ven *n.* vein
ventilation *n.* ventilation
ventilera *v.* ventilate
veranda *n.* porch
veranda *n.* verendah
verb *n.* verb
verbal *adj.* verbal
verbalt *adv.* verbally
verifiera *v.* verify
verifikation *n.* verification
veritabel *adj.* veritable
verk *n.* deed
verka *v.* seem
verkan *n.* action

verkligen *adv.* indeed
verkligen *adv.* really
verkligen? *int.* really
verklighet *n.* reality
verkningslös *adj.* inoperative
verksamhet *n.* efficacy
verkstad *n.* workshop
verkstadsgolv *n.* shopfloor
verkställare *n.* achiever
verktyg *n.* implement
verktyg *n.* tool
verktyg *n.* utility
verktygslåda *n.* gearbox
verktygsset *n.* gearset
vers *n.* verse
versifiera *v.* versify
versifikation *n.* versification
version *n.* version
versmakare *n.* poetaster
verso *adv.* overleaf
vertikal *adj.* perpendicular
vertikal *adj.* vertical
veta *v.* know
vete *n.* wheat
vetenskap *n.* science
vetenskaplig *adj.* scholarly
vetenskaplig *adj.* scientific
veteran *n.* veteran
veterinär- *adj.* veterinary
veto *n.* veto
vetta mot *v.* front
via *prep.* via
vibration *n.* vibration
vibrera *v.* vibrate
vice-versa *adv.* vice-versa
vicekonung *n.* viceroy
vid *prep.* by
vid *adv.* by
vid första anblicken *adv.* prima facie
vidare *adv.* beyond
vidare *adv.* forth

vidare *adv* on
vidarebefordra *v.* forward
vidarebefordra *v.* relay
vide *n.* willow
video *n.* video
videoband *n.* videotape
videobloggare *n.* videoblogger
videobok *n.* videobook
videokasett *n.* videocassette
videospel *n.* videogaming
videotelefon *n.* videotelephone
vidga *v.* enlarge
vidhäftning *n.* adhesion
vidja *n.* withe
vidkännas *v.* avow
vidmakthålla *v.* uphold
vidrig *adj.* heinous
vidrig *adj.* vile
vidskepelse *n.* superstition
vidskeplig *adj.* superstitious
vifta *v.* wag
viftning *n.* wag
viga *v.* wed
vika *v.* fold
vika av *v.* branch
vikt *n.* weight
viktig *adj.* crucial
viktig *adj.* important
viktigast *adj.* principal
vila *n.* repose
vila *v.* rest
vila på en kudde *v.* pillow
vila sig *v.* repose
vilande *n.* abeyance
vild *adj.* fierce
vild *adj.* frantic
vild *adj.* rampant
vild *adj.* savage
vild *adj.* wild
vild flykt *n.* rout
vild lek *n.* romp
vilde *n.* savage

vildmark *n.* outback
vildmark *n.* wilderness
vildsvin *n.* boar
vilja *n.* volition
vilja *v.* want
vilja *n.* will
vilja *v.* will
vilka *pron.* what
vilken *interj.* what
vilken *adj.* which
villa *n.* villa
villebråd *n.* quarry
villig *adj.* willing
villighet *n.* willingness
villkorlig frigivning *n.* parole
vilse *adv.,* astray
vilseleda *v.* misdirect
vilseleda *v.* misguide
vilseledning *n.* misdirection
vimla *v.* teem
vin *n.* wine
vinbär *n.* currant
vind *n.* wind
vindpust *n.* breeze
vindstöt *n.* blast
vindstöt *n.* gust
vindsurfa *v.* sailboard
vindsurfare *n.* sailboarder
vindsurfingbräda *n.* sailboard
vindsäck *n.* windbag
vindögdhet *n.* squint
vinge *n.* plane
vinge *n.* wing
vingla *v.* sway
vingla *v.* wobble
vink *n.* tip
vinka *v.* waive
vinka *v.* wave
vinka till sig *v.* beckon
vinkel *n.* angle
vinkelformad *adj.* angular
vinkling *n.* slant

vinna *v.* cast
vinna *v.* conciliate
vinna *v.* gain
vinna *v.* win
vinnande *adj.* engaging
vinnare *n.* winner
vinsch *n.* winch
vinst *n.* gain
vinst *n.* profit
vinst *n.* win
vinstock *n.* vine
vinter *n.* winter
vintrig *adj.* wintry
vinäger *n.* vinegar
violett *n.* violet
violinist *n.* violinist
vira *v.* wind
virkning *v.* crochet
virrhöna *n.* scatterbrain
virrig *adj.* scatterbrained
virtuell *adj.* virtual
virulens *n.* virulence
virus *n.* virus
virvel *n.* vortex
virvel *n.* whirl
virvelvind *n.* whirlwind
virvla *v.* whirl
vis *adj.* sage
vis *adj.* sapient
vis *adj.* wise
visa *v.* direct
visa *v.* display
visa *v.* evince
visa *v.* exhibit
visa *v.* show
visa sig *v.* be
visdom *n.* wisdom
visdomstand *n.* wisdom-tooth
visionär *adj.* visionary
visionär *n.* visionary
viska *v.* whisper
viskande *n.* whisper

visp *n.* whisk
vispa *v.* whisk
viss *adj.* certain
vissa *adj.* occasional
vissla *v.* hoot
vissla *v.* pipe
vissla *v.* sibilate
vissla *v.* whistle
visslande *n.* whistle
vissling *n.* sibilating
vissna *v.* wither
visst *adv.* certainly
vistas *v.* live
vistas *v.* populate
vistas *v.* reside
vistas *v.* sojourn
vistelse *n.* sojourn
vistelse *n.* stay
visualisera *v.* visualize
visuell *adj.* visual
vit *adj.* white
vita *n.* white
vitaktig *adj.* whitish
vitalisera *v.* vitalize
vitalitet *n.* vitality
vitamin *n.* vitamin
vitkalka *v.* whitewash
vitlök *n.* garlic
vitlökssmakande *adj.* garlicky
vitna *v.* whiten
vits *n.* pun
vitsa *v.* pun
vittna *v.* testify
vittna *v.* witness
vittna om *v.* attest
vittne *n.* deponent
vittne *n.* witness
vittnesbörd *n.* testimony
vittring *n.* erosion
vitval *n.* beluga
vivel *n.* weevil
vokal *n.* vowel

vokalist *n.* vocalist
volley *n.* volley
volontär *n.* volunteer
volt *n.* volt
volt *n.* voltage
volym *n.* intensity
volym *n.* volume
vrak *n.* wreck
vrede *n.* wrath
vricka *v.* sprain
vrickning *n.* sprain
vrida *v.* turn
vrida *v.* twist
vrida sig *v.* writhe
vrida ur *v.* wring
vridning *n.* twist
vridning *n.* wriggle
vrist *n.* ankle
vristlänk *n.* anklet
vräka *v.* evict
vräkning *n.* eviction
vulgaritet *n.* vulgarity
vulgär *adj.* vulgar
vulkan *n.* volcano
vulkanisk *adj.* volcanic
vuxen *adj.* adult
vy *n.* view
vyssja *v.* crow
vyssja *v.* dandle
vyssja *v.* lull
våg *n.* billow
våg *n.* crimp
våg *n.* scale
våg *n.* wave
våga *v.* dare
våga *v.* daredevil
våga *v.* hazard
våga *v.* jeopardize
våga *v.* venture
vågad *adj.* daring
vågformighet *n.* undulation
våghals *n.* daredevil

våghalsig *adj.* venturous
vågig *adj.* wavy
våld *n.* violence
våldsam *adj.* ferocious
våldsam *adj.* impetuous
våldsam *adj.* violent
våldta *v.* rape
våldtäkt *n.* rape
vålnad *n.* wraith
vånda *n.* agony
våning *n.* storey
vår *pron.* our
vård *n.* attenuance
vårda *v.* cherish
vårlig *adj.* vernal
vårta *n.* wart
våt *adj.* wet
våthet *n.* wetness
väcka *v.* arouse
väcka *v.* evoke
väcka *v.* incite
väcka *v.* rouse
väcka till liv *v.* reanimate
väckelse *n.* revival
väder *n.* weather
väderkvarn *n.* windmill
väderspänd *adj.* flatulent
väderspänning *n.* flatulence
vädjande *n.* appellant
vädra *v.* scent
vädur *n.* aries
väft *n.* woof
väg *n.* drive
väg *n.* path
väg *n.* road
väga *v.* scale
väga *v.* weigh
väga upp *v.* outweigh
vägbank *n.* causeway
vägbeläggning *n.* pavement
vägfarande *n.* wayfarer
vägg *n.* wall

vägg- *adj.* mural
väggmålning *n.* mural
vägkrog *n.* roadhouse
vägra *v.* refuse
vägran *n.* refusal
vägspärr *n.* roadblock
vägtull *n.* toll
väktare *n.* custodian
väktare *n.* guardian
väl *adj.* well
välbärgad *adj.* well-to-do
väldig *adj.* formidable
väldigt hög ranking *adv* uber
välfärd *n.* welfare
välgörande *adj.* salutary
välgörenhet *n.* charity
välja *v.* choose
välja *v.* elect
välja *v.* pick
välja *v.* select
välja sida *v.* side
väljare *n.* vote
välkommen *adj.* welcome
välkommen *n.* welcome
välkomna *v.* welcome
välkänd *adj.* well-known
välla fram *v.* well
vällustig *adj.* lustful
vällustig *adj.* voluptuous
vällusting *n.* debauchee
vällusting *n.* voluptuary
välordnad *adj.* shipshape
välordnad *adj.* trim
välsigna *v.* bless
välsignelse *n.* benediction
välsignelse *n.* benison
välsmakande *adj.* tasty
vält *n.* roller
vältalare *n.* orator
vältalig *adj.* eloquent
vältalighet *n.* eloquence
vältra sig *v.* wallow

välva sig *v.* vault
välvillig *adj.* benevolent
välväxt *adj.* shapely
vän *n.* associate
vän *n.* friend
vän *n.* pal
vända *v.* turn
vändbar *adj.* reversible
vänja *v.* accustom
vänja *v.* habituate
vänlig *adj.* benign
vänlig *adj.* kind
vänlig *adj.* amiable
vänlighet *n.* amiability
vänlighet *n.* kindness
vänligt *adv.* benignly
vänligt *adv.* kindly
vänner *n.* kith
vänskaplig *adj.* amicable
vänskaplig *adj.* neighbourly
vänster *n.* left
vänsteranhängare *n.* leftist
vänta *v.* await
vänta *v.* wait
väntan *n.* wait
väpnare *n.* squire
värd *n.* host
värd *adj.* worth
värde *n.* value
värde *n.* worth
värdefull *adj.* precious
värdefull *adj.* valuable
värdelös *adj.* null
värdelös *adj.* worthless
värdera *v.* appraise
värdera *v.* value
värdering *n.* valuation
värdig *adj.* worthy
värdighet *n.* decorum
värdighet *n.* dignity
värdshus *n.* inn
värdslig *adj.* carnal

värja *n.* rapier
värk *n.* ache
värka *v.* ache
värkliknande *adj.* achelike
värld *n.* world
världslig *n.* worldling
världslig *adj.* worldly
värma *v.* warm
värma sig *v.* bask
värma upp *v.* heat
värme *n.* fervour
värme *n.* heat
värme *n.* warmth
värmeproducerande *adj.* calorific
värna om *v.* enshrine
värst *adj.* worst
värva *v.* enlist
värva *v.* solicit
värvning *n.* solicitation
väsande *adj.* sibilant
väsentlig *adj.* cardinal
väsentlig *adj.* essential
väsentlig *adj.* substantial
väsentligen *adv.* substantially
väska *n.* bag
väska *n.* case
vässa *v.* whet
väst *n.* jerkin
väst *n.* waistcoat
väst *n.* west
väst *n.* vest
väster *adv.* west
västerlandet *n.* occident
västerländsk *adj.* occidental
västerländsk *adj.* western
västlig *adj.* westerly
västra *adj.* west
väte *n.* hydrogen
vätska *n.* fluid
vätska *n.* liquid
väva *v.* weave

väva brokad *v.* brocade
vävare *n.* weaver
vävliknande *adj.* webby
vävnad *n.* tissue
vävstol *n.* loom
växa *v.* grow
växa *v.* proliferate
växa till *v.* germinate
växa ur *v.* outgrow
växla *v.* alternate
växla *v.* convert
växla *v.* switch
växla in på ett sidospår *v.* sidetrack
växling *n.* vicissitude
vörda *v.* revere
vörda *v.* venerate
vördnad *n.* reverence
vördnad *n.* veneration
vördnadsfull *adj.* reverent
vördnadsfull *adj.* reverential

W

watt *n.* watt
webbkamera *n.* webcam
webbplats *n.* site
webbutsändning *n.* webcasting
webinar *n.* webinar
webisode *n.* webisode
webmaster *n.* webmaster
whisky *n.* whisky

X

xenobiologi *n.* xenobiology
xenofil *n.* xenophile
xenofob *n.* xenophobe
xenofobi *n.* xenophobia
xenogenes *n.* xenogenesis

xenomani *n.* xenomania
xenomorf *n.* xenomorph
xeroxapparat *n.* xerox
xylofag *adj.* xylophagous
xylofon *n.* xylophone

Y

yen *n.* Yen
yl *n.* howl
yla *v.* howl
yla *v.* ululate
ylande *n.* ululation
ylle *n.* woollen
ympkvist *n.* graft
ympning *n.* inoculation
yngel *n.* fry
yngre *adj.* junior
ynkigt liten *adj.* puny
ynklig *adj.* rueful
yoga *n.* yoga
yogalärare *n.* yogi
yppig *adj.* rank
yra *v.* rave
yrka *v.* urge
yrke *n.* profession
yrke *n.* vocation
yrkeshögskola *n.* polytechnic
yrkesskicklighet *n.* workmanship
yta *n.* surface
ytlig *adj.* facile
ytlig *adj.* shallow
ytlig *adj.* superficial
ytlighet *n.* superficiality
ytterligare *adj.* additional
ytterligare *adj.* further
ytterst *adv.* utterly
yttersta *adj.* utmost
yttra *v.* say
yttrande *n.* utterance
yttre *adj.* extrinsic

yttre *adj.* out
yttre *adj.* outer
yttre *adj.* outward
yxa *n.* axe
yxa *n.* hatchet

Z

zebra *n.* zebra
zenit *n.* zenith
zink *n.* zinc
zon *n.* zone
zon- *adj.* zonal
zoo *n.* zoo
zoolog *n.* zoologist
zoologi *n.* zoology
zoologisk *adj.* zoological
zoom *n.* zoom
zooma *v.* zoom

å

åberopande *n.* invocation
åder *n.* vein
åderhinna *n.* choroid
ådra *v.* vein
åka båt *v.* boat
åka på picknick *v.* picnic
åka sandboard *v.* sandboard
åka skridskor *v.* skate
åka taxi *v.* taxi
åkalla *v.* invoke
åklaga *v.* prosecute
åklagare *n.* prosecutor
åksjuk *adj.* carsick
åksjuka *n.* carsickness
åktur *n.* drive
ål *n.* eel
ålder *n.* age
åldrad *adj.* aged

ånga *n.* steam
ånga *v.* steam
ånga *n.* vapour
ånger *n.* regret
ånger *n.* remorse
ånger *n.* repentance
ånger *n.* rue
ångerfull *adj.* repentant
ångest *adj.* anxiety
ångformig *adj.* vaporous
ångkokare *n.* steamer
ångra *v.* regret
ångra *v.* repent
ångra *v.* rue
ångra *v.* undo
år *n.* year
åra *n.* oar
årgång *n.* vintage
årlig *adj.* annual
årligen *adj.* yearly
årligt *adv.* yearly
årsdag *n.* anniversary
årtionde *n.* decade
ås *n.* ridge
åsido *adv.* aside
åsikt *n.* contention
åsikt *n.* opinion
åska *n.* thunder
åska *v.* thunder
åskledare *n.* conductor
åskådare *n.* on-looker
åskådare *n.* spectator
åsna *n.* ass
åsna *n.* donkey
åsne- *adj.* asinine
åsyfta *v.* intend
åta sig *v.* undertake
åtaga *v.* espouse
åtal *n.* prosecution
åter *adv.* anew
återabsorbera *v.* reabsorb
återabsorption *n.* reabsorption

återaktivera *v.* reactivate
återaktivering *n.* reactivation
återapplicera *v.* reapply
återapplicering *n.* reapplication
återbetala *v.* refund
återbetala *v.* repay
återbetalning *n.* refund
återbetalning *n.* repayment
återbifogning *n.* reannexation
återblick *n.* retrospect
återerövring *v.* reconquer
återfall *n.* recrudency
återfall *n.* relapse
återfalla *v.* relapse
återfödelse *n.* rebirth
återförenas *v.* rejoin
återförstärka *v.* reamplify
återförsäljare *n.* retailer
återförvisa *v.* remand
återge *v.* reproduce
återgå *v.* revert
återgälda *v.* reciprocate
återhämtning *n.* recovery
återinföra *v.* reinstate
återinsätta *v.* reappoint
återkalla *v.* recall
återkalla *v.* revoke
återkallande *n.* revocation
återkallelig *adj.* revocable
återkallelse *n.* recall
återkommande *adj.* recurrent
återkommande av uttryck *n.* epibole
återstod *n.* remainder
återstod *n.* residue
återställa *v.* restore
återställande *n.* reinstatement
återställande *n.* restoration
återsända till häkte *n.* remand
återta *v.* reappropriate
återuppliva *v.* revive
återupplivning *n.* reanimation

återuppstå v. reappear
återuppta v. resume
återupptagande n. resumption
återuppträdande n. reappearance
återuppvaknande adj. resurgent
återverkan n. repercussion
återvinna v. reclaim
återvinna v. recover
återvända v. return
återvändsgränd n. dead-end
åtkomst n. access
åtlöje n. ridicule
åtskilja v. separate
åtta n. eight
åttabent djur n. octopede
åttadubbel adj. octuple
åttadubbelt n. octuple
åttahörning n. octagon
åttio n. eighty
åttioårig adj. octogenarian
åttioåring n. octogenarian
äbart n. eatable
äcklas adj. sickened
ädelsten n. gem
ädling n. nobleman
äga v. own
ägare n. owner
ägare n. proprietor
ägarskap n. ownership
ägg n. egg
ägg n. ovum
äggliknande adj. ovular
ägglossning v. ovulate
äggplanta n. aubergine
äggstock n. ovary
äggula n. yolk
äggvita n. albumen
ägna v. dedicate
ägna v. devote
ägrett n. aigrette
äkta adj. authentic
äkta adv. bonafide

äkta adj. bonafide
äkta adj. earnest
äktenskap n. wedlock
äktenskap n. marriage
äktenskaplig adj. conjugal
äktenskaplig adj. marital
äktenskaplig adj. matrimonial
äktenskapsbrott n. adultery
äktenskapsmäklare n. matchmaker
äldre adj. elder
äldre adj. elderly
äldre adj. senior
äldre person n. elder
äldre träd n. orl
älg n. elk
älska adj. darling
älska v. love
älskad adj. beloved
älskare n. lover
älskare n. paramount
älskarinna n. paramour
älskling n. beloved
älskling n. darling
älskvärd adj. affable
älskvärd adj. winsome
älskvärdhet n. endearment
älva n. elf
ämna v. purpose
ämne n. issue
ämne n. subject
ämne n. topic
ämnes- adj. subject
än conj. yet
ända n. tip
ända tills conj. till
ändelse n. suffix
ändra v. amend
ändra v. change
ändra v. correct
ändra uppfattning v. backtrack
ändring n. amendment

ändring *n.* revision
ändå *n.* nook
ändå *adv.* still
äng *n.* lea
äng *n.* meadow
ängel *n.* angel
ängslig *adj.* anxious
ängslig *adj.* timorous
ängsligt *adv.* anxiously
änka *n.* widow
änkling *n.* widower
ännu *adv.* yet
äpple *n.* apple
är *abbr* am
ära *n.* glory
ära *n.* honour
ära *v.* honour
äre- *adj.* honorary
ärekränkning *n.* libel
ärende *n.* arrant
ärende *n.* errand
ärende *n.* matter
ärevördig *adj.* venerable
ärftlig *n.* hereditary
ärftlig *adj.* heritable
ärftlighet *n.* heredity
ärke- *adj.* arch
ärkebiskop *n.* archbishop
ärkeängel *n.* archangel
ärlig *adj.* frank
ärlig *adj.* honest
ärlighet *n.* candour
ärlighet *n.* honesty
ärm *n.* sleeve
ärr *n.* scar
ärta *n.* pea
ärva *v.* inherit
ässja *n.* hearth
äta *v.* eat
äta lunch *v.* lunch
äta middag *v.* dine
ätandet av rå mat *n.* omophagia

ätlig *adj.* edible
ätligt *adj.* eatable
ättiksberedare *n.* acetifier
ättling *n.* descendant
även *adv.* even
även *adv.* moreover
äventyr *n.* adventure
äventyra *v.* imperil
äventyra *v.* peril
äventyrlig *adj.* adventurous
äventyrlig *adj.* venturesome

Ö

ö *n.* isle
ö *n.* island
öde *n.* doom
öde *n.* fate
öde *n.* destiny
ödeland *n.* barren
ödem *n.* edema
ödemark *n.* desert
ödets lyckokast *n.* serendipity
ödla *n.* lizard
ödmjuk *adj.* humble
ödmjukhet *n.* humility
ödmjukhet *n.* lowliness
öga *n.* eye
ögla *n.* snag
ögon- *adj.* ophtalmic
ögonbindel *n.* blindfold
ögonblick *n.* instant
ögonblick *n.* juncture
ögonbryn *n.* brow
ögonbryn *n.* eyebrow
ögonfrans *n.* eyelash
ögonfrans *n.* lash
ögonglob *n.* eyeball
ögonlock *n.* eyelid
ögonläkare *n.* oculist
ögontvätt *n.* eyewash

öka v. accrue
öka v. augment
öka v. compound
öka v. increase
öka v. supplement
öken n. desert
ökning n. augmentation
ökning n. increase
ökning n. rise
ökänd adj. infamous
ökänd adj. notorious
ökändhet n. notoriety
öl n. ale
öl n. beer
öljett n. eyelet
öm adj. tender
öm adj. sore
ömhet n. tenderness
ömka v. commiserate
ömkansvärd adj. pitiful
ömsa skinn v. slough
ömsesidig adj. consensual
ömsesidig adj. reciprocal
ömsint adj. tenderhearted
ömt adv. tenderly
ömt ställe n. quick
önska v. wish
önskning n. wish
önskvärd adj. desirable
öppen adj. open
öppen adj. patent
öppen adj. overt
öppenvårdspatient n. outpatient
öppet adv. openly
öppet adv. outright
öppet fordon utan sidor för frakt n. flatbed
öppna v. open
öppnande n. opening
öppnas v. expand
öppning n. orifice
öra n. ear

öre n. cent
örn n. eagle
öronbedövande adj. deafening
öronformad adj. auriform
öronrengörare n. aurilave
öronvax n. cerumen
örter n. herb
ösa v. spoon
öster n. east
österut adv. east
östlig adj. oriental
östra adj. east
östra adj. eastern
östrogen n. estrogen
över prep. above
över prep. across
över prep. over
över prep. past
över hela prep. throughout
över natten adv. overnight
över natten adj. overnight
överallt pron. everywhere
överallt närvarande n. omnipresence
överallt närvarande adj. omnipresent
överarbeta v. overwork
överarbete n. overwork
överbelasta v. overcharge
överbelasta v. surcharge
överbelastning v. overburden
överbelastning n. overcharge
överbelastning n. overload
överbjuda v. outbid
överblicka v. survey
överbord adv. overboard
överbrygga v. bridge
överdel n. lintel
överdos n. overdose
överdosera v. overdose
överdrag n. overdraft
överdrift n. exaggeration

överdrift *n.* hyperbole
överdriva *v.* exaggerate
överdriva *v.* overdo
överdriven *adj.* excessive
överdrivet pratglad *adj.* polyloquent
överdådig *adj.* sumptuous
överdådighet *n.* luxuriance
överenskommelse *n.* agreement
överenskommelse *n.* deal
överensstämma *v.* agree
överensstämma *v.* tally
överensstämmelse *n.* accordance
överensstämmelse *n.* accordancy
överensstämmelse *n.* compliance
överfall *n.* assault
överfalla *v.* assault
överflöd *n.* abundance
överflöd *n.* glut
överflöd *n.* superabundance
överflöd *n.* superfluity
överflöd *n.* aboundance
överflöda *v.* abound
överflödig *adj.* redundant
överflödig *adj.* superfluous
överflödigt *adv.* galore
överföra *v.* transfer
överföra *v.* transmit
överförbar *adj.* transferable
överföring *n.* transfer
överföring *n.* transmission
överföring av länkade gener *n.* cotransfer
överge *v.* abandon
överge *v.* desert
överge *v.* forsake
överge *v.* relinquish
övergebar *adj.* abandonable
övergett *adv.* abandonedly
övergiven *adj.* forlorn
överglänsa *v.* outshine
övergrepp *n.* abuse

övergripande *adj.* overall
övergå *v.* exceed
övergående *adj.* transitory
övergående företeelse *n.* ephemera
övergång *n.* transition
överhalning *n.* overhaul
överilad *adj.* rash
överkast *n.* coverlet
överkomlighet *n.* affordability
överkragning *n.* corbel
överkäke *n.* maxilla
överlappa *v.* overlap
överlappning *n.* overlap
överlasta *v.* overload
överleva *v.* outlive
överleva *v.* survive
överlevnad *n.* survival
överliggare *n.* crossbar
överliggedagar *n.* demurrage
överlista *v.* outwit
överljuds- *adj.* supersonic
överläggning *n.* deliberation
överlägsen *adj.* haughty
överlägsen *adj.* superior
överlägsen *adj.* transcendent
överlägsen *adj.* supreme
överlägsenhet *n.* excellence
överlägsenhet *n.* pre-eminence
överlägsenhet *n.* preponderance
överlägsenhet *n.* superiority
överlägsenhet *n.* supremacy
överlägset *adv.* transcendingly
överlämna *v.* entrust
överlämna *v.* hand
överlämna *v.* surrender
överlämnande *n.* surrender
övermakt *n.* predominance
övermanna *v.* overpower
övermanna *v.* overwhelm
övermått *n.* surfeit
övermänsklig *adj.* bionic

övermänsklig *adj.* herculean
övermänsklig *adj.* superhuman
övernaturlig *adj.* psychic
övernaturlig *adj.* supernatural
överraska *v.* surprise
överraskning *n.* surprise
överrock *n.* overcoat
överrösta *v.* deafen
överseende *adj.* indulgent
översikt *n.* conspectus
översikt *n.* oversight
översinnlig *adj.* transcendental
översinnligt *adv.* transcendentally
överskatta *v.* overrate
överskott *n.* excess
överskott *n.* over
överskott *n.* surplus
överskotts- *adj.* excess
överskrida *v.* transcend
överskridelse *n.* transgression
överskrift *n.* rubric
överskugga *v.* overshadow
överspela *v.* overact
överste *n.* colonel
överstiga *v.* surpass
översvallande *adj.* ebullient
översvallande *adj.* effusive
översvallande glad *adj.* overjoyed
översvämma *v.* flood
översvämma *v.t* overrun
översvämning *n.* flood
översätta *v.* translate

översättare *n.* terp
översättning *n.* translation
övertagande *n.* takeover
övertal *v.* overtake
övertala *v.* cajole
övertala *v.* convince
övertid *n.* overtime
övertrassera *v.* overdraw
övertrumfa *v.* outdo
övertyga *v.* persuade
övertygad *adj.* sure
övertygelse *n.* belief
övertygelse *n.* persuasion
övertäcka *v.* whelm
övervaka *v.* monitor
övervaka *v.* oversee
övervaka *v.* police
övervaka *v.* superintend
övervaka *v.* supervise
övervakande *adj.* monitory
övervakare *n.* supervisor
övervakning *n.* probation
övervakning *n.* supervision
övervakning *n.* surveillance
övervinna *v.* surmount
övervintra *v.* winter
övervintring *n.* hibernation
överväga *v.* poise
överväldigande *adj.* abundant
öveskrida *v.* transgress
övre *n.* top
övre *adj.* upper